高等院校国际经济与贸易专业“十二五”规划教材
国际贸易实务精品规划教材

U0964209

国 际 结 算

主　编　肖玲凤
副主编　林　冰　李　娟

对外经济贸易大学出版社
中国·北京

图书在版编目（CIP）数据

国际结算 / 肖玲凤主编．—北京：对外经济贸易大学出版社，2012.9（2018.7 重印）

高等院校国际经济与贸易专业“十二五”规划教材

国际贸易实务精品规划教材

ISBN 978-7-5663-0445-2

Ⅰ.①国… Ⅱ.①肖… Ⅲ.①国际结算 - 高等学校 - 教材 Ⅳ.①F830.73

中国版本图书馆 CIP 数据核字（2012）第 199373 号

国际结算

肖玲凤 **主编**

责任编辑： 王文君

对外经济贸易大学出版社

北京市朝阳区惠新东街 10 号 邮政编码：100029

邮购电话：010 - 64492338 发行部电话：010 - 64492342

网址：http://www.uibep.com E-mail：uibep@126.com

三河市少明印务有限公司印装 新华书店经销

成品尺寸：185mm × 260mm 21.75 印张 503 千字

2012 年 9 月北京第 1 版 2018 年 7 月第 3 次印刷

ISBN 978-7-5663-0445-2

印数：5 501 - 6 500 册 定价：39.00 元

前　言

在经济全球化的大背景下，我国的进出口贸易得以持续健康地发展，银行的国际结算业务也在迅速增长，有力支撑了国际贸易的顺利进行。国际结算业务涉及相关国家的政治、经济以及文化习俗等领域，事关进出口贸易环节中当事各方和银行的各自利益，具有很强的政策性、技术性、法制性和涉外性。在进出口企业从事国际结算工作的人员俗称为“单证员”，它是进出口企业与国外商人之间结算货款的操盘者，他们的素质高低直接影响着进出口贸易的效益和质量。因此，单证职业不仅要具备良好的政治素养、较强的外语水平和工作责任心，还需具备全面的国际结算专业技术知识，了解和掌握相关的国际惯例，才能在国际贸易中起到经济健康运行的保障作用。因此，单证员是国际贸易业务中不可或缺的职业。

《国际结算》是为国际经济与贸易专业的本科及专科同名专业课程编写的，它以国际贸易理论为基础，根据与时俱进的原则，简化了以往教材中将要淘汰的内容，增加了现代科技条件下新兴的国际结算方式如电子支付等新内容，体现了经贸类教材的时代性、科学性和实用性的编写要求，对于广大外经贸学生学习新时期国际结算业务知识、适应新时期国际结算业务具有较强的现实意义。同时可作为高职高专毕业生参加全国单证员资格自学统一考试的读本。

本教材在强调理论知识为实际业务操作服务的同时，兼顾与全国单证员职业资格证书考试纲要内容的结合，使学生在掌握理论的同时具备一定的应试能力和实际操作能力。为了方便学生对教学理论的理解和掌握，每章都设置了与其内容相关的课外复习思考题、案例分析题及实例练习题。全书由浙江树人大学肖玲凤教授主编，山东理工大学林冰和山东交通学院外国语学院李娟任副主编 ，参加编写的人员分工如下：肖玲凤（第一章）、林冰（第七、八章）、李娟（第四、五、六章）、蔡筱霞（第二、九章）、杨莉（第三、十一章）、樊琦（第十章）。全书由肖玲凤统稿、中国银行浙江省分行国际结算处徐晋婷审稿。

本教材既是编写者长期从事《国际结算》教学的科研总结，又吸纳了全国同行教学工作者教学科研的新成果。可以说，该教材是全国广大国际贸易工作者共同总结的经验结晶，在此向全国广大国际贸易教学同仁表示衷心的感谢。但国际结算是一门新兴的学科，许多问题尚在变化和探讨之中，在编写过程中难免有不妥之处，敬请使用本教材的老师、学生和读者随时来信来电指正，便于日后修订。

肖玲凤

2012 年 4 月于杭州

前　言

目　　录

第四篇　国际结算的支付方式

第五篇　国际贸易结算与融资

第六篇　国际结算单据

第一篇 国际结算导论

国际结算是一门以国际贸易、国际金融和商业银行学为基础而形成的多边交叉性学科，同时也是商业银行一项基础性的中间业务和跨国经济行为。在现代国际结算中，不同国家间的债权债务关系的清偿都是通过商业银行中介实现的。在清偿债权债务的活动中，银行为客户提供服务、承担风险而获得一定的利润。同时，银行在开展国际结算业务时，有权选择是否接受客户的委托和申请，有权采用某些保障措施以降低所承担的风险并决定收取一定的费用。但现代国际结算业务又不完全单纯地局限于银行中间业务，它往往与商业银行的资产业务和其他一些涉外业务交织运作，以满足客户的多方位需求。因此，国际结算是在国际贸易、国际非贸易及国际惯例的基础上进行的。他通过国际结算运作，使国际间的货币收付和资金流动得以顺利实现，使国际间的债权债务得以及时清讫，使国际间的各种商品往来得以正常进行。特别是在当今全球政治与经济变化莫测的大背景下，国际分工及国际关系不断调整变化着，使得国际经济更加活跃，国际合作更加密切，国际往来更加多元化，因此，国际结算的商业基础作用也将更加重要。

第一篇 国际结算导论

[illegible]

第一章　国际结算概述

学习目标

1. 掌握国际结算的基本概念、种类、基本特征及国际结算的基本原理；
2. 了解国际结算的演变历程及发展趋势；
3. 了解办理国际结算的银行网络和资金转移网络；
4. 掌握国际结算中的主要法律与国际惯例。

第一节　国际结算概念、种类及基本特征

一、国际结算的含义

在国与国的频繁交往中，由于广泛的经济、政治、文化、军事和外交等官方以及民间方面的活动往来等，产生了国际间的债权债务关系以及资金的跨国移动，由此产生了国际间不同的货币结算方式。国际结算（International Settlement）是指在国际间办理货币的收付以清偿位于不同国家的两个当事人之间的债权债务关系的行为，或是指两个不同国家的当事人，不论是个人间的、企业间的、其他法人组织或政府间的当事人因为商品买卖、服务供应、资金调拨、国际借贷、金融交易等等需要通过银行办理跨国（地区）货币收付业务的就是国际结算。因此，国际结算不仅是商业银行的一项中间性的基础业务，同时也是一项国际间的综合经济活动，这种综合经济活动主要包括：国际结算支付工具及结算方式的选择与运用；国际间资金转移和账户的调拨；各种商业单据的制作、审核、交接与处理；商业货款及劳务价款的索取与偿付；银行短期和中长期贸易融资与运营；提供信用担保以及建立国际清算系统及支付体系以及各方当事人面临的风险及防范等内容。通过国际结算运作，使国际间的资金流动得以有效顺利进行，债权债务得以按时清讫，货币收付得以及时实现。

二、国际结算的分类

国际间引起货币跨国收付的原因很多，所以国际结算的范围也很广，但按产生债权

债务的原因不同，可分为国际贸易结算和国际非贸易结算两大类。

（一）国际贸易结算

国际贸易结算（International Trade Settlement）是指一个国家的当事人向另一个国家的当事人提供货物而产生的货币收付和贸易从属费用，如有形商品贸易结算以及服务贸易中的国际货物运费、保险费、佣金等从属费用结算引起的货币结算，以结清位于不同国家的当事人因上述经济贸易活动而发生的债权债务关系。国际货物买卖是形成国际债权债务关系与资金跨国流动的主要动因之一，是世界经济活动的重要组成部分，因此它在国际结算中占有主导性地位。国际贸易结算又分有形贸易结算、记账贸易结算和综合类交易中的商品贸易结算。

1. 有形贸易结算

有形贸易结算（Visible Trade Settlement）是指买卖看得见、摸得着的物质性商品的结算。它是建立在商品交易中货物与外汇两清基础上的结算，即由商品的进出口引起的货币收付活动。它以货钱两清为基础，是全球经济活动中最重要的内容组成，也是引发国际债权债务关系和资金流动的主要经济行为。尤其在当今世界，随着全球经济一体化进程的加快及国际贸易区域化、集团化特征的日益突出，世界商品购销量猛增，商品的市场竞争日趋激烈，传统的买卖双方一手交钱一手交货、银货当面两讫的结算方式已无法适应现代国际贸易结算的需求。因此，绝大多数国家间的进出口交易都是由经办国际结算业务的银行使用多种结算工具和方式、通过一定的程序和渠道来结清国际间的债权债务，最终实现国际贸易的顺利最终完成。

2. 记账贸易结算

记账贸易结算（Trade settlement account）又称为协定贸易结算。它应用于一些国家间以双边或多边支付协定为基础的记账贸易往来及某些边境贸易活动，一般不涉及现汇的收付，而是以贸易双方通过银行记账进行清算的一种贸易支付方式。它通常是根据两国政府间签订的双边贸易协定和支付协定，商定每年进出口额、进出口的商品品种和数量、执行期限和记账程序，各自在对方国家开立银行账户，当双方的进出口公司出运商品以后，只在各自的银行账户上记入贷出或借入，即可完成钱货两讫的结算业务。记账贸易结算，通常双方规定一个限额度，当一方结欠超过限额时，另一方可以停止交货或者催促对方加速交货。每年年终进行结算，差额部分用商定的货币偿付，或转入下一年度。

我国和一些一贯友好的西方发达国家如芬兰等，签订了长期清算协定，大多采取了和贸易协定联合在一起的“贸易与支付协定”形式。在我国，长期担任国际清算机构任务的是中国银行总行，并由其在各地的分支行办理具体结算业务。我国与原苏联和东欧各国，自20世纪50年代以来的清算账户都是双边账户，即各自在对方国家开立银行账户。我国与外国签订的清算协定的范围，一般都包括贸易货款和贸易从属费用，方式上则以信用证为主，汇款和托收为辅。

在办理记账贸易结算业务时，应注意以下几个问题：

一是明确清算协定的具体要求，分清同一清算协定国家的记账业务，分清是哪个年度的账户，只有分辨清楚结算类别，才不致因处理错误而遭受损失。

二是一切单据凭证应以协定账户货币表示。如以其他货币签订合同，结算时应折算成清算货币。因此记账时应了解与对方国家签订的支付协定是全部记账贸易、还是记账贸易和现汇贸易并用。因为我国对外签订的支付协定，有的规定两国贸易全部通过记账结算，因此对这些国家不能做现汇贸易；但国际间有的规定允许两国之间进行记账贸易或现汇贸易，对这些国家就可以掌握较灵活的结算方式。

三是注意原则性和灵活性的结合。例如，出口贸易收取的货款是记账外汇，贸易从属费用的佣金，也应支付记账外汇，对方进口商若要求以现汇形式将佣金汇出，则我方的原则是不可接受。而我国与有的国家（如伊朗）的清算协定规定，双方贸易差额实行一季度一清算，超过信用摆动额部分，债务方应于15天内以现汇偿付。因而，出口方应尽量争取在季末前备好货出运，以便在清算时贸易差额超过摆动额部分及时收回现汇。否则错过时间，现汇收入也将推迟，这不仅积压了外汇资金，而且还蒙受利息损失。

四是选择好计价结算货币。因在种种因素影响之下，各国之间的贸易战时松时紧，导致了各国货币汇率动荡不定而且波动幅度往往很大，因此，在国际贸易中，如何选用计价结算货币是十分重要的问题。

3. 综合类交易中的商品贸易结算

在国际经济交往中，一些经济交易既包含了商品贸易，又包含了非商品贸易。例如国际工程承包、技术服务贸易等，它们既有无形资产的进出口，又伴随着有形资产的进出口。这种综合类经济交易除了可以用货币清偿债权债务外，还可以用融资款项以及采用抵补、返销、回购产品等方式结算。

总之，国际贸易结算是国际结算业务的最主要内容，它不仅是商业银行的一项基本业务，体现了商业银行的经营盈利能力，更是一国实现对外贸易的宏观与微观效益、保证和促进世界贸易顺利进行的必备手段。

（二）国际非贸易结算

国际非贸易结算（International Non-trade Settlement）是指有形贸易之外引起的货币收付活动。它是除了货物买卖以外的由其他经济活动和政治、文化交流所引起的（包括服务贸易结算中的非贸易从属费用结算及其他）货币收付的结算。如国际间的资本移动、国际借贷、国际援助、利润汇出汇入、侨民汇款、劳务输出及国际工程承包、国际旅游、对外捐赠、国际技术转让、出国留学、对外投资和融资、国际租赁、佣金、文化体育交流等活动引起的货币支付结算。国际非贸易结算的主体是服务贸易，它是一国外汇收入的来源之一。随着经济活动的全球化，这种非贸易结算在各国国际收支中的比重呈逐渐上升的趋势，有些国家的非贸易收支数额甚至超过了贸易收支数额。国际非贸易结算范围包括：

1. 国际服务贸易结算

国际服务贸易（International Trade in Service）是指跨国界地进行服务交易的商业活动，如国际货物运输、国际保险、国际咨询服务、国际电讯服务、国际租赁、国际旅游、国际融资服务、国际信息处理和传递、计算机及资料服务、广告、设计、专利、银行手续费等13个项目劳务收支。《关税及贸易总协定》(General Agreement on Tariffs and Trade, GATT) 界定了服务贸易概念的四种方式:

(1) 跨境交付 (Gross-border Supply), 一成员在自己的国家内向任何其他国家的某成员提供服务;

(2) 境外消费 (Consumption Abroad), 即一个成员在其境内向来自任何其他境外成员的消费者提供服务;

(3) 商业存在 (Commercial Presence), 即一个成员的自然人到任何其他成员境内提供服务;

(4) 自然人移动 (Movement of Natural Persons), 即一个成员的自然人跨越国境提供服务的贸易。国际服务贸易产生的国际债权债务和货币收付关系, 同样需要借助国际结算手段来实现资金的跨国转移。但在结算实务中, 国际服务贸易与货物贸易紧密关联, 往往交织进行, 需要同步结算。例如, 在一笔CIF或CIP出口贸易合同项下, 出口商在履行交货义务后, 合同金额中所包括的货物价款同时包括运费、保费等服务贸易支出, 一并向进口商收取。

20世纪70年代以前, 国际服务贸易在世界经贸关系中不是一个引人注目的领域。世界关税及贸易总协定组织的多轮谈判中, 都没有考虑和涉及这一议题。自20世纪80年代以后, 特别是1986年国际服务贸易成为“乌拉圭回合”谈判的新议题后, 国际服务贸易和国内服务业的发展开始成为各国政府、工商界和学术界关注的热点, 国际服务贸易的市场由此兴起, 其竞争日趋激烈, 国际服务贸易才有了迅速发展。

国际服务贸易在发达国家尤为明显, 特别在工业发达的国家占有绝对优势。据统计资料显示, 20世纪80年代中期, 工业化国家在世界服务贸易中所占的比例为78.6%, 其中运输、投资净收益、旅游收入等均占各项目的75%以上。世界前20位服务出口大国中, 发达国家占了绝大多数, 如美国、法国、英国、意大利、日本和德国等国家都是服务贸易的顺差国。即使工业化国家之间, 国际服务贸易市场上的相互竞争也十分激烈。欧盟国家与美国之间为争夺发展中国家的市场份额, 各自在国际服务贸易上推行的政策有着较大的差异, 相互之间存在着种种矛盾。同时, 发达国家政府拨款资助学术界和智囊机构对这一领域进行专项研究, 分析国际服务贸易的经济学涵义、现实发展状况、争夺世界市场的策略以及各种可能的政策行为等。而在发展中国家, 一方面它们对于开放金融、保险、运输、视听服务及商业销售等市场方面仍持谨慎的保护主义态度, 另一方面也开始重视这一领域的研究。有些国家甚至开始对本国的服务业状况和外国的服务业状况进行专门的研究和评价, 力图在这一新的国际经贸领域中真正做到知己知彼, 以便在进入和开放国际服务贸易市场的实践中处于主动的地位。因此, 当代世界经济和贸易发展的历史证明, 经济服务化是社会经济发展的必然趋势。

2. 国际金融交易结算

金融交易结算是指国际间各种金融资产买卖的结算, 如国际外汇、证券、股票等金融工具的买卖, 期权、期货等衍生金融工具的买卖、对外投资和对外筹资的结算等。这类结算不论交易目的如何和交易金额多寡, 最终都要通过商业银行的国际支付系统, 实现各种货币间的兑换与清算。目前，国际金融结算在总量上，已经大大超过国际贸易结算和其他非贸易结算之和。

3. 风险保障服务结算

国际经济活动的参与者面临着比国内经济活动更大的风险，如国际性的金融风险、政治风险和商业风险等，因此风险保障服务成了确保交易安全与保障债权人权益的重要手段。在结算实务中，交易双方除受到履约合同的约束外，债权人普遍要求第三方提供担保以规避各种风险，从而引发了对风险保障业务的广泛需求，因此国际商务与金融中的担保业务应运而生。商业银行除了为当事人办理资金结算业务外，还应当事人的要求提供各类担保服务。实践表明，信用担保可以促使当事人履行合同，减少债务纠纷，进而维护国际经济秩序，因此信用担保也成为了顺利达成交易的必备条件之一。

4. 其他非贸易结算

除国际经济行为之外，国际间各种非商品经济活动也会引起大量的资金跨国流动，产生种类繁多的非贸易结算业务。如外币兑换业务、侨汇业务、信用卡及旅行支票业务、买入或托收外币票据业务、托收境外财产业务等。这些结算服务为国际间的文化、艺术、体育交流及个人消费与民间往来提供了诸多便利，对加强国际间的政治、外交与事务性的联系具有重要意义。它是国际结算业务的重要内容，也是商业银行中间业务收入的主要来源之一。

三、国际结算的基本特征

国际结算不仅是一门以国际贸易、国际金融和商业银行学为基础的多边交叉学科，而且还涉及国际保险、国际运输、电讯传递、会计、海关、商检、票据、法律等诸多相关知识，有很强的实用性和可操作性。其基本特征是：

（一）国际结算是一项商业银行的中介业务

作为一种跨国经济行为，国际结算同时也是商业银行一项重要的中介业务。商业银行是国际结算业务的经营主体，在现代国际结算中，不同国家间的债权债务关系的清偿都是通过银行中介实现的。但现代国际结算业务并不是单纯的银行中介业务，它往往与商业银行的资产业务和其他一些涉外业务交织运作，以满足客户的多方位需求。由于国际结算属于中间业务，商业银行通过为客户提供服务的形式收取手续费，不需要使用自己的资金，只要有足够的业务空间，就能够稳定地获得丰厚的收入。不仅如此，国际结算业务还能带动银行资产、负债及涉外业务的开展，因此国际结算业务已成为商业银行竞争的对象。

从国际结算的整体运行来看，主要包括票据的运用、贸易单据的处理、结算方式操作、贸易融资、信用担保、银行间的国际合作、账户设置与支付系统运行等多项内容。由于国际往来的广泛性、多样性及复杂性，决定了国际结算活动必然要涉及国际金融、保险、运输、进出口交易、法规惯例、政府管制、语言、民风习俗等诸多因素，故整体而言，国际结算业务难度大、风险高，是一项体现银行实力和经营管理水平的国际业务。

（二）国际结算离不开国际金融

国际结算属于国际金融实务的一个分支组成部分，是一门科学性强、知识丰富、国际惯例众多、变化较快的学科。国际结算中使用的主要是各种可自由兑换的货币，因此在国际结算中总是要涉及外汇转移及外汇票据流动、货币兑换与汇率、外汇进出入管制、国际金融市场与外汇风险防范等问题，这些都是国际金融的实务范畴。

（三）国际贸易是国际结算的基础

国际贸易实务包括国际货物买卖合同条款的洽谈、签订与履行在内的全过程，其中国际货款的收付是合同中重要的条款之一。收回货款是卖方的基本权利和最终目的。支付货款是买方的主要义务，于是卖方就成为债权人，买方便是债务人，商业银行作为中介联系债权人和债务人并协助其进行资金的跨国转移，于是形成了国际结算。此外，国际结算还涉及货物运输、保险等环节，在凭单付款的结算方式中，运输单据和保险单等都是重要的单据，是进口方及为其服务的银行实际进行付款必不可少的条件。因此，国际结算从产生之日起，就以服务于国际贸易为主要宗旨。可以说，没有国际贸易就没有国际结算，并且在信用证方式下，国际结算几乎包括了国际贸易的全过程。可见，国际结算与国际贸易在相互作用下共同发展，服务于现代经济全球化的发展。

（四）结算的服务范围大，具有广泛的国际性

由于国际结算解决与处理的是国际间债权债务的清偿和资金的转移，所以，对于一国银行来说，国际结算业务具有涉外性，必须体现一国的对外政策和严格按照国家有关规定及本国当事人的利益办理。而就世界范围而言，国际结算又是一种没有国界限制的跨国银行业务，极需要银行间的国际合作。鉴于其国际属性，国际结算业务必须涉及许多与“国际”或“涉外”有关的事项和因素，这使得各方在语言及文字沟通、资信了解、运输与保险的操作、外币的实用等许多方面增加了困难，这就衍生了诸多国际结算的服务新内容。

国际结算的业务质量不仅事关本国当事者的利益，也直接关系外国相关当事人的利益。比如，当进口国的开证行误将应对外支付的款项拒付时，不仅损坏了该银行的声誉，影响了进口商及时提货，还使出口商延误了货款收回的时间，造成资金占用和利息损失。由于国际结算的国际性特征，其运作时不仅要把握对一国而言的“个体性”与“涉外性”，还要把握对全球而言的“国际性”与“全局性”。

（五）涉及不同国家的货币，存在汇率方面的风险

国内结算一般只使用本国一种货币，而国际结算由于主要为国际贸易、金融及其他国际往来提供结算业务，因此必然要涉及不同国家货币的运用。例如，国际贸易中的进口商和出口商需要确定商品的计价货币和结算货币，通常有三种情况可供选择，即出口国货币、进口国货币和第三国货币，但在实际业务中，究竟选择何种货币，这对买卖双方的利益关系重大，于是就产生并增加了汇率、外汇管制、外汇风险等问题，所以必须

慎重对待，由买卖双方协商并在合同中加以明确。另外，国际结算中使用的票据、单据、凭证等大多使用世界主要结算货币表示。

由于国际结算的根本目的是通过各种货币间的兑付与转账划拨，实现国际间债权债务的清偿和资金的正常流动，所以在各国间货币汇率持续波动的情况下，国际结算业务的成效将直接影响国家、银行、客户外汇资产的规模、使用效益、安全程度以及外汇市场的稳定运行。因此，完善的外汇市场、多样而有序的金融衍生产品以及风险管理技术的合理应用，是有效控制国际结算外汇风险的必要举措。

（六）涉及不同的结算制度

国际结算制度是在特定的时间、区域、范围内，为实现清偿各种国际经济往来中的债权债务以及资金划拨方式而作出的安排。在现行国际结算中，有各种不同的结算制度特点，如现汇结算是以自由的多边结算制度为主，即通过银行间的转账结算以自由兑换货币加以抵消清偿国际货物购销所产生的债权债务；协定贸易结算则以政府控制下的双边结算制度为主，由两国政府或企业签订以货换货的支付协定，指定清算银行并开立清算账户和清算货币，清偿两国贸易往来所产生的债权债务；还有国际贸易区域化经济结算，在签订多边贸易协定的基础上，集团内部的贸易往来多采用区域性和集团性的多边国际结算制度，便利交易及减少贸易壁垒，有利于区域内生产要素的自由流动和资源配置的更加优化，从而降低成本，提高效率。

（七）涉及多国法律和多项国际惯例

一笔国际结算业务至少要涉及两个国家的不同当事人，因此至少要面临两种法律体系的冲突。而各国对国际贸易与结算的规定又不尽相同，做法也不统一，所以银行和金融机构经常面临着来自不同法律、条例和规则等方面的限制和压力。单以票据法为例，世界各国都制定了相应的票据法，而各自法律中的各种要求差别很大，如对票据金额的大小写发现不一致时，意大利、瑞士等国认为以小写为准，而美、英、德等国则以大写为准。至于票据的签名与盖章以哪种做法方为有效，迄今各国仍争论不休，英国认为要手签才能生效，而其他国家则没有明文规定。联合国制定的《国际流通票据草案》规定，签字包括盖章、标记、复制、针孔、签字或其他机械方法均有效。

世界各国的国际结算从业人员，在实际业务操作上缺乏共同的语言，国际贸易的各个环节也没有统一的标准，这些问题在一定程度上阻碍了国际贸易的发展。这样，形成公认的法规和国际惯例就成为国际结算业务开展的前提。一些商业团体、国际组织在国际贸易与结算的过程中，制定和修订了各种有关的公约与规则，这些公约与规则经过长期的实践日趋完善，最终得到了国际商贸界的广泛认可和采纳，并成为各国银行处理国际结算业务时必须共同遵守的准则。这些公约和国际惯例，极大地保障和推动了国际贸易与国际结算的开展。

国际结算涉及的国际惯例很多，其中最主要的有如下五个：《国际贸易术语解释通则》，简称《2010 通则》，对国际通用的贸易术语作了详细的规定。《跟单信用证统一惯例》，简称“UCP600”，对跟单信用证项下可能出现的问题作出了统一的规定，是信用证结算方式下处理单据的依据。《托收统一规则》，简称“URC522”，是托收项下处理各种可能发生问题的依据。《银行间偿付办法》，简称“525 规则”，主要讲解银行间清算、偿付的规则。《合约保函统一规则》，简称“325 规则”，是合约、保函处理问题的主要依据。这些国际惯例确定了国际贸易的方式和规则，维护了当事各方的利益；运用这些国际惯例，有助于减少中间环节，提高经济效率，同时还有助于在自由、公平、合理的基础上建立国际经济新秩序。

（八）国际结算难度较大，风险较高

国际结算作为连接国际经济往来的桥梁与纽带，易受国际上政治、经济及其他不稳定因素的影响与制约。一笔国际结算业务不仅涉及两个不同国家的当事人，而且要通过两个甚至更多国家的银行来划拨转账，其中任何一个经手人的疏忽都会影响到国际结算的顺利进行。由于涉及多个国家、多个企业、多个当事人、多种语言、多种法律、多种汇率制度及多种贸易习惯做法等，整个结算活动的时间较长，导致在实际操作中出现多种多样的影响因素，因此要求国际结算的技术性更高。和国内结算相比，国际结算不仅方式复杂，而且操作的难度也更大，给它的顺利进行带来了各种各样的风险。例如国际贸易交易双方会因对方毁约或代理银行破产而使正当权益得不到保障；金融风险所导致的汇率、利率以及市场行情的剧烈波动也会给当事人之间原有的契约关系带来难以预料的影响与破坏。此外，近些年来，国际贸易与结算的欺诈犯罪和滥用权力的现象日益猖獗，严重损害了当事人的利益，危及到国际交往的安全进行。有鉴于此，国际结算活动中的风险防范是所有当事人和跨国金融业所面临的重要课题。随着人们风险意识的普遍增强，在国际结算领域中的风险规避也受到了格外关注。不仅经贸交易的当事人在处理对外业务时采取了更为谨慎、稳健的经营原则，经办银行也更加重视客户资信与市场调研，以采取相应的风险防范措施；各国金融监管当局对国际结算业务的监管力度也有所加强，国际监管合作日趋密切。

第二节 国际结算的基本要素、作用及基本内容

国际结算是一项跨国金融活动，业务内容丰富，服务范围广泛，又由于经办银行可以从中获取收益，所以受到商业银行的格外重视。实践表明，国际结算既需要遵循商业银行业务运作的一般规则，又必须具备其业务特征所要求的基本条件和基本要素。

一、国际结算的基本要素

（一）国际之间银行合作是办理国际结算业务的前提

国际结算是实现不同国家之间的资金转移，而这种转移是通过银行之间的转账进行

的，不可能只由一家银行直接完成全部收付工作，而必须通过各银行间的网络来完成。所以，各国银行之间的良好合作，在全球范围内建立起资金划转通畅的账户网络，是银行又好又快地处理各项业务的关键所在，也是国际结算业务顺利进行的前提和关键条件。反之，如果没有海外业务网点，无论是国际贸易结算还是出口信贷、银团贷款等国际融资业务，都将难以开展。但在国际结算领域，各国因经济与金融发展程度不同，各银行的业务程序、特点与管理水平亦有所差异，在此情况下，各有关银行必须按照国际通行准则，以实现与他国银行的业务往来与合作。当前，由各国银行之间建立起来的代理行关系网络已经覆盖全球，各种国际结算业务不论其起因如何、金额多少、涉及面多广、使用何种结算货币和结算方式，均可通过各国银行间的业务代理合作得以顺利实现。在国际结算运作过程中，可以将往来银行分为两种类型，即与国外有业务往来的联合银行（简称“联行”）和代理行，有关内容将在第二章介绍。

（二）国际清算系统的电子化与网络化是资金顺畅、快速、安全跨国流通的保证

国际结算的目的是清偿国际间的债权债务，实现资金跨国流动，而这一目标的最终实现需通过当事国银行对往来账户的增减记录。随着科学技术的飞速发展，快邮技术、电子数据交换（Electronic Date Interchange，EDI）提高了全球范围内银行转账结算的效率与安全程度。近年来，一些国际银行组织相继创设了区域性和全球性的通讯系统和支付清算系统，如环球同业银行金融电讯协会（Society for Woldwide Interbank Finanxial Telecommunication，简称 SWIFT）、美元的银行间支付系统清算所（Clearing House Interbank Payment Ststem，简称 CHIPS）、英国的自动支付系统清算所（Clearing House Automated Payment Ststem，简称 CHAPS）以及欧元的泛欧自动即时总额清算系统（Trans-Europe Automated Real-Time Gross Settlement Express Transfer，简称 TARGET）等，在国际结算中占有极其重要的位置。同时，现代科技在金融领域的广泛应用，电子货币、电子单证、电子商务的介入进一步便利了资金的跨国转移与流通，使国际结算成为一项充分体现和应用高科技成果的现代商业银行业务。

（三）票据是国际结算中的主要支付工具

在现代国际结算领域，国际结算的基本方法是非现金结算。在非现金结算中担任支付工具和信用工具角色的就是票据。票据是具有一定格式、载明确定金额、到期由付款人对持票人或其指定人无条件支付一定款项并且可以自由流通转让的有价证券。票据有汇票、本票和支票三种基本类型。在货币和商品的让渡中，为了反映债权债务关系的发生、转移和偿付，票据作为一种以无条件支付一定金额为目的的特定证券而产生。在商务实践中，它又被赋予了可流通转让和反映当事人债权债务关系的功能。进出口商或其他交易的当事人是通过票据体现和清偿债权债务关系的。银行通过票据的交换和转让，可最大限度地实现转账结算，极大地提高了结算效率。此外，在国际贸易融资和其他国际资本借贷交易中，票据以其不可替代的功能作为融资和信贷工具，得到了极其广泛的应用。票据已成为国际结算中的主要支付工具，占有极其重要的地位。

（四）国际结算单据是实现物权转移和债务清偿的基本依据

国际结算单据简称为单据，指的是国际结算中涉及的以反映和说明货物特征为目的的商业凭证。根据单据的性质，可以将单据划分为商业单据、运输单据、保险单据、官方单据及金融单据等。单据在国际贸易和国际结算中起着非常重要的作用，它反映了交易的整体状况，体现了贸易当事方之间的契约关系。国际贸易的卖方用提供合格的单据来证明他履行了合同规定的义务，而买方通过单据可以对货物进行全面的了解，以判断货物是否符合要求，从而决定是否付款。单据是银行办理国际结算业务的主要依据；当发生交易纠纷后，单据又是仲裁裁决或法院判决的重要依据之一。综上所述，单据是实现国际货物买卖的必要条件，是国际贸易货款结算的重要依据之一。

（五）国际结算方式是实现资金跨国收付的基本手段

国际结算方式是指依照一定的条件、规则、程序，并在既定范围内进行的国际间债权债务的清偿及货币收付行为。一般来说，每一笔国际结算业务都需要通过相应的结算方式来实现。

对外经济贸易中常见的有汇款、托收、信用证、银行保函、备用信用证等国际结算方式。目前，影响最大、应用最广的国际结算方式仍然是信用证。它由银行承担第一性付款责任，信用安全可靠，所以全球一半左右的国际贸易结算是通过这一方式进行的。但随着世界市场由卖方市场转入买方市场以及现代通讯手段的发展，国际结算方式也在不断创新，不断涌现出一些新的结算方式，如国际保理业务（Factoring）、包买票据和电子支付等国际结算方式越来越被广泛地应用。它们作为新的结算方式，也可能会取代信用证结算方式的主导地位。

国际结算方式的发展与创新，主要取决于国际经济活动的内容、融资需求、风险保障程度及银行的业务能力等因素。作为一种完善的结算方式，应该具备以下三个条件：首先，必须安全、快捷地结清对外贸易中的债权债务关系。其次，贸易双方的利益都能获得充分照顾。因为在支付贸易货款这个问题上，买卖双方的利益是相互矛盾的，买方希望推迟付款，而卖方则希望尽早得到付款和信用担保。所以有效的结算方式必须是那种不偏袒贸易双方中的任何一方，全面照顾双方利益的结算方式。再次，便于资金融通，能使贸易双方容易从国际和国内金融市场上筹措所需的资金。

国际结算方式运作的条件之一是结算工具的运用。结算工具的转移或传递最终导致货币资金的跨国运动。

二、国际结算的作用

（一）保障国际社会正常运转

人类社会发展到原始社会末期，随着可用于交换的剩余产品日益增多和社会分工的发展，逐渐产生了各种经济关系以及与之相适应的结算体系与结算制度，从而保证社会生活的正常运转。随着社会形态的不断演变进化，结算活动也经历了一个由简单到复杂、由初级到高级的发展完善过程。当各种经济交往扩展到国际领域时，结算活动也随之超越了国界，产生了国际结算。尽管国际结算只是一种微观金融活动，但其在社会经济生活中的重要职能是无法替代的。不论国际往来有多频繁，债务关系有多复杂，交易金额有多大，风险程度有多高，均可借助国际结算运作得以解决。可以说，国际结算是保障国际社会正常运转和国际交往顺利进行不可缺少的条件之一。

（二）联系外部世界的重要渠道

世界经济的发展历程表明，一国对外经贸战略目标的最终实现，不仅取决于恰当的宏观经济政策和产业政策，还取决于对外开放的深度与广度。没有哪个国家可以在闭关自守的情况下发展良好。广泛地参与世界政治、经济、贸易、金融及外交事务，不仅可以提高一国的国际地位，还可以不断地改善其在国际分工与国际事务中的角色，增加对世界政治经济事务的影响力。尽管各国对外交往的内容、范围以及对世界政治、经济的影响程度均有所不同，但都离不开国际结算这一最为直接的沟通渠道。因为，外部世界对本国的了解与本国对外部世界的开放，往往起始于贸易往来，这些往来必然要引发债权债务关系以及货币的收付转移。而国际结算正是由本国银行在遵循法律、规则、惯例等的基础上，通过规范有序的业务运作，首先保证本国对外经济贸易往来的顺利进行，进而为其进一步融入国际社会提供服务。因此，国际结算既是一国对外经济活动的组成部分，又是联系外部世界的桥梁与纽带。

（三）协助实现资源的优化配置

蓬勃发展的国际贸易活动通过资源转换与优化配置，极大地推动了世界经济的发展与进步。近年来，不论是发达国家还是发展中国家，均把对外贸易尤其是出口贸易作为促进产业升级换代、扩大就业、实现国际收支平衡以及带动经济全面发展的增长点。为实现这一目标，各国政府不仅在政策上施以引导与倾斜，还运用各种金融手段予以大力扶持。这其中，国际结算的作用尤为突出。国际结算运作不仅清偿了跨国的债权债务关系，经办银行还可以为进出口企业提供不同形式、不同期限和不同规模的贸易融资及风险保障，协助一国实现对外贸易的宏观及微观效益。另外，在国际投资与跨国经营活动中，凡涉及资金转移、债务清算、风险保障等事项，国际结算都为本国起到了资源的优化配置作用。

（四）有助于提高金融产业的整体水平

因为国际结算的业务难度与风险大大高于国内结算，所以要求经办银行不仅要具有雄厚的实力和优良的声誉，有众多的外国合作者，还要拥有完备的硬件设施和训练有素的业务人员。从各国的情况来看，开展国际结算业务运作，客观上促使银行必须改善业务条件、提高经营效益和管理水平，从而带动本国乃至世界金融产业整体水平的提高。另外，在金融自由化的进程中，尽管各国金融发展程度不同，但其银行往往都以国际结算作为拓展海外金融业务的起点和基础。通过与外国银行的接触交往和对国际结算业务规则的理解与应用，使得本国银行的业务人员逐步熟悉与掌握国际金融业务技能，培养了专门人才，从而提高了参与国际金融合作与竞争的能力。

三、国际结算的基本内容

国际结算作为一门学科，从整体运作来看，主要包括以下四方面内容：

（一）信用工具，指证明债权人权力和债务人义务的书面契约凭证，主要是汇票、本票和支票。

（二）结算方式，指货币收付的渠道和手段，这是国际结算的核心内容，主要包括汇款、托收、信用证、银行保函、备用信用证、分期付款、延期付款和凭单付现等。

（三）结算单据，指国际结算中涉及的商业单据，包括商业发票、保险单据、运输单据、装箱单、产地证、检验证明书等。

（四）结算融资，指进出口商如何利用票据及单据，结合结算方式进行特定方式的融资（或融物）。例如票据贴现、国际信用担保、信托收据、进出口押汇、保理、福费廷等。

近年来，随着世界经济、金融、投资、服务贸易和技术贸易等业务的快速发展，国际分工及国际关系在不断调整变化，国际结算的内涵和外延也发生了重大的变化。当前的国际结算已从传统的单方面货币收付，延伸为集结算、融资、担保、信用保险及相关配套服务为一体的综合性跨国银行业务。它与国际商务、国际物流、保险、商检等密切关联，涉及国家金融管理的有关法令、外汇管理条例 、国际惯例与准则、商业习俗、银行信誉、语言、文化、银企责任及业务的具体操作等诸多方面的因素，比较复杂。

第三节 国际结算的演变历史及发展趋势

国际结算由国际贸易衍生。在漫长的历史时期中，国际结算的具体形式随着整个社会政治、经济以及科学技术的发展而发展，形成各种为世界各国都能接受的结算工具和方式。同时，国际结算的发展又反过来促进了国际贸易的进一步扩大。

一、国际结算的产生

国际结算起源于国际贸易。国际贸易起源于公元前两千多年的古希腊和罗马帝国时代，当时随着生产力的发展，可供交换的剩余产品不断增加，于是逐渐产生了私有制、阶级和国家。商品流通超出国界自然产生了国际贸易的萌芽，同时出现了一种原始的结算方式。当时国际贸易是以货易物的形式进行的，贸易过程和结算过程是统一的，商品交换的完成即结算结束。这是一种原始而落后的结算方式，体现了当时易货贸易的特点。

二、国际结算的演变历史

国际结算是商品经济的产物，它的发展是随着国际贸易的不断发展而不断完善，它与国际运输业、保险业、金融业以及国际通讯技术有着密切的关系。纵观国际结算的演变过程，明显表现出各个时期结算方式的发展。

（一）从现金结算发展到非现金结算

14 世纪产生的前资本主义社会，最初的国际结算形式是使用黄金和珠宝作为贸易的交换媒介。金银等贵重金属成为货币，充当统一的一般等价物。以后随着印刷技术的发展，出现了以货币为媒介的现金结算。贸易商人之间以现金支付进行结算，买卖双方一手交钱，一手交货，银货当面两讫。现金结算突破了物物交换的局限性，因为货币作为商品交易的媒介，携带方便，为人们普遍接受，使国际贸易能以更高的效率进行。中国从汉代开始，在对中亚及中东、近东的陆上贸易和对日本及南洋各国的海上贸易，以及在古代和中世纪初期欧洲地中海沿岸各国的对外贸易，都长期采用现金结算。

从 15 世纪末叶起，封建社会逐渐向资本主义社会过渡，在重商主义思想的影响下，许多国家都很重视国际贸易的发展，使得贸易区域扩大，交易量变大，交易活动频繁，此前以运送黄金白银了结债权债务的方式，已经不能适应国际贸易的发展需要。但是在交易中使用现金结算携带既不方便，又风险大、费用高，且难以清点和辨别真伪，浪费时间又积压资金，给国际贸易商人带来了很多不便。于是促使国际结算从现金结算方式逐步转变为非现金的票据结算、转账结算方式。15 世纪前后，意大利的一些重要商业中心城市如威尼斯、热那亚、佛罗伦萨等，一些早期的银行开始使用市场汇票，通过办理汇兑业务从事非现金结算。

在这个阶段，票据逐步取代了现金成为最主要的结算工具。票据最初产生于公元 15 世纪欧洲繁华的区域贸易中心——地中海沿岸城市。由于各城市的国际贸易往来的发展，需要兑换大量的不同货币，由此产生了专门从事货币兑换业务的兑换商。为了避免现金运输途中的风险，减少运输费用，货币兑换商开始采用在本地收取现金，再向异地的兑换商发出书面证明（即“兑换证书”），由异地的兑换商进行现金支付。这种由兑换商签发的“兑换证书”就是早期的票据。票据制度的发展和完善经历了数百年的历史。

公元 16—17 世纪，欧洲大陆国家的票据使用已经相当普遍，票据制度也日趋完善，特别是背书制度的出现，使票据能够以简便的方式实现流通转让，票据由原来的证据性证券演变成流动性证券。这样的非现金结算，大大促进了国际贸易的发展，但受当时生产力水平的限制以及交通、通讯的落后，货币银行业也不发达，真正意义上的现代商业银行还未产生，所以非现金结算只是部分取代了现金结算。

18 世纪后半期，资本主义进入了自由竞争时期，世界经济发生翻天覆地的变化。第一产业革命使生产从工场手工业过渡到机器大工业，资本主义有了较快的发展。与此同时，国际贸易得以迅速发展，使金融业和信用制度得以快速兴起，银行业在经济变革中起着至关重要的作用。同时，随着科学技术的进步、交通和通讯设施的不断完善，国际间的政治、经济、文化等的交流往来也越来越多，国际结算也随之发展到以非现金结算为主。例如：意大利进口商甲向美国纽约出口商丙购买8万美元的小麦；纽约进口商丁向意大利出口商乙购买8万美元的皮鞋。以往是由意大利进口商甲从意大利输送现金给纽约出口商丙，还须由纽约进口商丁从纽约输送现金付给意大利出口商乙。现在，如果意大利出口商乙一再发出货物或对方收到货物后，即可命令纽约进口商丁付款8万美元的汇票。纽约进口商丁开出汇票以后转让给意大利进口商甲，收回他应得的8万美元，意大利进口商甲则把汇票寄给纽约出口商丙，叫他持票向纽约进口商丁要求付款。这样，意大利和美国两国之间的两笔债权债务通过一张票据的传递和流转得到了清算，从而避免了在现金结算方式下运送货币的风险，节约了时间和费用，有利于国际间商品交易的发展，对促进国际间的经济起到了一定的推动作用。

如图所示：

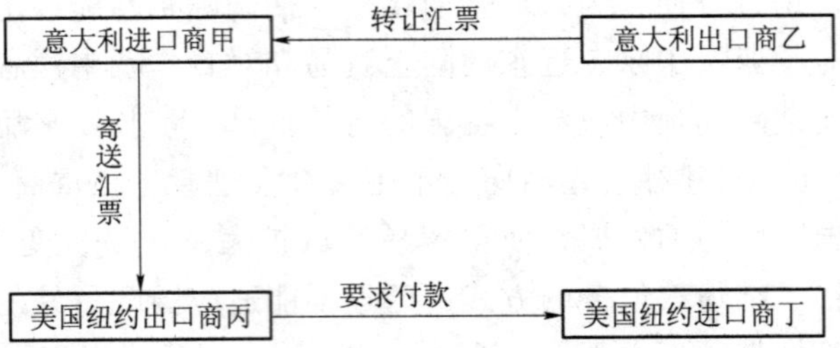

图 1.1 汇票的转让

（二）从买卖直接结算发展到通过以银行为中介的间接转账结算

国际贸易发展初期，贸易双方采用的是直接结算的方式。由于早期的银行是高利贷性质的银行，其主要业务是发放高利贷牟取暴利，基本不开展中介服务业务，也没有完全加入到国际贸易和国际结算体系中。到了18世纪后期，主要的资本主义国家相继完成了工业革命，银行也随之发生了深刻的变化，即由高利贷性质的封建式银行转变为现代意义上的担任信用和支付中介的资本主义银行。除了国内的存放款业务，新的资本主义银行还开展了国际结算和国际借贷业务，从而使原始的直接结算方式逐步过渡到现代的以银行为中介的间接转账结算。

现代商业银行资金雄厚，非常适合承接国际结算业务，它的加入极大促进了国际贸易和国际结算的发展。其自身的有利条件一是银行拥有高效率、安全性强的遍布全球的资金转移网络。二是银行资金雄厚，信用卓著，在贸易双方互不了解、彼此难以取得信任的情况下，银行以自己保证付款的凭证（如银行汇票）广为使用，使得买卖双方愿意通过银行办理结算。银行信用的加入促进了贸易货币的收付变成了银行内部或代理行之间的资金划拨或转账，一般不需要发生实际的货币运行活动。三是资金的转移效率得到了极大的提高，既节省了时间，又降低了成本。四是银行通过转账结算最大限度地抵消进出口贸易形成的债权债务关系，大大节省了用户费用和利息支出。

（三）从凭货付款发展到凭单付款

18世纪以前，商人从事海上贸易时基本上是采用FOB条件成交。商人当场看货，如认为合适，则即时偿付现金买下运走。这是典型的买卖双方直接结算的方式，不需要通过银行作为中介。

到18世纪后期，科学技术的进步和通讯工具的发展使整个国际贸易的分工发生了深刻的变化：商业、运输业和保险业分化成为三个独立的行业，现代银行业开始形成。本来，票据是由交易双方直接授受来结算的，现在由于银行体系的完善服务，交易双方都愿意通过银行来办理。商人们不再亲自驾船出海，而是委托运输公司运送货物；运输公司为了减少风险又向保险商投保，这样，提单、保险单相继出现。为了明确交易双方的责任，票据、提单、保险单等逐渐开始定型化，并成为可转让的流通凭证。与此同时，FOB、CIF等价格术语也初步形成并为各国所共同遵守。这些变化最终使国际结算从凭货付款发展到凭单付款。

到了19世纪末20世纪初，国际结算方式由凭货付款转变为凭单付款。在凭单结算中，单据代表着货物，银行履行付款义务的依据是单据，只要当事人提供合格的单据，银行就可以进行付款。这样银行可以避免交易双方的贸易纠纷，并且使不熟悉商品专门知识的银行也能很方便地办理国际结算。同时，由于单据代表着货物，银行就不再仅仅简单地替交易双方清算，它还可以用单据作为抵押向进出口商进行资金融通。特别是买方凭单付款的规则得到进一步的明确与运用，凭单付款就成为非现金结算的主要付款方式。

（四）从凭单付款发展到电子清算网络付款

随着现代通讯和电子计算机技术的飞跃发展，新兴科技成果逐步运用在国际结算上。从20世纪70年代中期，国际结算已经广泛采用了综合电子技术，使国际结算运行电子化和网络化。

当前，在全球国际交易中，电子化支付越来越普遍。我国国际结算方式电子化程度在不断增强。我国开展国际结算业务的商业银行都已加入SWIFT网，每天不停运转的电脑系统具有自动加押、核押等安全功能，因此，国际结算的安全性和效率已经逐步提高。新一代的贸易与结算合一网，即BOIERO已经出现并开始运行，采用这些新的银行电子清算网络对提高国际结算的速度和效率非常重要。

三、国际结算的发展趋势

随着国际经济的迅猛发展，跨国公司的蓬勃兴起，必然导致国际金融竞争的加剧，使贸易和结算呈现出一些新的特点和发展趋势，如国际结算功能的多元化、其单项功能正变革为多种金融要素的综合性金融服务。结算业务的电子化和网络化的加深，使国际结算制度将进一步向着多元化和自由化的多边结算制度方向发展。国际结算与贸易融资将更加紧密地结合。

（一）国际结算制度、货币体系趋向多元化、自由化

当今，世界政治、经济的结构与格局正在不断地变化，发展中国家为了发展经济，减少黄金国际储备的流失，则一直实行比较严格的外汇管制。因此，被管制的双边国际结算制度已经不能满足经济发展的需要，而多元化混合型的国际结算制度必然会取代单一的国际结算制度。另外，以黄金非货币化及美元地位的不断削弱，国际货币体系已演变成一种多元化的格局，在其基础上形成的国际结算体制也自然演变成为一种多元化格局的混合体制：即在全球范围内推行有限自由的多边结算制并辅以 IMF 特别提款权的多边结算；在一些国际集团内部实行自由的多边结算制或有限自由的多边结算制；在某些国家之间实行管制的双边结算制、多种结算制度同时并存。这就是当前多元化的国际结算体制，其基本特征是外汇自由与程度不同的外汇管制并存，以有限的外汇自由为主，多边清算与双边清算共存，并以多边清算为主。由于国际贸易和投资自由化的大发展以及现代通信技术在国际结算中的广泛应用，国际结算体制未来发展的长远趋势则是向着全球一体化的自由的多边结算制度方向发展。

（二）国际结算的运作功能呈多元化

由于国际商务、国际投资的快速发展，使得以货币支付手段职能为主的支付结算活动呈现出专门化和组织化，进而衍生了信用服务与货币经营的组织机构——银行。提供支付结算服务是现代银行的“立身之本”，也是国际结算的基础功能。若是支付结算有效运作、债权与债务的资金在全球范围内能即时顺畅地流通转移，这就要求银行更为贴切地融入企业的跨国经营，提供多要素组合的金融服务。除了传统信贷途径外，银行还可凭借基础性的支付结算功能，兼或提供融资和信用支持。于是，延伸于支付结算的国际贸易融资、应收账款追收、信用管理、风险控制、综合理财规则等增值性服务和衍生产品相继问世，推动了国际结算功能的多样化，促进了贸易金融这一新兴金融支持体系的形成与发展。国际结算正在从商业银行的单项功能性基础业务，变革为融合了多种金融要素的综合性金融服务。

（三）国际结算的电子化与网络化程度加深

随着高科技的电子数据交换（EDI）系统的广泛应用，银行结算的过程也发生了深刻的变化，表现在工作效率加快，差错减少，而处理的业务数量却大量增加。国际结算正朝着电子化、自动化的方向发展。

1. 国际结算的电子网络化程度越来越高

目前，电子网络技术的高速发展使国际贸易迈向了高效、安全、低成本的网上运作。国际结算的资金调拨主要通过世界各大金融市场的清算系统来完成。一个由欧共体发起创立、以互联网为基础支持国际贸易流程参与各方传输、交换电子单据与数据的BOLERO 网已建立并运作。使用者签署协议成为成员后，通过互联网交换单据、核查数据，完成贸易过程。它的用户包括了国际贸易中的进出口商、银行、保险公司、运输行、承运人、港务机构、海关、检验机构等。电子化国际结算带来的革新：一是大大缩

短了贸易结算流程时间。对以信用证结算的出口商而言，国际结算时间将由原 10 ~ 15 天缩短到 3 ~ 4 天甚至半天。二是单据具备统一的格式与标准，银行的单据审核与制作大为简化，同时可减少操作差错。三是风险控制更有力。BOLERO 为国际贸易的各参与方提供一个在全球范围在线连接的、高度安全的以电子形式存储、传递贸易单据的途径，它的高度安全特性确保了欺诈风险几乎为零。四是降低成本。据测算，国际结算在线操作可缩减管理费用 30% 以上。五是实现数据与货币的同向流动。在线实时的电子单据、数据交割使预付款结算方式向跟单结算转变成为可能。

2. 电子信用证

目前应用很广泛的各种结算方式，特别是跟单信用证正面临着电脑的挑战，其中最引人注目的是电子信用证的出现。所谓电子信用证，就是从信用证的开立到传递、议付、索汇及审单等，全都通过电脑来处理，结算速度较慢的纸质单据终将消失。因为随着国际贸易发展的需要，传统的纸面文件正开始被 EDI 技术下的电子单据所取代，国际贸易开始向“无纸贸易”发展，这为信用证的电子化提供了充分的准备条件。面对汹涌而来的电子商务大潮，传统的结算工具、结算方式、结算运作必将随之进行变革与创新。

（四）国际结算与贸易融资更加紧密地结合

国际贸易融资又叫国际结算融资，是指围绕国际结算的各个环节发生的资金和信用融通的经济活动。在贸易活动中，卖方总是希望尽快收回货款和融通周转资金，而买方则希望推迟付款或从银行得到融资。由于银行具有资金和信用上的优势，在进出口商符合银行的规定条件时，银行乐于提供国际贸易的融资服务。

国际贸易融资是国际商业银行的一项重要业务，所有的商业银行都把贸易融资放在重要地位，这是因为国际贸易融资的发展不仅会提高银行的收益，而且还能促进银行其他业务的发展。在现代国际结算中，贸易融资与国际结算是相互促进的。一方面贸易融资以国际结算为基础并依附于国际结算，另一方面贸易融资又能促进国际结算，融资越方便，对客户越有吸引力，国际结算业务也就会不断增加。同时国际贸易融资和国际结算业务风险较小，收益率高，有利于银行吸收存款，增强银行资金实力，还有利于改善银行资产质量，提高收益。

为了适应市场的快速变化，满足客户的要求，银行在开展融资业务时，不断推出更加方便快捷的手段。这种新变化表现在：（1）融资方式更加多样化。传统的国际贸易融资主要是对进出口商的短期资金融通，如进出口押汇、票据贴现和打包贷款等。现代的贸易融资则更加灵活和多样化，如进口融资与出口融资并重，加快发展中长期贸易融资等。（2）融资方法更简便灵活。为适应国际贸易的迅速发展，满足客户的需求，国际商业银行在开展融资业务时，不断推出方便快捷的新服务手段。其中授信额度是一个突出表现。授信额度是银行根据客户的资信、偿还和经营状况而授予在本行内办理结算业务的客户凭借信用融资的最高融资限额。银行与客户签订授信额度协议后，可以较灵活地利用各种资金便利，如银行提供的信用贷款、账户透支、信用卡透支、对外担保、票据承兑、开立信用证等，从而极大地方便了贸易买卖双方，促进了贸易的发展，同时又使银行业增加了业务，扩大了收益。

（五）国际惯例及规则日趋完善

由于国际结算处理的是国际间的债权债务清偿及资金转移支付，因此必然要涉及不同的经济与金融制度、不同的货币、不同的结算体系、不同的语言及不同的商业习惯，由此而产生的国际结算摩擦也将增多。为了维护世界经济的良好秩序，缓和与减少各种冲突和纠纷，公正的标准处理业务，是顺利实现国际间债权债务清偿和货币资金转移支付的必要前提。在长期的贸易实践中，国际社会逐渐形成了一些对国际贸易及结算具有重要指导意义的国际惯例。国际惯例虽非法律但公正合理，明确规范金融活动的法制化、惯例化、条约化，为调节相关当事人之间的关系，避免和解决国际贸易和结算纠纷起到了关键作用。

（六）以快邮处理函件

为了减少单据的在途时间，除了使用航空寄送单据外，银行业也开始大量使用DHL等快邮，使世界上任何大城市之间桌与桌（Desk to Desk）的邮件传递时间缩短到只用3天，而普通航空至少要一个星期。

快邮具有迅速、准确、安全、方便的特点。目前国内经营快邮的主要有EMS（Worldwide Express Mail Service，邮政特快专递）、DHL信使专递（DHL Courer's Service）、Fed Express、UPS、TNT等。其中DHL是国际信使专递行业中有代表性的公司之一。DHL是三个美国老板名字的第一个字母，总部设在纽约，它在全球160多个国家和地区设有超过500个分支公司、专递站和专递中心、代理机构等。该公司委托我国对外贸易运输公司为其在我国的业务代理，是最早进入我国的快邮公司。DHL与EMS相比，费用较高，但时间略快，且寄送的地区较多，如南美、中东、非洲等地都有它的航班专递。

（七）信用证结算方式逐渐出现边缘化

在当代国际贸易中，国际结算方式正在悄然发生一些改变。长期以来，以银行信用作为付款保证的支付方式——信用证一直处于主导地位。但随着世界经济一体化的不断加深，买方市场在全球贸易中逐步形成，出口竞争的方式日益多元化，竞争的层次也愈来愈深。出口商单凭商品本身的优势（品质、包装、价格）占有市场已不能完全满足竞争的需求，而需要使用商业信用交易方式来进一步增强竞争力。同时，运用有效的手段来防范风险，已成为许多国家出口商的一种常规做法。由此，商业信用将重新成为国际贸易发展的重心所在，使整个国际贸易结算市场出现了信用证结算方式被边缘化的倾向。如传统上占重要比重的信用证结算方式正在逐渐让步于托收或汇款结算方式。据统计，21世纪初，信用证在欧美发达国家的使用比率已经由20世纪70年代的85%下降到不足20%，其中北美和欧盟分别只有11%和9%。即使在发展中国家和地区，其使用比例也在逐步的下降之中。因为信用证结算方式银行费用高，并在较长时间内占压买方的资金。在全球金融危机情况下，信用证结算方式更趋下降，其原因：一是信用证银行收费高。二是信用证条款过于复杂。三是信用证三原则先天性不足，即开证费包括押金，这是一笔较高的费用，造成进口商的资金暂压。对于出口商而言，用信用证结算方式，竞争力下降。如两笔相同的生意，一笔用信用证，另一笔用托收，进口商当然首选托收支付方式。原因就是上述资金问题、要严格做到单证一致、单单一致，信用证将会从银行信用转向商业信用。四是跨国公司的出现，信用证方式过时等，买方更乐于接受非信用证结算方式。如目前非信用证结算方式占我国年贸易额的比重达50%以上，因而大力发展以预付货款、国际保理、福费廷、追账服务、出口信用保险，保函等为代表的非信用证结算方式将更加是银行今后的工作重点。银行等金融机构充分利用新贸易结算方式，既可参与贸易过程，又可充分防范风险。

（八）国际结算中的混合结算方式日趋增多

国际结算方式的混合选择指多种结算方式的结合或综合运用，如部分货款采用信用证结算，部分货款采用验货（特别大型设备货物）后电汇付款，或部分货款采用信用证结算，部分货款（尤其指超出信用证金额部分）采用托收结算；或部分货款采用T/T预付付款结算，部分货款采用信用证结算等等。采用混合国际结算方式的优点在于使买卖双方分摊一些结算风险和成本，有利于达成双方均可接受的结算方式合约。因此，混合国际结算方式日趋受到青睐。如某进出口公司的一笔对外贸易，可采用20%预付定金，30%发货后电汇付款，50%即期付款交单托收等混合方式。

（九）跨境人民币结算日趋普遍

在全球金融危机影响不断扩散的情况下，为顺应国内外市场和企业的要求，保持我国与周边国家和地区的贸易正常发展，为企业提供更多便利，我国国务院于2009年4月8日决定在上海市和广东省的广州、深圳、珠海、东莞4城市先行开展跨国贸易人民币结算试点工作，境外地域范围暂定为港澳地区和东盟国家，并且由中国人民银行、财政部、商务部、海关总署、税务总局、银监会共同制定了《跨境贸易人民币结算试点管理办法》，于2009年7月2日正式实施。这标志着人民币国际化向前迈进了一大步。今后，跨境人民币结算必将日趋普遍。开展跨境贸易人民币结算，可以使我国进出口企业在跨境或国际贸易中通过选择本国货币办理结算而规避汇率风险，对推动我国国际贸易稳定增长具有十分重要的意义。

总之，在当代国际贸易中，国际结算方式正在悄然发生一些改变，特别在2007年后全球发生金融危机以来，为了降低营运成本，世界各商人千方百计寻求既低成本而又快速、简单的国际贸易结算支付方式，如传统上占重要比重的信用证结算方式正在逐步衰退，让步于汇款、托收或凭单付现的结算方式。国际结算中的混合结算方式日趋增多，国际结算的电子化程度越来越高，国际结算的汇率风险不断加大，跨境贸易人民币结算日趋普遍等。这些发展趋势的利弊都是需要我们认真探索、认真研究和认真应对的。

本章重要概念

国际结算　国际贸易结算　国际服务贸易结算　债权　债务　EDI

复习思考题

1. 什么是国际结算和国际贸易结算？
2. 国际结算包括哪些内容？
3. 国际结算有哪些基本特征？
4. 简述国际结算所使用的法律法规及国际惯例。
5. 简述国际结算的演变与发展。

第二篇 国际结算的中介——银行

商业银行是现代金融服务最重要的主体。随着资产业务、负债业务、中间业务和国际业务的开展，商业银行所提供的金融服务及开展的各项业务已渗透到社会生活的各个方面，对国民经济的发展、社会的进步起到了巨大的作用。现代国际结算业务基本都是通过商业银行进行的，商业银行已不仅仅是国际结算业务过程中的中心枢纽，更成为各国工商企业进行对外贸易活动不可缺少、不可替代的有力助手和坚强后盾，为国际贸易的顺利发展创造了条件。

商业银行要在国际结算业务中发挥应有作用，其机构的国际化和网络化建设是当务之急。因此，银行应立足本行，从自身的经济实力、业务规模和发展前景出发，有步骤地建立境内外分支行，作为银行国际结算网点的基本框架。通过有计划地建立国外代理行关系，构成银行国际结算网络的总体布局，以适应包括国际结算业务在内的对外金融业务的发展需要。

银行境外代理行的建立应服从一国外交和对外经济政策，贯彻独立自主、平等互利的原则，遵循国际金融业务的一般惯例，坚持资信调查与评估，签订协议或换函确认、相互交换控制文件等程序，这对于代理行业务风险的连带性、金融创新、市场竞争以及银行并购的客观要求，加强代理行业务的内部及外部风险管理具有重要的现实意义。

第二章 国际结算中的往来银行

学习目标

1. 了解银行的产生和发展；

2. 了解现代商业银行在国际结算中的地位与作用；

3. 熟悉 CHIPS、CHAPS、FEDWIRE、TARGET 等国际支付系统和 SWIFT 国际结算通信网络；

4. 掌握银行间账户的设置与应用，代理行关系建立过程中应注意的问题；

5. 掌握国际惯例，并了解银行的国际汇兑和各国的货币符号。

第一节 银行的产生和发展

一、银行的产生和发展

（一）银行的产生

银行一词来源于意大利语 Banca，意思是货币兑换商借以办理业务的板凳。英语转化为 bank，意思为存放钱的柜子。早期的银行家被称为“坐长板凳的人”。银行是商品货币经济发展到一定阶段的产物。它的产生大体上分为三个阶段：第一阶段出现了货币兑换业和兑换商。第二阶段增加了货币保管和货款收付业务，即由货币兑换业演变成货币经营业。第三阶段兼营货币保管、收付、结算、放贷等业务，这时货币兑换业便发展为银行业。

最早的银行业发源于西欧古代社会的货币兑换业。最初货币兑换商只是为商人兑换货币，后来发展到为商人保管货币，收付现金、办理结算和汇款，但不支付利息，而且收取保管费和手续费。随着工商业的发展，货币兑换商的业务进一步发展，他们手中聚集了大量资金。当货币兑换商为了谋取更多的利润，利用手中聚集的货币发放贷款以取得利息时，货币兑换业就发展成为银行了。例如公元前 2000 年的巴比伦寺庙、公元前 500 年的希腊寺庙，都已经有了经营保管金银、收付利息、发放贷款的机构。近代银行产生于中世纪的意大利，由于威尼斯特殊的地理位置，使它成为当时的贸易中心。公元 1171 年，威尼斯银行成立，这是世界上最早的银行，随后意大利的其他城市以及德国、荷兰的一些城市也先后成立了银行。在我国，明朝中叶就形成了具有银行性质的钱庄，到清代又出现了票号。我国第一次使用银行名称的国内银行是1897年5月27日成立的“中国通商银行”。我国最早的国家银行是1905年创办的“户部银行”，后称“大清银行”，1911年辛亥革命后，大清银行改组为“中国银行”，一直沿用至今。

（二）银行的发展

银行的产生和发展是同货币商品经济的发展相联系的，前资本主义社会的货币兑换业是银行业形成的基础。货币兑换业起初只经营铸币兑换业务，以后又代商人保管货币、收付现金等，这样，兑换商人通过货币兑换手中就逐渐聚集起大量货币资金。当货币兑换商从事放款业务，货币兑换业就发展成为银行业。

近代最早的银行是公元1580年建于意大利的威尼斯银行。此后，1593年在意大利米兰、1609年在荷兰阿姆斯特丹、1621年在德国纽伦堡、1629年在德国汉堡以及其他城市也相继建立了银行。当时这些银行主要的放款对象是政府，并带有高利贷性质，因而不能适应资本主义工商业发展的要求。最早出现的按资本主义原则组织起来的股份银行是1694年成立的英格兰银行。到18世纪末19世纪初，规模巨大的股份银行在工业化国家纷纷建立，成为资本主义银行的主要形式。随着信用经济的进一步发展和国家对社会经济生活干预的不断加强，又产生了建立中央银行的客观要求。1844年改组后的英格兰银行可视为资本主义国家中央银行的鼻祖。1897年在上海设立的中国通商银行是中国自行开办的第一家现代银行。到19世纪后半期，西方各国都相继设立了中央银行。早期的银行以办理工商企业存款、短期抵押贷款和贴现等为主要业务。现在，西方国家银行的业务已扩展到证券投资、黄金买卖、中长期贷款、租赁、信托、保险、咨询、商业信息服务以及商业电子计算机服务等各个方面。

20世纪以来，随着国际贸易和国际金融的迅速发展，在世界各地陆续建立起一批世界性的或地区性的银行组织，如1930年成立的国际清算银行、1945年成立的国际复兴开发银行（即世界银行）、1956年成立的国际金融公司、1964年成立的非洲开发银行、1966年成立的亚洲开发银行等，银行在金融跨越国界和更广泛的领域里发挥作用。

二、银行的种类

（一）按结构划分

现代西方国家的银行结构非常繁杂，主要有以下几类：

（1）政府银行、官商合办银行、私营银行；

（2）股份银行、独资银行；全国性银行、地方性银行；

（3）全能性银行、专业性银行；

（4）企业性银行、互助合作银行等。

（二）按职能划分

从职能角度看，银行可划分为中央银行、商业银行、投资银行、储蓄银行和其他专业信用机构。它们构成以中央银行为中心、商业银行为主体、各类银行并存的现代银行体系。在我国，中央银行即中国人民银行，具有监管和协调各商业银行的职能作用。

三、商业银行的业务体系

在现代金融体系中，商业银行是无可替代的中介服务机构，在国际结算领域中扮演越来越重要的角色。商业银行的业务主要有资产业务、负债业务、中间业务和国际业务。吸收存款、发放贷款、办理融资与结算是商业银行最基本的业务。

（一）商业银行的资产业务

商业银行的资产业务指的是将资金通过各种途径加以运用取得收益的业务。商业银行的资产业务包含的内容比较丰富，有的资产业务是为了保持银行充足流动需要，有的资产业务则为商业银行提供主要利润来源。商业银行的资产业务主要包括：现金业务、贷款业务、证券投资业务、同业拆出业务。其中贷款业务是商业银行最基本、最主要的资产业务，是商业银行获取利润的主要来源，也是一项由债务人失信或破产引起的风险性较大的业务。

（二）商业银行的负债业务

负债业务是指商业银行筹措资金、形成资金来源的业务，它是商业银行资产业务和其他业务的基础。商业银行经营除了需要一定数量的自有资本金外，更重要的是吸收大量的存款和借入更多的资金。吸收存款和借入资金是商业银行最主要最基本的负债业务。商业银行负债的规模和结构，决定了整个银行的经营规模和经营方向；而负债结构和成本的变化，则极大地影响着银行的盈利水平和风险状况。商业银行的负债业务包括存款业务和非存款业务。

1. 存款业务

存款始终是商业银行的主要负债和经常性的资金来源。活期存款（demand deposits）、定期存款（time deposits）和储蓄存款（saving deposits），是各国商业银行的传统存款业务。现代商业银行在所有的传统存款领域中不断创新存款项目，推出可转让支付凭证账户、可转让定期存单、货币市场存款、自动转账服务账户以及丰富多彩的储蓄存款，以努力争取客户，扩大存款规模。存款定价直接关系到存款产品营销的效果，银行通常要结合客户、市场、自身经营状况等多项因素进行自主定价。

2. 非存款业务

非存款业务被称为主动型负债，是指商业银行以各种方式从资金市场上获得资金。主要包括：同业拆借、向中央银行或从国际金融市场借款、发行金融债券等。根据期限的长短，非存款业务可分为短期借入负债和长期借入负债。

（三）商业银行的中间业务

所谓中间业务是指商业银行不直接承担或形成债权债务，不动用自己的资金，替客户办理支付及其他委托事宜而从中收取手续费的业务。中间业务分为无风险中间业务和有风险中间业务，无风险业务包括结算、代理、咨询类和信用卡业务，有风险业务包括担保类、承诺类和与利率、汇率相关业务。

根据国际清算银行成员国组成的巴塞尔委员会的划分，银行中间业务大致分为四类：

（1）商业银行提供的各类担保业务，主要包括贷款偿还担保、履约担保、票据承兑担保、备用信用证等。

（2）贷款承诺业务，主要有贷款限额、透支限额、备用贷款承诺和循环贷款承诺等。

（3）金融工具创新业务，主要包括金融期货、期权业务、货币及利率互换业务等。

（4）传统中间业务，包括结算、代理、信托、租赁、保管、咨询等业务。

（四）商业银行的国际业务

商业银行的国际业务是伴随着国际贸易的发展而产生的。目前国际业务已经成为商业银行经营不可缺少的重要组成部分，也是商业银行利润的主要来源。与国内业务相比，国际业务在交易对象、业务规模及空间上均有显著区别。同时，由于经营环境的复杂性和不可预见性，国际业务在安全性和流动性上的要求也高于国内业务。

商业银行国际业务的范围很广，主要包括国际融资业务、国际结算业务、外汇买卖业务和离岸金融业务等。

国际融资业务是指商业银行以外国货币为载体开展的融资业务或针对外国居民进行的融资业务，有国际筹资业务和国际信贷业务两个方面组成。

国际结算业务是以货币收付清偿不同国家之间的债权债务的国际金融活动。商业银行通过提供包括进出口信用证、汇出汇入汇款、议付、托收、结售汇、旅行支票、外币兑换、代理买卖股票以外的外币有价证券等业务，成为全球国际结算的服务主体，国际结算业务也因此成为商业银行一项重要的国际业务。

外汇买卖业务是商业银行的基本国际业务之一。商业银行在外汇市场上根据客户和自身的需要开展外汇交易。外汇交易的方式随着金融衍生工具的发展而不断推陈出新，其中最基本的外汇交易方式有：现货交易、远期交易、外汇期货交易、外汇期权交易等。

离岸金融业务是与在岸金融业务的概念相对应，是指商业银行吸收境内非居民（包括境外注册的企业和境外自然人）的资金服务于境外居民的金融活动，也就是非居民在境内银行开设境外账户，在国内即可操作外汇投资融资、结算等业务的一项国际性银行业务。

第二节　银行在国际结算中的地位和作用

国际结算是伴随着国际贸易的产生而出现的，并伴随着国际贸易国内外形势的发展而变化。在现代国际结算活动中，银行作为不可替代的中介服务机构，正在扮演着越来越重要的角色。银行在国际结算中的地位主要表现在以下三个方面：

一、银行资金实力雄厚、信誉卓著，可以为国际贸易结算双方提供信用保障

传统的国际贸易的开展是建立在买卖双方的信用基础上的，但买卖双方由于分处在不同的国家，对彼此的状况了解有限，因而不可避免地会出现买方担心付款后不能按时、按质、按量地收到货物；卖方担心交货后不能按时收到货款，造成钱货两空的局面。这些担忧势必会制约国际贸易的顺利进行。如果银行介入贸易结算，居中为买卖双方提供信用支持，就有助于消除买卖双方的担忧，从而促进国际贸易的大规模、大范围的开展。

二、银行可向买卖双方提供贸易融资

银行在办理国际结算业务中，不仅可以向买卖双方提供信用支持，而且可以根据不同的结算方式，分别向买卖双方提供贸易融资。伴随着物权单据化概念的普遍接受和凭单付款方式的进一步完善，单据成为一种重要的抵押品，银行可以凭它向出口商提供资金融通，从而发展单据贴现、单据抵押等融资业务，并在此基础上形成了现在银行广泛开展的贴现、押汇、打包放款、国际保理等融资业务。由于有了银行的资金融通，使得进出口商的国际贸易量得以大幅度增加，这同时又增加了对银行国际结算的需求，使银行与贸易两者相辅相成，相互促进，形成了一个以银行为中介、贸易与融资为一体的结算体系。

三、银行拥有快捷、安全、准确、便利的资金转移网络

随着银行国际化的推进，银行在全世界各地设立了规模庞大的海外网络，以拓展其在海外业务的开展，这其中包括银行海外分支机构、代理行等。并且，随着现代通讯技术的发展及其在银行业的广泛应用，迅速提高了银行处理结算业务的效率，国际结算可以借助于国际电子清算系统来进行，这其中最典型、最重要的是 CHIPS、CHAP、SWIFT 等三大国家清算系统。这些高效、安全、便利的资金转移网络的建立，加快了资金的周转和利用速度，促进了国际贸易总量和国际结算业务量的增加。

第三节　国际结算中账户行关系的建立

与国内业务相比，商业银行国际业务具有复杂性、风险性和灵活性三个显著特点。因此，为了更好地参与国际业务，更好地在国际竞争中不断发展壮大，每一个商业银行都需要在业务所涉及的范围建立一套组织系统或广泛的网络，以使得其国际业务能够顺

利开展。在全球范围内建立起资金划转通畅的账户网络是国际结算业务顺利进行的前提和关键条件。

一、银行海外分支机构的设置

一般来说，商业银行国际业务的组织系统包括三个方面：(1) 分支机构系统；(2) 代理行；(3) 国际银团银行。国际结算的运作需要借助各商业银行分支机构的合作和财务管理，进而实现资金在全球范围内的安全、顺畅转移。

(一) 分支机构系统

分支机构系统主要包括代表处、办事处、分支行、附属银行以及联营银行五个层次。

1. 代表处

代表处 (Represent Office) 是银行设在境外最简单的非营业性办事机构。它没有自己名下的资产和负债，没有法人资格，不能经营真正的银行业务，通常只有一、二名职员。代表处的主要职能是探询新的业务前景、寻找新的盈利机会、开辟当地信息新来源，并代表母行从事信息传递、公共关系、业务招揽等活动。代表处是分支机构最低级和最简单的形式，通常是设立更高层次机构的一种过渡形式。

2. 办事处

办事处 (Agency Office) 是银行设在境外的能够转移资金和发放贷款，但不能在东道国吸收当地存款的金融机构。办事处是母行的一个组成部分，不具备法人资格，介于代表处和分行之间。办事处不是经营全面业务的银行，无权吸收当地客户的活期存款，但它可以吸收外国活期存款，可以持有信贷金额，运用由国内银行调来的资金。许多设在外国的商业银行办事处充当着本国政府财务代理人的角色，并且在国外买卖证券、对国内企业进出口融资。办事处有时还将多余的资金拆放给同业或对当地的工商企业提供贷款。由于办事处不接受当地存款，所以不受法定准备金率的约束。

3. 海外分行、支行 (境外联行)

海外分行、支行 (Branch and Sub-branch/Overseas Sister Bank) 是银行根据业务发展需要而设在境内外的一种最主要的营业性机构，是母国银行的一个组成部分。分行不是独立的法律实体，没有独立的法人地位，要受本国或本国与东道国双方的法律及规章制约；其业务范围及经营政策须与母行保持完全一致，业务规模须以母行的资本、资产和负债为基础，母行对分行的活动负有完全责任。一般来说，分行可以经营完全的银行业务，但不能经营非银行业务 (不管是实行分业经营的国家还是混业经营的国家都是如此)。

分行通常下设的营业性机构是支行 (Sub-branch)。支行在业务经营上类似于分行，只是它直接属分行管辖，规模比分行小，层次比分行低。

分行与支行的主要资金来源是大额定期存单和各种存款以及同业拆借款，一些外国分行、支行还办理私人支票账户，国外分行与支行的资金运用主要是为国际贸易融资、银行同业拆放款以及为当地工商企业提供贷款。分行与支行的开办费用和维持费用一般都比较大，收益可能要缴纳较重的税，因此，是否开办分行与支行应权衡成本收益。另外分行与支行的开立还要受到东道国的金融监管机构的批准。

4. 附属银行（子银行）

附属银行（Subsidiary Bank）是银行在东道国登记注册成立的公司性质的银行机构，其在法律上是一个完全独立的经营实体，对自身债务仅以其注册资本为限承担有限责任，具有独立的法人地位。附属银行是属母行拥有的合法注册公司，其股权的全部或大部分为母行所控制。附属银行的经营范围较广，通常可以从事东道国国内银行所能经营的全部银行业务活动，在某些情况下，还可经营东道国银行不能经营的某些业务。此外，附属银行还可经营非银行业务，如证券、投资、信托、保险等业务。

5. 联营银行

联营银行（Affiliated Bank）在法律地位、性质和经营特点上与附属银行类似，而不同之处是，任何一家外国投资者拥有的股权只能在50%以下，即拥有少数股权，其余股权可以由两国或多国投资者合资所建，也可以由外国投资者通过购买当地银行部分股权而形成。其业务经营品种与范围依注册规定或参股银行的性质而定，通常经营租赁、代理融通和商业业务，存款业务的规模一般都比较小。联营银行的最大优势是可以集中两家或多家参股者的优势。

中国银行在海外建立了许多的分支机构，截至2010年末，中国银行网点已覆盖我国香港、澳门、台湾地区以及31个国家，拥有营业性机构711家，非营业性机构273家，并与全球1 000余家银行建立了代理业务关系，全球服务网络日益完善。下表2.1列举的是中国银行部分主要海外分支机构的名称。

表2.1　中国银行部分主要海外分支机构

银行名称
中国银行伦敦分行 BANK OF CHINA LONDON BRANCH
中国银行（英国）有限公司 BANK OF CHINA (UK) LIMITED
中国银行（英国）有限公司伦敦中国城分行 BANK OF CHINA (UK) LIMITED LONDON CHINATOWN BRANCH
中国银行（英国）有限公司曼彻斯特分行 BANK OF CHINA (UK) LIMITED MANCHESTER BRANCH
中国银行（英国）有限公司格拉斯哥分行 BANK OF CHINA (UK) LIMITED GLASGOW BRANCH
中国银行（英国）有限公司伯明翰分行 BANK OF CHINA (UK) LIMITED BIRMINGHAM BRANCH

续表

银行名称
中银国际（英国）有限公司 BANK OF CHINA INTERNATIONAL（UK）LIMITED
中银爱尔兰有限公司 BOC FINANCE（IRELAND）LIMITED
中国银行法兰克福分行 BANK OF CHINA FRANKFURT BRANCH
中国银行汉堡分行 BANK OF CHINA HAMBURG BRANCH
中国银行杜塞尔多夫分行 BANK OF CHINA DUSSELDORF BRANCH
中国银行巴黎分行 BANK OF CHINA PARIS BRANCH
中国银行意大利十三区分行 BANK OF CHINA AGENCE ITALIE
中国银行（瑞士）有限公司 BANK OF CHINA（SUISSE）SA
中国银行意大利米兰分行 BANK OF CHINA MILAN BRANCH
中国银行匈牙利中国银行 BANK OF CHINA（HUNGARY）CLOSE LTD.
中国银行卢森堡分行 BANK OF CHINA LUXEMBOURG BRANCH
中国银行（卢森堡）有限公司 BANK OF CHINA（LUXEMBOURG）S. A.
中国银行（卢森堡）有限公司鹿特丹分行 BANK OF CHINA（LUXEMBOURG）S. A.，ROTTERDAM BRANCH
中国银行（卢森堡）有限公司布鲁塞尔分行 BANK OF CHINA（LUXEMBOURG）S. A.，BRUSSELS BRANCH
俄罗斯中国银行 BANK OF CHINA（ELUOSI）
中国银行巴林代表处 BANK OF CHINA BAHRAIN REPRESENTATIVE OFFICE
中国银行雅加达分行 BANK OF CHINA JAKARTA BRANCH
中国银行新加坡大坡支行 BANK OF CHINA SOUTH SUB-BRANCH

续表

银行名称
中国银行新加坡小坡支行 BANK OF CHINA NORTH SUB-BRANCH
中国银行新加坡加东支行 BANK OF CHINA KATONG SUB-BRANCH
中国银行新加坡中区支行 BANK OF CHINA CENTRAL SUB-BRANCH
中国银行新加坡唐城支行 BANK OF CHINA CHINATOWN SUB-BRANCH
中银国际（新加坡）新加坡有限公司 BANK OF CHINA SINGAPORE BRANCH
马来西亚中国银行 BANK OF CHINA（MALAYSIA）BERHAD
中国银行悉尼分行 BANK OF CHINA SYDNEY BRANCH
中国银行中国城分行 BANK OF CHINA HAYMARKET BRANCH
中国银行墨尔本分行 BANK OF CHINA MELBOURNE BRANCH
中国银行巴拉玛打办事处 BANK OF CHINA PARRAMATTA OFFICE
中国银行东京分行 BANK OF CHINA TOKYO BRANCH
中国银行大阪分行 BANK OF CHINA OSAKA BRANCH
中国银行横滨分行 BANK OF CHINA YOKOHAMA BRANCH
中国银行哈萨克中国银行 BANK OF CHINA（KAZAKHSTAN）
中国银行汉城分行 BANK OF CHINA SEOUL BRANCH
中国银行曼谷分行 BANK OF CHINA BANGKOK BRANCH
中国银行胡志明市分行 BANK OF CHINA HO CHI MINH CITY BRANCH

资料来源：中国银行网站（www.bank-of-china.com）

（二）代理行

代理行（Correspondent Bank）是指相互委托代理各项业务的银行。具体而言，是指处在不同国家的两个银行之间相互交换密押、有权人签字样本、费率表等控制文件，相互委托代理相关国际业务或提供有关金融服务，这两个银行之间互称为代理行。代理行是在国际经济交往日益频繁的情况下，为便于进行国际业务的清算、结算、融资等业务而产生的。目前世界上大部分银行内部都设有专门的代理行部门（Financial Institutions Division or Correspondent Banking Division），负责与国外银行商谈建立代理行关系、对代理行各种动态进行跟踪、分析代理行的变化、及时调整代理行往来政策以有效控制代理行的风险，同时与代理行相互介绍各自的金融产品，以扩大代理行之间的合作。

代理行业务是中国商业银行国际业务的重要组成部分。随着中国对外经贸的不断发展，中国同世界各国之间的进出口贸易和经济往来日益增长，办理国际银行业务的商业银行也越来越多。以中国银行为例，为了适应业务发展需要，其已建立了遍布五大洲22个国家和地区的不同层次的557家分支机构，并与200多个国家和地区的1 500多家银行建立了5 000多家（分、支行）代理关系，其中有选择地与一些银行相互建立了账户关系，还与全球200多家大银行保持着经常性的资金往来关系。此外，中国工商银行等其他商业银行也积极开辟国际业务，并在境外开设分支机构并建立了代理行关系。

（三）国际银团银行

国际银团银行（Consortium Bank）产生于20世纪60年代中期，70年代初期得到迅速发展，现在大多数跨国银行都参与了银团银行，许多跨国公司还同时参加多家国际银团。银团银行通常是由两个以上不同国籍的跨国银行共同组建的公司性质的合营银行，任何一个投资者所持有的股权都不得超过50%。作为一个法律实体，银团银行有自己的名称和特殊功能，它既接受母行委托的业务，也开展自己的业务活动。其业务范围一般包括：对超过母行能力的大额、长期贷款作出全球性辛迪加（一种垄断形式）安排；承销公司证券；经营欧洲货币市场业务；安排国际间的企业合并和兼并；提供项目融资和公司财务咨询等。与其他形式的银行相比，银团银行具有以下一些特点：组成银团银行的母行大多是世界著名的跨国银行；银团银行的注册地多为一些国际金融中心或离岸金融中心；银团银行经营的业务大多是单个银行不能或不愿意经营的成本高、风险大、专业技术强、规模和难度较大的业务；其业务对象主要是各国政府和跨国公司，很少向普通消费者提供小额零售业务。

商业银行参与国际银团可以获得以下几个方面的好处：第一，可以通过参与国际银团进入本行无法涉足的外国金融市场；第二，可以承担本行无力承担的巨额贷款；第三，可以经营某些技术性较强、本行无法经营的业务；第四，国际银团的参与者可以在本国金融市场互相为对方提供业务便利；第五，参与国际银团可以分散商业银行国际业务的风险。

在以上六种机构形式中，代表处、办事处和分行、支行都不是独立的法人，母行完全可以对其进行控制，实行与母行统一的经营策略和经营方针，均属母行的派出机构，在业务往来和资金往来关系上，均属于联行往来的范畴。附属银行、联营银行、银团银行是独立法人，但无法全面有效地实施母行的经营测量和经营方针，属母行的参与机构，在业务往来和资金往来关系上，常属于代理行往来的范畴。从业务范围来看，代表处、办事处的业务有限；银团银行一般不经营小额零售业务；只有分行与支行、附属银行、联营银行的经营范围较广。从机构设置的地区来看，分行与支行在境内外都设有机构，而其他几种机构形式多在境外设置。

二、代理行关系的建立

（一）设立代理行的必要性

随着国际贸易量的飞速增长，国际结算的需求在深度与广度上的要求都在日益增加，由于国际结算几乎都需要商业银行的参与，这就对商业银行的地理分布产生了比较高的要求。商业银行为了增加利润来源，扩大规模，一方面不得不广布网点，另一方面，由于受到各种因素的制约，银行不可能在境外开设足够多的分支机构，这些因素包括：

（1）由于对经营场所、雇员、设备和通讯设施等需进行大量的投资，成本开支巨大；

（2）各国对外国银行在本国领土开设分支机构均有一系列的限制；

（3）境外分支机构要受到驻地国家各种法律、法规、法令的管理制约；

（4）境外设置分支机构必须承担政治、经济及金融风险等等。

代理行则很好地协调了以上的诸多矛盾。代理行关系的建立，不仅为银行办理国际结算业务提供了境外伙伴，有效化解境外各种因素的制约，而且有利于扩大国际间的经济合作与交流，保证资金准确有效地运行和周转，推动国际经济贸易的发展。

当然，由于代理行业务是以银行信用为中介，所以代理行业务也会存在国家风险、银行信用风险和市场风险等风险因素。其中国家风险是指代理行所在国家或地区的政治形势、法律体系、经济实力、银行监管体系、外汇储备、外债结构、国际收支状况等方面的原因，直接影响该国在履行与其他国家签订的协议、执行国际惯例、处理国际结算和国际清算、偿还国际债务等方面的表现；银行信用风险主要是指一旦某个有代理关系的国外银行由于偿债能力不足，或信誉、经营状况恶化而无法履行其债务承诺，就会危及另外一家或多家银行，尤其是有代理关系银行的资金安全；市场风险主要体现在利率风险和汇率风险上，各国利率与汇率变动是这种风险的直接来源。

（二）代理行关系建立的步骤

由于代理行要相互代为处理委办的业务，所以代理行之间必须签订代理协议，规定代理的业务范围、收费办法、开立账户、约定透支或垫款的金额、有关款项的调拨方法以及交换签字样本和电报密押表等，这是建立代理行关系的基本条件。商业银行在国外建立代理行通常需要经过以下步骤：

1. 考察对方银行的资信

资信是代理行关系得以建立与稳健发展的基础，因而事先做好资信调查与评估就显得非常重要。具体来说需要：① 通过各种渠道了解对方国家的各项法规、政策及商业习惯，如外汇管制的宽或严、金融政策及法规、外汇管制政策、进出口贸易管理规定、对外国银行的政策与限制等；② 了解对方银行的基本情况，如该行历史沿革、政治背景、经济实力（包括资本额及其构成、资产负债总额及其构成、经营损益等情况）、经营作风、经营范围、服务质量、管理水平以及该行在世界及其本国银行界中所处的地位。

资信调查的方法包括：

（1）利用母行的综合调查资料；

（2）利用有关分行的调查资料；

（3）委托境外分行、代理行、驻外商务机构或国外资信咨询机构代为调查；

（4）参考《银行年鉴》（Banker's Almanac）；

（5）参考该银行的年报资料（Annual Report）等。

通过这些资料，重点分析该行的资产负债表、损益表以及现金流量表，对其流动比率、速动比率和财务结构比率进行分析和评估。在摸清对方资信情况的基础上，确定建立代理行关系的层次。代理行关系的层次通常分为三种：一般代理行关系；账户行关系；议定透支额度关系。

2. 签订代理行协议（Agency Arrangement）

在资信调查与评估的基础上，拟相互建立代理行关系的两家银行应签订代理行协议，以明确代理行关系及约定有关事项。

代理行协议的内容主要包括：代理行关系包括的双方分支机构名单；双方相互代理业务的种类；双方控制文件的交换；往来账户的开立和业务往来资金头寸的调拨；融资便利的安排等。

3. 相互交换并确认控制文件

控制文件（Control Documents）是代理行双方相互委托业务，凭以核对和查验对方银行发来的委办业务的电报、电传和凭证等的真实性，确保业务安全顺利进行的重要文件。双方银行应互相交换控制文件。控制文件一般包括以下三个部分：

（1）印鉴（Specimen of Authorized Signatures Book）

印鉴是银行列示的所有有权签字人的签字额度、有权签字范围、有效签字组合方式以及亲笔签字字样等。印鉴是代理行凭以核对对方行发来的业务文件和凭证签章的真实性、有效性的依据。大多数的代理行都专为对方印制签字印鉴样本，以便根据样本来审核委托书的签字，一方面可以减少附件数目和简化手续，另一方面凭此核对往来的信汇报单或信用证等之用，辨别其真伪。

印鉴须由双方银行的总行互换，以后各行印鉴如有增补，则由增补的总行或分行寄至与其有业务往来的对方银行。

（2）密押（Test Key）

密押是代理行双方用以确证对方发来的委办业务电讯文件的真实性、有效性的密码组合。密押实际上由一组数字组成，包括电讯拍发的月份和日期、业务使用的货币、业务的金额、连续顺序号等。密押没有一定的格式，属绝密文件，代理行双方须指定可以信任的专人负责保管和使用，密押文件必须存放在专用保险柜内。由于密押的机密性很大，各国银行一般在使用一段时间后，即更换新密押。

(3) 费率表（Schedule of Terms and Conditions）

费率表是商业银行从事国际业务与国外银行业务往来中收费的依据，它确定国外代理行办理业务所收取的手续费和佣金率。收费表中各项费率的制定必须合理适当，如果费率定得过高，则会削弱商业银行的竞争力，影响业务的开展；如果费率定得过低，则会影响商业银行的收益。

（三）建立代理行关系的方式

银行的境外机构布局是银行发展国际业务、扩大利润来源、增强国际竞争力的基础。由于在境外设立分支机构需考虑成本等收益原则，有时候在境外开设分行或支行不如在境外与当地商业银行建立代理关系。银行在建立国外代理关系时，一般采取母行统一决策的做法，但分支机构也可以根据业务发展的客观需要，向母行提出与他行建立代理关系的建议。一般来说，建立代理行关系的方式主要有三种：

1. 母行统一建立

这是建立国外代理行关系的主要方式。母行可根据本国对外经贸和金融业务的发展状况，结合各地分支机构业务发展需要，及时主动地选择和联系国外银行进行谈判或协商，统筹全局，同国外银行及有关分行建立相互代理关系。由母行与对方银行签订协议或换函确认，直接相互交换控制文件后，即完成国外代理行关系的建立。

2. 分支机构建议母行建立

由于地理位置以及对外交往的程度差异，各国商业银行业务可能并不是集中于银行母行，而是相当分散地分布于各地的分支机构，特别是对外开放程度较高的口岸、港口等地区。当某一个分支机构由于开展对外经贸业务迫切需要在某些国家的某些城市建立代理行关系时，有关分支机构可以直接向母行反映，提出或不提出国外银行名称，建议母行在上述国家和地区城市建立代理行关系。经母行与国外银行联系协商、签订协议或换函确认、交换控制文件后，即完成国外代理行关系的建立。

3. 国外建议报经母行联系建立

本国企业在对外经贸活动中，与外国客户建立了十分密切的往来关系，但由于种种原因，本国银行未能与上述客户所往来的银行建立代理行关系。因此，国外银行或其客户往往主动要求两国银行建立代理行关系。对此，有关分支机构应上报其母行，经母行同意并由母行与国外银行联系和协商、签订协议或换函确认后，通过交换控制文件完成代理行关系的建立。

（四）代理行的类型

代理行之间互称代理行，如中国银行与花旗银行之间建立了代理行关系，那么我们称花旗银行是中国银行的代理行，同样中国银行也是花旗银行的代理行，两行相互根据代理协议处理委办的业务。

根据代理行之间是否设立有账户，可以将代理行划分为两种类型：

1. 有账户关系的代理行（Depository Bank）

有账户关系的代理行，即账户行，又称为甲种代理行。这种代理行一般是通过相互开立账户的方式，直接对业务往来中产生的收付进行结算。账户行是在建立代理行关系的基础上，为了解决双方在结算过程中的资金收付而建立的特殊关系。账户行之间的支付，大都通过开立的账户进行结算。账户行必然是代理行，但代理行不一定是账户行。一家国际性的大型商业银行，它在海外设置的账户行仅仅只是其在海外的代理行的一小部分，如中国银行与海外200多个国家和地区的5 000多家银行建立了代理行关系，而它在海外的账户行仅仅不过百家。

账户行仅仅只是代理行中的极小一部分，这是因为银行在海外建立账户行时需要投入铺底资金，银行没有实力也没有必要在世界各地设立账户行。为了避免外汇资金过于分散和资金的闲置积压，通常只需要在开展海外业务的重点地区以及国际货币清算中心（如纽约、伦敦、东京）设立账户网点，并利用这些网点辐射到其他地区，实现外汇资金的收付。

具体来说，银行在选择账户行时，一般应考虑以下因素：

（1）对方必须是国际公认的大银行，一般应是《Banker》杂志所公布的世界前1 000家以内的大银行。这些银行资信可靠，业绩良好，资金存放于此比较安全。另外，这些银行同样也容易成为其他国家银行的账户行（如花旗银行是上百家银行的账户行），因而可以借助账户行将业务辐射到世界其他国家。

（2）应选择与本行业务合作较为密切的国外银行为账户行。双方银行在业务上可以相互提供便利，并相互约定给予透支额度，或在超过存款限额时予以调拨便利，资金存放也比较安全。

（3）选择位于国际贸易的重要地区或金融中心，且是国际知名的大中银行为账户行。因为国际贸易的重要地区或金融中心地区国际经贸及金融交易集中，资金收付频繁，外汇买卖业务也较多，与当地的银行建立账户往来关系，有利于货币收付的迅速实现。此外，大中银行提供的业务范围广、信誉高、资金雄厚、客户关系网络及组织管理机制比较健全，故安全性、可靠性较好。

（4）选择在国内外设置分行、支行或建立国外代理行关系较多的国外银行为账户行。这些银行的优势在于可广泛地利用国外银行建立起来的银行网络系统，尽可能地避免资金的迂回划拨，提高结算速度。

（5）选择具备现代化通讯设备和国际金融专业人才集中的国外银行为账户行。这些银行的优势是设备先进，人才集中，操作快捷，流程规范，能有效提高结算效率。

（6）选择开户条件好、费用较低的国外银行为账户行。这一般是指那些能提供优惠的存款利率、铺底资金低、透支限额大的银行。

另外，在开户时应尽量选择国际通用货币，开户地点应选择无外汇管制的国家，也就是说尽量在主要货币清算中心所在地的银行开立账户，如选择纽约的花旗银行、大通银行为美元账户行，选择汇丰银行、巴克莱银行为英镑账户行，选择东京银行、三和银行为日元账户行，选择德意志银行、巴黎国民银行为欧元账户行。

2. 无账户关系的代理行（Non-depository Correspondent）

与账户行相对应的是无账户关系的代理行，也称作乙种代理行，这是代理行的主体。这种代理行互相之间不开立账户，因此在业务往来中产生的收付一般是通过第三者银行（俗称“碰头行”）来结算。银行之间相互建立非账户行关系，多发生在与本国经贸或银行业务往来有限的国家或地区。

一般来说，账户行和本国银行的关系总是比非账户行和本国银行的关系密切，且更可信赖，因此与本国有账户往来关系的国外银行属于主要的代理行之列。

三、银行间账户的设置与应用

（一）联行往来账户设置与应用

同一银行系统所属的境内外各分支机构互相称为联行。联行间由于办理国内、国际结算以及银行之间的资金划拨等业务，相互存入、存出款项而发生资金和账务往来，统称为联行往来。联行往来的实质是银行系统辖内各分支机构之间的应收应付关系，是办理货币结算和货币调拨的有力工具。

境外联行的账户设置从理论上说应采用“双边账户”制开立账户，即境内外联行互相以对方名义开立账户，共同使用。然而实际中银行境外联行往来的账户设置习惯上使用“单边账户”制，即以固定的一方为申请开户行，而另一方为接受开户行，这样做的原因多为一方联行所处国家的货币不具有可自由兑换性。在“单边账户”制开立账户的情况下，多为母行统一对外或接受境外开户，集中记账，分支机构共同使用；但对业务账务较多的国内分支机构，视其账务管理水平和管理技术，实行分散记账。

国内联行往来本着“既简便使用，又严密监督”的原则，在账户管理上一般采用“总（母）行制”，即两个关系行相互委办一切业务的资金收付、划拨，均直接往来入账，由母行集中核对销账，以便加强监督管理。其做法是将账户分设为“往户”和“来户”两个系统。凡记载委托其他联行代理收付的一切款项的账户，称为“往户”；凡受理其他联行委托记载代理收付款项的账户，称为“来户”。因两个关系行日常业务通过划拨报单直接往来，故填发报单的行在账务上属于“往户”，收受报单的行在账务上属于“来户”。

银行在办理国际结算业务时，应本着“安全快速收汇，按时合理付汇”的原则，加强与世界各国银行的合作与交往。要保证银行资金的安全、结算的便利和收汇的及时，对往来银行的选择至关重要。

（二）代理行往来账户设置与应用

本国银行和国外代理行建立了相互代理收付的业务合作关系后，必须通过一定的账户进行结算。账户行的建立是以双方账户的设置为基础，而非账户行的建立则是以业务的代理为基础，并无账户关系。因此，代理行的账户设置是针对账户行而言的。

1. 单方开立账户与双方互开账户

根据账户开立形式的不同，账户可分为单方开立账户和双方开立账户。

单方开立账户是指一方银行在对方银行开立对方国家货币或第三国货币的账户。如A国银行在B国银行开立B国货币或C国货币的账户，或B国银行在A国银行开立A国货币或C国货币的账户。两国的贸易和非贸易往来，不论是用A国还是B国货币支付，都可以在这两家银行间收付、调拨，并相应地记在有关账户上，其特点是单面开户双方共同使用。

双方开立账户是指双方银行相互在对方银行开立对方银行所在国货币地账户，其特点是双方开户双方共同使用。

由于国际经贸交易逐渐集中于使用少数几种货币进行计价结算，代理行间开立账户所用货币也集中在少数几种通用货币上。所以，代理行之间双方互开账户的方式已经少见。较为普遍的是单方开立账户，此账户且为对方银行所在地货币账户，而该地又是该货币地结算中心，货币又是通用货币。

2. 往户账、来户账、清算账户

根据账户开立性质的不同划分，账户可分为往户账、来户账和清算账户。

（1）往户账（Nostro Account），又称往账，是指本国银行在对方银行开立的账户，该账户是镜子账户，同时也是本国银行的资产账户。账户的货币一般是各种通用的外汇。例如，中国银行在纽约花旗银行开立美元账户，该账户对中国银行而言就是往账。

（2）来户账（Vostro Account），又称来账，是指对方银行在本国银行开立的账户，该账户是真实账户，同时也是本国银行的负债账户。账户的货币一般为本国货币，且多设置在本国货币的结算中心。如上述往户账中该美元账户对纽约花旗银行而言即是来账。同样一个账户对中国银行来说是往账，对纽约花旗银行来说是来账，往账和来账是相互的。

目前，由于人民币尚未完全实现可自由兑换，所以目前国内银行主要对外开立往账，来账的情况还比较有限。有些国家的银行在中国银行开立往账，主要是外汇人民币账户或者是特种美元账户。

（3）清算账户（Clearing Account），即不必使用现汇的记账账户，主要用于国家间的政府协定贸易和其他经济活动的结算。

3. 往来账户和专用账户

根据账户结算范围划分，账户可分为往来账户和专用账户。往来账户是在处理日常业务时使用的活期账户，一般不计利息，以贷方余额抵补账户的费用。专用账户是除往来账户外，可以另外开立的账户，如快邮专用账户以及在国外发行债权及股票的专用账户。

（三）账户行业务

账户行之间委办各项国际业务，一般都会涉及货币的收付行为。在实际业务中，它并不是表现为货币实体在国际间的传递，而是表现为货币符号和数字在相应账户上余额的增加或减少。如中国银行在美国花旗银行开立往账，该账户由双方共同使用。若中国银行委托花旗银行解付一笔款项给美国的一个客户，这时中国银行会授权花旗银行

"借记我行账户"（To debit our account with you），并意味着中国银行在往账上存款的减少。反之，花旗银行委托中国银行解付一笔款项给中国的某位客户，这时花旗银行会给中国银行发一个贷记报单："已贷记你行账"（To credit your account with us），这意味着中国银行在该往账上存款的增加。

该账户供双方共同使用，定期（或三个月或半年）清算，清算时借方有余额的一方应以外汇资金补足。如上例中半年清算时，中国银行在借方有余额，意味着中国银行透支，则花旗银行对中国银行提供了资金融通，按照国际惯例，中国银行不能长期占用代理行资金，应该及时将余额补足。反之，如果中国银行在该账户的贷方有余额，则中国银行可以在扣除铺底资金后，将余额提走，以避免外汇资金闲置在活期存款账户上，损失利息。

四、往来银行的选择

在办理国际结算的有关业务时，联行与代理行、账户行与非账户行对己方银行的影响是不同的。在办理结算和外汇业务时，联行是最优选择，因为己方银行与联行是一个不可分割的整体，同在一个母行的领导下，彼此熟悉，且利益共享，风险共担，因此通过境外联行开展有关业务，有利于保证服务质量，减少风险，并可将业务留在本行系统。

但联行数量毕竟有限，因此在绝大多数没有联行的地区还需依靠代理行开展业务。与建立联行关系相比，代理行关系的建立成本更低、更灵活、更普遍。在代理行关系中，与账户行的关系更密切、更方便。因此，账户行的选择代理行仅次于联行。在同一城市或地区有多个账户行的情况下，要选择资信最佳的银行办理业务。

在没有联行和账户行的少数地区，要开展业务只能委托非账户行的代理行。因为建立了代理行关系的银行相互比较了解，只不过需要通过其他银行办理资金的收付，手续复杂些，所需时间也相对延长。

若银行未建立上述任何一种形式的银行往来关系，将很难开展国际结算和其他国际业务。

第四节　国际结算中的支付系统与通讯系统

一、支付系统与通讯系统

随着计算机、网络、通信等技术日新月异的发展，支付活动无论在广度还是深度上都有不断扩大与深入的趋势。因此，对于支付系统的要求也就应运而生。支付与通讯系统是银行办理国际结算的基础设施。支付系统（Payment System）是由提供支付清算服务的中介机构和实现支付指令传送及资金转移的一种金融安排，有时亦称清算系统（Clearing System）。

银行实现清算需要通过一定的清算组织、支付系统和通讯系统，进行支付指令的发送与接受、对账与确认、收付金额的统计轧差、金额或净额的结算等一系列程序。为了顺利实现金融机构之间乃至全社会范围内的资金清算，除需要借助支付工具、清算机构及中央银行的清算服务以外，支付系统的构建与平稳运行，对于资金的流动转移同样具有实质性的重大意义。

目前，全世界有三大货币清算系统，保障了货币资金在全世界的安全、迅速转移。它们利用其高度尖端的通讯系统在会员间传递信息、账单和同业间的头寸划拨。

二、环球银行金融电讯协会

（一）SWIFT 简介

环球银行金融电讯协会（Society for Worldwide Interbank Financial Telecommunication, SWIFT）是一个著名的国际银行合作组织，它为遍布全球的会员机构提供金融通讯服务，是银行办理国际结算业务的核心手段之一。

1957 年欧共体诞生后，西欧国家间生产要素的自由流动日趋频繁，经济、贸易及金融联系日益密切，由此而引发的跨国资金支付的业务量激增。由于传统银行业务往来方式比较单一，使得银行业务处理的效率和资金跨国转移的速度日益不能满足资金交易量激增带来的业务需求。于是，西欧和北美的一些大银行开始筹划成立区域间的银行合作组织，通过构建一个服务于国际银行同业间的现代化通讯系统，提高国际银行业务的效率和安全性。1973 年 5 月，15 个西欧和北美国家的 239 家银行发起成立了“环球银行金融电讯协会”，即 SWIFT。SWIFT 是一个非盈利性的、私营的银行国际合作组织，总部设于比利时首都布鲁塞尔，它的最高权力机构为董事会。经过多年的运行，SWIFT 目前已经拥有 2 000 多家会员银行，连接了近 4 000 家用户，每天处理客户汇款、银行资金调拨、托收业务、跟单信用证业务等银行间国际电讯业务 150 万笔，成为真正的全球性银行合作组织。因此 SWIFT 的问世是经济全球化、银行业务国际化以及金融通讯设施的电子化的重要成果，尤其与欧洲经济、货币一体化的发展进程密切相关。SWIFT 不以赢利为目的，其宗旨就是为会员提供高效、可靠、快捷、标准化、自动化的金融通讯服务。会员需要缴纳会费和通讯服务使用费。

SWIFT 的成员资格分为会员银行、附属子会员银行和参与者三个层次。

（1）会员银行（Member Bank）。在每个 SWIFT 会员国内，获得外汇业务经营许可权的银行的总行可申请成为会员银行。会员行拥有董事选举权，当其所占股份达到一定数量时，有董事被选举权。

（2）附属子会员银行（Sub-Member Bank）。会员银行在境外的全资附属银行、会员银行在境外的持股份额达到 90% 以上的银行，可申请成为 SWIFT 的附属子会员银行。如中国银行的境外分行即符合 SWIFT 的附属子会员银行资格。

（3）参加者（Participant）。根据业务需要，一些世界知名的证券公司、旅行支票公司、国际清算组织、转账支付中心等机构可申请成为 SWIFT 组织的参与者。但根据 SWIFT 的相关规定，参加者不能享受银行成员可获得的所有服务，只能允许其使用一部分 SWIFT 电讯格式。

中国的银行基本上都是 SWIFT 组织成员。作为国家的外汇指定银行，中国银行于 1983 年 2 月加入 SWIFT 组织，成为中国内地加入该组织的首家银行，成为 SWIFT 组织接纳的第 1 034 家会员银行。1985 年 5 月，中国银行总行正式开通使用 SWIFT 系统，并与世界上 2 000 多家银行建立了 SWIFT 密押关系。随着中国金融体制改革的深化与中国对外开放程度的不断加深，中国陆续有国有商业银行和股份制银行相继成为 SWIFT 组织的成员。

（二）SWIFT 提供的基本服务与电文格式

在银行传统的电讯业务往来中，由于电文格式的不统一及语言文字上的问题，经常引发误解，甚或影响银行间的业务协作关系，SWIFT 组织自成立起就积极致力于通讯信息的标准化与规范化建设，并取得了一系列的成绩。SWIFT 提供的主要服务是通过其所拥有的专业通讯网络为会员交换金融报文信息，这一通讯网络由计算机设施、通信交换设备、租用线路及相关软件等组成，用于传送、处理涉及会员的跨国和国内的金融与其他交易的信息。SWIFT 系统的信息传输服务具有快速、准确、标准化、规范化的特点。SWIFT 在荷兰和美国设有环球计算机数据通讯网运行中心，在各会员国设有地区处理站，连接其所有会员的计算机终端。会员可按照标准数据格式向全球任何地方的另一家 SWIFT 会员发出表示业务种类的 SWIFT 电文，后者的计算机终端在极短的时间内即可接收到该 SWIFT 电文，并可对其进行自动处理。目前，SWIFT 提供 240 种以上电文标准，这些电文标准格式已经成为国际银行间数据交换的标准语言。SWIFT 每年都要根据用户需求，总结现有的电文格式，研究制定新格式计划。鉴于 SWIFT 在外汇交易中的重要作用，为了与 SWIFT 接轨，中国的金融网络和金融应用系统的电文，或者直接采用 SWIFT 格式，或者基于 SWIFT 格式。根据银行的国际业务需要，电文格式共分为十大类：

客户汇款与支票（Customer Transfers, Cheques）

银行头寸调拨（Financial Institution Transfer）

外汇买卖（Foreign Exchange Dealers, Deposits and Loans）

托收（Collections, Cash Letters）

证券（Securities）

贵金属和辛迪加（Precious Metals and Syndication）

跟单信用证和保函（Documentary Credits and Guarantees）

旅行支票（Travelers Cheques）

银行账务报单（Statements）

SWIFT 系统电报

以上每一类（CATEGORY）又包含若干组（GROUP），每一组又包含若干格式

(TYPE)，几乎涵盖了银行所有业务类型。会员可根据业务需要，按照规定的电文格式发出电讯信息。

每个申请加入SWIFT组织的银行，均必须按照该组织的统一规则，制订出本行的SWIFT银行识别代码，经SWIFT组织批准后正式生效使用。SWIFT银行识别代码由四个部分组成：(1) 银行代码（BANK CODE)：由四位易于识别的银行行名字头缩写字母构成；(2) 国家代码（COUNTRY CODE)：根据国际标准化组织的规定由两位字母组成； (3) 方位代码（LOCATION CODE)：由两位数字或字母构成，标明城市；(4) 分行代码（BRANCH CODE)：由三位数字或字母构成，标明分行。

日期表示方式：SWIFT电文的日期表示为：YYMMDD（年月日）。如：2009年5月12日，表示为：090512；2010年3月15日，表示为：100315；2011年10月9日，表示为：111009。

数字表示方式：在SWIFT电文中，数字不使用分格号，小数点用逗号"，"来表示。如：5，152，286.36表示为：5152286，36；4/5表示为：0，8；5% 表示为：5 PERCENT。

(三) SWIFT的优势

SWIFT系统对各国的货币、日期、数字、关系人等的表示方法，对SWIFT电文的数据块构成及项目的表示方法，均有专门规定，以适应银行计算机系统自动处理业务的需要。SWIFT服务的使用者，必须严格按照所有标准格式及既定表示方式发出信息，才可以成功实现信息的发送与接收。

SWIFT系统的优势还表现在保密性上。银行因业务需要以各种通讯手段相互发送的文件不计其数，由于这些文件事关银行经营的安全性，故银行对所有接收的文件必须进行鉴证。按照传统做法，银行对相互间电讯往来通常由发电行以加注密押的形式证实其所发电讯文件的真实性，收电行需由专门人员查验该密押的正确性。为确保安全，银行密押还需定期更换，具有一定的不便。而SWIFT系统在解决验证信息真实性方面有重大突破，极大地提高了信息传输的可靠性与保密性，在相当程度上为银行免除了信息传递过程中的风险隐患。首先，SWIFT密押独立于电传密押（TESTKEY）之外，由代理行间相互交换，仅供双方在收发SWIFT电文时使用。SWIFT提供一种通用方法进行电文鉴真操作，且基于双方银行对密钥的核对，而只有参与发送和接收电文的SWIFT用户才掌握密钥；其次，代理行双方在各自的SWIFT系统密押文件中输入约定的押值，此后，双方收发的电文将由SWIFT系统的密押文件自动核实，其准确程度远远高于人工控制的电传密押。根据SWIFT守则规定，代理行之间的SWIFT密押需半年更换一次。而发电成本低廉又是SWIFT通讯方式的一大特点。

SWIFT在银行界的广泛使用，对提高国际银行同业间的信息处理与交换具有深远的意义。

三、几个主要的跨国支付系统

国际性支付系统主要处理国际间各种交易往来所产生的债权债务清偿和资金转移，

可分为两种类型：一类是由某国清算机构建立并运行，鉴于该国金融及货币在世界经济中占有重要地位，遂逐步被沿用至国际支付清算领域，如美国的 CHIPS、英国的 CHAPS 以及日本的外汇日元清算系统等等，尽管其分属美、英、日三国，但却处理着目前国际间绝大部分美元、英镑、日元交易的支付清算。另一类是由不同国家共同组建的跨国支付系统，如由欧洲中央银行建立的“欧洲间实时全额自动清算系统（TARGET）”，即负责欧元区国家间的大额欧元交易的支付清算。

一般来说，跨国支付系统都具有以下几方面的特征：一是分属于发达国家或地区；二是为世界主要储备和结算货币的支付系统；三是建立于国际金融中心所在地。如 CHIPS 设在美国纽约，CHAPS 设在英国伦敦，TARGET 设在德国法兰克福；四是以大额支付系统为主；五是受到所属国中央银行的高度重视。

（一）纽约清算所同业银行支付系统（CHIPS）

CHIPS（Clearing House Interbank Payment System）是一个国际化的跨国大额美元收付清算电脑网络，是纽约“银行同业电子清算系统”的简称。20 世纪 60 年代以后，随着美国经济和金融业的发展，交易和消费活动导致的支付量剧增，传统的纸票据交换已经远远不能满足社会对支付清算服务的巨大需求。另一方面，当时金融科技在美国开始兴起，1970 年纽约清算所建立了中央计算机转换系统 CHIPS，并于同年 4 月投入运行，为同业提供自动化资金转移服务。经过几十年的运行，CHIPS 已经成为跨国美元交易的主要清算中心。据不完全统计，CHIPS 每天大约处理 10 万多笔同业间的美元收付业务，总金额大约在 9 000 亿美元。目前 95% 的国际美元交易通过其进行支付清算。

CHIPS 是世界上最大的私营支付清算系统，属纽约清算所协会所有并由其经营。纽约清算所是美国规模最大、历史最悠久的私营清算组织，参加成员可以是纽约清算所协会会员、纽约市商业银行、外国银行在纽约的分支机构、符合《纽约州银行法》规定的投资公司，非 CHIPS 成员可通过 CHIPS 成员的代理通过 CHIPS 转账。中国银行于 1986 年作为中国首家银行加入了 CHIPS。在 CHIPS 的所有成员中，只有 19 个可参加 CHIPS 每日差额清算的清算成员，清算成员必须在纽约联邦储备银行拥有资金储备账户及记账证券账户；其余成员为非清算成员，需通过清算成员的代理参加 CHIPS 清算。在 19 个清算成员中，有 8 个成员既为自己的业务进行清算，也接受非清算成员的委托，代其进行清算；其余 11 个清算成员只为自己的业务进行清算。非 CHIPS 成员可通过成员银行提供的 CHIPS 为其服务。CHIPS 提供的服务包括：由国际贸易、外汇买卖、国际信贷、欧洲美元交易、欧洲证券交易、短期金融工具交易等引起的美元资金支付与清算。此外，CHIPS 成员还可以通过该系统进行美国国内贸易及证券交易资金清算、代理行间的资金划转、对美国其他支付系统的头寸进行调拨等等。

CHIPS 具有以下特点：第一，允许事先存入付款指示。参加银行除可以在当日调拨资金外，还可以事先将付款指示存入中央计算机系统，然后等到解付日当日再将此付款通知传送到收款银行。第二，完善的查询服务功能。中央计算机能即时将每笔资金的调拨情况存入文件，这就使得参与行的账务管理员能够随时查询自己银行的每笔提出或存入款项，并及时调整头寸。第三，自动化程度高。CHIPS 灵活的记录格式使得发报行和收报行能进行高效的计算机自动处理，大大减少了人力资源的浪费。第四，安全性好。CHIPS 将四台 Unisys A15 大型计算机组成两套系统，实行两套系统互相备份，每套系统又是双机互为备份，并有蓄电池储备、双燃发动机保证电源供应。付款电文都经保密并加 MAC 传送，很好地保证了电文的传输安全。

（二）英国的自动化清算所支付系统（CHAPS）

英国的票据交换所比美国早出近百年，但英镑的电子交换清算系统却产生得比较晚。英国的交换银行在 1984 年初开始使用电脑收付系统，这个系统就是"交换银行自动收付系统"（Clearing House Automated Payment System，简称 CHAPS）。

英国银行原来存在着"双重交换体制"，即由英国国家交换银行集中交换，其他商业银行则通过其往来的交换银行进行交换。非交换银行须在交换银行开立账户，以便划拨差额，而交换银行之间交换的最后差额都要通过其在英格兰银行的账户划拨。CHAPS 便是依据这种体制建立起来的一种票据交换新系统。

CHAPS 系统的工作程序较之原先的交换方式要简便的多，通过 CHAPS 付款要使用 CHAPS 规定的付款电文格式。它的各条信息通道分别都有对出入的收付电报自动加押和核押的软件装置和信息储存装置。此外，每条通道都有一个自动加数器，其作用是能把发生或收到来自其他通道的付款电文所涉及的金额根据不同的收款行（指其他交换银行）分别加以累计，以便交换银行之间在营业终了后进行双边对账和结算，差额通过各行在英格兰银行的账户划拨来清算。

CHAPS 系统不设中央管理机构，各交换银行只在必要时才进行合作；经该系统付款电文一旦发出并经通道认收后，发报的交换银行都得在当天保证向对方交换银行付款；而且各交换银行必须保证在规定营业时间内通道畅通，以便随时接收其他通道发来得付款电文，并保证按当事各方通过的协议办事。

CHAPS 系统的使用结束了英国用电报调拨资金的做法，它以高度自动化、电脑化的信息传递，部分取代了依靠票据交换的方式。CHAPS 成员可以为本行并且可以代替其他银行或其客户与成员之间进行当日资金交换，还能使以伦敦城之外的交换银行为付款人的部分交易（1 万英镑以上）也可以实现当日结算，而且，一些银行的客户与银行联机后办理相互间收付款时，可以通过银行与 CHAPS 联机的电脑进行结算，这也是 CHAPS 的特点之一。

（三）TARGET 支付清算系统

1950 年欧洲支付同盟成立，由此开始了欧洲货币一体化进程。1992 年 2 月 7 日，欧共体 12 国签订了对欧洲货币联盟发展具有里程碑意义的《马斯特里赫特条约》；1993 年"欧共体（EMU）"改称为"欧洲货币联盟（EMU）"（简称欧盟）；从 1999 年初到 2000 年 6 月底，欧元作为唯一的法定货币，以 1∶1 的比率取代欧共体 1979 年实施欧洲货币体系时创立的欧洲货币单位"埃居（EMU）"；从 2002 年 7 月起，各国货币退出流通领域，由欧元取而代之。

在欧洲货币的统一进程中，欧洲支付系统的建设一直处于非常重要的位置，欧盟各国中央银行为此付出了巨大的努力与积极的合作。1995 年 5 月，欧洲货币局宣布拟建一个跨国界的欧元支付清算系统 TARGET（Trans-European Automated Real Time Gross Settlement Express Transfer System，欧洲间实时全额自动清算系统）。1999 年 1 月 1 日起，建在德国法兰克福的 TARGET 正式启动。TARGET 系统的成员为欧元区内各国的中央银行，任何一家金融机构，只要在欧元区内所在国家的中央银行开立汇划账户，即可通过其所在国中央银行运行的本国实时全额清算系统（RTGS）与 TARGET 相连接，进行欧元的跨国清算。欧洲中央银行及参与国中央银行将监督 TARGET 的运营状况，并作为清算代理人直接参与 TARGET 运作，各国原有的中央银行清算系统并不取消。TARGET 系统保证了欧元清算的及时有效，其运行效率远高于原有的跨国资金支付系统，资金可以实时、全额地从欧盟一国银行划拨到另一国银行，而不必经过原有的货币汇兑程序，减少了资金占用，提高了效率和安全性，对欧洲中央银行实施货币政策具有重要作用。TARGET 的业务范围包括贯彻欧洲中央银行统一货币政策方面有关的业务、银行间的大额欧元清算、银行客户间的欧元收付款结算等。此外，继续保留原有的 EBA 清算系统即欧洲货币单位（ECO）（European Bank Association）、EAF 清算系统即马克清算系统（Euro Access Frankfurt National Clearing System，欧洲法兰克福清算系统）及两大证券清算系统——欧洲证券清算系统（Security Settlement System，简称 SSSs）和世达公司（CEDEL）。

本章重要概念

代理行　账户行　往户账　来户账　控制文件　印鉴　支付系统　SWIFT　CHIPS　CHAPS　TARGET

复习思考题

1. 简述银行在国际结算中的地位和作用。
2. 商业银行的职能是什么？
3. 简述商业银行建立国外代理行关系的步骤与方式。
4. 代理行如何进行往来账户设置？
5. 国际上的清算体系有哪些？

☑ 案例分析

1. 2010 年 5 月 24 日，上海某银行（以下称通知行）收到印度尼西亚雅加达的 PT Bank Negara Indonesia（以下称开证行）开来的加押不可撤销担保函电传，受益人是上海××木业公司（我国内地与香港地区合资）。根据保函内容，上海受益人××木业公司 C 购货方，要立即向香港九龙的国际××公司支付400 万美元的预付款，而开证行根据本保函向上海××木业公司担保，如九龙售货未履约，开证行将退回该项预付款。

由于印度尼西亚的开证行与上海的通知行之间无密押约定，不能认定该保函的真实性，为此，开证行在该项电传中告知上海通知行可使用其与上海某外资银行的密押。

5 月 25 日，上海通知行的密押员即以传真方式请上海某外资银行代为核押，一小时后，收到对方发来的无押电传，告知 Bank Negara Indonesia 发来的电传，其密押是正确的。但上海通知行的密押员发现上海某外资银行发来的该传真内容中，多了一部分在其要求核押传真中并未透露的内容，这画蛇添足的内容引起了密押员的怀疑，乃向上级做了汇报，并再次打电话给该外资银行经理查询有否发过上述电传，但对方否认曾发过上述电传，并要求将该电传传真给该行。随后，该行在该电传的传真件上批注“本行从未发过这份电传”（We have never sent the under mentioned telex to you），并在电传上所出现的该银行电传号和回号（30301 SCBSH CN）旁批注“系伪造者打上去”的字句，然后由该行有权签字人签署传真给上海通知行。至此，通知行即通知上海××木业公司“密押不符，不能付款。”这时，客户已派人到该行，只等押符后立即从该行支取 400 万美元以电汇办理预付款手续。5 月 26 日，上海的通知行即以电传查询印度尼西亚的开证行，5 月 27 日开证行复电通知行告知该行根本未曾开立过该保函，要求通知行将该保函视之为无效文本，并要求通知行将该伪造电传保函传真给该行，以便该行进行调查。与此同时即 5 月 27 日通知行又收到所谓开证行修改后的保函电传，而来电行的电传号与 5 月 24 日相同。鉴于该伪造保函的开证申请人也即商务合同项下的出售方九龙国际××公司——上海××公司的港方合伙人，这时，上海的通知行乃将此事通知了中方合伙人的上级单位，从中查出了该港商的假引资投资案，说明了这是一起系列诈骗案。请对该案例的诈骗方式及防范措施进行评述。

第三篇 国际结算的支付工具

国际结算需要一定的支付工具，支付工具是用以实现交易结算和债务清算的价值交换手段。支付工具分为现金和非现金结算两大类。在现代国际结算业务中，由于商业银行在金融服务体系和服务功能上不断创新，效率与安全性能不断增强，非现金结算工具已经成为当今社会实现支付结算的主要手段。非现金支付工具既有传统的票据，也有基于信息技术的电子货币。

票据是商品经济发展到一定阶段的产物，是社会经济生活中的重要支付手段。它是以支付金钱为目的的证券，由出票人在票据上签字，约定由自己或另一人无条件地支付确定金额的可流通转让的证券。商品经济越发达就越需要运用票据作媒介，来应付大量频繁的经济活动和清偿彼此之间的债权债务，因此票据的使用和流通的发展，反过来又推动和促进了商品经济的发展。

随着现代信息技术的快速发展，电子支付工具已成为当今支付工具体系的重要组成部分。常见的电子支付工具包括银行卡等卡基支付工具、移动支付、网上支付，包括电子现金、电子钱包、电子票据、电子信用卡和智能卡等多种类型。本篇第三章介绍国际结算中的支付工具——票据，第四章介绍国际结算中的支付工具——电子信用卡。

第三章　国际结算的支付工具——票据

学习目标

1. 掌握票据的含义、种类、基本特征、行为、作用、法律规范；
2. 掌握汇票、本票、支票的含义、项目内容、种类和票据行为。

第一节　票据概述

一、票据的含义

票据一词有广义和狭义之分。广义的票据，是指商业活动中的一切票证，包括各种有价证券和凭证，如股票、债券、本票、提货单、车船票、借据等。狭义的票据，是指由出票人依法签发，具有一定格式，由约定债务人无条件支付一定金额的有价证券。因此，狭义的票据是以支付金钱为目的的证券。

根据《中华人民共和国票据法》的规定，票据包括汇票、本票、支票。本章学习的票据仅指狭义的票据。

二、票据的经济功能

票据的产生有其经济功能的需要，而票据的经济功能又是随着票据的发展而发展的。一般而言，票据有如下三项功能：

（一）汇兑功能

随着商品交易活动的发展以及商品交换规模和范围的不断扩大，由此产生了异地兑换和转移现金的需求。而在人员流动过程中携带或运送现金，往往带有风险，在这种情况下，将现金转换成票据再进行转移，到目的地后再转换回现金，从而实现资金的转移，这便是票据的汇兑功能。汇兑功能是票据的原始功能。

（二）支付功能

在市场经济中，货币作为交换媒介和一般等价物，会经常发生大量收付货币的现象。在频繁的商事交易中，如果都用现金支付，费时费力，而且风险大，成本高，效率低。如果以票据为手段进行支付，利用银行作为中介，只需办理银行转账即可，这就是票据的支付功能。

票据的支付功能是由汇兑功能发展而来的。由于票据是一种金钱给付的债权凭证，可异地兑换现金，因而它逐渐发展为具有支付功能。票据作为支付凭证，可以达到方便、准确、迅速、安全的目的。

此外，票据还可以经过背书多次转让，减少市场中现金的流通和使用。

（三）信用功能

在商品交易中，票据可作为预付货款或延期付款的工具，发挥商业信用功能。例如，在甲方向乙方开出票据后，乙方可先期交付商品或者先行预付货款，即提供商业信用，然后乙方再在票据指定日期向甲方收回已经交货的货款或者收回已经预付货款的商品。在金融活动中，企业可以通过将尚未到期的票据向银行进行贴现，取得货币资金，以解决企业一时发生的资金周转困难。这时，票据就发挥了银行信用的作用。信用功能是票据的核心功能。

票据可作为信用工具，在商业和金融中发挥融资等作用。特别是随着直接融资方式的兴起，一些信誉较佳的大企业往往在金融市场上以自己的名义发行一连串的短期票据筹措资金。

三、票据的性质

（一）票据是要式证券

票据的格式由法律规定，必须根据法律规定的必要形式制作，票据才能有效。各国票据法都对票据必须具备的形式和内容作了详细的规定，如《中华人民共和国票据法》规定了汇票、本票、支票必须记载的事项，违背记载规定事项的票据无效。

（二）票据是有价证券

票据与一定的财产权利或价值结合在一起，并以一定货币金额表示其价值。票据的权利与票据不可分开。票据的权利随票据的制作而发生，随票据的出让而转移，占有票据，即占有票据的价值。不占有票据，就不能主张票据权利。

（三）票据是无因证券

在票据运行过程中，付款人代出票人付款不是无缘无故的，要么付款人处有出票人的存款，要么付款人欠出票人的款项等等；出票人让收款人去收款，他们之间通常存在某种对价关系，这些原因称为票据原因，是票据当事人权利及义务关系的基础。

而票据的无因性是指票据一旦做成，票据的权利即与票据的产生原因相分离，成为独立的票据债券债务关系。票据的持票人行使票据权利时，无需说明其取得票据的原因，只要占有票据就可以行使票据权利。至于取得票据的原因，持票人无说明的义务，债务人也无审查的权利，即使取得票据的原因关系无效，对票据关系也不发生影响。票据的无因性，有利于保障持票人的权利和票据的顺利流通。

（四）票据是流通证券

票据在到期前，可以通过背书方式转让而流通。票据的流通性是票据的基本特征。若票据不能流通，就不能成其为票据。这一特性，对于票据的广泛应用具有重要的意义。

票据的流通转让性不同于一般的书面凭证的转让，有着如下特点：

（1）票据转让不必通知原债务人。我国民法规定，一般债权的债权人在转让其债权时，必须及时通知债务人，否则债务人仍可以向原债权人清偿债务，而不是向受让人付款。而票据权利的转让可以仅仅凭交付或者背书后交付来完成，不必通知原债务人。

（2）善意而且支付过对价的持票人不受前手票据权利缺陷的影响，此类持票人又称为正当持票人。

（3）票据的受让人接受票据即获得了票据的全部权利，如果票据被拒付或者出现其他问题，票据受让人可以以自己的名义起诉。

（五）票据是设权证券

票据是创设票据上的权利义务关系，而不是证明已经存在的权利。票据一经做成，票据上的权利便随之确立。同时，票据上的权利与义务必须以票据上的文字记载为准。有关票据债权人或票据债务人，均应当对票据上所记载的文义负责，不得以任何方式或理由变更票据上文字记载的意义。如一张空白支票，出票人在金额一栏填写多少金额，该支票便具有多少金额的金钱债权，这一点也说明票据具有文义的法律效力，其权利义务关系受到法律的保障和约束。

（六）票据是提示证券和返还证券

票据债权人以占有票据为必要条件，在票据运行过程中，在行使票据权利，请求票据债务人履行票据债务时，必须提示票据，以证明其占有票据的事实。因此票据又是提示证券。当持票人向票据债务人提示付款并收到票据金额的全部给付时，必须将此票据交还给付款人，以示票据上债权债务关系的消灭。如果票据债权人不交还票据，票据债务人可以拒付票据金额而不负票据责任，因而票据也是返还证券。

四、票据的权利

（一）票据权利的含义和特征

票据权利是指持票人凭票据对票据债务人享有的请求支付票据金额的民事权利，该权利主要包括付款请求权和追索权。

票据权利的性质是债券，但又不同于一般的民事债权，它有以下特征：

（1）票据权利是金钱债权，债务人履行义务时，不能以其他标的代替金钱支付债务；同时，票据的持有人凭票据向主债务人请求给付而未得到额定的金钱时，可以凭票据向次债务人或担保人行使追索权。

（2）票据权利只能在票据当事人中行使。当事人包括基本当事人和非基本当事人，持票人有权向处于自己前面的任何票据活动阶段的当事人追索，而对其后手无追索权（见《中华人民共和国票据法》第六十九条）。

（3）票据权利具有确定性。出票人签发票据时必须将必须记载事项填写在票据上，之后该票据上所确定的票据种类、金额和支付日期等，任何人都无权更改。被他人更改过的票据无效。

（4）票据权利的行使有一定的时效性。法律规定了不同的票据权利行使的期限，但是，根据《中华人民共和国票据法》第十八条规定，持票人因超过票据权利时效或者因票据记载事项欠缺而丧失票据权利的，仍享有民事权利，可以请求出票人或者承兑人返还其与未支付的票据金额相当的利益。

（二）票据权利的种类

1. 付款请求权

《中华人民共和国票据法》规定持票人最基本的权利是请求付款人按票据金额支付款项。付款请求权是票据的第一次权利，实践中人们常称此权利为主票据权利。

付款请求权必须符合以下条件：

（1）持票人持有处在有效期内的票据，其中汇票和本票的有效期自票据到期日起2年以内；见票即付的汇票和本票，自出票日起2年以内；支票自出票起6个月以内。

（2）持票人须持票据原件向付款人提示付款，如果不能提供票据原件的，不能请求付款，付款人也不得付款。

（3）持票人只能请求付款人支付票据上确定的金额，付款人须一次性将债务履行完毕，因此，持票人也不得向付款人请求少于票据确定的金额付款。

（4）持票人得到付款后，必须将票据移交给付款人。另一种情况可能是原票据上的权利由付款人承受，付款人再向其他债务人请求付款，从而使付款请求权呈持续状态。

（5）付款人支付票据金额后，如果发现该票据有伪造、变造情况的，有权向持票人请求返还所给付的金额。这是对票据权利不确切的处置。

2. 付款追索权

付款追索权指持票人行使付款请求受到拒绝承兑或拒绝付款时，或有其他法定事由请求付款未果时，享有向其前手请求支付票据金额的权利。由于这一请求是在第一次请求未果后的再次请求，所以将其称为第二次请求权，是票据权利的再次行使。追索权的追索对象视票据种类的不同可以分别包括出票人、背书人、保证人、承兑人和参加承兑人，这些人在票据中的地位是连带债务人，持票人可以不按照汇票债务人的先后顺序，对其中的任何一人、数人或全体行使追索权；持票人对汇票债务人仍可行使追索权。被追索人清偿债务后，此票据与持票人享有相同的权利。

根据《中华人民共和国票据法》第十七条规定，持票人对前手的追索权，自被拒绝承兑或者被拒绝付款之日起六个月；持票人对前手的再追索权，自清偿日或者被提起诉讼之日起三个月。

持票人提示承兑或者提示付款被拒绝的，承兑人或者付款人必须出具拒绝证明，或者出具退票理由书。未出具拒绝证明或者退票理由书的，应当承担由此产生的民事责任。持票人行使追索权时，应当提供被对方拒绝承兑或者被拒绝付款的有关证明。

（三）票据权利的取得与行使

1. 票据权利的取得

（1）票据权利的原始取得。持票人不经任何其他前手权利人而最初取得权利，包括发行取得与善意取得。发行取得即权利人依出票人的出票行为而取得票据为主要的原始取得方式，这为其他取得方式之基础。善意取得是票据受让人依凭《中华人民共和国票据法》规定的转让方式，善意地从没有票据处分权利的人手中取得票据，从而享有票据权利。所谓善意指的是无恶意或重大过失。判断受让人是否善意应以其取得票据时的情况为标准，且受让人的义务仅限于对其直接前手。

（2）票据权利的继受取得。通过背书转让、保证、付款等《中华人民共和国票据法》规定的转让方式取得票据权利，称之为继受取得。而通过质押、贴现、继承、赠与、公司合并或分立、清算等方式取得的票据权利，不是《中华人民共和国票据法》上的继受取得，因此只能得到一般法律的保护，不能用作《中华人民共和国票据法》主张上的抗辩切断和善意取得等。

2. 票据权利的行使

票据权利的行使是指票据权利人请求票据义务人履行义务的行为，其方式是提示票据，即票据权利人向债务人出示票据，包括向债务人提示承兑和提示付款。

五、票据义务

票据义务是指票据债务人向持票人支付票据金额的责任。它是基于债务人特定的票据行为（出票、背书、承兑等）而应承担的义务，主要包括付款义务和偿还义务。付款义务是指票据主义务人根据票据记载所承担的付款义务。主要有：汇票承兑人因承兑而应承担的付款义务；本票出票人因出票而应承担自己付款的义务；支票付款人在与出票人有资金关系时应承担的付款义务；偿还义务是指汇票、本票、支票的背书人和汇票、支票的出票人、保证人，在票据不获承兑或不获付款时的付款清偿义务。

票据义务的种类和票据权利的种类是相对应的。这是《中华人民共和国票据法》规定的法律责任。

第二节 汇 票

一、汇票的定义

不同体系的票据法对汇票的定义都有不同的文字描述，有的用下定义的方式给出了汇票的含义，有的则从汇票须具备的要素方面进行阐述。

(一)《英国票据法》对汇票的定义

1982 年英国颁布的《票据法》将汇票定义为“A bill of exchange is an unconditional order in writing addressed by one person to another, signed by the person giving it, requiring the person to whom it is addressed to pay on demand or at a fixed or determinable future time a sum certain in money to or to the order of a specified person, or to bearer.”（汇票是由一个人向另一个人签发的，要求对方于见票时或定期或在可以确定的将来的时间，对某人或其指定的人或持票人支付一定金额的无条件书面支付命令。）这是英国票据法对汇票给出的明确定义。

(二)《日内瓦统一法》对汇票的定义

1930 年，法、德等 30 个国家签订的《日内瓦统一汇票、本票法公约法》规定，汇票必须具备下列几项内容，才能发生票据效力：（1）写明其为“汇票”字样；（2）无条件支付命令；（3）付款人姓名或商号；（4）出票人签名；（5）出票日期和地点；（6）付款地点；（7）付款期限；（8）付款金额；（9）收款人姓名或商号。

(三)《中华人民共和国票据法》对汇票的定义

我国《票据法》第十九条关于汇票的定义是：“汇票是出票人签发的，委托付款人在见票时或者在指定日期无条件支付确定的金额给收款人或者持票人的票据。”

根据英国《票据法》及我国《票据法》的规定，一张汇票必须具有三个基本当事人。

1. 出票人

汇票的出票人（Drawer）是签发汇票并向付款人发出付款命令的一方。根据我国《票据法》第二十六条规定，出票人签发汇票后，即承担保证该汇票承兑和付款的责任。出票人在汇票得不到承兑或者付款时，应当向持票人偿还票款。因此，即期汇票和未承兑远期汇票的出票人在汇票没有付款和承兑之前，应是汇票上的主债务人。

2. 付款人

汇票的付款人（Drawee）又称受票人，是接受出票人无条件支付命令的当事人和

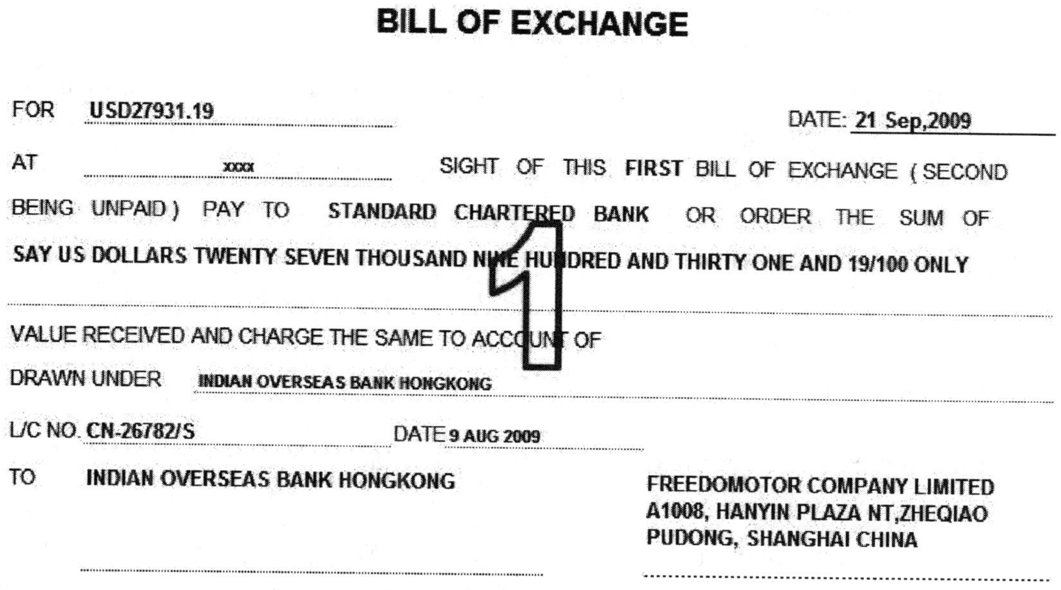

BILL OF EXCHANGE

FOR USD27931.19 DATE: 21 Sep,2009

AT xxxx SIGHT OF THIS FIRST BILL OF EXCHANGE (SECOND BEING UNPAID) PAY TO STANDARD CHARTERED BANK OR ORDER THE SUM OF

SAY US DOLLARS TWENTY SEVEN THOUSAND NINE HUNDRED AND THIRTY ONE AND 19/100 ONLY

VALUE RECEIVED AND CHARGE THE SAME TO ACCOUNT OF

DRAWN UNDER INDIAN OVERSEAS BANK HONGKONG

L/C NO. CN-26782/S DATE 9 AUG 2009

TO INDIAN OVERSEAS BANK HONGKONG

FREEDOMOTOR COMPANY LIMITED
A1008, HANYIN PLAZA NT,ZHEQIAO
PUDONG, SHANGHAI CHINA

1

图 3.1 汇票样张

根据出票人的指示向收款人或持票人支付一定款项的一方。付款人之所以承担汇票的付款责任，在于他是使汇票开出的基础交易中的债务人或付款代理人，而并非是出票人对其发出了付款命令。

3. 收款人

汇票的收款人（Payee）是根据汇票授权，凭以向付款人收取一定款项的一方，是汇票的主债权人。在我国，通常称为汇票的抬头。

二、汇票的内容

汇票的内容是指汇票的形式及票面项目。汇票的内容分为必要项目、相对记载项目和任意记载项目。

（一）汇票的必要项目

汇票是一种要式证券，因此有效的汇票必须具备一定的形式和项目。各国票据法对于票据的必要内容的规定大致是相同的，但有一定的差异。在这里，先看中国票据法对于这方面的规定。

《中华人民共和国票据法》第二十二条规定：“汇票必须记载下列事项：1. 表明‘汇票’字样；2. 无条件支付的委托；3. 确定的金额；4. 付款人名称；5. 收款人名称；6. 出票日期；7、出票人签章。汇票上未记载前款规定事项之一的，汇票无效。”

1. 标明“汇票”字样

汇票上必须标明“Exchange for”、“Bill of Exchange”、“Draft” 等字样。《日内瓦统一票据法》也有同样的相关规定，但《英国票据法》无此规定。

2. 无条件支付命令

汇票上必须使用规定的支付命令文句:

(1) 使用祈使句型。如“Pay to ABC company the sum of one thousand US dollars”(支付给 ABC 公司 1 000 美元)。

(2) 不允许出现附带条件。如:必须满足某项条件才支付确定金额(“Pay A company the sum of one thousand US dollars after it performed the contract”);从某某账户支付确定金额(“pay A company the sum of one thousand US dollars from your No. 1 account”)。

(3) 其他符合无条件支付命令的附加信息可以使用。如:利息条款或汇率条款(“Pay to the order of ABC Co. the sum of one thousand US dollars plus interest”);加列出票原因(“drawn under irrevocable documentary credit No. 123 issued by E bank ”)。

3. 收款人

汇票的收款人又称汇票的抬头,通常有 3 种表示方法:

(1) 限制性抬头

限制性抬头(Restrictive Order)的汇票只能由限定的收款人行使权利,不能转让。我国《票据法》第二十七条规定:“出票人在汇票上记载‘不得转让’字样的汇票不能转让。”限制性抬头的表示方法为:

①“Pay ABC company only(仅付 ABC 公司)”。

②“Pay ABC company not transferable(付给 ABC 公司不得转让)”。

(2) 持票来人抬头

持票来人抬头(Pay Bearer)是另一种极端情况,即持有汇票的人都可以行使收款的权利。持票来人抬头汇票无须背书,仅凭交付即可转让,这样使得汇票的流通变得十分容易,只要交付就可以随便变持票人为收款人。我国票据法和《日内瓦统一票据法》都不允许作来人抬头,只有英国票据法,允许做来人抬头。来人抬头的表示方法为:

①“Pay to bearer(付给来人)”。

②“Pay to ABC company or bearer(付给 ABC 公司或来人)”。

(3) 指示性抬头

指示性抬头(Demonstrative Order)对于收款人范围的规定介于限制性抬头和来人抬头之间,它是指要求付款人支付款项给某人或其指定人。指示性抬头的汇票可以经过背书转让。在实际业务中,汇票的抬头大多数是指示性抬头。指示性抬头的表示方法为:

①“Pay to ABC company or order(付给 ABC 公司或其指定人)”。

②“Pay to the order of ABC company(付给 ABC 公司的指定人)”。

除以上三种汇票抬头外,各国票据法允许汇票的出票人指定自己作为汇票的收款人,此种汇票即“已收汇票”,经收款人(即出票人)背书后可转让。其表示方法为:“Pay to the order of ourselves(付给我方的指定人)”或“Pay to us or our order(付给我方或我方的指定人)”。

4. 确定的汇票金额

汇票金额包括付款的货币和数字金额两大内容。汇票上面同时有阿拉伯小写数字和文字大写数字来表示汇票的金额。对于汇票票面上大小写数字金额不一致的情况，各票据法有不同的规定。我国《票据法》第八条规定如果金额大小写不一致，则汇票无效；《英国票据法》和《日内瓦统一法》规定以文字大写数目为准；也有其他国家票据法规定以金额大的数字为准。在实际业务中，如果出现大小写数目不一致的情况，一般由出票人更改相符后再交付。

5. 付款人名称

出票人应详细列明付款人的名称及地址，以便收款人或持票人向付款人提示远期汇票办理承兑或即期汇票提示付款。

6. 出票日期

汇票的出票日期即出票人开立汇票的日期。出票日期意义重大：对于即期汇票起到确定期限届满的作用；对于远期汇票，具有确定付款日期的作用。此外，当事人可以根据出票日期来判断出票人出票时的行为能力，进而判定出票人在出票时能为其出票行为负责。

7. 出票人签章

各国票据法都规定，汇票必须经出票人签章后方可生效。

（二）汇票的相对记载项目

汇票除了上述必要记载项目外，还有其他相对记载项目，如出票地点，付款地点，付款期限等。

1. 出票地点

汇票的出票地点即汇票签发的地点。《中华人民共和国票据法》第二十三条规定：汇票上未记载出票地的，出票人的营业场所、住所或者经常居住地为出票地。《英国票据法》也有类似的规定。

汇票的出票地点关系到法律适用问题。根据国际惯例，在涉及汇票的要式及法律效力时，一般采用行为地的法规或出票地的法规为原则。《中华人民共和国票据法》第九十条就规定：汇票、本票出票时的记载事项，适用出票地的法律。

2. 付款期限

汇票的付款期限（Time of Payment）又称付款到期日，是付款人履行付款义务的时间。有些国家的票据法规定，汇票必须载明付款期限，否则无效。但也有些国家的票据法认为，若汇票未载明付款期限，按即期汇票办理支付，但不影响票据的效力。我国《票据法》第二十三条规定，“汇票上未载明付款日期的，为见票即付”。根据汇票的付款期限，汇票有即期汇票和远期汇票。

即期汇票是指出票人指示付款人见票即付的汇票。即期汇票的表示方法为：at sight or on demand pay to ...

远期汇票是指汇票的付款期限在将来的某个时间，主要有以下几种：

（1）将来某固定日期付款

On June 12, 2012 fixed, pay to ABC company...

（2）出票日后若干天付款

At xx days after date pay to the order of ABC company...

(3) 见票日后若干天付款

At xx days after sight pay to the order of ABC company...

(4) 提单日后若干天付款

At xx days after date of B/L pay to the order of ABC company...

关于后几种远期汇票付款日期的计算，在结算实务中一般采用“算尾不算头”的原则进行，即起算日不包括在内，从第二天开始计算，至到期日包括在内。例如：某汇票列明“at 60 days after date pay to...”而该汇票的出票日为2012年的3月31日，则根据“算尾不算头”原则，从4月1日起向后推算60天，该汇票的付款到期日为2012年的5月30日。如当天为节假日等“非营业日”，顺延至下一个营业日，即为5月31日。

起算日后若干月付款的汇票到期日，为付款月份的相应日期，若付款日为31日，当月没有相应的日期（如2月只有28日或29日），则付款日就以月底最后一天作为到期日。

《UCP600》中关于“付款到期日”、“装运日期”的规定：

The words “to”, “until”, “till”, “from” and “between” when used to determine a period of shipment include the date or dates mentioned, and the words “before” and “after” exclude the date mentioned.

The words “from” and “after” when used to determine a maturity date exclude the date mentioned.

“至（to）”、“直至（until、till）”“从……开始（from）”及“在……之间（between）”等词用于确定发运日期时包含提及的日期，使用“在……之前（before）”及“在……之后（after）”时则不包含提及的日期。而“从……开始（from）”及“在……之后（after）”等词用于确定到期日期时不包含提及的日期。

这是《UCP600》的新增内容。其中，maturity date不仅为汇票的到期日，还包括迟期付款信用证以及不要求汇票的远期议付信用证的付款到期日。

（三）汇票的任意记载项目

任意记载项目是指除以上两类项目以外的项目，是由出票人根据需要记载的限制或免除责任的内容，如付一不付二条款、预备付款人等等。

三、汇票的种类

汇票的种类繁多，从不同的角度可将汇票分为以下几种：

（一）按照是否附有单据划分为：

(1) 光票（Clean Bill）：是指不附带任何货运单据的汇票。

(2) 跟单汇票（Documentary Bill）：是指附带货运单据的汇票。

在国际贸易结算中，经常使用的是跟单汇票。因为跟单汇票除了有关当事人的资信保证外，还有“物”即货运单据作保证。而光票仅用于小型的样品、样机、佣金和折扣小额贷款中。

（二）按照出票人的不同划分

（1）商业汇票（Trade Bill）：由企业或个人签发并交付的汇票。

（2）银行汇票（Banker's Bill）：由银行签发并交付的汇票。

在国际贸易结算中，通常出口商交付货物后，签发商业汇票，并附以货运及其他有关单据，形成一整套跟单汇票，委托银行向进口商收取货款。

（三）按照付款时间的长短划分

（1）即期汇票（Sight Bill）：要求付款人在被提示时见票即付的汇票。

（2）远期汇票（Time Bill / Usance Bill）：要求付款人经过一段时间后向持票人付款的汇票。

即期汇票是汇票被提示时或见票时立即付款的汇票。其票面上表明“见票即付”或“提示时即付”等字样。远期汇票是在将来一定期限内或特定的日期付款的汇票。其期限一般为30天、60天、90天不等。由买卖双方交易商定。远期汇票都应向付款人提示承兑，以明确付款人的责任，保证到期付款。

（四）按照承兑人性质不同划分

（1）银行承兑汇票（Banker's Acceptance Bill）：由银行作为付款人并在汇票上承兑的远期汇票。

（2）商业承兑汇票（Commercial Acceptance Bill）：由企业或个人作为付款人并在汇票上承兑的远期汇票。

银行承兑远期汇票后，即由银行承担到期支付的法律责任，因而银行承兑汇票具有较高的信誉度。企业或个人承兑远期汇票后，即由企业或个人承担汇票到期支付的法律责任，因而商业承兑汇票的信用基础是商业信用。

四、汇票的票据行为

汇票是一种典型的票据，它的票据行为是非常全面的。汇票在流通过程中，由于各种票据行为的使用，也产生了除三个基本当事人以外的其他关系人。

（一）出票

出票（Issue）是指出票人按照一定要求和格式签发汇票并将其交付他人的一种行为。出票是汇票的第一个票据行为，也是基本票据行为。因为出票行为创设了汇票的权利及义务以及三大基本当事人。

1. 出票的行为

出票其实包括两个行为，一是签发票据，二是交付票据。因此，汇票签发后要经过交付后，出票行为才算完成，并使后续的票据行为生效。

例如：2011 年 12 月 11 日，甲公司与乙商贸公司签订了一份价值 25 万元的微波炉销售合同。由于乙商贸公司一时资金周转困难，为付货款，便向吴某借款，并从 A 银行申请到一张以吴某为户名的 20 万元现金汇票交付给甲公司。甲公司持该汇票到 B 银行要求付款，但 B 银行拒绝并出示了乙商贸公司的电报。原来，乙商贸公司在销售时发现微波炉存在质量问题，还发现所汇款项是吴某挪用的公款，于是将此情况电告 A 银行，A 银行立即通知 B 银行拒绝付款给甲公司，并宣布该汇票作废，退回给 A 银行。B 银行依此拒付款项。甲公司多次协商未果，事隔两个月后，甲公司向法院起诉，要求 A 银行无条件支付货款，并支付延期付款的相关费用，最后甲公司胜诉。

分析：

本案涉及的主要问题是汇票的出票效力。甲公司与乙商贸公司签订的微波炉销售合同合法有效，现金汇票的签发也符合票据法的规定。甲公司合法取得该汇票，是正当持票人，依法享有要求银行解付的权利。银行对于有效的汇票，应无条件付款，不能以原经济合同产生纠纷为由拒绝付款。依据《中华人民共和国票据法》第二十六条的规定，出票人签发汇票后，即承担保证该汇票承兑和付款的责任。出票人在汇票得不到承兑或者得不到付款时，应当向持票人清偿：（1）被拒付的汇票金额；（2）汇票金额自到期日或者提示付款日起到清偿日止，按照中国人民银行的利率计算的利息；（3）取得有关证明和发出通知书的费用。据此，甲公司有权要求 A 银行支付货款及延期付款的相关费用。

2. 出票的效力

出票人出票的行为对于三大基本当事人来说有不同的效力。对于出票人而言，《中华人民共和国票据法》第二十六条规定，出票人签发汇票后，即承担保证该汇票承兑和付款的责任，即出票人出票后，成为汇票的债务人，要承担相应的债务责任。对于付款人而言，出票使得汇票的票面上规定了付款人的名称，赋予了付款人的身份。但是付款人没有必须付款的义务，因为由于各种意外原因，付款人届时可能会拒绝付款。对于收款人而言，出票使得其具有收款的权利以及遭遇拒付后追索的权利。

（二）背书

背书（Endorsement），即在票据背面书写一定的内容，从而实现转让票据权利等目的。背书是一种从属票据行为。在票据背面书写的人称为背书人，而背书给的对象为被背书人。

1. 背书的行为

背书人在汇票背面背书签章，然后将已经过背书的汇票交付给被背书人。汇票可以经过连续背书而连续转让。对于被背书人来说，所有的背书人及出票人都是他的前手，相反，对于背书人来说，所有被背书人都是他的后手。

2. 背书的种类

根据背书是否以转让汇票权利为目的，背书可分为转让背书和非转让背书两大类。转让背书是实务中运用比较多的。转让背书又根据背书的形式是否完整，分为完全背书和空白背书。其中完全背书又根据是否限制被背书人的身份，可以分为限制性背书、指示性背书和来人背书。而非转让背书又分为委托取款背书和设质背书等。

汇票的背书和汇票的抬头是密切相连的，即汇票的抬头（收款人）的情况决定了汇票是否能进行背书。限制性抬头的汇票限定了某人收款，在这种情况下汇票不能进行背书转让。来人抬头的汇票没有确定的收款人名称，谁持有汇票都可以收款，因此可以仅凭交付就可以转让，在这种情况下汇票无须经过背书即可转让。指示性抬头的汇票必须通过背书的方式进行转让。

（1）限制性背书

限制性背书是指持票人在汇票背面签字而将汇票权利转让给其指定的某一个人的行为。在限制性背书下，被背书人不能再转让汇票，而只能向付款人提示承兑或提示付款。

限制背书的形式为：

Pay to ABC company only

For DE company

(signed)

或：Pay to ABC company not transferable

For DE company

(signed)

（2）指示性背书

指示性背书又称记名背书，是指背书人通过背书将汇票权利转让给其指定的某一人或其指定的人的行为。指示性背书的行为可以连续进行，即汇票票面的收款人是第一背书人，背书给第一被背书人；第一被背书人可以再进行背书，成为第二背书人，背书给第二被背书人；以此类推……最后一个被背书人即是持票人。

指示性背书的形式为：

Pay to the order of ABC company

For DE company

(signed)

或：Pay to ABC company or order

For DE company

(signed)

（3）空白背书

空白背书又称为不记名背书，是指将被背书人的名称留空，背书人仅在汇票背面签字，也即只有背书人，没有被背书人。汇票经空白背书后，仅凭交付即可转让。交付者可以不承担背书人的责任。

指示性抬头的汇票经过空白背书后转变成和来人抬头的汇票一样的性质，可以仅凭此汇票交付转让了。当然，持有空白背书的汇票持票人（假设为甲）在转让汇票时，也可以根据需要，不选择交付转让，而选择再次进行记名背书转让。做法是先把自己的名称填写在前一次背书人的签字前面，或者直接把他想转让给的第三方的名字填写在前一次背书人的签字前面。如果是后一种做法，则甲的名字可以不出现在汇票背面，以免除被追索的风险。

空白背书的形式为：

………………

For DE company

(signed)

(4) 委托取款背书

委托取款背书是背书人通过背书委托被背书人收取款项，而非转让收款的权利，款项仍为背书人所有。其形式为：

For collection pay to the order of ABC Bank

For DE Bank

(signed)

或：Pay to the order of ABC Bank for collection

For DE Bank

(signed)

(5) 设质背书

设质背书是背书人和被背书人之间存在债券债务关系，背书人通过背书将汇票的收款权利进行质押，若背书人到期不能履行债务，则汇票的权利将由被背书人取得，否则背书人仍然有收回汇票的收款权利。其形式为：

For pledge pay to the order of ABC Bank

For DE Bank

(signed)

(三) 提示

提示 (Presentation) 是持票人向付款人出示汇票，要求付款人按照出票人的命令进行承兑或付款的法律行为。由于汇票可以经过连续背书转让，因此，在很多情况下付款人都不知道汇票已经流传到哪个人的手中，不知道他将需要对谁付款。持票人想收取款项，就必须先在背书时提示，起到告知付款人对谁付款的作用。

各国法律都有相关规定，持票人应在规定的时间内向付款人提示汇票要求承兑或付款，否则持票人就会丧失对其前手及出票人的追索权。至于提示的时间，各国票据法都有不同的规定。

(四) 承兑

承兑 (Acceptance) 是远期汇票的付款人在汇票上明确作出愿意在汇票到期日付款的承诺。即期汇票无须进行承兑。承兑的内容一般包括承兑字样、承兑日期和承兑人签字几个部分。

1. 承兑的行为

持票人向付款人提示承兑，付款人即在汇票的正面记载“承兑”字样并签章。付款人在承兑汇票后，再将汇票交还给持票人。在结算实务中，一般是付款人在承兑汇票后向持票人发出承兑通知书，不再退还汇票，并在汇票到期日付款。

2. 承兑的意义

出票条款只是规定了付款人的身份，付款人没有必须付款的义务。远期汇票出票后至承兑前，出票人是汇票的主债务人。付款人在承兑后，即替代出票人成为汇票的主债务人，而出票人即成为次债务人。若承兑后，付款人到期不付款，持票人可向其提出法律诉讼。而若付款人由于各种原因在被提示承兑时拒绝承兑汇票，则意味着付款人不愿承兑付款的责任，对于持票人而言，只能向其前手进行追索。

承兑使得汇票的流通更加容易。银行或金融公司在贴现汇票时，一般贴现已承兑的汇票。

3. 承兑的种类

根据付款人在被提示时是否同意出票人的条款，可以分为两类。

（1）一般承兑。一般承兑又称普通承兑，即付款人无条件同意汇票上的付款命令。例如：

Accepted
June 12, 2010
For ABC bank
(signed)

（2）限制性承兑。承兑人对汇票的内容加以修改或限制的承兑。包括在承兑的时候附加条件、修改付款到期日的时间以及修改承兑的金额等。例如：

附加条件承兑：

Accepted
Payable providing all the goods in order
June 12, 2011
For ABC bank
(signed)

修改付款时间：

Accepted
Payable at 60 days after sight
June 12, 2011
For ABC bank
(signed)

修改承兑金额（部分承兑）：

Accepted
Payable for 50% of amount of draft only
June 12, 2011
For ABC bank
(signed)

（五）付款

付款（Payment）是指在即期汇票或远期汇票到期提示时，付款人进行“正当付款”。所谓“正当付款”，是指付款是在汇票到期日或其后的营业日内进行的；支付的对象是持票人，如果持票人是被背书人，则其前手的背书是连续性的，对其支付了全部汇票金额。《中华人民共和国票据法》第五十七条规定：付款人及其代理人付款时，应当检查背书的连续性，并审查提示付款人的合法身份或有效证件。

汇票进行正当付款后，持票人将汇票作为收据交给付款人，汇票就停止了流通。《中华人民共和国票据法》第六十条规定：付款人依法足额付款后，全体汇票债务人的责任解除。

（六）拒付

拒付（Dishonor）是指汇票持票人在向付款人提示承兑或提示付款时，付款人拒绝承兑或付款。因此，拒付包括拒绝承兑和拒绝付款。

拒付的表现有如下几种：（1）付款人明确表示拒绝承兑或拒绝付款；（2）当付款人死亡、逃匿、被依法宣告破产或者因违法被责令终止业务活动等情况下，付款已经从客观上无法实现，也构成了事实上的拒付；（3）付款人未明确表示拒付，但迟迟不履行承兑或付款义务，则也可认定为拒付。

（七）追索

1. 追索（Recourse）指持票人在遭遇拒付后，向其前手追索票款，这是法律上所指的是持票人享有的追索权。持票人在行使追索权前，要具备如下相关条件：持票人必须在法定期限内向付款人提示承兑或提示付款；持票人必须在法定时间内通知其前手已遭拒付的事实。国际汇票遭拒付后，《英国票据法》规定，持票人须在拒付发生后的一个营业日内，由拒付地点的公证人或其他法定机构做成拒绝证书，方可追索。

2. 追索的性质

持票人拥有的追索权有以下性质：

（1）连带性或共同性。出票人、承兑人、背书人及其他汇票债务人，对持票人负连带付款责任。（2）飞越性或选择性。持票人可以自己选择追索对象，而不必按照债务的前后顺序依次向前追索，既可向一个债务人，也可向几个或全体债务人进行追索。（3）变向性或变更性。持票人对汇票债务人中的一人或数人已经进行追索的，对于其他尚未被追索的汇票债务人仍可行使追索权。（4）转移性或代位性。持票人行使追索权获得清偿后，追索权即被转移给被追索人，被追索人可以继续向其前手追索。

3. 追索的期限

追索权的行使有一定的期限，各票据法的规定不尽一致。《中华人民共和国票据法》第十七条规定：持票人对其前手的追索权，自被拒绝承兑或拒绝付款之日起六个月内止。《日内瓦统一法》规定持票人行使追索权的期限为一年，而背书人再行使追索权的期限为六个月。

例如：2010 年 4 月 15 日，某市化肥厂与某县编织袋厂签订了编织袋的购销合同。该合同约定，由编织袋厂在 20 天内向化肥厂供应 50 公斤装的标准拉丝编织袋 10 万条，每条 0.5 元，共计 5 万元。2010 年 4 月 30 日，编织袋厂将全部编织袋按约定的方式发运至化肥厂，化肥厂于同日签发一张以化肥厂的开户行为付款人、编织袋厂为收款人、票面金额为 5 万元、出票日后 3 个月付款的汇票，经签章后交付给了编织袋厂。2010 年 5 月 12 日，编织袋厂向一家机械厂购进一台编袋机，价值 5 万元整。于是编织袋厂将由化肥厂签发的汇票依法背书转让给机械厂。2010 年 5 月 20 日，机械厂持该汇票向化肥厂的开户行提示承兑，而开户行则以化肥厂账户存款不足为由拒绝承兑该汇票，机械厂随即要求银行开具拒绝承担证明，银行予以出具。但是机械厂的经办人员在回厂途中将拒绝证明书丢失。于是 2010 年 5 月 21 日，当机械厂前往编织袋厂提出追索请求时，遭到拒绝。机械厂无奈，向人民法院提起诉讼，要求编织袋厂支付 5 万元的票据款。

分析：

依据《中华人民共和国票据法》第六十一条第 2 款的规定，机械厂可以向背书人编织袋厂行使追索权，但是依据《中华人民共和国票据法》第六十二条及第六十五条，持票人行使追索权时，应当提供被拒绝承兑或者被拒绝付款的有关证明，持票人不能出示退票理由书或其他合法证明的，丧失对其前手的追索权。但是承兑人或付款人仍然应当对持票人承担付款责任。据此，机械厂行使追索权时因丢失拒绝证书，将丧失对背书人编织袋行使追索权，但是化肥厂的开户行作为付款人，仍应当对持票人承担责任。

第三节　本　　票

一、本票（Promissory Note）的定义

《英国票据法》关于本票的定义是：

A promissory note is an unconditional promise in writing made by one person to another signed by the maker, engaging to pay on demand or at a fixed or determinable future time, a sum certain in money, to or to the order of a specified person or to bearer.

《中华人民共和国票据法》第七十三条规定：本票是出票人签发的，承诺自己在见票时无条件支付确定的金额给收款人或者持票人的票据。本法所指的本票，是指银行本票。可见，在我国，本票限制了只有银行才能签发本票。而国际上则无此限定。

当汇票中的出票人与付款人是同一个人时，汇票也体现出一种付款承诺。因此，本票也可以看作是汇票的特殊情况。

二、本票的内容

本票也具有票据的要式性特点，《中华人民共和国票据法》第七十五条规定，本票

必须记载下列项目：(1) 表明“本票”字样；(2) 无条件支付的承诺；(3) 确定的金额；(4) 收款人名称；(5) 出票日期；(6) 出票人签章。本票未记载前款规定事项之一的，本票无效。

三、本票的种类

(一) 银行本票 (Banker's Note)

银行本票是指由银行签发的付款承诺。

(二) 商业本票 (Trader's Note)

商业本票的出票人为公司或企业，商业本票是基于商业信用签发的。

(三) 国际限额本票 (International Money Order)

国际限额本票多由国际知名大银行发行，收款人多为旅行者或商务公出人员，他们可以在银行持票兑换现金。

此外，国际上还有一些具有本票性质的有价证券，如旅行支票 (Traveler's Check)、可转让定期存单 (Negotiable Certificate of Deposit) 等。

四、本票的票据行为

在国际惯例以及各国的立法中，通常将汇票和本票统一在一起制定规则，如《日内瓦统一票据法》。但在其他各国的票据法或公约中，通常都用较大篇幅对汇票进行规范，而对本票仅仅规定其与汇票不同的处理方式[①]。如《中华人民共和国票据法》第八十条规定，本票的背书、保证、付款行为和追索权的行使，除有规定外，适用第二章有关汇票的规定。本票的出票行为，除有规定外，适用第二十四条关于汇票的规定。

五、本票与汇票的区别

与汇票相比，本票具有以下特点和性质：

(1) 本票是无条件的付款承诺；而汇票是无条件的支付命令。

(2) 本票只有两个基本当事人，即付款人和收款人；而汇票必须具有三个基本当事人，即出票人、付款人和收款人。

(3) 远期本票无须承兑，因为本票本身就是一张书面承诺；而远期汇票则需要付款人承兑。

(4) 本票签发一份，而汇票往往签发一套（正本一式二份，副本数份）。

第四节 支 票

一、支票（check）的定义

《英国票据法》关于支票的定义为：A cheque is a bill of exchange drawn on bank payable on demand. Detailedly speaking, a cheque is an unconditional orer in writing addressed by the customer to a bank signed by that customer authorizing the bank to pay on demand a sum certain in money to or to the order of a specified person or to bearer.

《中华人民共和国票据法》第八十一条规定：支票是出票人签发的，委托办理支票存款业务的银行或者其他金融机构在见票时无条件支付确定的金额给收款人或者持票人的票据。

二、支票的内容

《中华人民共和国票据法》第八十四条规定，支票必须记载下列事项：（一）表明“支票”的字样；（二）无条件支付的委托；（三）确定的金额；（四）付款人名称；（五）出票日期；（六）出票人签章。支票上未记载前款规定事项之一的，支票无效。支票一般由付款银行制作，由出票人填写。

《日内瓦统一票据法》也有类似的关于支票记载事项的规定。

三、支票的种类

支票按照用途划分，可分为普通支票和划线支票。普通支票是指持票人可以从银行提取现金，也可以进行转账的支票；划线支票是在普通支票右上角划两条线，表明持票人只能进行银行转账，而不能提取现金。划线支票又分为一般划线支票和特殊划线支票。一般划线支票是指在支票的划线上不加注任何信息；特殊划线支票是指在支票的划线中加注银行的名称，即限定了转账的银行。

按照收款人划分，可分为记名支票和不记名支票。记名支票须写明收款人的名称，凭记名支票取款时必须由收款人在支票背面签章；不记名支票又称来人支票，收款人一栏不写明具体收款人名称，取款人无须在背面签章。

四、支票的票据行为

除了支票的一些特殊规定外，许多国家票据法对支票的出票、背书、付款、追索权等方面一般也均用汇票的规定。如《中华人民共和国票据法》第九十三条规定，支票的背书、付款行为和追索权的行使，除有规定外，适用第二章有关汇票的规定。支票的出票行为，除有规定外，适用本法第二十四条、第二十六条关于汇票的规定。

五、支票与汇票的区别

支票与汇票相比，有以下特点和性质：

（1）支票只有即期，即见票即付款；而汇票有即期和远期付款之分。因此支票没有承兑。

（2）支票的付款人只能是银行；而汇票的付款人可以是企事业单位和个人也可以是银行。

（3）支票的主债务人是出票人；而远期汇票在承兑前出票人是主债务人，承兑后承兑人则是主债务人。

（4）支票的出票人可以授权银行止付，而汇票无此行为。

（5）支票只开出一份，而汇票通常开出一套。

六、汇票、本票与支票的区别

汇票、本票与支票之间的比较可以用下面的表格来表示：

表 3.1　汇票、本票与支票的区别

项目 区别	汇票	本票	支票
基本当事人不同	出票人、付款人、收款人	出票人、收款人	出票人、收款人、付款人（银行）
性质不同	无条件支付命令	无条件支付承诺	无条件支付命令
付款期限不同	即期、远期	即期、远期	即期
是否须承兑不同	远期须承兑	无须承兑	无承兑
主债务人不同	承兑前是出票人，承兑后是承兑人	出票人	出票人

第五节　中外票据法规简介

目前，随着票据种类的增加以及票据流通越来越广泛，各国为规范各种票据的合法性和有效性，制订了各种票据法。票据法是规定票据种类、票据形式及票据当事人权利义务关系的法律规范的总称，有广义和狭义之分。

广义的票据法是指涉及票据关系调整的各种法律规范，既包括专门的票据法律法规，也包括其他法律法规中有关票据的规范。一般意义上所说的票据法是指狭义的票据法，即专门的票据法规范，它是规定票据的种类、形式和内容，明确票据当事人之间的权利义务，调整因票据而发生的各种社会关系的法律文件。

一、票据法的产生与发展

票据法的产生经历了三个阶段：

（一）票据法的萌芽时期

公元 11、12 世纪至 17 世纪中叶是票据法的萌芽时期。在这段时间内，票据法系的调整主要依赖于商业习惯以及款项支付纠纷的解决，它应用于商人法庭、市场法庭等的判例以及解决若干商人团体的规约。在这一阶段后期，各地开始独立制定地方性票据法。

（二）票据法的形成时期

17 世纪中叶至 19 世纪末期是西方工业国国内统一票据法的形成时期。17 世纪，法国率先制定了票据法，到 19 世纪，德国、英国、美国及欧洲大陆的其他国家等相继颁布了票据法，先后形成了法国、德国、英国三大票据法体系。

（三）票据法走向国际统一时期

随着商品经济在国际范围的发展，票据在国际间的使用和流通逐渐增多，成为国际贸易和国际金融很重要的工具。但是各国票据法上存在的不同规则极大地妨碍了票据在国际间的流通，为了解决各国票据法之间的冲突，二十世纪初以后，票据法走向国际统一时期。国际票据法的统一先后经历了海牙统一票据法、日内瓦统一票据法和联合国统一票据法三个发展阶段。

二、三大票据法系及演变

（一）法国票据法系

法国最早制订票据法是在 1673 年。路易十四颁发的《商事敕令》中对关于票据的法律规定是法国票据法的基础。1807 年，《法国商法典》规定了汇票和本票。1865 年，法国制定了支票法。

法国票据法的特点是注重票据的支付作用和金钱输送功能，较少考虑票据的信用功能与流通功能。法国票据法后来经过修改已转向德国票据法体系，不再作为独立的票据法系而存在。

（二）德国票据法系

德国票据法最初为德国各邦的立法，种类多，内容繁杂，为了实现各邦票据法的统一，1871 年，德国制定了《德国票据法》，规定了汇票与本票的制度。1908 年，又制定了支票法。

德国票据法比较注重票据的信用功能和流通功能，将票据关系与基础关系分离，但仍十分重视票据的形式。可以说，德国的票据法对奥地利、瑞士、丹麦、日本等国的票据法产生了重大影响。最终，德国的票据法系成为欧洲大陆法系的代表。

（三）英国票据法系

英国于 1882 年制定票据法，规定了汇票和本票，并将支票作为汇票的一种。1957 年，英国又制定了《支票法》，作为 1882 年票据法的补充。

英国制定票据法时，票据已经被广泛使用，票据的流通功能和信用功能已十分显著。因此，英国票据法的特征与德国票据法相似，注重票据的支付功能和信用功能，票据关系与基础关系相分离。

英国票据法对美国、加拿大、印度、澳大利亚等国影响很大。这些国家都以英国票据法为基础，制定了适用本国的票据法。

三、国际票据法

国际票据法的统一先后经历了海牙统一票据法、日内瓦统一票据法和联合国统一票据法三个发展阶段。

（一）海牙统一票据法

票据法的国际统一趋势开始于 19 世纪后半期，其中规模较大、影响较广的是 1910 年由德国和意大利两国提议，由荷兰政府在海牙召开的票据法国际统一的会议，即海牙第一次会议，参加者有 31 个国家，会议拟定了《统一汇票本票法草案》和《统一汇票本票公约草案》。1912 年在海牙召开的第二次票据法国际统一会议，共有 37 个国家参加。会议进一步拟定了《统一汇票本票规则》、《统一汇票本票公约》、《统一支票规则草案》等文件。第二次海牙会议所拟定的这些文件即被称为海牙统一票据法。《海牙统一票据法》由于第一次世界大战的发生而没有正式实施提前夭折，但是它还是经历了较为完整的孕育过程。

（二）日内瓦统一票据法

第一次世界大战以后，在国际联盟的推动下，票据法国际统一趋势进一步得到发展。1930 年国际联盟理事会在日内瓦召开了国际票据统一会议，为第一次日内瓦会议，签署了《统一汇票本票法公约》、《解决汇票本票法律冲突公约》以及《汇票本票印花税法公约》。1931 年，国际联盟又在日内瓦召开了统一票据法国际会议，有 37 个国家的代表出席。这次会议签署了有关支票的三个公约:《统一支票法公约》、《解决支票法律冲突公约》以及《支票印花税法公约》。上述六个公约都是彼此独立的，各国可以分别加入。而以《统一汇票本票法公约》和《统一支票法公约》为主体的各公约规定，通常被称为《日内瓦统一票据法》。

(三) 联合国国际票据法

二十世纪70年代后，联合国顺应世界贸易发展的需要，再次推动了票据法的国际统一趋势。联合国国际贸易法大会多次就票据法国际统一问题作出决议。1988年，联合国第四十三次大会上，考虑到日内瓦统一票据法和英美票据法的差异，着眼于解决国际贸易中汇票、本票使用上的不便而通过了《国际汇票和本票公约》。

但是，《国际汇票和本票公约》的适用范围和法律效力都不同于《日内瓦统一票据法》。前者仅限于国际票据，而不能适用于缔约国国内的票据法规范，而后者既适用于国际间的票据法规范，也适用于缔约国国内的票据法规范。前者对缔约国的当事人不具有强制适用的效力，只有在有关当事人选择适用于该公约的规定时，该公约的规定才具有约束力，而后者对缔约国的当事人具有强制适用的效力。

四、中国票据法

在中国，票据起源虽然悠久，但票据的成文法规则始于清光绪三十三年七月（公元1908年）间宪政编查馆聘请日本法学家志田钾太郎起草的《前清票据法草案》。1927年，国民党南京政府成立后，参照志田钾太郎的草案、各国的票据法以及1912年海牙会议上通过的《统一票据规则》、《统一票据公约》、《统一支票公约》等，制定了《中华民国票据法》，并于1929年10月30日颁布施行，成为中国历史上第一部正式颁布施行的票据法。

新中国成立后，中国大陆很长一段时间均未颁布正式的票据法，直到20世纪90年代，为了适应市场经济的发展和金融体制改革的需要，参照国际票据法，结合中国国情制定并颁布了《中华人民共和国票据法》，共7章111条，于1996年1月1日起实行。

五、中外票据法比较

(一) 大陆法系与英美法系比较

由于客观条件、经济发展状况等因素的不同，以《日内瓦统一法》为代表的大陆法系与以《英国票据法》为代表的英美法系在很多方面存在着差异，这里列举几个主要的区别如下：

1. 票据的分类

《日内瓦统一票据法》将汇票和本票视为一类，把支票视作另一类。

《英国票据法》认为汇票是基本票据，因汇票当事人的身份不同从而派生出支票和本票，所以，英国票据法包括了汇票、本票和支票。美国法律规定的票据的范围更广，包括存单也作为票据。

2. 票据持票人的权利

《日内瓦统一票据法》认为，只要票据上的背书是连贯的，持票人就是合法持票人，对票据拥有合法的权利。至于合法持票人是如何取得票据的，法律并未规定。

英、美、法系的票据法，持票人分为对价持票人和正式持票人，并赋予了他们不同的权力。

3. 对伪造背书的处理

《日内瓦统一票据法》认为，伪造背书的风险由丧失票据的人承担，持票人只要取得的票据合乎要求，并没有同作案者勾结，而且又不知情，就不能要求其承担责任。

英、美、法系的票据法则认为，背书加签名才能将票据权力转让出手。假签名的背书根本无效。权力没有让出，以后诸人根本不能取得票据权力，其签名均无效。

4. 对票据要件的要求不同

《日内瓦统一票据法》规定了汇票的形式要件，如果缺其中任何一项，则汇票无效。

《英国票据法》对汇票、支票和本票未规定形式要件，也不要求在票据上写明票据的名称，但给汇票下了定义，凡票据形式符合定义的，就是有效票据。

（二）中国票据法与国外票据法比较

《中华人民共和国票据法》借鉴了国外经验，并结合我国实际情况而制定颁布，与国外票据法相比，有相似之处，也有特殊的地方。

1. 关于票据金额记载及其效力的规定。

从国外票据立法来看，日内瓦票据法、英国票据法等规定：票据金额同时以文字和数码记载，而两者有差异时，以文字记载的金额为票据金额，这是一种比较普遍的做法。另有少数国家，如瑞士等国的票据法规定，若遇有差异时，应以数额较少者为付款金额。而我国票据法规定票据金额以中文大写和数码同时记载，二者必须一致，若二者不一致则票据无效。

2. 汇票的绝对记载事项

（1）是否表明“汇票”字样。我国票据法与日内瓦统一票据法规定汇票上必须标有“汇票”文句；而英美国家票据法则没有将“汇票”文句规定为应记载的事项。

（2）是否记载汇票收款人名称。我国与日内瓦统一票据法都规定将收款人名称规定为绝对应记载事项，不允许签发无记名式汇票。但英美国家票据法没有将收款人名称规定为应记载事项。如果汇票上不记载收款人名称的，则以持票人为收款人，汇票仍然有效。

（3）是否记载汇票出票日期。我国《票据法》将出票日期规定为绝对应记载事项。英美国家票据法没有将出票日期规定为应记载事项，如汇票上未记载出票日期的，不影响汇票的效力。

3. 我国票据法不允许采用无记名背书的方式

前面章节中已提到，由于无记名背书转让方式比较灵活，它采用直接交付的方式转让票据权利，所以在流通中较为盛行，一般被各国所采用和认可。但我国考虑到无记名背书方式的灵活性，可能导致票据在发生遗失、被盗等情况时，不利于正当票据权利人主张权利，为保证票据流通的安全性，《中华人民共和国票据法》第三十条明确规定，不允许采用无记名背书的方式，规定背书转让时必须记载被背书人的名称。

4. 我国票据法仅允许单纯承兑

承兑是远期汇票的一种特有制度，分为单纯承兑和附条件承兑。我国票据法仅承认单纯承兑为合法有效的承兑，具有承兑应有的效力。付款人一旦作出承兑，就承担绝对的到期付款责任（详见《票据法》第四十四条）。《中华人民共和国票据法》第四十三条规定：承兑不得附条件，否则视为拒绝承兑。所以，在我国票据法中附条件承兑不产生承兑效力。

5. 我国票据法不允许一部分付款

以是否支付汇票金额的全部为标准，世界上现行的票据分为全部付款和部分付款两种。前者为支付汇票金额的全部款项；后者为支付汇票金额的一部分款项。根据我国《票据法》第五十四条之规定，持票人依照法定期限提示付款的，付款人必须当日足额付款。可见我国《票据法》不允许一部分付款。

6. 我国票据法上的本票仅指银行本票

本票分为银行本票和商业本票，而我国票据法之所以只规定银行本票，而未规定商业本票，是根据中国目前市场状况决定的。所谓商业本票是指机关团体或企业、事业单位签发的本票。商业本票的使用必须要求公司具备比较高的商业信用，同时金融市场有一整套管理制度作保证。我国目前尚不具备上述条件，如果允许企事业单位签发和使用商业本票，在一定程度上将会引起信用膨胀，不利于加强中央银行的宏观调控。而银行本票是以银行信用为基础、以使用人将款项交存银行为前提的，具备较强的信用。

7. 我国票据法对拒绝证书的特殊规定

我国票据法上的拒绝证明制度和我国台湾地区票据法、日内瓦统一票据法及其他票据法上的拒绝证明制度存在着一定的差异，主要体现为：

（1）一般票据法上的拒绝证书可分为拒绝承兑证书、拒绝付款证书、拒绝见票证书、拒绝记载承兑日期证书、无作为承兑提示的拒绝证书等。而我国《票据法》第六十二条第二款明确规定，拒绝证明仅分为拒绝承兑证明和拒绝付款证明。不要求其他事项做成拒绝证明。

（2）一般票据法上的拒绝证书制度，均将持票人规定为义务人，即当持票人遭拒付时，应请求对方做成拒绝证书，且拒绝证书应该由拒绝承兑地或拒绝地的法院、公证处、商会或银行公会做成。而我国《票据法》第六十二条第二款规定，拒绝承兑人或拒绝付款人分别为拒绝承兑或拒绝付款证明的做成义务人，在拒绝的同时，他们负有做成拒绝证明的义务。

（3）我国《票据法》六十五条规定，持票人如果不能出示拒绝证明、退票理由书或未按照规定期限的其他合法证明的，丧失对其前手的追索权。由此可见，不能提示拒绝证明，是丧失追索权的原因之一。此种规定和日内瓦统一票据法的规定相似。英、美、法票据法则不把拒绝证书的不做成作为丧失追索权的原因。

8. 我国票据法在拒绝事由通知方面的特殊规定

拒绝事由通知，是指持票人将自己已进行票据提示并被拒绝承兑或拒绝付款的事由等告知被追索人。拒绝事由通知的意义在于，使被追索人预先知道追索开始，从而为被追索做好准备，成为自动偿还和及早筹集资金，以防止偿还金额的扩大或准备再追索。就票据的拒绝事由通知方，我国票据法与别国票据法存在以下方面的区别：

（1）通知的方法和内容。我国《票据法》第六十六条第一款明确要求拒绝事由必须采用书面通知，这区别于《日内瓦统一票据法》和我国台湾地区票据法，后两者允许以任何方式进行通知。另外，我国《票据法》规定，在规定期限内将通知按照法定地址或者约定的地址邮寄的，视为已经发出通知，以邮戳日期为准。第六十七条要求书面通知应当记明汇票的主要记载事项，并说明该汇票已被退票。

（2）违反通知义务的后果。未尽通知义务或未在法定期限之前履行通知义务的，为违反通知义务。违反通知义务会产生什么样的法律后果，大陆法系和英、美、法采取的立法体制截然不同。《日内瓦统一票据法》没有将拒绝事由通知作为行使和保全追索权的要件，仅把拒绝事由通知规定为追索权人应履行的义务或手续，未尽通知义务的，并不因此而丧失追索权，仅对因怠于通知而产生的损害负赔偿责任，其赔偿责任不得超过票面金额。我国《票据法》第六十六条第二款规定了上述原则。而英美法将拒绝事由通知作为行使和保全追索权的必要条件，持票人如不履行退票通知义务，将因此而丧失追索权。

9. 关于票据债务人行为能力的法律适用规定

我国采取折中的办法，将本国法与行为地法合并起来适用，即当判定票据债务人是否承担义务时，票据债务人的行为能力适用其本国法，但是如果其本国法规定票据债务人是属于无民事行为能力人，而按照其行为地国的法律属于有行为能力的，则适用行为地法。这点与《日内瓦统一票据法》相似。而英美法的票据法则全部采取行为地法，即无论是哪国人，都适用票据债务人所实施的票据行为所在地的国家法律。

总之，票据作为广为流通的支付工具和融资工具，具有不同于其他商业单据或契约的特征。票据既是一种静态的以货币金额表示的有价证券，又是一种运动的价值形式。一张票据从开立到支付而最终完结使命，需经过一系列特定的法律程序，即所谓的票据行为。为了保障票据的有序流通和票据关系人的正当权益，使它在国际经济活动和支付结算领域中发挥不可替代的作用，各国相继制定了一些票据的法律法规及国内立法，也包括一些国际公约、国际惯例和规则。

本章重要概念

汇票　本票　无条件支付命令　限制性抬头　背书　承兑　拒付　无追索权

复习思考题

1. 简述汇票的定义及要式内容。汇票、本票、支票的区别是什么？
2. 如何认识票据的无因性和要式性？
3. 在国际结算中，使用最多的票据是何种？其当事人有哪几个？

4. 远期汇票的抬头有哪几种做法？

5. 票据的背书有哪些作用？票据的背书人应承担哪些责任？

6. 票据的转让应如何办理？

7. 什么叫票据的追索？票据的追索应如何进行？持票人行使追索权应具备哪些条件？

☑ 案例分析

1. 甲交给乙一张经付款银行承兑的期票，作为向乙订货的预付款，乙在票据上背书后转让给丙以偿还原欠丙的借款，丙于到期日向承兑行提示取款，恰遇当地法院公告该行于当天起进行破产清理，因而被退票。丙随即向甲追索，甲以乙所交货物质次为由予以拒绝，并称已于10天前通知银行止付，止付通知及止付理由也同时通知了乙。在此情况下丙再向乙追索，乙以票据系甲开立为由推诿不理。丙遂向法院起诉，被告为甲、乙与银行三方。你认为法院将如何依法判决？理由何在？

（提示：按国际通行规则，票据具有四项特性，即流通性、无因性、文义性和要式性。）

2. 2011年2月，甲市公安局接到A公司报案。A公司称查账时发现，2010年7月付与B公司的一张30 800元的转账支票，却被转走了830 800元。接报后。公安机关分析B公司的张某有重大作案嫌疑。经查，2010年7月，B公司的张某为受害单位A公司进行设备防腐处理，工程结束后收到转账支票一张。张某见该支票上只有小写金额，遂将小写金额前加了一个“8”，自己再填上大写金额，从而顺利地将款项划到B公司账下。分析B公司的张某为什么能够得逞。

3. 某年12月，A公司（开户银行为D）向B公司购买了一批原材料，货款金额为26 000元，采用支票付款。B公司向自己的开户银行C提交支票时，开户银行C的工作人员受理了该支票，并做了认真审查，发现支票上A公司的签章为“发票专用章”和A公司财务主管“张××”的个人名章，遂建议B公司要求A公司重新签发支票，否则其向A公司开户银行D提示付款时，开户银行D将会拒绝付款，并作退票处理。分析开户银行C工作人员的做法是否正确。

第四章　国际结算的支付工具——电子支付

学习目标

1. 熟悉电子支付的概念和特点；
2. 熟悉信用卡、电子现金、电子支票和电子信用卡的概念和使用特点；
3. 掌握各个电子支付工具的安全性能及使用注意要点。

当今，随着信息技术的迅速发展，电子支付方式由于其方便、快捷和安全可靠等特点，已经为越来越多的人接受。电子支付是计算机技术应用于金融领域的一项重要成果，使人们能够跨越地域开展业务，快速完成资金结算，从而极大地提高国际交易的便利性。

第一节　电子支付工具概述

一、电子支付的定义和特点

电子支付（Electronic Payment）是指电子交易的当事人，包括消费者、商家和金融机构，以计算机和通信技术为手段，通过计算机网络系统以电子信息传递形式实现的货币支付或资金结算。与传统支付方式比较，电子支付具有以下特点：

（1）电子支付方式采用先进的信息技术完成信息传输和款项汇兑；而传统支付方式则通过现金的流转、票据的转让以及银行的汇兑等物理实体完成款项支付。

（2）电子支付方式是在开放的网络平台中运作；而传统支付方式则是在较为封闭的系统中运作。

（3）电子支付方式使用先进的通信手段，对软件及硬件要求较高；而传统的支付方式使用的则是传统的通信媒介。

（4）电子支付方式可以在很短时间完成支付，因而具有方便、快捷、高效、经济的优势；而传统支付方式则受到交易时间、空间的限制，交易效率远不及电子支付方式。

电子支付是在公共网络上进行的支付活动，所以仍然存在一些问题。例如电子支付的安全性和客户信息私密性的问题、基础设施和系统支持配套问题等，都有待于随科技的进一步进步而加以改进和完善。

二、电子支付工具

电子支付的形式称为电子支付工具。按照不同的标准，电子支付工具有不同的划分。按照支付环境分类，可以分为网络环境下的电子支付和非网络环境下的电子支付。网络环境下的电子支付包括网上银行和电子货币，非网络环境下的电子支付包括自动柜员机（ATM）、销售终端（POS）等。按照电子支付的表现形式和特点，可将电子支付方式分为三种：卡基支付、电子现金和电子支票。

在电子支付工具中，卡基支付是最常见的。以信用卡系统为基础的支付方式的基本做法是通过专用网络或国际互联网以信用卡号码传送做交易，主持卡人就其所传送的信息先进行数字签章加密，然后将信息本身、数字签章经 CA（Certification Authority）认证机构认证后，连同数字证书（Electronic Certificate）等一并传送至商家。CA 认证机构即电子商务认证机构的设立，是为了解决电子商务活动中参与交易的各方身份、资信的认定，维护交易活动的安全，从而从根本上保障电子商务交易活动的顺利进行。因此，CA 认证对于增强网上交易各方的信任、提高网上购物和网上交易安全、控制交易风险和推动电子商务的发展都是必不可少的。卡基支付具体又分为以下几种形式：

1. 账号直接传输方式

这种方式下，客户在网上购物后把信用卡号码信息加密后直接传输给商家。但这种支付方式存在两大不足，一是只适用于信用卡不适用于借记卡，因为借记卡付款必须向发卡银行提供密码，而借记卡的密码必须严格保密；二是商家必须有良好的信誉，从而使得客户能够放心地把信用卡号码予以告知。这种方式在国际互联网站尤其是美国普遍应用。

2. 专用账号式

这种方式要求商家在银行的协助下核实每一个客户是否为银行卡的持有人，并且商家为每一个客户建立一个与银行卡对应的虚拟账户，每个虚拟账户都有独立的账号和密码。当客户使用虚拟账户在互联网上付款时，账号和密码加密后传输到商家系统，避免在网上直接使用银行卡的卡号和密码，保证了银行卡账户的安全。这种方式提供了较高的安全性，但是由于虚拟账户需由商家建立，建立的过程比较复杂，并且同一张银行卡在不同的商家有不同的账号和密码，客户使用起来很不方便。

3. SET 方式

SET（Secure Electronic Transaction）是安全电子交易的简称，它是维萨卡和万事达卡两大国际组织和多家科技机构共同制定的在线交易的安全标准。由于 SET 提供商家和收单银行的认证，确保了交易数据的安全、完整、可靠和交易的不可抵赖性，特别是具有保护消费者信用卡账号不暴露给商家等优点，因此它成为目前公认的信用卡和借记卡在网上交易的国际标准。

4. 专用协议方式

这种方式的关键点是在客户、商家和电子支付服务供应商之间采用一种专用加密协议，把信用卡账号转化为密码。由电子支付服务供应商向其客户和商家免费提供客户端文件。这种软件自动地通知商家把电子订购表格发给客户，让客户填写姓名和信用卡号码，再译成密码发给商家。由于采用这种具有加密功能的软件即特殊的服务器，商家无法从客户的支付数据中得到信用卡账号等任何信息，从而保证了支付信息的安全性。

第二节　银　行　卡

银行卡（Banking Card）是由银行发行的，是银行提供电子支付服务的一种手段。银行卡是电子支付工具的一种基本形式。随着银行卡的社会普及和国际合作的日渐深入，银行卡的使用在国际结算中也日渐频繁。

一、银行卡的类别

根据不同的标准，银行卡可分为如下五种类型：

（1）按发行对象的不同划分，银行卡分为公司卡（商务卡）和个人卡。公司卡是向企事业、机关团体等单位发行的银行卡，而个人卡是由发卡银行向公民发行的银行卡。

（2）按信息载体不同划分，银行卡分为IC（芯片）卡和磁条卡。这两类银行卡是将银行卡的有关信息分别置入银行卡卡片专用的磁条内或芯片内。

（3）按持卡人资信等级不同划分，银行卡可分为金卡和普通卡。

（4）按币种不同划分，银行卡可分为人民币卡和外币卡。

（5）按是否提供信用透支功能划分，银行卡可分为信用卡和借记卡。信用卡按持卡人是否向发卡银行交存备用金，分为贷记卡和准贷记卡。信用卡可通过银行卡网络使用，也可脱机采用压卡方式使用。下面主要介绍银行卡中最常见的信用卡和借记卡。

二、信用卡

信用卡（Credit Card）是银行或其他金融机构签发给资信良好人士的一种特制卡片，是一种特殊信用凭证。信用卡是当今发展最快的一项金融业务之一，它是一种可在一定范围内替代传统现金流通的电子货币。信用卡同时具有支付和信贷两种功能，持卡人可用其购买商品或享受服务，还可通过使用信用卡从发卡机构获得一定的贷款。随着信用卡业务的发展，信用卡的种类不断增多，概括起来，一般有广义信用卡和狭义信用卡之分。

从广义上说，凡是能够为持卡人提供信用证明、持卡人可凭卡购物、消费或享受特定服务的特制卡片均可称为信用卡。广义上的信用卡包括贷记卡、准贷记卡、借记卡、储蓄卡、提款卡（ATM 卡）、支票卡及赊账卡等。

从狭义上说，国外的信用卡主要是指由银行或其他财务机构发行的贷记卡，即无需预先存款就可贷款消费的信用卡，是先消费后还款的信用卡；国内的信用卡主要是指贷记卡或准贷记卡（先存款后消费，允许小额、善意透支的信用卡）。与使用普通现金相比，使用信用卡支付有很多优点：

（1）携带方便，不易损坏。信用卡小巧轻薄，便于携带，不容易损坏。

（2）安全性高。信用卡有账户和口令，丢失后可以挂失。

（3）可以进行电子购物。使用信用卡支付可以通过网络或电话进行。

三、借记卡

借记卡（Debit Card）是指先存款后消费（或取现），没有透支功能的银行卡。在使用借记卡时，持卡人不能享受透支便利，故借记卡只是一种支付工具而非消费信贷工具。借记卡又分为转账卡（含储蓄卡）、专用卡、储值卡等。借记卡是一种具有转账结算、存取现金、购物消费等功能的信用工具。此外，它还能提供大量增值服务，如转账、买卖基金、炒股、缴费。

1. 借记卡的功能

（1）存取现金。借记卡大多具备本币及外币、定期、活期等储蓄功能，借记卡可在发卡银行网点、自助银行存取款，也可在全国乃至全球的 ATM 取款机上取款。

（2）转账汇款。持卡人可通过银行网点、网上银行、自助银行等渠道将款项转账或汇款给其他账户。

（3）刷卡消费。持卡人可在商户用借记卡刷卡消费。

（4）代收代付。借记卡可用于代发工资，也可缴纳各种费用，如通讯费、水费、电费、燃气费等。

（5）资产管理。理财产品、开放式基金、保险、个人外汇买卖、贵金属交易等均可通过借记卡进行签约、交易和结算。

此外，许多银行借记卡的服务已延伸到金融服务之外，如为持卡人提供机场贵宾通道、医疗健康服务等。

2. 借记卡的优点

（1）易用与普及性高：作为电子贸易中最普遍使用的支付工具之一，借记卡容易操作，普及率高。借记卡不但能帮助持卡人省去携带现金的麻烦，使用起来也很方便、快捷，而且月结单（或对账单）可以清晰地显示所有交易记录，便于核实。

（2）安全可靠：借记卡具有和信用卡一样的安全保障。假如持卡人遗失借记卡或怀疑卡被盗，可以立即向银行挂失，从而防止他人盗用以减低损失。

此外，借记卡还有电子管家功能，消费者可以用它去缴水费、电费、煤气费、电话费等公用事业费，甚至还可以办理银证转账和银券通炒股业务。

第三节 电子钱包

电子钱包（Electronic Purse）是电子商务活动中顾客购物使用的一种支付工具，是在小额购物或购买小商品时常用的新式钱包。电子钱包实际是一种具有存储币值的智能卡，它可装有银行的或来自家庭中电子钱夹的数字现金，并在正确装配的销售点系统上消费。电子钱包的功能和生活中随身携带的钱包一样，可以存放信用卡、电子现金、持卡人的身份证书、持卡人地址以及在电子交易网站上的收款台上所需的其他信息。客户购物时，只要点击自己的电子钱包就能完成付款，大大提高了购物的效率。

一、电子钱包的功能

1. 网上付款

顾客在网上选择商品后，登录到电子钱包，选择入网银行，向金融中心支付网关发出付款指令进行支付。

2. 个人资料管理

顾客成功申请电子钱包后，网络系统将在电子钱包服务器为其开立一个属于个人的电子钱包档案，顾客可以在此档案中增加、修改、删除个人资料。

3. 保存交易记录

电子钱包可以保存每一笔交易记录以备顾客日后查询。

4. 商务站点链接

电子钱包内设众多商户站点链接，用户可以通过链接直接登陆商户站点进行购物。此外，顾客还可通过电子钱包查询银行卡余额，通知商家接受、认可订单，在网上购物时，顾客的卡户信息及支付指令可以通过电子钱包软件进行加密传送并有效验证。电子钱包一般不实行实名制，相对于信用卡系统降低了成本，简化了交易手续，所以其可直接在网络上行直接进行小额现金支付，还可以随时通过因特网从银行账号上下载现金，保证电子现金使用的便捷性。它以智能卡为电子现金支付系统，应用用途广泛，具有信息存储、安全密码加锁等功能，安全性较好。

二、电子钱包的使用

电子钱包系统有封闭式和开放式两种。在封闭式系统中，只有一个服务提供商提供较为单一的服务。例如公交电子车票系统，服务提供商即为公交公司，它的电子车票只能用于乘坐某一公交公司的车辆。在开放式系统中，则有很多服务提供者，他们的业务相互独立，因此要有一个独立的中央系统管理者来运转这个系统。具体的运转过程是：消费者在服务提供者的支付终端上刷卡消费，交易内容就储存在支付终端的智能卡中，每隔一段时间，支付终端将交易内容数据传送到系统管理者，系统管理处进行结算后，将使用者的消费额从其账上划出，存入服务提供者的账上。如超市购物卡属于此类。

在使用电子钱包时，通常是将电子钱包通过有关的电子钱包应用软件安装到电子商务服务器上，利用电子钱包服务系统和各种电子钱包软件就可以把自己的各种电子货币或电子金融卡上的信息和数据输入到电子钱包中。例如，可以将多张电子信用卡输入到电子钱包内，在发生收付款时，如果消费者要用电子信用卡付款，消费者只要单击一下相应图标即可完成，非常简单、灵活、方便。

三、几种常见的电子钱包

1. Mondex

Mondex 是一款使用智能卡的电子收费系统，最初于 1990 年由英国国民西敏寺（National-Westminster）银行开发，是世界上最早的电子钱包系统。经过 5 年的试验，Mondex 于 1995 年开始在斯温顿（Swindon）市试用。此后多个国家及地区均引进这套系统。1996 年万事达国际组织买下了 Mondex 51% 的股份，此后万事达国际组织放弃了本身开发的 Mastercard Cash 电子收费系统。1997 年，英国的 De La Rue 公司成为了 Mondex 的合作伙伴。然而，随着科技的进步，传统的 Mondex 接触式电子现金业务已过时，取而代之的是非接触式电子现金业务。在台湾，万事达国际组织重新将非接触式电子现金业务命名为 Mastercard Cash。

2. Visa Cash

Visa Cash 是由 VISA 公司推出的接触式智能卡电子货币，主要用于小额交易。Visa Cash 曾在不同地区推出，包括中国大陆、我国台湾、我国香港及泰国、英国列斯。目前在阿根廷、巴西、澳大利亚、加拿大、德国和日本等国家应用的比较多。Visa Cash 电子钱包有三种：一次性 Visa Cash 电子钱包卡、可充值的 Visa Cash 电子钱包卡和电子钱包功能与其他银行卡继承在一起的电子钱包卡。

3. Microsoft Wallet

Macrosoft Wallet 预装在 Internet Explorer 里，与大多数电子钱包一样，在用户需要时可自动填写订单表。输入到 Microsoft Wallet 里所有的个人信息都经过加密并用口令进行保护。它支持运通卡、Discover 卡、万事达卡和 Visa 卡，并能同电子现金系统、网络银行账户及其他结算模式进行交互。通过选择“Internet”选项，在“内容”选项卡中填写个人信息。单击“内容”选项，卡中“个人信息”面板上的“Wallet”按钮就可在其中输入自己的信用卡信息和地址信息，并在最后一个对话框中输入口令，即完成了整个注册过程。

Microsoft Wallet 的使用方法是：当用户在支持 Microsoft Wallet 的网站上选好商品后，切换到电子结账台，网站的软件就会询问用户是自己输入信息还是让 Microsoft Wallet 代用户输入。若选择后者，就会显示出钱包中的信用卡清单，用户可挑选一种信用卡并输入用户的口令。若用户有多个送货地址，用户可告诉 Microsoft Wallet 让商家把商品送往何处。剩下的工作就由 Microsoft Wallet 和商家网站来完成了。

4. Agile Wallet

可处理消费者结算和购物信息，提供快速和安全交易。消费者第一次用 Agile

Wallet购物时需要输入姓名、地址和信用卡数据，这些信息会被安全地存储在Agile Wallet服务器上。以后访问支持Agile Wallet的商家网站时，在商家的结算页面上会弹出有顾客购物信息的Agile Wallet框。消费者验证了框内信息的正确性后，用鼠标点击一次就可完成购物交易。消费者还可将新的信用卡和借记卡信息加入到受保护的个人信息中。

5. E-Wallet

免费的钱包软件，用户可下载并安装到自己计算机上。E-Wallet将顾客个人信息和结算信息存在钱包里，甚至还专门为用户留出放照片的地方。购物完成时，只需点击图标并输入口令，然后从E-Wallet中选定信用卡并拖到结账表中，E-Wallet就能把用户在安装软件时所提供的个人信息填写到表中。为保护用户的个人信息，E-Wallet还有加密和口令保护措施。

在电子钱包中，香港地区的八达通卡是世界上最成功的电子钱包之一，它是由交通卡演变过来的，运营商是几家主要的交通运营商共同投资建立的Creative Star公司，最初用于公共汽车、地铁、轮渡的自助收费，现在已广泛用于非交通领域的各个领域。

第四节　电子票据

电子票据（Electronic Bill）是电子信息形态的支付工具，是纸质票据的替代物。电子票据通过电子手段实现了票据流通的无纸化，是传统票据支付在网络的延伸，其票据性质与纸质票据相同。在电子票据中，电子支票（Electronic Check）是采用较多的支付工具。电子支票是一种借鉴纸张支票转移支付的优点、利用数字传递将钱款从一个账户转移到另一个账户的电子付款形式。这种电子支票的支付主要是通过专用网络及一套完整的用户识别、标准报文、数据验证等规范化协议完成数据传输。用电子支票支付，交易处理费用较低，而且银行也能为参与电子商务的客户提供标准化的资金信息，因而是目前最有效率的支付方式之一。

一、电子支票的特点

（1）电子支票与传统支票工作方式相似，易于用户接受。

（2）处理成本低。电子支票为客户提供了快捷的服务，减少了在途资金、时间成本、人力成本和财务成本。

（3）易于流通。加密的电子支票使它比基于公共密钥加密的电子现金更易于流通，买卖双方的电子银行只要用公用密钥认证即可，数字签名也可以被自动验证。

（4）适用性广。电子支票适用于各种市场。企业运用电子支票在网上进行结算，可比现在采用的其他方法降低成本，可以很容易地与EDI应用结合，推动EDI基础上的电子订货和支付。

（5）安全性好。电子支票以加密方式传递，使用电子签名或个人身份证号码代替手写签名，并运用数字证书来防范金融欺诈，给金融机构带来效益。第三方金融服务者不仅可以从交易双方处抽取固定交易费用或按一定比例抽取费用，还可以以银行身份提供存款账目，从中带来收益。

二、电子支票的使用过程

电子支票的运作方式与纸质支票非常相似。使用电子支票前，用户须先注册第三方账户服务器并到银行开设支票存款账户存款，然后申请电子支票的使用权；随后，用户开具电子支票，内容包括：支付人姓名、支付人金融机构名称、支付人账户名、收款人姓名、支票金额、支付人的数字签名等；最后，用户用电子邮件或交互式web方式向卖方寄去一定金额的电子支票。卖方兑付前，要对电子支票进行背书。银行将签名认证和背书过的支票作为进行账户转账的依据，将支票金额从买方账户转到卖方账户。

电子支票采用数字签名和自动验证技术来确定其合法性，支票上除了基本信息外，还隐含了加密信息，并使用数字签名进行签名和背书，而且要求用数字证书来确认付款人、付款人的银行和账户。收款人通过电子邮件或其他方式收到电子支票后，利用电子签名签署收到的证实信息，再通过电子邮件或其他方式将电子支票送到银行，把款项存入自己的账户。

第五节 电子现金

电子现金（E-cash）又称数字现金、数字货币，是纸币现金的电子化，是一种以数据形式流通的货币。它把现金数值转换成一系列加密序列数，通过这些序列数来表示现实中各种金额的币值，用户在开展电子现金业务的银行开设账户并在账户内存钱后，就可以在接受电子现金的商家使用。电子现金是电子支付中一种很重要的支付方式。

电子现金不必分成与现钞相符的面额，因此，它尤其适用于金额较小的业务的支付。

在电子现金系统中，货币仅仅是一连串的数据位，银行可以发行这样的货币，或者在验证密码后直接从用户的账户上划拨出与货币价值相等的等值数字，可称之为代币，就像纸币代替金银等贵金属货币一样。为保证交易安全，计算机还为每个硬币建立随时选择的序号，并把这个号码隐藏在一个加密的信封中，以免别人知道谁提取和使用了这些电子现金。按这种方式支付实际上可以让买主无迹可查，从而保证了个人的隐私权。

一、电子现金的特点

（一）货币价值性

电子现金必须得到现金（货币）、银行认可的信用卡或银行承认的现金支票的支持。电子现金与纸币一样，代表一定的货币价值。银行和卖方之间应有协议和授权关系。当电子现金在一家银行发放并被另一家所接受时，不能存在任何不兼容性问题。如果失去了银行的支持，电子现金就难以正常支付。

（二）可交换性

电子现金作为一种支付结算方式，必须能够与其他的电子现金、纸币现金、商品或服务、银行账户的存款、网上信用卡、支票或负债等进行互换。电子现金倾向于在发放电子现金的银行使用，但实际上，不是所有的买方会使用同一家银行的电子现金，买方和卖方甚至可能不在同一个国家。因此，电子现金能在多家银行广泛使用还存在着诸多需要解决的问题。

（三）可存储性

可存储性是将循序用户在家庭、办公室或途中对存储在一个计算机的外存、IC 卡或者其他更易于传输的标准或特殊用途设备中的电子现金进行存储和检索。电子现金的存储是从银行账户中提取一定数量的电子现金，存入上述设备中。由于在计算机上产生或存储现金，伪造现金非常容易，因此最好将现金存入一个不可修改的专用设备。这种设备应该有一个友好的用户界面，以帮助通过口令或其他方式的验证身份，才可以进行卡内信息的浏览显示。当然，如果设备发生故障，电子现金就会丢失，钱就无法恢复，这也是使用电子现金的用户必须承担的风险。

（四）不可重复性

电子现金一次花完后，就不能用第二次。因为电子现金不是一个买方支付给卖方后买方就不再拥有的实物。买方可能用同一个电子现金在不同国家、地区的网上商店同时购物，这就会造成电子现金的重复使用。所以必须保证电子现金具有不可重复使用的性质。

（五）匿名性

电子现金最大的优势之一是给使用者提供了完全的匿名性，但这也颇具争议。匿名性使买卖双方在使用电子现金时可以避免暴露自己的身份，也防止了销售商未经客户同意就收集有关个人或组织的消费习惯等的可能性，但是卖方永远不会知道买方是谁，卖方只知道买方的电子现金是有效的。

（六）可分解性

电子现金可以使用若干种货币单位，这是电子现金与纸币的一个重要区别。与纸币现金受所发行的纸币单位的影响不同，电子现金可以根据交易双方达成的协议来决定支付单位的大小。

二、电子现金的优点

（一）更方便、更有效。无论对消费者还是商家，电子现金都要比传统的现金、支票、信用卡等结算方式更为方便、有效，最终能降低消费者的购物费用。

（二）成本低廉。为了货币的流通，普通银行需要设置许多分值机构、增加职员、设置自动付款机即各种交易系统，这就增加了银行进行资金处理的费用。而电子现金是利用已有的互联网和用户的计算机，所以消耗比较小，用于小额交易尤其合算。

（三）交易成本与交易距离无关。传统货币所跨越的距离和其处理成本是成正比的，传统货币跨越的距离越远，移动它所需要的成本也越高。但由于互联网的全球性，电子现金支付对于路途距离而言根本就不是问题。电子现金流动没有国界，在同一个国家内流通的费用跟在国际间流通的费用是一样的。

（四）支付灵活方便。电子现金的使用范围比银行卡更广，银行卡支付仅限于被授权的商户，而电子现金支付不必有这样的限制。

（五）不需要特殊认证。与使用信用卡必须进行特殊认证不同，使用电子现金不需要进行特殊认证，就可进行各种类型的交易。

三、电子现金的缺点

（1）使用面窄。只有少数几家银行能提供电子现金服务，也只有少数商家能接受电子现金。

（2）成本较高。电子现金对硬件和软件的技术要求都较高，需要一个大型的数据库存储用户完成的交易和电子现金序列号，才可防止重复消费。

（3）存在货币兑换问题。由于电子货币仍以传统的货币体系为基础，如美国银行只能以美元的形式发行电子现金，发行欧元的国家只能以欧元的形式发行电子现金，诸如此类，就使得跨国交易的交易双方存在货币兑换的要求。

（4）存在税收问题。由于电子现金像真实的现金一样，流通不会留下任何记录，税务部门很难追查，如何对 Internet 上的交易进行征税，对于 Internet 上的跨国交易又如何征税并在各国各地之间分配，这些都是很难解决的问题。

（5）存在洗钱问题。由于电子现金就像用真实现金付款一样难以进行追踪，所以不法分子可以用非法获得电子现金匿名采购商品，再把这些商品公开销售，就可以换得真正的现金。此外，由于电子现金是以现金为基础的系统，在那些限制资本外流的国家，买方可以自由地从其他国家购买商品和服务而不能被政府当局检测到。

（6）风险较大。电子现金与普通钱币一样会丢失，如果存放电子现金的硬盘发生不可逆转性的损坏，则电子现金就永远丢失，无法恢复。

（7）可能出现电子伪钞。一旦电子伪钞获得成功，那么发行人及其客户可能要付出巨大的代价。

第六节　电子信用卡

这里介绍的电子信用卡是指广义上的信用卡功能在 Internet 延伸，即通过各种支持银行卡网上结算的协议而实现客户所要求的支付结算。目前在 B2C 电子商务中，电子信用卡是最流行的支付方式。

一、电子信用卡支付的条件

（1）商家要向用户提供产品价格、订单确认、订单履行状态及运输通知以及能接受的支付方法。

（2）用户向商家以安全的方式提供几种支付选择和相关信息。

只有具备了适当的安全标准，才能实现安全的信用卡支付。安全标准可确保支付方法和协议的安全执行，也可确保支付指令的安全传送。银行一端的软件使银行可以用现有的计算机系统来认证和处理在线传来的信用卡；商家一端的软件可使卖方只买一个同 WWW 服务器集成在一起的软件包，用作网上商店的支付系统；用户则可以使用浏览器与网上商店系统交互。

二、电子信用卡支付的特点

（1）保密性好。买方通过计算机与卖方交流，持卡人通过由发卡机构颁发的信用卡与对方结算。在持卡人和卖方的会话中，SET 可以保证持卡人的个人账号信息不被泄露。

（2）信誉好。信用卡发卡机构一般是金融机构，它为每个建立账户的顾客颁发信用卡。发卡机构根据不同品牌卡的规定和政策，保证对每一笔认证的交易付款。

（3）携带方便，不易损坏。电子信用卡一般都是小巧轻薄的卡片，便于携带，而且不容易损坏。

（4）安全程度高。电子信用卡支付使用的安全技术有对称密钥系统、非对称密钥系统、数字签名、数字信封和认证等技术。这些技术的安全程度比较高。

（5）具有信息和数据存储功能。电子信用卡可以将信用卡使用记录、货币数据的收付等信息存储起来。

本章重要概念

电子支付　电子支票　电子现金　电子票据　电子信用卡　借记卡　贷记卡

复习思考题

1. 什么是电子支付工具？电子支付工具有哪些特点？
2. 借记卡和贷记卡各有什么功能？你使用的银行卡属于哪一种？
3. 什么是电子现金？电子现金有什么特点？
4. 什么是电子信用卡？电子信用卡有什么特点？

☑ 案例分析

2006 年 1 月，朱女士银行账户上的近 11 万元在几天之内化为乌有，几经投诉之后，最终换得的仅仅是银行出具的一纸“网上银行不存在系统安全问题”的回复。然而，还有比朱女士更窝火的遭遇。2006 年 8 月，一位支付宝用户的密码被盗，她的信用卡在一夜之间被人在网上连刷了 4 次，损失数千元。这位用户很快便拨打了银行热线，冻结了信用卡。信用卡中心在查卡后，告之钱还在支付宝中，未被取走。但几天之后，她还是眼睁睁地看着资金被人通过支付宝提了现……

第四篇 国际结算的支付方式

在国际贸易中，不同的结算方式涉及不同的信用和不同的支付时间和地点，因而对买卖双方当事人的利益和各自承担的风险也有不同。特别是世界经济一体化的发展促进了各国在贸易领域的交流与合作，国际结算方式也在不断演进，呈现出多样化和个性化发展特点。因此，我国进出口企业和银行应顺应世界经济潮流，发展新的国际结算方式。为了适应国际贸易发展的形势，正确选用货款的结算方式是非常重要的。在实践中，国际结算方式也往往是买卖双方在交易磋商中经常需要反复磋商的重点问题。总的来说，我方在选用国际结算方式时，应在贯彻我国的对外贸易方针政策、确保外汇资金安全、有利于扩大贸易和资金周转的前提下，结合费用负担和汇率风险等因素进行综合考虑，至于具体的支付条件，则需视不同的交易、特别是所选用的结算方式而有所不同。本章分别介绍实际业务中常用支付条件的规定办法。

第五章　国际结算中的支付方式——汇付

学习目标

1. 了解汇付支付方式在国际结算中的作用；
2. 掌握汇付方式的概念和基本当事人；
3. 熟悉信汇、电汇、票汇三种汇付方式并了解头寸偿付的方法；
4. 掌握汇付业务在国际贸易中的应用。

第一节　汇付的种类、特点及其业务流程

一、汇付的含义

汇付（Remittance），又称汇款，是指付款人按合同规定的条件和时间通过银行将款项汇交收款人。在国际贸易中如采用汇付方式结算货款时，通常是买方通过银行将货款汇交卖方，卖方将货物发运给买方后，有关货运单据由卖方自行寄送买方。这对银行来说，只涉及一笔汇款业务，并不处理单据。汇付是最早和最简单的国际货款结算方式，也是其他各种结算方式的基础。

国际结算根据资金流向与结算工具传递的方向是否相同可以分为两类，即顺汇法和逆汇法：顺汇法是指债务人或付款人主动将款项交给银行，委托银行通过结算工具，转托国外银行将汇款付给国外收款人（通常为债权人）的一种汇款方法，其特点是资金流向和结算工具的流向是一致的。逆汇法是由债权人以出具票据的方式，委托银行通过国外代理行向国外债务人收取款项的结算方式，其特点是资金流向和结算支付工具的流向不相同。在汇款方式下，结算工具（委托通知或汇票）的传送方向与资金的流动方向相同，因此称为顺汇。

二、汇付方式的当事人

汇款方式涉及四个基本当事人，即汇款人、汇出行、汇入行和收款人。

汇款人（remitter）即付款人，合同中的买方或其他经贸往来中的债务人。

汇出行（remitting bank）即汇出款项的银行，通常为买方所在地银行。

汇入行（receiving bank）即解付汇款的银行，是汇出行的代理行，卖方所在地银行。

收款人（payee）即合同中的卖方或其他经贸往来中的债权人。

汇款结算方式的一般业务程序是由汇款人向汇出行递交“汇出汇款申请书”，委托该行办理汇出汇款业务。汇出行按申请书的指示，使用某种结算工具（如电汇、信汇或票汇方式）通知汇入行。汇入行则按照双方事先订立的代理合约的规定，向收款人解付汇款。汇款人在申请汇款时除应交付所汇全部金额外，还应向汇出行交付规定比率的手续费，或称汇费（remittance fee）。

三、汇款的种类、特点及其业务流程

（一）汇款的种类和业务流程

汇款结算方式，由于使用的结算工具不同，可以分为电汇、信汇和票汇三种。汇款人在汇款时，可根据收款人对款项是否急需或汇款人所在国的情况及金额的大小而决定使用哪种方式。

1. 电汇

电汇（Telegraphic Transfer，T/T）是汇出行应汇款人的申请，通过加押电报或电传或环球银行间金融电讯网络（SWIFT）等电讯手段发出汇款委托通知书，指示和授权收款人所在地的汇入行解付一定金额给收款人的汇款方式。汇出行在发电后，为防止传递电文有误，通常还应立即以航空信件向汇入行寄发“电汇证实书”（T/T confirmation），供汇入行查对。

汇入行在收到电汇委托通知书并经核对密押无误后，即通知收款人凭正当身份证明文件取款，收款人收取款项后出具收据作为收妥汇款的凭证。汇入行解付汇款后，除向汇出行收回垫款或邮寄付讫借记通知（Debit Advice）进行转账外，应将收款收据寄交汇出行，以便在必要时交给汇款人，作为汇款已经交付清楚的凭证。

电汇方式的显著特点是快捷，资金调拨速度快。在银行，电汇的优先级最高，一般均在当天处理。而且，由于是银行之间的直接通讯，所以差错率较低，遗失的可能性也极小，安全，所以目前被普遍使用。但由于汇出行占用汇款资金的时间极短，甚至根本不可能占用，因此收取的手续费较高。

2. 信汇

信汇（Mail Transfer，M/T）是汇出行应汇款人的申请，用航空信函方式发出信汇委托书（M/T advice）或支付通知书（Payment Order），指示汇入行解付一定金额给收款人的汇款方式。汇入行在收到汇出行邮寄来的委托书或通知书后，首先要核对汇出行的签字或印鉴，经证实无误后才能付款给收款人。

信汇的特点是速度慢、费用低。信汇收款人必须等收到银行汇款通知书才能前来领款，因而其主动性和灵活性不如票汇。现在实务中，银行已很少使用信汇。

电汇和信汇业务流程见下图：

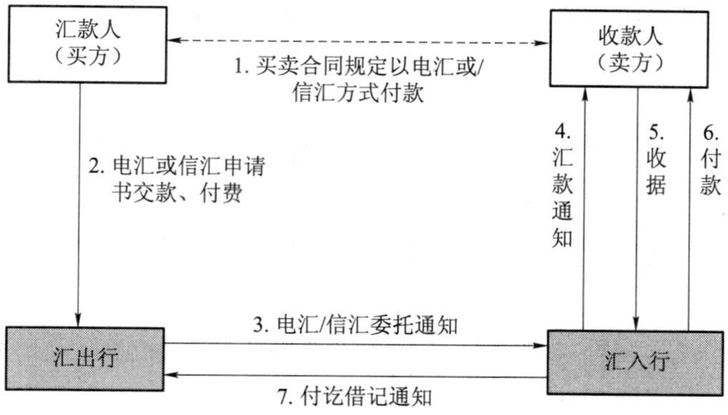

图 5.1　电汇或信汇业务流程图

3. 票汇

票汇（remittance by banker's demand draft, D/D）是汇出行应汇款人的申请，开出银行即期汇票交汇款人，由其自行携带出国或寄送给收款人凭票取款的汇款方式。由于汇票本身是一张独立的票据，它可以通过背书流通转让。而且票汇不像信汇那样，收款人只能向汇入行一家取款。一般来说，国外银行只要能核对汇票上签字的真伪，就能买入汇票。因此，票汇业务的特点是收款人的收款主动性、方便性和灵活性都较大，银行手续简便。

在我国出口业务中，通常用到银行的票据托收业务是指当出口商收到进口商寄来的票据后，如付款银行在国外的，出口商需委托当地银行通过付款地的国外代理行向付款银行代为收款。当收到国外代收行的收妥通知方可据以结汇。票汇的业务程序见下图：

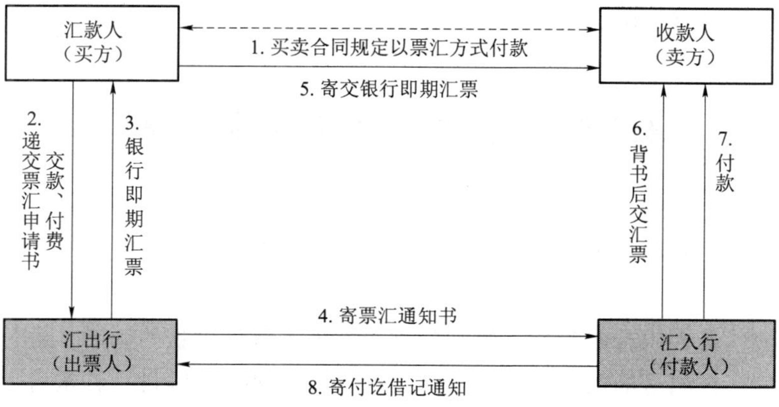

图 5.2　票汇业务流程图

（二）汇款方式的特点

1. 商业信用

在汇付方式中，贸易双方根据贸易合同的约定提供货物或服务来支付货款，银行只是按汇款人指示转移有关款项，不承担任何付款或担保责任。至于贸易双方如何进行货物或服务的提供及如何付款，主要依靠贸易双方的信用。所以，汇付方式的基础是贸易双方的信任，交易的预期目的能否实现也完全取决于贸易双方的信用，因此汇付实属商业信用性质。

2. 风险大

因为汇付方式是商业信用，故对预付款中货物或服务的接受者以及货到付款中货物或服务的提供者来说，风险是极大的，所以除非贸易双方之间的关系特殊或买卖紧俏商品，在一般情况下，接受者不会同意全部预付，提供者不会同意货到付款。

3. 资金负担不平衡

在货物贸易方式下，进口商若先付款，出口商得以利用进口商的资金备货、装货；而在货到付款时，出口商需要垫付自己的资金以备货、交货，则进口商在收到货物后甚至可在货物售出后支付货款，可以得到100%的资金融通。对于出口商来说，货到付款还可能出现钱货两空的情况。可见，汇付是不平等的支付方式。

4. 顺汇方式

在汇付方式中，进口商主动把资金和汇款申请书一起交给汇出行，由其依据申请书的要求填写支付委托书或银行汇票（作为结算工具）给汇入行，同时把资金转移给汇入行交给出口商，其资金和结算工具的流动方向均从进口人流到出口商，两者方向一致，故属顺汇方式。

5. 手续简便、费用少

汇款支付方式的手续是最简单的，就像一笔没有相对给付的非贸易业务，银行收取的只是一笔数额很少的汇款手续费。因此在交易双方相互信任的情况下，或者在跨国公司的不同子公司之间，用汇款支付方式是最理想的。汇款方式尽管有不足之处，但在国际贸易结算中还时有运用。

第二节　汇款头寸的调拨和退汇

一、汇款的解付

汇款的解付是汇入行向收款人付款的行为。为了保证付款的正确，解付行往往都很慎重，特别是当汇出行的汇出汇款还未到达汇入行的账户，解付行就垫付了货款，因而需要更加慎重。为了正确验定每笔汇款的真实性，解付行应根据每种汇款的特点，采取不同的查验方法。

（一）对于信汇方式

由于信汇方式不附带票据，只有结算工具——信汇委托书，是汇入行所收到的唯一付款请求。因此汇入行要自行查验信汇委托书的真实性。通常，信汇委托书上有汇出行有权签字人的签字，汇入行只需对照该银行的预留签字印鉴样本即可。

（二）对于票汇方式

由于有银行汇票这一支付工具，银行只要能确定汇票上的签字人数、级别名称和预留的内容相符，汇票本身合乎法定格式，如有背书则背书要连续，银行就会予以付款。较谨慎的做法就是等银行票汇通知书（票根）到达后再予查验，但这有时会造成付款延迟。有些国家的银行为了防止伪造银行汇款，甚至规定汇票金额超过某一限额，除了寄送票汇通知书外，还要在汇票上加注密押。

（三）对于电汇方式

电汇的安全性比信汇和票汇要高。对于电报和电传，解付行只需按约定核对密押即可。而 SWIFT 则具有自动解押功能，即其会自动与计算机中储存的密押相核对，而无需人工解押，也无需人工加上“押付”字样。

二、汇款头寸的调拨

“头寸”（Cover）是指汇款资金，所谓头寸调拨是指汇款资金的调拨。汇出行在发出付款委托后，应及时向汇入行拨交头寸或偿付汇款，这叫“汇款的偿付”，俗称“拨头寸”或“头寸偿付”。

国际结算中的银行业务众多，各代理行间不可能进行现金的直接运送或调拨。汇出行如何将汇款人交付的资金转移给汇入行，以便汇入行将资金解付给收款人，通常的办法是银行间根据账户的设置情况、借助账户行的账户划拨汇款来进行资金的转移。

（一）如果汇出行和汇入行之间有往来账户，则可直接通过账户收付来偿付汇款头寸

（1）若汇入行在汇出行有账户（来账），则汇出行在发出支付授权书（Payment Order, P. O.）时，主动将相应头寸贷记汇入行的账户，并在支付授权书中注明：“In cover, we have credited your account the amount... the value date: ...”（我方已贷记你行账户，金额是……，起息日为×月×日。）汇出行在发出支付授权书时同时寄出贷记报单，告知款项已贷记汇入行账户。汇入行接到支付授权书后，就知道了汇款头寸已经拨到自己账户，即可使用已拨付的头寸解付款项给收款人，然后把付讫通知单发给汇出行。

（2）若汇出行在汇入行有账户（往账），则授权汇入行借记汇出行的账户，汇出行在支付授权书中注明：“In cover, please (you are authorized to) debit our account with the account...”（“请借记我行账户，金额为……”）。汇入行在接到支付授权书后，即被授权凭以借记汇出行账户，拨头寸解付给收款人。汇入行在借记该账户后，应在寄给汇出

行的借记报单上注明“your account debited”字样，此笔汇款业务即告完成。

（3）如果双方互有账户，则按代理协议规定行事。

以上偿付类型的资金转移发生在两家银行，手续少，时间快，比较方便。

（二）汇出行、汇入行之间无往来账户关系，则需要其他银行的加入，以便能顺利地偿付头寸

1. 若汇出行和汇入行在同一代理行都开有账户，则这家银行常称为“碰头行”（Intermediary Bank）

双方可通过这家碰头行进行转账。通常汇出行在支付授权书中明确表明：“In cover, we have authorized X bank to debit our account and credit your account with”（“头寸已通知X银行拨交你账”），并向共同账户行发出“银行转账授权书”（Bank Transfer, 简称B. T.，又称“银行划拨报单”），授权共同账户行先借记汇出行的账户，再贷记汇入行账户，即将相应金额的款项从汇出行的账户中转入汇入行的账户。X银行按照汇出行的要求贷记、借记之后，寄出贷记报告单给汇入行，借记报单发给汇出行。

这种情况下，汇入行接到汇出行的拨头寸指示，同时也收到X银行寄来的贷记报单，即可使用该头寸付给收款人，然后把付讫通知单发给汇出行。

2. 若汇出行和汇入行没有共同的账户行，汇出行在汇款时，主动通知其代理行将款项拨付给汇入行在其他代理行开立的账户

汇出行在支付授权书中指示“In cover, we have instructed X bank to debit our account and remit proceeds to you”，并同时在银行转账授权书中指示：“Please debit our account and remit proceeds to B Bank's（collecting bank）account with you”。X银行按照汇出行的要求借记、邮寄之后，电告汇入行已将头寸汇交，指示为“We have remitted proceeds to you”.

汇入行接到支付授权书和汇款后，使用汇来的头寸解付给收款人，然后把付讫借记通知单寄给汇出行。

这种资金调拨手续多、时间长、费用高，因此应尽量避免采用。要避免这种情况，汇出行可多开立一些账户，多增加账户行或找大银行开立账户，以便尽快地完成偿付资金的调拨。

3. 双方所在国家订有支付协议，并有清算账户

若双方所在国家订有支付协定，并有清算账户的，应按支付协定办理，或由汇出行贷记，或由汇入行借记。

（三）汇款的退汇

汇款的退汇是指汇款解付以前的撤销。退汇的条件是汇款尚未由汇入行解付给收款人。退汇可能由收款人提出，也可能由汇款人提出。在汇出、汇入汇款业务项下，退回的办理有所不同。

1. 汇入汇款的退汇

（1）因收款人名称、账户、地址不清等原因无法解付汇入款超过3个月的，汇入行将主动退汇。若收款人联系方式清楚，但电汇、信汇汇出后，收款人迟迟不来取款，

过了一定时期，汇入行有权主动通知汇出行注销，办理退汇。凭汇票取款的期限，各国银行规定不同，一般是半年或者一年。

（2）汇出行提出退汇的，在查明头寸确已收妥且款项未解付时，可办理退汇；若已解付，应由汇款人直接与收款人联系退汇事宜。

（3）收款人提出退汇的，办理的手续比较方便。在信汇、电汇时，只要收款人拒收信汇、电汇，并通知汇入行，汇入行就可以将汇款委托书退回汇出行，必要时说明退汇原因，然后由汇出行通知汇款人前来办理退汇，取回汇款。在票汇下，收款人退汇要将汇票寄给汇款人，然后汇款人自己到汇出行办理退汇手续。

2. 汇出汇款的退汇

（1）电汇和信汇的退汇

电汇、信汇的退汇需由汇款人提出书面申请，并交验汇款回单，汇出行凭此立即通知汇入行停止解付，撤销汇款。汇入行接到汇出行要求此笔电汇、信汇的退汇通知后，如尚未解付款项，一般会同意退汇并收妥汇款头寸后办理退汇手续；如果汇入行已经解付款项，汇入行不能向收款人追索，汇款人也不能要求退汇，只能由汇款人直接向收款人交涉要求退款。

（2）票汇的退汇

票汇办理退汇时，汇出行应保持谨慎。因为汇出行自己开出汇票，汇出行即为出票人，对任何合法的、善意持票人均要担负保证付款的责任，如无理退回汇票，一方面增加手续，另一方面还可能丧失信誉，或引起许多纠纷与争执。

如果是汇出行开出汇票叫汇款人，汇款人还没寄出汇票，汇款人需提出书面申请，交回原汇票正本并背书，汇出行审核无误后，在汇票上加盖“注销”印戳后办理退汇手续。如果属于寄递时遗失，属于不可抗力的如火灾水灾以及如飞机、轮船失事等天灾人祸而造成的毁灭，一般汇出行在了解到汇票收款人确实无法收取款项时，可以接受办理退汇。如果汇款人已经将汇票寄出，汇票款项已经被收款人领取，或者虽然没有被收款人领取但估计汇票已经在市场上流通，则不论汇出行还是汇入行都不会办理退汇。

如果汇票遗失、被盗，应该及时办理挂失手续，即由汇款人向汇出行提出书面申请并出具担保书，担保若发生重付，由汇款人负责。有的银行还要向法院或公证行办理公告等手续进行挂失，汇出行收到担保书和公告后，据此通知汇入行挂失止付，待汇入行回电、回函确认后，才能办理退汇或者重汇。止付对于汇入行来说，如有汇出行的通知，可以不付款；但如果汇入行认为必须付款，则汇出行及汇款人不能因此提出异议。

第三节　汇款在国际贸易中的应用

在国际贸易中，使用汇款作为结算方式的主要有以下几种：

一、预付货款

预付货款（Payment in Advance）是指进口商（付款人）先将货款的一部分或者全部通过银行汇交出口商（收款人），出口商收到货款后，根据双方达成的合同规定，在一定时间内或立即将货物发给进口商。此方式对于进口商来说是预付汇款，对于出口商来说则是预收货款，对银行来说预付货款属于汇出款项，预收货款属于汇入款项。在国际贸易实务中，处理汇入款项业务的银行，向出口商结汇后，出口商才将货物运出。所以此种结算方式又称“先结后出”。

（一）按照付款时间不同，预付货款的做法可分为订货时预付货款和交货前预付货款

（1）订货时预付货款，即随订单付现（Cash with Order），简称 C. W. O，指进口商在发出订单时，或在买卖双方订立买卖合同后即须将全部货款或部分货款用汇付方式付给卖方的付款方式。随订单付现多应用于进口商提出了特殊服务要求（如专为买方定制的特殊规格的商品）时，或出口商生产的商品在进口国市场上热销或稀缺，采用这种方法可以优先取得供应。

（2）交货前预付货款。这种付款方式是指进口商在出口商将货物或货运单据交付以前，将货款的全部或者一部分通过银行付给出口商，出口商收到货款后，再根据买卖双方事先签订的合约，在一定时间内或立即向进口商发运货物的结算方式。

（二）按预付金额的多少，预付货款可分为全部预付货款和部分预付货款

1. 全部预付货款

全部预付货款是指进口商在收到运输单据或货物之前把全部货款付给出口商，而出口商通常在收到进口商的款项之后发运货物。

全部预付货款对出口商非常有利，出口商不需要垫付资金，没有收汇的风险；而进口商不仅需要预先垫付资金，而且很可能要承担钱货两空的风险，因为信誉不好的出口商有可能在收到货款后不交货，或者交付的货物不符合合同的要求。因此，这是对进口商最为不利的支付方式。在实务中，预付货款往往被用于跨国公司的内部结算、进出口双方关系密切并相互了解资信情况、出口商信誉比较好、进口商急需货物、进口商愿意预付货款购买货物时，且进口商对市场销售有着一定程度的把握，因此即使存在风险，进口商也选择预付货款。全部预付货款对出口商而言是最为安全的结算方式。

2. 部分预付货款

部分预付货款是指进口商先预付部分的货款，待出口商发货后，进口商收到运输单据或货物之后再付清全部货款。

部分预付的货款有时被称为订金（Down Payment）。这种支付方式通常被用于大型机械、成套设备或金额较大的贸易中，现在在一般贸易中已通常使用。这是一种出口商采取的适当的自我保护措施，要求进口商预付货款，一方面可以防止进口商将来取消购买合同而给出口商带来损失。例如，在进行生产资料商品，如大型机械、成套设备、飞

机设备的交易时，信誉不佳的进口商可能在出口商生产了部分的零配件后取消购货计划，但此时出口商已经开始生产，若进口商拒绝购买货物，出口商将会遭受巨大的损失。另一方面，部分预付货款可以解决出口商的生产启动资金，由于收到了部分预付货款，所以会减少对出口商的资金周转困难，进出口双方的资金负担相对平衡。因此这种支付方式容易被双方接受，在当今国际结算中使用较为广泛。

预付货款有利于出口商，不利于进口商。对出口商来说，在发出货物之前就收到了货款，出口商可以充分利用预付货款，用来购买原材料，生产货物后再发货，同时，预付货款的支付降低了出口风险，对进口商日后可能出现的违约行为也起到一定的约束作用，若进口商日后毁约，出口商可留下预付款，减少损失。但是对进口商来说，预付货款占压了资金，出口商收款后，若未及时履行交货的义务或者发送未达到合同规定的货物要求，进口商就要遭受损失或承担风险。因此，为了减少预付货款的风险，保障自身权益，进口商首先要了解出口商的资信状况及出口国的政治经济环境，其次可以要求出口商收款时提供书面担保，以保证在一定时间内将货运单据寄交汇入行，转交汇款人；或是提供银行保函，担保收到货款后要按照合同规定交货，否则退还货款及利息。

二、货到付款

货到付款（Payment after arrivals of goods）也称交货后付款（Cash on Delivery, C. O. D)。先出后结、见单付款，是指出口商先交单或先发货，待进口商收到货物后，立即或在一定期限内将货款汇交出口商的一种汇款结算方式。由于交货在前、付款在后，此方式实际上属于赊账交易（Open Account Transaction, O/A）或延期付款(Deferred Payment)。

货到付款在国际贸易中通常采用以下两种方式：

（一）售定（Be Sold Out）

售定是由进出口双方签订协议，规定出口商发送货物后，进口商收到货物后在约定期限内将货款汇交给出口商的一种结算方式，也称先出后结。多数的货到付款都属于售定方式，特点是货价和付款时间均事先约定。售定一般适用于以下情况：

（1）鲜活产品的贸易结算，使提货方便快捷；

（2）一般性日用商品的结算，使手续简化或节省费用；

（3）进口商对出口商的资信有怀疑。

（二）寄售（Consignment）

寄售是出口商先将货物运至进口国，委托代销商按照合同规定的条件在进口商当地市场进行销售，货物出售后，代销商扣除佣金和其他费用后，按合同的规定汇交出口商。在寄售方式下，寄售人是委托人，货主、代销人是受委托人。寄售人和代销商之间一般签有委托寄售协议。在委托寄售时，货物价格未定，可在寄售协议中规定最低限价，或自由作价，获取得到委托人同意的售价。在寄售商品售出之前，委托人始终拥有其所有权，但要承担寄售的一些运费、关税、保险费、杂费等费用，并承担此间的风险和损失。代销商只是根据寄售人的委托销售商品并从中获得佣金，但对商品是否能完全售出并不负责，寄售期满有权退回未售出的部分，交易盈亏由寄售人承担。因此，采用寄售方式寄售人应该对市场进行充分的调查研究，选择资信较好的代销商。

货到付款有利于买方而不利于卖方。对卖方来说，汇款的收回是在买方收到货物后的一段时间内，卖方的资金占用时间既包括货物的在途时间，也包括资金的在途时间。而风险的承担者也是卖方，在发出货物后要承担买方不付款或者不按时付款的风险。对买方来说，买方无偿或者只要支付较低的利息费用就可以占用卖方资金，并且买方掌握主动权，如果收到的货物不符合合同的规定，买方可以不付或少付货款。因此货到付款一般适用于推销新产品、开拓新市场、推销滞销商品或一些不看实物难以成交的商品。

三、交单付现

交单付现（Cash Against Document，CAD）也叫凭单付汇（Payment by Document）、凭单付款（Remittance against Document）。它是进口商通过银行（汇出行）将款项以信汇或电汇方式汇给出口地银行（汇入行），指示汇入行凭出口商提供的某些指定的单据和装运凭证付款给出口商。汇入行根据汇出行的指示向出口商发出汇款通知书，作为有条件付汇的依据。出口商根据汇款通知书向汇入行提交与通知书规定相符的单据并凭以向汇入行取得汇款。

近年来，CAD 支付方式越来越受到欧、美等国家和地区的进口商的偏爱。如前所述，在国际贸易实务中，汇付的三种做法为预付货款、货到付款和交单付款。预付货款对出口商最安全，货到付款对出口商风险最大，而交单付款介于两者之间，对进口商与出口商都比较公平：对于进口商，在银行解付之后，可以收到代表物权的运输单据，在一定程度上防止出口商支取汇款后不交货、不交单或不按合同规定如期交货、交单；对于出口商，货款就在出口地的汇入行，只要及时按合同交货、交单，便可以立即向汇入行凭合同规定的货运单据支取全部货款。但是，由于汇款在尚未被收款人支取前是可撤销的，即汇款人有权在收款人取款前随时通知银行将汇款退回，所以出口商在收到汇入行的汇款通知书后，应尽快发运货物，向汇入行交单取款，以防止货已发运而汇款被撤，造成被动。有鉴于此，CAD 的支付方式一般适用于现货商品交易或空运商品交易。

CAD 支付方式不同于付款交单（Document against Payment，D/P）。付款交单是指出口商发货后将单据交与银行委托收款，银行在进口商付清货款时交付货运单据。CAD 与 D/P 都属商业信用，都是买方付款在先，但是 CAD 属汇付范畴，故为顺汇；D/P 属托收范畴，故为逆汇。托收受国际商会《托收统一规则》约束，但 CAD 没有相应的国际惯例作为解决争议的依据。在一些实务操作中有时可以指示委托行在给代收行面函（cover）中注明“进口商付款后交单”，并申明受国际商会《托收统一规则》约束。此外，在 CAD 操作中，理论上讲应由卖方直接寄单给买方，D/P 操作方式则需通过银行转交单据。

采用 CAD 方式，就等于卖方给买方信用，应以即期形式为佳，不宜延长信用期限，但在出口实务中，采用见单30天、货到30天、提单日期后60天甚至90天等远期形式的CAD也不少，但在实务中，这类远期CAD风险很大。此外，CAD结算中，虽然大多数做法是通过银行提交单据，但对于银行来说，这种汇款实质上是一种有条件的汇款，银行接受后，不仅要承担的审单责任，而且一旦出现纠纷，没有相应惯例作为依据，因此CAD结算需要银行的支持。

第四节　汇款的风险与防范

一、汇款的主要风险

在汇款业务中，进出口双方由于缺乏制约另一方的有效机制，与其他结算方式相比，汇款方式的安全性最差，风险最大，所以对于其中存在的风险必须有充分的认识，从而加以防范。

（一）出口商面临的风险

在货到付款方式下，出口商一旦发货就失去了控制进口商的手段，出口商能否收到款项完全取决于进口商的资信，如进口商资信不好，出口商就可能钱货两空。同时，由于是货到付款，买方无需承担资金风险，货未到或货不符合合同要求可不付款，出口商比较被动；同时出口商在收到货物一段时间后才能收到货款，容易产生资金占压现象。

（二）进口商面临的风险

采用预付货款时，如果不能收到货物或逾期收到货物或收到货物与合同不符时，进口商将遭受损失；同时收到货物前款项已付，也给进口商造成资金周转的风险和利息损失。

二、风险防范措施

（一）出口商的防范措施

出口商的风险防范措施有以下几种：

（1）在交易前利用各种平台对进口商进行资信调查，即使确认进口商的资信较好，也可以与进口商洽谈，降低货到付款的比例。

（2）出口商可分批出运货物以降低风险。

（3）如汇款方式用于预付货款，应在买卖合同中约定采用何种汇款方式以明确汇款到达的期限，并与交货期限相互衔接，以确保收到货款后发货。

（4）如汇款方式用于寄售，必须注意对代销商的资信、经营能力和经营作风等进行调查，同时为保证及时收汇，应在寄售协议中规定汇付货款的方式和时间。寄售的有关单据可通过银行转给进口商，也可自寄。但无论如何，公司发货后都要将寄售发票副本或出口明细单在列明参考价及估计的收汇期限后交给银行，以便银行掌握情况，并设立专户，在收款后逐笔核销。

（5）出口商还可以采用投保出口信用保险、采用保理业务等方式确保安全收汇。

（6）采用CAD结算时，尽量避免直接寄单给进口商，最好通过银行提交单据。

（二）进口商的防范措施

进口商的风险防范措施有以下几种：

（1）了解出口商资信，在双方洽谈合约中减少预付货款的比例。

（2）采用预付款时，可要求出口商事先开出由银行出具的履约保函，若出口方不交货、迟交货或货物品质不符合规定，进口商可根据银行保函索取赔偿。

本章重要概念

T/T　M/T　D/D　凭单付现　预付货款　货到付款　头寸调拨　顺汇逆汇

复习思考题

1. 什么是汇款？汇款结算的优缺点有哪些？
2. 汇款分为哪三种方式？三种方式有什么特点或区别？
3. 汇出行和汇入行如何划拨头寸？
4. 简述汇款方式的特点。
5. 汇款方式在国际贸易中是如何运用的？
6. 简述预付货款、货到付款对进出口商的影响。
7. 什么叫“凭单付汇”？凭单付汇和即期付款交单有什么异同？
8. 简述汇款中进出口商面临的风险。

☑ 案例分析

1. 山东某工厂与韩国某进口公司签订了一宗蒜粒出口合同。总价为32 000美元，付款方式规定买方必须于发货前一周内将订金8 100美元汇至卖方指定银行，其余货款买方在提单日后3天内用电汇方式汇至卖方指定银行账户。卖方收到8 100美元订金后立即按合同发货，并将运输单据邮寄给进口商。按照合同条款规定，韩国公司收到货物后还应向山东公司付清余款23 900美元，但韩国公司迟迟未付，几次催促之后，仍毫无结果。山东公司只好向仲裁机构提交仲裁，等待仲裁结果。

2. 某企业在出口合同中规定支付条款为装运月的前15天电汇付款，但买方延至装运月中始从邮局寄给我方银行汇票一张。出口企业为保证按期交货，于收到汇票次日将货物托运，同时委托银行代收票款。1个月后接银行通知，因该汇票系伪造已被退票。此时，货已到达目的港，并已被买方凭出口企业自行寄去的单据提走。事后追偿，但对方早已人去楼空。对此损失，卖方的主要教训是什么？

第六章　国际结算的支付方式——托收

学习目标

1. 了解托收支付方式在国际结算中的作用；
2. 掌握托收的定义、当事人和跟单托收的交单条件和业务程序；
3. 掌握即期付款交单、远期付款交单、承兑交单、托收指示、托收出口押汇、D/P·T/R及相关《跟单托收统一规则》，懂得如何在托收方式中进行资金融通并控制托收风险。

第一节　托收的概述

托收（Collection）是国际结算中常见的一种支付方式，用于货款结算时，是出口商在货物装运后，开具以进口商为付款人的汇票（随附或不随附货运单据），委托出口地银行通过它在进口地的分行或代理行向进口商收取货款的一种结算方式。托收属于商业信用，采用的是逆汇法。

一、托收的定义

按照《托收统一规则》，即国际商会第522号出版物（Uniform Rules for Collection，ICC Publication No. 522，简称URC522）第二条对托收所作的定义是：

就本惯例而言，“托收”意指银行依据所收到的指示，处理下述第（2）款所限定的单据，其目的为：

a. 取得付款和承兑，或

b. 凭以付款或承兑交单；或

c. 按照其他条款和条件交单。

其中，把托收单据分为金融单据和商业单据两种。金融单据是指汇票、本票、支票或其他类似的可用于取得款项支付的凭证；商业单据是指发票、运输单据、物权单据或其他类似单据，或者一切不属于金融单据的其他单据。

根据以上定义，托收的概念可以描述为：托收是出口商通过出具汇票，委托银行向进口商收取货款的方式。与汇款结算方式不同的是，托收不是进口商或债务人的主动付款，而是出口商或债权人的催收，并且收款对象是进口商而不是其他人。

二、托收方式的当事人

托收方式的基本当事人有四个：

(1) 委托人（Principal, Consignor），是指委托银行办理托收业务的债权人。由于委托人经常开具汇票委托银行向国外债务人收款，所以他也被称为出票人（drawer），但在国际贸易实务中，委托人一般为出口方。

委托人在委托银行办理托收时，须填写由银行提供的"托收申请书"，并随附凭以向付款人要求付款的单据，包括金融单据或商业单据或二者兼有的单据。由于"托收申请书"是委托人与银行办理托收业务的契约，因此，委托人在填写"托收申请书"时，一切内容均需根据双方已有的商业合同或其他约定意向填列，不能随意选择对委托人有利的填写，否则，最后付款人审单后发现事实不符可能拒绝付款。如果实际装箱数量比合同约定数量少，出口人在填写"托收申请书"时，应该按照与实际装箱数量对应的金额填写。

(2) 托收行（remitting bank），又称寄单行、委托行，是指接受委托人的委托，委托国外银行向国外付款人代为收款的银行，通常为出口地银行。

(3) 代收行（collecting bank），是指接受托收行的委托，向付款人收取票款的银行，通常为进口地银行。代收银行通常是托收银行在付款人（债务人）所在地的分行或代理行。

根据《托收统一规则》，除非委托人已经指定了代收行，托收行为了实现委托人的指示，可在付款或承兑国家内选择一家合适的银行作为代收行，以便通过它将托收委托书（collection order）及有关单据转交给付款人，并直接提示付款人付款或承兑。

(4) 付款人（payer），也是汇票中的受票人（drawee），是根据托收委托书，由代收行向其提示单据和汇票，并要求其付款的人。托收业务中的付款人也是买卖合同中的买方（buyer）、国际贸易中的进口方（Importer）、债权债务关系中的债务人。

付款人有审查票据或单据以决定是否接受的权利，同时亦有按交单方式办理付款或承兑的义务，在具有正当理由的前提下，有拒绝接受该托收票据或单据的权利。

付款人已经付款赎单或承兑赎单并在到期日付款，取得汇票及单据后，付款人的责任即告结束。代收行在将托收款项按委托书规定的线路及账户将款项划拨并由托收行收妥后，代收行的责任也就终结。托收行将款项交委托人后其托收契约的责任也就终结。若再有问题或纠纷，应由委托人与付款人自行解决。

在托收业务中，除基本当事人以外，有时有可能有以下当事人：

(1) 提示行（presenting bank），又称交单行。提示行是指向付款人提示汇票和/或单据并收取款项的银行。在一般情况下，提示行往往由代收行兼任。但是有时如果付款人与该代收行不在同一城市或者因无往来关系处理不便时，需转托与付款人在同一城市或有业务往来的银行代向付款人提示收款。此时，提示行就是付款人所在地或有业务往来的另一银行。在跟单托收的情况下，如果付款人与代收行无往来关系，为了便于向银行融通资金，有时会主动要求指示代收行转托与其有业务往来并对其有融资关系的银行担任提示行，向其提示汇票和/或单据。

（2）需要时的代理——委托人的代理（principals representative in case of need），是委托人为了避免在付款人拒付时，货物无人照管，而在付款地事先指定代理人，委托其在付款人拒付时办理有关货物存仓、转售、保险、运回或改变交单条件的代理人。按照《托收统一规则》，委托人如需制定需要时的代理人时，应在托收委托书中作出明确和充分的指示，注明该代理人的权限。否则，银行将不接受该代理人的任何指示。

托收当事人之间的关系因各自的责任不同而不同，如下图所示：

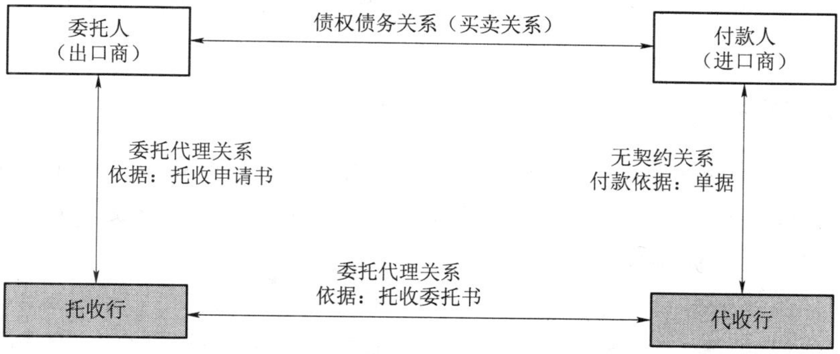

图 6.1 托收当事人之间的关系

三、托收的种类、特点及业务流程

托收可根据所使用的汇票的不同，分为光票托收和跟单托收。国际贸易中货款的收取大多采用跟单托收。

（一）光票托收

光票托收（Clean Collection）是指金融单据不附带商业单据的托收，即仅用金融单据委托银行代为收款。常见的光票有银行汇票、本票、支票、旅行支票和商业汇票等。光票托收没有商业单据，不直接涉及货物的转移和处理，银行只需根据票据收款即可，业务处理比较简单。

光票托收主要用于贸易从属费用以及非贸易款项的收取。光票托收的金额一般都不太大，通常用于收取货款的尾数及样品费、佣金、代垫费用、进口赔款等小额或从属费用。光票托收的汇票，在期限上也有即期和远期两种。但在实际业务中，由于一般金额都不太大，所以即期付款的汇票较多。

光票托收的业务流程：

（1）委托人阅读并填写银行提供的托收申请书，把需要的托收票据交给银行，并且交付银行的费用。由于这种托收不一定能收到款项，因此不管收妥与否，银行都需要收取托收手续费和相关的邮费，一般采用预收的方式。

（2）托收行审核票据，把票据作记名背书交给代收行，同时缮制托收指示并连同票据一起递交给代收行代为收款。

（3）代收行收到托收指示和票据，经表面核实无误后，向付款人做付款提示或承兑提示。如果是即期票据，付款人应立即付款；如果是远期票据，付款人应该做承兑。承兑后，代收行持有承兑汇票，到期再作付款提示，此时付款人应付款。

（4）付款人向代收行支付票面金额或进行承兑。

（5）代收行收妥款项后，通知托收行（贷记通知书），并且按照托收指示把款项付给托收行。

（6）托收行收妥后，通知委托人，如果委托人开有存款账户，托收行就自动把款项记入委托人账户。

（二）跟单托收

跟单托收（Documentary Collection）是指金融单据附带商业单据或不用金融单据的商业单据的托收。在国际贸易实务中，跟单托收中的金融单据一般指由卖方开具的汇票。商业单据主要指货物装运单据。

所谓附带商业单据的金融单据的托收，一般都是商业汇票之后随附发票、提单、装箱单和其他单据的托收。这种跟单托收是凭汇票付款，也就是托收的标的物是汇票，其他单据是汇票的附件，起着支持汇票的作用。根据我国票据法对票据的定义，这种托收是由付款人根据这张无条件的支付命令，对汇票上指定的收款人或经其背书转让的持票人，即期或远期或定期支付汇票上所列的货币金额。因此，这类托收的目的就是收取汇票的票款。此类托收在实务中比较常见。

商业单据不附带金融单据的托收不使用汇票，使其失去了这一无条件支付命令的重要单据。主要原因是有些国家对汇票必须贴有按税法规定比例的印花税才能有效避险。为了减免税款或者避税，在跨国公司的分支机构、联号或者往来多年彼此信任的客户之间，通常不需要利用汇票作为流通工具，或者当托收的交单方式是即期付款，不必利用汇票进行远期承兑，因此往往采用只有商业单据没有金融单据的托收。这种托收在顺利的情况下没有问题，付款人按照商业发票的金额付款，托收也就收妥。但是一旦遇到拒付，收款人要求做成拒绝证书则比较困难，由于缺少公证人的证书，对委托人日后起诉付款是极为不利的。

跟单托收有即期和远期之分，对付款人的提示、要求即期付款或远期承兑待到期后付款等的手续与流程，均与光票托收类似。但如果在跟单托收项下要求分批付款、分批提货时，处理流程比较复杂。根据国际商会《托收统一规则》的规定，“关于跟单托收，分批部分付款，仅在托收委托书中有特别授权的情况下，才可接受，除了另有指示，提示行仅在全部付款已经收到时，才把单据交给付款人。”

跟单托收业务中，银行代收货款是以交付包括运输单据在内的商业单据为条件的。

银行应按何种条件向付款人交付商业单据，特别是具有物权凭证性质的运输单据，对买卖双方的意义十分重大。托收业务的交单方式，应由委托人在委托书上确定，由托收行、代收行、付款人按照执行。若付款人要求改变原委托书中的交单方式，必须直接征求委托人的意见，在付款人和委托人没有达成有效一致前，托收行、代收行不得擅自变更或通融。

跟单托收按银行向付款人交单方式的不同，分为付款交单和承兑交单两种。

1. 付款交单

付款交单（Document against Payment，D/P）是指出口商的交单是以进口商的付款为条件。即出口商发货后，取得装运单据，委托银行办理托收，并在托收申请书中指示银行，只有在进口商付清货款后，才能把装运单据交给进口商。如果进口商拒付货款，就不能从银行取得货运单据，也无法提取单据项下的货物。付款交单按付款时间的不同，又可分为即期付款交单和远期付款交单两种。

（1）即期付款交单（Document against Payment at Sight，D/P at sight）是指出口商发货后开具即期汇票连同货运单据，通过银行向进口商提示，进口商见票后立即付款，进口商在付清货款后向银行领取货运单据。在没有汇票的情况下，发票金额即是托收金额或付款金额。

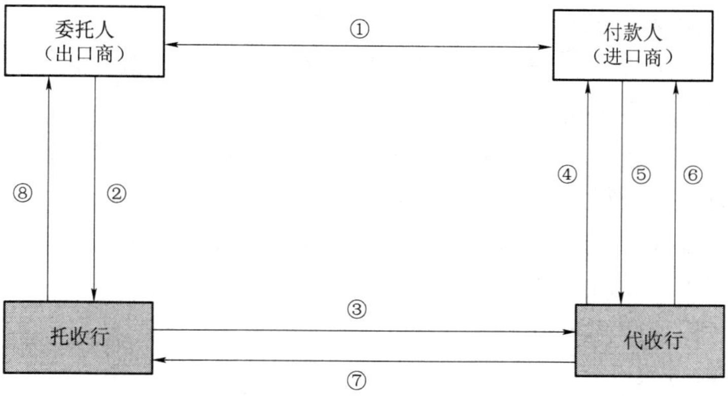

图 6.2　即期付款一般业务程序示意图

① 买卖合同中约定以即期付款交单方式付款。

② 委托人按合同规定发货后，取得货运单据，将货运单据和即期汇票（或不使用汇票），连同填写好的托收申请书，交出口地托收行委托收款。

③ 托收行审核票据，根据托收申请书填制托收委托书，并将托收委托书连同出口商提交的单据寄交代收行，委托其代为收款。

④ 代收行收到托收指示后向付款人提示汇票和单据（或仅提示单据）。

⑤ 付款人审核单据无误后向代收行付款。

⑥ 代收行交单。

⑦ 代收行办理转账并通知托收行已收妥货款。

⑧ 托收行向出口商交款。

（2）远期付款交单（Document against Payment at-days after Sight，D/P at-days after sight）是指出口商发货后开具远期汇票连同货运单据，通过代收行向进口商提示，进口商审核无误后即在汇票上进行承兑，代收行收回汇票和货运单据，于汇票到期日进口商付清货款后再领取货运单据。

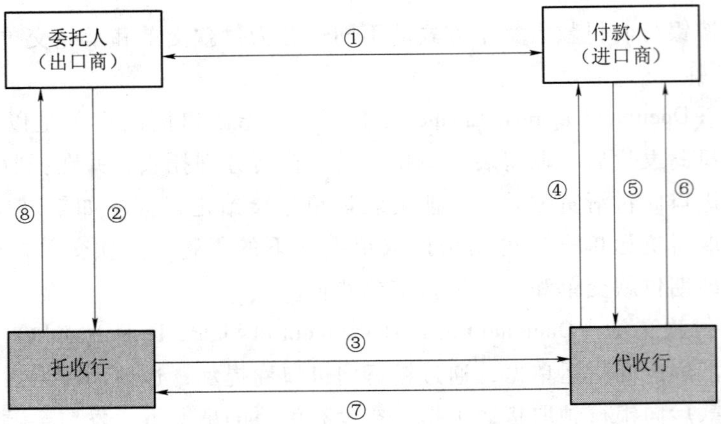

图 6.3 远期付款交单托收程序示意图

① 买卖合同中约定以远期付款交单方式付款。

② 委托人按合同规定发货后，取得货运单据，将货运单据、远期汇票和填写好的托收申请书交托收行委托收款。

③ 托收行审核票据，根据托收申请书填制托收委托书，并将托收委托书连同出口商提交的单据寄交代收行，委托其代为收款。

④ 代收行收到托收指示后向付款人提示汇票和单据，付款人经审核无误后在汇票上办理承兑，代收行收回汇票与单据。

⑤ 付款人到期向代收行付款。

⑥ 代收行向付款人交单。

⑦ 代收行办理转账并通知托收行已收妥货款。

⑧ 托收行向出口商交款。

与即期付款交单相比，远期付款交单有以下特点：

第一，出口商开具的是远期汇票。即期付款交单中，出口商开具的是即期汇票，也可以不开汇票。而远期付款交单中，出口商通常必须开立汇票。采用远期付款交单的目的一是给进口商一段时间以准备或筹集资金，二是防止单货到点的时差。因此在贸易实务中，通常建议远期付款交单中的远期汇票期限与货物运输的航程相匹配，以避免出现“到货不到期”或到“期不到货”的情况，即避免货物到港而汇票不到期，货物搁置港口而遭受进港损失或罚款。例如货物到汉堡港的海运时间为 25 – 30 天，那么远期付款交单的期限就最好不要超过 30 天。

第二，进口商应先予承兑汇票。在代收行向进口商提示远期汇票和单据时，进口商应先予承兑，承兑后的汇票及单据由代收行收回。即期付款交单无此环节。

第三，进口商到期付款赎单。在远期汇票到期时，代收行应向进口商做付款提示，此时进口商付款，代收行收到货款后交单。而即期付款交单则在代收行第一次提示时交单。

远期付款交单在贸易实务中使用不多，主要原因如下：第一，可能出现货物到港而付款期限未到的情况，这时买方尚未付款，不能得到单据，无法提取货物，使货物滞留码头徒增码头保管等费用。第二，进口商无法从银行获得资金融通。第三，有些国家和地区，一直将远期付款交单作为承兑交单处理，容易导致不必要的纠纷和矛盾。第四，从国内外的票据法来看，付款人既然已经承兑了一张远期汇票，就成为汇票的主债务人，承担到期付款的法律责任。如果到期不付款，便有票据法约束他。但在远期付款交单中，尽管付款人已经承担了法律责任但是又无法取得货运单据，这有欠公平，需要法律上给予完善。

2. 承兑交单

承兑交单（Document against Acceptance，D/A）是指代收行的交单以进口商在汇票上承兑为条件。即出口商在装运货物后开具远期汇票，连同货运单据，通过银行向进口商提示。进口商承兑汇票后，代收行即将货运单据交给进口商，在汇票到期时，进口商开始履行付款义务。承兑交单方式只适用于远期汇票的托收。承兑交单是进口商只要在汇票上承兑之后，即可取得货运单据，凭以提取货物，即出口商已交出了物权凭证，其收款的保障依赖进口商的信用。所以一旦进口商到期不付款，出口商便会遭到货物与货款全部落空的损失。因此，出口商对采用这种方式，一般持很慎重的态度。

在国际贸易实务中，承兑交单方式可以分为两种：

（1）见票后××天承兑交单（Documents against Acceptance at ... Days after Sight）。见票后若干天承兑交单的付款日期（即到期日），由付款人见票后确定。但是付款人何时见票，收款人、托收行都无法预知，且不能掌握主动。

（2）提单日后××天承兑交单（Documents against Acceptance at... Days after B/L Date）。提单日后若干天承兑交单的付款日期，从提单日算起。这种交单方式的付款日期是从提单日起算，收款人、托收行在单据寄出时即可确定到期日，能掌握主动，其间只不过请付款人、代收行再次作出确认而已。

承兑交单与远期付款交单都属于远期托收。在两种托收方式中，出口商开具的是远期汇票，进口商在见票时不是马上付款，而是先予承兑，只有在汇票到期时才予付款。二者的不同点在于其交单条件。承兑交单仅凭进口商承兑而交单，而远期付款交单中，进口商只有在汇票到期并支付货款后才能取得单据。

承兑交单是出口商给进口商的资金融通便利，如果付款人到期拒付，货款将全部落空。此时，理论上讲可凭付款人承兑的汇票依法起诉，但是操作起来耗时耗力，且这种情况下付款人可能已无力偿付，打官司亦收效甚微。

此外，承兑交单方式和付款交单方式可交替使用在我国“三来一补”业务和加工装配业务中。具体做法是在进口来料时采用承兑交单方式，装配成品出口时采用即期付款交单方式，通过规定远期汇票的付款时间，利用对方资金完成加工装配业务，促进加工贸易的发展。

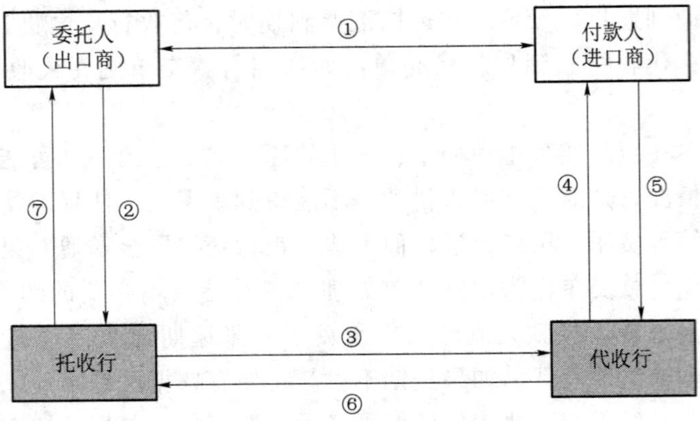

图 6.4 承兑交单收付程序示意图

① 买卖合同中约定以远期承兑交单方式付款。

② 委托人按合同规定发货后，取得货运单据，将货运单据、远期汇票和填写好的托收申请书，交托收行委托收款。

③ 托收行审核票据，根据托收申请书填制托收委托书，并将托收委托书连同出口商提交的单据寄交代收行，委托其代为收款。

④ 代收行收到托收指示后向付款人提示汇票和单据，付款人经审核无误后在汇票上进行承兑，代收行收回汇票，并将货运单据交给付款人。

⑤ 付款人到期在代收行付款。

⑥ 代收行办理转账并通知托收行已收妥货款。

⑦ 托收行向委托人交款。

四、托收方式的性质和作用

按照《托收统一规则》URC522 出版物第二条第（2）款的规定，银行在托收业务中，只提供服务，不提供信用。银行只以委托人的代理人行事，既无保证付款人必然付款的责任，也无检查审核货运单据是否齐全、是否符合买卖合同的义务；当发生进口商拒绝付款赎单的情况后，除非事先经托收银行委托并经代收银行同意，代收银行也无代为提货、办理进口手续和存仓保管的义务。所以，托收方式和汇款方式一样，也属于商业信用性质。出口商委托银行收取的货款能否收到，全靠进口商的信用。而且，由于货物已先期运出，一旦遭到拒付，就会使出口商陷入极为被动的境地。总之，对出口商来说，无论是付款交单还是承兑交单都存在很大的风险。

但是，托收方式对进口商来说却是极为有利，因为进口商不需要预垫资金，或仅需垫付较短时间的资金。如果采用承兑交单条件，或在付款交单情况下，利用信托收据先把单据借出，进口商还有进一步运用出口商资金的机会，或者仅凭本身的信用进行交易而无需购货资金。所以，以托收方式进行结算，能起到调动进口商的经营积极性，提供交易商品在国际市场上的竞争能力，从而使出口商达到扩大销售的目的。因而，在国际贸易中，托收方式经常被用作一种非价格竞争的手段。

第二节 托收指示

一、托收申请书

（一）托收申请书的定义

托收申请书（Application for Collection）是指委托人向托收行作出的要求其托收款项的申请，一般须书面作出。一旦托收行接受该申请书，即构成委托人与托收行之间的一项契约。托收行须依照申请书所述条件和条款办理托收业务。

（二）托收申请书的主要内容

跟单托收申请书的内容和填写的要点主要有：

（1）付款人。付款人一般为进口商，应填写详细的名称、地址、电话、传真号码。如果进口商资料不详细，容易增加代收行的工作难度，使出口商收到款项的时间较晚。

（2）申请人。申请人一般为出口商，应填写详细的名称、地址、电话和传真号码。

（3）代收行。一般是付款人的账户行。出口商在该栏内填写国外代收银行的名称、SWIFT CODE 和地址，这样有利于国外银行直接向付款方递交单据，使出口商尽早收到货款。如果没有填写或不知道进口方的开户银行，托收银行将为申请人选择进口商所在国家或地区的一家银行进行通知，这样出口商收到款项的时间将会较长，因此出口商最好知道进口商所在的国外开户银行。按惯例，若委托人无明确指示，或者其指定银行与托收行无代理关系或资信不高，托收行可另行指定代收行甚至另外指定提示行。

（4）委托人对于该项托收的有关业务编号。

（5）汇票的时间和期限。申请书上要求填写的内容要与汇票上一致。

（6）托收的金额、币种和付款期限。

（7）提交给银行的正本和副本的单据名称和份数。

（8）交单条件（付款交单还是承兑交单）。

（9）遇意外情况或遭拒付时的通知手段（电信还是航邮）以及是否要做拒绝证书。依惯例，无此明确指示者，银行可任选通知手段按不做拒绝证书处理。

（10）迟付利息的利率、计息期限算法以及是否“不得放弃利息”。按惯例，如果未声明“不得放弃收取迟付利息”，则当付款人拒付利息时，银行可以放弃收息。

（11）托收费用（包括手续费及其他有关费用、托收行的费用与代收行的费用）中哪些由付款人负担及是否不得放弃向付款人收取这一费用。按惯例，如果未声明不得放弃收取这一费用，则当付款人拒付这一费用时，银行可放弃收取这一费用。

（12）代收行收到付款后以何种工具（电信还是航邮）向托收行拨付款项及作付款通知。按惯例，无此明确指示者，银行可任意选择拨付及通知工具。

（13）委托人名称、地址和签字/签章以及银行账号、电话号码等。

（14）其他还可以有诸如指定需要时的代理人及其代理权限，请代收行或付款人代为缮制的单据及其式样和用语要求，以及对于远期 D/P 托收是否允许提前付款及其贴息算法或是否允许分期付款交单等指示。若因托收申请书中指示有误或者是不完全、不明确等造成托收延误/损失将由委托人承担。

表 6.1 **中行托收申请书**

跟单托收申请书

交单日期： 年 月 日

兹附以下汇票要求办理托收：

发票编号：	付款人：
币别、金额：	
交单方式及付款期限：	

随附下列单据：

单据名称	汇票	发票	箱单	质量证	重量证	普惠制产地证	检验证	提单	保单
份数									

船名及航次：	提单日期：	装运货物名称：

下列标注“×”项为委托事项：

（ ）付款人负担所有银行费用

（ ）付款人负担代收银行费用

（ ）一次快邮寄单

（ ）两次寄单，第一次快邮，第二次平邮（挂号）

（ ）其他：

货款收妥后，请扣除贵行费用，余款贷记我公司

（ ）人民币账户，账号：________ 开户银行________

（ ）外汇账户，账号：________ 开户银行________

（ ）请寄送单据给以下银行： （ ）请贵行选定代收银行

我司同意在贵行小心谨慎选择代收银行后将不再对代收银行及其分支机构拒付、延期付款及银行破产行为负责；也不对在单据传递或托收过程中单据丢失、汇款的延误及汇率损失负责，贵行只对自身行为负责。

公司联系人及电话________ 公司（Drawer）盖章________

此票托收业务按照国际商会第 522 号出版物《跟单托收统一规则》（1995 年修订本）办理。

二、托收指示

（一）托收指示的含义和作用

托收指示（Collection Instruction）就是托收行寄送托收单据时的面函（Covering Letter）。过去称为托收委托书（Collection Advice），国际商会第322号出版物称之为托收命令（Collection Order），现行第522号出版物《托收统一规则》称为托收指示。

委托人在办理托收业务时，首先要向托收银行递交托收申请书。托收指示是托收行根据出口商的托收申请书缮制的、授权代收行处理单据的完全准确的条款。所有托收单据必须伴有托收指示。除非托收指示另有授权，否则代收行将不理会托收行以外银行的任何指示。托收指示的内容与托收申请书的内容应严格一致。

（二）托收指示的重要性

（1）托收业务离不开托收指示，所有的托收业务必须有一个单独的托收指示；

（2）托收行应被托收指示中载明的指示引导；

（3）代收行不从别处寻找指示，并且没有义务审核单据以获得指示。如果个别单据上面不载有托收指示，代收行也将不予理会。

（三）托收指示的主要内容

《托收统一规则》第四条第（2）项中规定托收指示应载有下列事项：

托收行、委托人、付款人及提示行的详情，包括全称、邮政地址、电话等。

托收金额及货币。

所寄单据清单及每一种单据的份数。

光票托收时据以取得付款和/或承兑的条款及条件。跟单托收时据以交单的条件：付款和/或承兑；其他条件。

应收取的费用，同时须注明该费用是否可以放弃。

应收取的利息（如有），同时注明该项利息是否可以放弃，并应包括：利率；付息期；所适用的计息基础（例如一年是按360天计算还是按365天计算），同时须注明该项利息是否可以放弃。

付款方法及通知付款的方式。

发生不付款、不承兑和/或与其他指示不符时的指示。

《托收统一规则》所规定的托收指示应列明的上述内容仅具指南性质，在贸易实务中，一笔特定托收业务的托收指示还可能具备上述事项之外的其他内容。

委托人及托收行应按上述规定确保提供内容完备的托收指示，否则代收行对此引起的任何延误或对托收指示的不履行均不承担任何责任。除按《托收统一规则》第一条第（3）项负有通知义务外，在得到完整的托收指示前，代收行对托收单据可不采取任何进一步的行动。因此，委托人和托收行必须确保其发出的托收指示书中已包括所需的一切必要内容。

为确保委托人/托收行负有提供内容完备的托收指示的义务，《托收统一规则》第四条第（3）项特别规定：

第一，托收指示应载明付款人或提示所在地的完整地址，如该地址不完整或不准确，代收行可尽力查明其确切地址，但其自身并不承担任何义务和责任。

第二，代收行对于因所提供地址不完整/不确切造成的延误不承担任何义务和责任。

表 6.2 **托收委托书**

COLLECTION ORDER

致：________________ 日期：________________

托收行（Remitting Bank）：	代收行（Collecting Bank）： 名称： 地址：
委托人（Principal）：	付款人（Drawee）： 名称： 地址： 电话：
付款交单 D/P（　　）　承兑交单 D/A（　　） 无偿交单 FREE OF PAYMENT（　　）	期限/到期日：
发票号码/票据编号：	国外费用承担人：□ 付款人　□ 委托人
金额：	国内费用承担人：□ 付款人　□ 委托人

单据种类	汇票	发票	提单	空运单	保险单	装箱单	重量单	产地证	FORMA	检验证	公司证明	船证明		
份数														

特别指示：

1. 邮寄方式：□ 快邮　□ 普邮
2. 托收如遇拒付，是否须代收行作成拒绝证书（PROTEST）：□ 是　□ 否
3. 货物抵港时是否代办存仓保险：□ 是　□ 否
4. 如付款人拒付费用及／或利息，是否可以放弃：□ 是　□ 否

续表

5. ____

6. ____

付款指示：　　　　　　　　　　　　　　　核销单编号：______________

请将收汇款原币（　　）　人民币（　　）划入我司下列账上：

开户行：______________　　　　　　账号：______________

联系人姓名：______________　　　　公司名称：______________

电话：______________　　　　　　　单位公章：______________

传真：______________　　　　　　　法定代表人或有权人签字：________

第三节　托收中的利息、费用及其他条款

在托收中，有关银行为委托人和付款人提供服务，因此银行要收取一定的服务费用。这些费用应由委托人还是由付款人承担必须加以明确。托收款项的利息也是托收的内容之一，托收指示中通常对此加以明确。

一、托收中的利息

托收指示中专门有利息（Interest）条款，以表明付款人拒付或延迟付款时利息如何支付。如果要求收取利息，托收指示中应明确规定利率、计息期和计息方法。

《托收统一规则》第二十条专门规定了利息条款。该款规定："如果托收指示书中规定要收取利息，但付款人拒付该项利息时，提示行可以凭付款或承兑或其他条件交单，除非第二十条第（3）款适用。"

第二十条第（3）款规定："如托收指示中明确地指明利息不得放弃而付款人已拒付该利息，提示行将不交单，并对由此所引起的延迟交单所产生的后果将不承担责任。当利息已被拒付时，提示行必须以电讯（当不可能时可用其他便捷的方式）通知曾向其发出托收指示的银行，不得延误。"根据该款规定，在托收指示明确利息不得放弃时，只有等利息问题解决后才能向受票人交单，因此，托收行和委托人应考虑到因利息不得放弃时而导致的任何延误所带来的后果。

收取利息的指示应在下列方格中注明：

1. □ Please collect interest for delay in payment calculated from the maturity to the date of actual payment at the rate of x% p. a. on the basis of 360 days a year from the drawee.

2. □ Waive/（do not waive）interest if refused by the drawee.

二、托收的费用

托收是由委托人提出并委托托收行通过其联行或代理行向付款人收取款项。因此，

各有关银行受托接办此项业务时所有的费用应由委托人负担。但在实务中亦有在买卖合同中已订明，在委托人国家以外的银行费用一概由付款人负担，因此，在托收指示书中需加有此类似内容。

为避免托收项下的费用产生争议，《托收统一规则》第二十一条第（1）款规定："如果托收指示中规定必须收取手续费和/或费用应由付款人负担而付款人拒付时，提示行可视情况凭付款或承兑或其他条件交单，而不收或代收手续费或费用。此时，代收手续费或费用将由发出托收的一方负责，并可从货款中扣除，除非适用本条 b 款"。b 款规定托收指示中相关托收费用应由付款人支付但付款人拒付时，代收行可接受仅付托收票款而不付其他业务费用，此项费用仍在托收票款中扣除，事后可凭合同条款由买卖双方自行交涉。

第二十一条第（2）款规定："当托收指示书中特别注明手续费和/或费用不得放弃而付款人对此拒付时，提示行将不予交单，且对因延迟交单造成的任何后果不负责任。当代收手续费和其他费用被拒付时，提示行必须毫不迟延地以电讯方式（如不可能，则以其他快捷方式）通知托收行。"

根据该条规定，若委托人在指示书上对费用加注为："托收费用由付款人承担，不得放弃"或"托收费用应于托收款一并付讫后交单"，此类条款实质上已作为交单的必备条件，托收行、代收行均应照此办理。如果发生付款人拒付费用的情况，代收行应通知托收行，待问题解决后才能交单。若因付款人对费用拒付而引起托收款的而延误，概由委托人负责。

《托收统一规则》第二十一条第（1）款和第（2）款表明，若委托书明确规定托收费用由付款人支付且不得放弃时，如付款人拒付费用，代收行应通知托收行，并在托收行同意放弃费用后，方可向付款人交单，否则不得交单；若托收指示规定费用由付款人负担但未明确费用不得放弃时，如付款人拒付费用，代收行可凭付款或承兑或其他条件交单，而不再收取该费用。每当托收手续费/或其他费用被这样放弃时，该项费用应由发出托收的一方承担，并可从货款中扣减。此外，若委托书规定有关费用向付款人收取时，应在付款人付款时向其收取。

由此可以看出，托收项下的费用，包括银行手续费及其他可能发生的杂费，须在托收委托书和托收指示中订明，由委托人还是受票人（付款人）负担。如果规定由委托人负担手续费，可以采用两种支付方式：一是委托人向托收行、托收行向代收行预支手续费；代收行收妥货款后，先从中扣手续费，然后再将净款付给委托方。

向付款人收取费用的指示，应在下列方格中注明：

□ Collection charges/expenses outside China are for account of the drawee.

□ Waive/（do not waive）charges if refused by the drawee.

□ Collection charges may not be waived and the drawee refuses to pay such charges, the presenting bank will not deliver documents.

三、其他条款

（一）拒绝证书

拒绝证书（Protest）或称拒付证书，是汇票持票人向付款人提示汇票遭到拒付时向汇票的背书人和出票人行使追索权时应出具的证明拒付事件的文件。按《日内瓦统一票据法》和《英国票据法》规定，拒绝证书是一种由付款地的法定公证人（notary public）或其他依法有权作这种证书的机构，例如法院、银行公会等所作的证明付款人拒付的文件。持票人请求公证人作成拒绝证书时，应将票据交出，由公证人持票向付款人再作提示，如遇拒付，公证人应按规定格式写一张证明书，连同票据交还持票人，持票人凭此向前手追索。

在托收业务中，当即期汇票提示后未付款，或当远期汇票提示后未承兑或到期不付款时，代收行必须检查托收指示以确定该票据是否要求作出拒绝证书。根据《托收统一规则》，托收指示中应对在遭到拒绝付款或拒绝承兑时是否需要作拒绝证书给予明确的指示。如无此明确指示，则与托收有关的银行在遭到拒绝付款或拒绝承兑时，没有义务作成拒绝证书。此外，银行由于办理拒绝证书或采取其他法律程序所付出的手续费和其他费用应由委托人承担。

托收指示应注明是否做成拒绝证书，例如：

□ Do not protest in case of dishonour.

□ Protest for □ Non-acceptance □ Non-payment

□ We will give instruction to you upon receipt of SWIFT/airmail advice of Non-acceptance/Non-payment with reason.

（二）需要时的代理（Case-of-need）

如果委托人指定一名代表作为在发生不付款和（或）不承兑时的代理人，托收指示中应清楚地、详尽地指明该代理人的权限。若无该项指示，银行将不接受来自代理人的任何指示。

作出需要时的代理人的指示，举例如下：

Special Instruction

In case of need refer to Smith & Jones Co. , 99 Rue des Achetuer, Paris whose authority is limited to assisting in having the draft honoured.

第四节 托收项下的风险防范

托收项下既有资金融通的便利也存在一定的风险。本节主要介绍和分析托收项下的风险防范措施等。

一、托收项下的风险

按照《托收统一规则》，银行在托收业务中，只提供服务，不提供信用。银行只以委托人的代理人行事，既无保证付款人必然付款的责任，也无检查审核货运单据是否齐全、是否符合买卖合同的义务；当发生进口商拒绝付款赎单的情况后，除非事先取得托收银行的同意，代收行也无代为提货、办理进口手续和存仓保管的义务。托收属商业信用性质，所以使用托收作为结算方式时，出口方风险较大，常见的风险主要有：

（一）市场风险

市场风险往往是难以预测的。一旦出口商发货后货物价格下跌，进口商可能会不愿付款赎单或承兑交单，往往会借口货物品质不佳、规格不符、包装不良、数量短缺甚至有其他供应商所报价格低于成交价格为由要求降价，使出口商遭受损失。

（二）进口商的信用风险主要表现在：

（1）进口商伪称出口方交付货物的质量、数量、包装、时间等不符合买卖合同的规定，拒绝履行付款义务。

（2）进口商破产、倒闭或失去偿付能力，或没有足够的资金去支付进口商品的货款。

（三）进口国的政治、经济风险。

（1）进口国的政治风险主要表现为政治局势不稳定，如战争、罢工、骚乱等原因造成进口商不能按时付款。

（2）进口商所在国家或地区出于保护本国产品或消费者的目的，往往会提出“有条件进口”，例如提出需要申领“进口许可证”或类似的特别证明才能进口该类商品。如果在出口商的货物到达目的地、单据到达或付款到期时还未取得该类证明文件，货物到达目的地时将会被禁止进口或被处罚。

（3）进口国若为外汇管制国家，进口商未能及时申请到外汇，不能按时付款收货。

（4）进口国颁布新的经济政策，如进口国实施新的外汇管理办法，或临时调整进口关税税率，或忽然宣告该国货币贬值，未收汇的货款该国政府不予供汇，进口商须向自由市场以议价购汇。这样，进口商如要付款就必定在汇率损失上而要求出口商降价或拒绝付款。再如，进口国针对出口国的忽然性或敌对性的新法案、海关管理的新规定等，都有可能使进口的手续受到波折和影响。

（四）进口国的“当地习惯”

《托收统一规则》规定：托收业务若与一国、一州或地方必须遵守的法律或规定有抵触，则要受当地法律的制约。例如，由于D/P远期有欠公允，有些欧洲国家如英国、法国、卢森堡、瑞士和一些拉美国家、中南美洲国家，习惯上已将远期D/P当作D/A

处理，这样进口商可轻易凭承兑就可取得货运单据。此外，巴基斯坦、叙利亚等国的海关规定，进口商品的退运必须由进口商办理，并且要经该国银行书面证实。这一规定使得托收项下无理拒付的进口商能够掌握货物，只要进口商不去办理货物的退运，海关就会将货物存于公仓，最终被拍卖。再如，土耳其等国的海关做法是货主（进口商）在拍卖中有优先权；巴西海关的做法是将退运的货物存于公仓，而其海关的仓储费奇高，当出口商想将货物运回时，发现海关的仓储费已高于货物的价值，如运回后会遭受更大损失，不得不以使货物全损而告终。

二、托收项下的风险防范措施

在使用托收付款方式时，出口商为降低风险，确保收汇安全，首先要熟悉现行的（即 1996 年 1 月 1 日起施行的）《托收统一规则》。其次，出口商应严格按出口合同规定装运货物，制作单据，以防止买方以单据不符而借口挑剔。单据内容应准确真实并和贸易条款规定相符，还要注意单据的种类齐全、份数完整。再次，出口商应认真填写托收委托书。除此之外，出口商可采取下列措施对托收中的风险进行防范：

（一）把握行情

出口商在合同洽谈时应尽可能掌握进口地有关商品的市场销售情况。如商品在进口地的市场销售情况不稳定，销售价格波动大，就不宜选择托收方式。

（二）加强对进口商的资信调查

托收属商业信用，出口商能否顺利收回货款，完全取决于进口商的信用。因此，对于新客户，出口商在交易前应事先通过各种方式搜集客户信息，如进口商的以往经营记录、财务信息和信用评级，了解客户状况，针对不同的进口商按其具体情况确定不同的授信额度。

对进口商进行资信调查的主要渠道有：

1. 上网查询

要求进口公司提供网址，直接上网查询，这是最方便、快捷、费用最便宜的查询方式。上网查询不要仅限于公司自制的网页，还可在政府的有关网站或第三方网站查询相关资料。

2. 通过银行查询

出口商可要求客户提供往来账户银行的名称、地址等，并将其提供给自己的账户行，请自己的账户行与客户的账户行联系（或双方账户行之间无代理关系而转道第三家银行）查询客户情况。因银行查询可信度较高，出口方可予高度信赖。

3. 通过专业的咨询公司

咨询公司通过登录国外政府公用网站（如法院网站等）、专职调查员亲自上门拜访客户等，能获得指定客户的较为翔实的资料，如相应的登记证明、公司章程、股东名册、公司规模、背景、经营者的能力、往来客户及银行（账户行）、财务状况、年销售状况，甚至客户的以往营销分布地区等，最后还有咨询公司对该客户的总体评价。但这类专业咨询公司的收费较高。

4. 可通过国外的商会、我国驻外商务机构了解进口商资信状况

出口商在日常业务往来中，应该注意了解和考察客户，认真审视曾经毁约或借故迟付、借故要求降价的进口商。

（三）了解进口地的法律、法规和银行的习惯做法

出口商应了解进口国有关政策规定。对于实施进口管制的国家，应确定进口商是否已获得有关法定部门的进口许可证或类似文件。对于进口商所在国家为外汇管制国家，或本国货币为不可自由兑换货币时，应确定进口商是否已取得相关的外汇额度或该国外汇管理法规需要的证明文件。否则，出口商一般不宜贸然发货，以免产生货到目的地后发生由于不准进口或没有许可证不能进口，导致货物长期滞留港口或被处罚没收；或由于缺乏外汇额度，进口商无法支付外汇的情形。

此外，出口商应注意了解进口国的商业和银行惯例。在跟单托收业务中，无论是银行还是企业，对即期付款交单和承兑交单的操作、各自承担的义务和责任都趋于一致，没有多大争议，但在远期付款交单项下，各当事人对各自承担的义务、责任和具体的业务操作有较大的分歧。有些国家的银行收到托收银行寄来的载明远期付款交单方式的托收指示书时，习惯上在付款人付款承兑汇票后随即将单据交给付款人，即把 D/P 远期改作 D/A 处理。对此，出口商在采用远期付款交单方式时要格外慎重。

（四）托收和其他支付方式结合使用

在国际贸易中，一笔交易通常只选择一种支付方式。但是为了确保收汇安全，可以采用托收和其他结算方式结合使用从而降低风险。

1. 托收与预付货款相结合

具体做法是买方预付一定的货款作为定金，通常为合同总值的 10% 到 30% 不等，余额采用 D/P 即期付款方式。出口商收到预付款后发送货物，并从货款中扣除已收的款项，将余额部分委托银行托收。托收业务中，卖方预收一定预付款的做法比较常见。

这种做法的好处有：如进口商不去银行付款赎单，出口商可将货物运回，并从已收款项中扣除来往运费、保险费、利息和合理的损失费用；或降价或做其他处理。此外，进口商预付了货款，在一定程度上牵制了他，从而降低了买方拒绝履行合同的可能性。但是，采用托收与预付货款相结合的方式，出口商一定要在确定收到预付款后再将单据交银行托收。否则，进口商可能只交 70% -90% 的 D/P 项下的货款就能取得单据提货。

2. 托收和信用证结合

这种结合是用不可撤销信用证和跟单托收两种支付方式，其具体做法是一笔交易的货款，部分以信用证付款，剩余部分以托收方式结算，所以又称“部分信用证，部分托收”。在实际运用时，托收必须是付款交单方式，出口商要签发两张汇票，一张用于信用证项下部分的货款凭光票支付，另一张须随附全部规定的单据，按跟单托收处理。

这种做法的好处对进口商来说，可以减少开证金额，少付开证押金，少垫资金；对

出口商来说，虽托收部分有一定风险，但有部分信用证的保证，且货运单据随附托收汇票项下，开证行须等进口商付清全部货款后才能放单，所以，出口商的收汇安全就较有保障。

但这种做法须注意：首先，需信用证在先，托收在后，单据跟在托收项下。其次，在买卖合同中除应规定一定比率货款为付款交单，一定比率货款为不可撤销信用证，并应在合同中列明信用证的到达期限和在信用证中明确规定须于全数付清发票货款后方可交单的条款。

3. 备用信用证与跟单托收结合

采用备用信用证与跟单托收相结合的方式，主要是为了防止跟单托收项下的货款一旦遭到进口商拒付时，可凭备用信用证利用开证行的保证追回货款，即在备用信用证项下，由卖方开立汇票与签发进口商拒付声明书时要求开证银行进行偿付。

需要注意的是，为便于在被拒付后能有充裕时间办理向银行进行追偿手续，备用信用证的到期日必须晚于托收付款期限后一段适当的时间。在办理托收手续时，出口商还应在托收申请书中明确要求托收行告知代收行在发生进口商拒付时，立即用电报或电传通知，以免耽误时日，导致备用信用证过期失效。

4. 此外，还可以采用 D/A 方式下的银行保兑，即在客户承兑的基础上由银行对 D/A 项下的单据进行保兑，将商业信用转变为银行信用

这样做的好处有，首先，出口商承兑前保留了物权，承兑后加上代收行的保兑，即使进口商拒付，出口商也能得到代收行的偿付。其次，出口商可在收到托收款前到银行贴现，取得资金融通。再次，出口商可节省繁杂的银行费用。

（五）掌握好授信额度和交单条件

出口商应在了解买方资信情况的基础上妥善制定授信额度、控制成交金额和交货进度。对于金额较大的出口合同，可以分批装运，并且每一批次之间在时间上要有一定间隔，原则上以一批货物发出到收回货款的时间为宜，这样即使损失也能控制在较少范围内。例如，天津某出口商与德国某公司签订出口脱水蔬菜 50 公吨，卖方可分三批装运，间隔以天津至汉堡之间的海运时间（25 - 30 天）为宜，第一笔货款收回后，再依次发运第二、三批货物。

（六）谨慎对待货运单据，注意控制货物

出口商借助单据来控制货物，所以出口商应该谨慎对待货物运输单据：

1. 出口商应向银行提交全套正本海运提单办理托收，而不可将任何一份正本提单径自寄给进口商

这是因为正本海运提单具有物权凭证的性质，每份正本海运提单具有相同的效力，即进口商只要有一份正本的海运提单就可直接提货，出口商将面临货款两空的风险。

2. 海运提单应是空白抬头

很多出口商在办理托收业务时经常使用记名提单。记名提单（Named Consignee B/L）又称直交式提单（Straight B/L）、收货人抬头提单，它是指提单上的“收货人

(Consignee)”栏内具体填明了特定收货人的名称、只能由该收货人提货、不能背书转让的提单。对于记名提单是否是物权凭证，各国法律迥然不同，例如日本、韩国及我国台湾认为记名提单是物权凭证，而美国、中国香港则认为记名提单不是物权凭证，只是货物收据和运输合同的证明，不能代表货物进行流通转让，承运人有权将货物直接交付给记名收货人，无须出示记名提单，或收货人可以不凭正本提单而只需证明自己是收货人身份即可提货。虽然我国学术界对记名提单是否是物权凭证还有争论，但是出口商还须谨慎。具体做法是：收货人一栏填写“TO ORDER”或“TO ORDER OF SHIPPER”并空白背书，提单经过背书不仅能保证出口商对物权的控制，而且有利于提单的流通转让；被通知人“Notify Party”一栏填进口商的详细名称和地址，以便承运人到货时及时通知。这样，在进口商拒付的情况下，出口商可以通过控制提单来控制货物。

3. 谨慎对待承运货物收据、铁路运单和航空运单

由于承运货物收据、铁路运单和航空运单等运输单据并非物权凭证，收货人只凭身份证明即可提货，所以货物一经发出，发货人就失去了物权，在这种情况下，可以将代收行作为收货人，当进口商付款赎单后，由代收行进行提货事宜。当然，这必须事先征得代收行同意，同时需出口商支付一定费用。

（七）谨慎选择代收行，如条件允许可事先找好需要时的代理人

托收行应选择在付款地的联行或关系密切、资产雄厚、信誉良好的账户行作为代收行。选择代收行最好不要由进口商指定，防止其擅自放单或操作不规范造成出口商损失。此外，如果条件允许，出口商可事先在当地找好需要时的代理人。如果进口商拒绝付款赎单或拒绝承兑时，代理人可办理货物的存仓、保险、转售、货运等事宜。这个代理人可以是与出口商关系较好的客户，也可以是代收行。但应注意，需要时的代理人的名称和权限必须在托收委托书中列明才有效。

（八）注意办理保险

出口商为了避免商业信用带来的收取货款的风险，可以向保险公司投保出口信用保险，如出口货物的“卖方利益险”。通过投保出口信用保险，出口商首先可以在货物出运前通过保险公司的资信调查服务了解进口商的资信状况，一旦出现支付风险和信用危机，保险公司能及时向出口企业提出建议，如改变结算方式、增加保值条款等，将风险控制在一定范围内。如果出口商在采用跟单托收时发生了由于进口商无力偿付债务、不如期付款、违约托收货物、进口商所在国家实行外汇管制、进口管制、或发生战争、骚乱等引起的出口商无法左右的收汇风险时，保险公司可以进行赔偿，从而使出口商安全收汇，保证企业的资金流通正常。

（九）选择保理业务，减少收汇风险

国际保理的全称是国际保付代理业务，是国际贸易中使用托收、赊账结算货款的情况下，保理商向出口商提供的一项包括对买方资信调查、百分之百的风险担保、催收应收账款、财务管理及融通资金等的综合性财务服务。采用保理对出口商较为有利：

（1）出口商可通过保理机构了解进口商的资信，可以放手成交，增加交易机会。

（2）可以保障货款的安全收汇。由于保理业务提供的是百分之百的信用保险，因而出口商可以完全避免到期收不回货款的商业信用风险，只要遵守销售合同及保理合同，即可得到出口保理商无追索权预付的货款。

（3）可提高收汇速度，加快资金周转。出口商发货后将相关单据无追索权地卖断给保理公司，即可得到80%以上的融资，由保理公司向进口商追讨货款。

第五节　托收统一规则概述

一、《托收统一规则》的产生

在托收业务中，银行与委托人之间的关系以及银行与银行的关系，往往由于各方对权力、义务和责任的解释有分歧，不同的银行在业务做法上有差异，从而导致误会、争议和纠纷，在一定程度上影响了国际贸易和结算的开展。为此，国际商会（International Chamber of Commerce，ICC）曾于1958年拟定了《商业单据托收统一规则》（*Uniform Rules for Collection of Commercial Paper*）（即国际商会第192号出版物），建议各银行采用，以便成为共同遵守的结算惯例。

1975年5月，国际商会修订了上述规则并建议各国银行自1976年1月1日起实施，即国际商会第254号出版物，从而使银行在进行托收业务时取得了统一的术语、定义、程序和规则，也为出口商在委托代收货款时提供了依据和参考。

1978年国际商会又对该规则作了修订，并改名为《托收统一规则》国际商会第322号出版物（*The Uniform Rules for Collection*，*ICC Publication No.* 322，简称“*URC*322”），于1979年1月1日起正式生效和实施。

1995年，国际商会根据十多年在实践中出现的问题，对该规则做了进一步的修订，出版了托收规则1995年修订本，即《托收统一规则》国际商会第522号出版物（*Uniform Rules for Collection*，*ICC Publication No.* 522，简称*URC*522），（见附录）该规则已于1996年1月1日生效。

应当指出的是，《托收统一规则》并不是国际上公认的法律，而是托收业务中国际惯例的统一解释，只有在有关当事人事先约定后才受其约束，但它在一定程度上解答了托收过程中的问题。《托收统一规则》自公布实施以来，对减少当事人之间在托收业务中的误解、争议和纠纷起了较大作用。我国银行在采用托收方式结算时，也参照这个规则的解释和原则办理。

二、《托收统一规则》的主要内容

《托收统一规则》现行版本（1996年1月1日起正式实施）全文共7部分，26条，包括“总则及定义”、“托收的形式和结构”、“提示方式”、“义务与责任”、“付款”、“利息、手续费及其他费用”和“其他规定”。下面简要介绍其主要内容：

（1）凡在托收指示书中注明按URC522行事的托收业务，除非另有明文规定或与一国、一州或地方不得违反的法律、法规相抵触，本规则对有关当事人均具有约束力。

（2）银行应善意和合理地谨慎从事。其义务就是要严格按托收指示书的内容与URC522办理。如银行决定不受理所收到的托收或其相关指示，必须用电讯或不可能用电讯方式时须用其他最快捷方式通知发出托收指示书的一方。

（3）银行必须确定所收到的单据与托收指示书所列的完全一致，对于单据缺少或发现与托收指示书中所列的单据不一致时，必须毫不延迟地用电讯或其他快捷方式通知发出托收指示书的一方。除此之外，银行没有进一步审核单据的义务。银行对单据的形式、完整性、准确性、真实性或法律效力，或对单据上规定的或附加的条件概不负责；银行对单据所代表的货物描述、数量、重量、质量、状况、包装、交货、价值或存在，或对单据有关当事人或其他任何人的诚信或信誉、行为、偿付能力、履行能力以及对于任何通知、信件或单据在寄送途中的延误、丢失所引起的后果，或由于电讯传递的延误、残缺或其他错误，或对专门术语在翻译或解释上的错误，也不承担义务或责任。

（4）除非事先征得银行的同意，货物不应直接运交银行，也不应以银行或其指定人为收货人。如果擅自这样做，银行无提货义务，其风险及责任由发货人承担。

（5）托收不应含有凭付款交付商业单据指示的远期汇票。如果托收含有远期汇票，该托收指示书中应注明商业单据是凭承兑交付（D/A）还是凭付款交付（D/P）。如无此注明，商业单据仅能凭付款交付，代收行对因迟交单据而产生的任何后果不负责任。

（6）如果委托人指定一名代表，在遭到拒绝付款和/或拒绝承兑时，作为需要时的代理，应在托收指示书中明确且完整地注明该代理人的权限。如无此注明，银行将不接受该代理人的任何指示。

（7）托收人被拒绝付款或拒绝承兑，提示行必须毫不延迟地向发出托收指示书的银行送交拒绝付款或拒绝承兑的通知。委托行收到此项通知后，必须对单据处理给提示行以相应的指示。指示行如在发出上项通知后60天内仍未收到此项指示时，可将单据退回发出托收指示书的银行，而不负任何责任。

此外，《托收统一规则》还对托收费用、部分付款、拒绝证明、托收情况的通知等问题作了具体规定。

本章重要概念

托收　付款交单　承兑交单　D/P　T/R　URC522

复习思考题

1. 何谓托收？托收方式有哪些当事人？其基本当事人的责任各是什么？
2. 简述托收方式的程序和特点。
3. D/P与D/A有何区别？对交易各方有何利弊？

4. D/P·T/R 与 D/A 两种托收方式有什么不同？
5. 为什么在出口业务中不宜使用远期 D/P 方式成交？
6. 出口商在采取托收时应注意哪些问题？
7. 简述 CAD 与 D/P 的区别。
8. 跟单托收项下的贸易融资方式有哪些？
9.《托收统一规则》的主要内容有哪些？
10.《托收统一规则》对托收业务中的银行费用的负担是如何规定的？

☑ 案例题

1. 某公司出售一批货物给香港商人，成交条件为 CIF 香港，付款条件是付款交单，见票后 30 天付款（D/P at 30 days after sight）出口商在合同规定的装运期限内将货物装船后，开立远期汇票，连同商业发票和已装船海运提单委托中国银行通过港商指定的某代收行收取货款。5 天以后，出口商所交货物安全运抵香港，由于当时该商品行情看好，港商凭信托收据（Trust Receipt）向代收行借出提单，提取货物并将部分货物出售。不料，由于同类商品大量抵港，致使货价迅速下跌，港商随即以出口商所交货物有质量问题为由，在汇票到期时拒绝付款。你认为出口商应如何处理并请说明理由。

2. 2009 年 2 月，山东 X 公司与土耳其 M 公司签订一份 CFR 干辣椒出口合同，支付方式为即期付款交单。卖方发货后将单据交银行托收，但是买方在货到目的港后仍然没有到银行付款赎单。经卖方催促，买方回复并要求降价 30%，理由是前一批货物品质不佳。经卖方调查，该货在目的港行情大跌，如果不同意买方的降价要求，买方很有可能不去赎单。卖方只好同意买方的降价要求，并因此遭到一定损失。请加以分析。

3. 2010 年 2 月，我国 A 公司与英国 B 公司签订出口合同，支付方式为 D/P 60 Days After Sight。中国 C 银行将单据寄出后，至当年 6 月仍未收到款项，遂应 A 公司要求指示英国 D 代收行退单，但从 D 代收行回电中得知单据已凭进口商 B 公司承兑放单，虽经多方努力，但进口商 B 公司以种种理由不付款，进出口商之间交涉无果。后中国 C 银行一再强调是英国 D 代收行错误放单造成出口商钱货损失，要求 D 代收行付款，D 代收行对中国 C 银行的催收拒不答复。8 月 25 日，D 代收行告知中国 C 银行进口商已宣布破产，并随附法院破产通知书，致使出口商钱货两空。请问我方应从该案例中吸取什么教训？

第七章　国际结算中的支付方式——信用证

学习目标

1. 了解信用证支付方式在国际结算中的作用；
2. 掌握信用证的概念、性质、特点及 UCP600 对信用证基本内容的规定；
3. 掌握 SWIFT 信用证的开立形式以及跟单信用证的业务流程；
4. 掌握信用证结算下出现单据不符点的处理方法以及信用证的风险预防；
5. 熟悉信用证应用中“软条款”的出现原因以及预防和处理办法。

第一节　信用证概述

信用证支付方式与汇付和托收不同，它是建立在银行信用的基础上，在一定程度上解决了进出口双方互不信任的矛盾，同时也能够为进出口双方提供资金融通的便利。

一、信用证的概念

《跟单信用证统一惯例》（国际商会第 600 号出版物）第 2 条规定：信用证是“指一项不可撤销的安排，无论其名称或描述如何，该项安排构成开证行对相符交单予以承付的确定承诺。承付（honour）是指：（1）如果信用证为即期付款信用证，则即期付款。（2）如果信用证为延期付款信用证，则承诺延期付款并在承诺到期日付款。（3）如果信用证为承兑信用证，则承兑受益人开出的汇票并在汇票到期日付款。”

简言之，信用证是开证行应开证申请人的请求，或以自身名义向受益人开立的、承诺在规定的期限内凭规定的单据向受益人支付一定金额的保证文件。

二、信用证的当事人

信用证作为国际贸易中重要结算方式，在使用过程中会涉及多个当事人，即开证申请人、开证行、通知行、受益人、议付行及付款行。此外还有其他当事人，即保兑行和偿付行等。现分述如下：

1. 开证申请人（applicant）

开证申请人是指向银行申请开立信用证的人，即进口商或实际买主，在信用证中往往又称开证人（opener），如果由银行自己主动开立信用证，此种信用证则没有开证申请人，指银行本行。

2. 开证行（opening bank；issuing bank）

开证行是指接受开证申请人的委托或为自身行事，开立信用证的银行，一般是进口商所在地的银行。开证申请人与开证行的权利和义务以开证申请书为依据。开证银行的责任和权利有：（1）根据开证申请人的指示开证。（2）信用证一经开出，按信用证规定的条款，承担第一性付款责任。（3）对信用证条件下不符的单据有拒付的权利。

3. 通知行（advising bank；notifying bank）

通知行是指接受开证行的委托，将信用证转交给出口商的银行，一般是出口商的所在地银行。通知行的行为受其与开证行的代理合同的约束。它的具体责任有：（1）鉴别信用证的表面真实性；（2）将信用证的内容通知出口商。如不愿通知或无法鉴别信用证，则必须毫不迟延告知开证行；但如无法鉴别而又决定通知受益人，则在通知时必须告知受益人它未能鉴别该证的表面真实性。除此之外，通知行无需承担信用证的承付或议付责任。

4. 受益人（beneficiary）

受益人是指信用证上指定的有权使用该证的人，即出口商，也就是买卖合同的卖方。受益人必须按买卖合同的规定发货、按信用证规定签发汇票和提交符合信用证要求的与货物相符的单据，并做到货约一致、单货一致、单证一致、单单一致，才能顺利地履行合同义务和在信用证项下向所指定的付款银行索取价款的权利，但也在法律上以汇票出票人的地位对其后的持票人负有担保该汇票必获承兑和付款的责任。

5. 议付行（negotiating bank），又称押汇银行

议付行是指自愿买入出口商信用证项下交来单据和汇票的银行。通常在出口地的银行。议付行可以是开证行指定的银行，也可以是信用证中非指定的银行，这由信用证的条款来规定。但在不指定议付行的情况下，任何银行都是有权议付的银行，即在信用证中往往规定“Negotiation with any bank”。议付行审单无误，即可垫付汇票和单据的款项，在扣减垫付利息后将净款付给受益人。在信用证业务中，议付行通常又是以受益人的指定人和汇票的善意持票人的身份出现的，因此它对信用证受益人的付款有追索权。

6. 付款行（paying bank；drawee bank）

付款行是指信用证上指定的付款银行，即开证行授权进行信用证项下付款或承兑并支付出口商出具的汇票的银行。付款行通常是汇票的受票人，故亦称受票行（drawee bank）。付款行可以是开证行本身或接受开证行委托的代为付款的另一家银行，即代付行（correspondent bank）。付款行的付款等同于开证行付款，一经付款，即使事后发现有误，对受款人亦无追索权。

7. 其他当事人

（1）保兑行（confirming bank），是指应开证行或受益人的请求在信用证上加批保证兑付的银行。它和开证行处于相同的地位。保兑行在信用证上加具保兑后，即对受益

人独立负责，承担必须付款或议付的责任。在已经付款或议付之后，不论开证行倒闭或无理拒付，都不能向受益人追索，即对于汇票（有时无汇票）承担不可撤销的付款责任。

（2）偿付行（reimbursement bank），又称清算银行（clearing bank）。它是接受开证行的指示或授权，凭代付行或议付行的索偿电讯和航邮进行偿付，也是代开证行偿还垫款的第三国银行。按 UCP600 惯例规定，偿付行只按照开证行的指示向索偿行付款，并不接受和审查单据，不负单证不符之责，因此，事后如开证行发现单证不符，只能向索偿行追索而不能向偿付行追索。如果偿付行没有对索偿行履行付款义务，开证行有责任向索偿行支付索偿行向受益人支付的款项及有关利息。

（3）受让人（transferee），又称第二受益人（second beneficiary）。他是接受第一受益人转让、有权使用该信用证的人。

第二节　信用证的特点和作用

一、信用证的特点

信用证支付方式有不同于汇付和托收的性质与特点：

（一）信用证是一种银行信用

信用证支付方式是一种银行信用。由开证行以自己的信用作出承付的保证。因此，在信用证支付方式下，开证行对受益人的承付责任是独立的，不以进口商的付款作为前提条件，其承担第一付款人的责任。例如：2011 年 5 月，我某出口公司收到一份国外开来的不可撤销即期议付信用证，规定装运期为 6 月 10 日，有效期为 6 月 25 日，我方如期备妥货物并于 6 月 10 日装船，正当准备在信用证规定的有效期交单时，突接开证银行通知，声称开证申请人已经倒闭。对此，出口企业如何处理？依据何在？

从上述情况来看，我出口公司应凭货运单据向开证行收取货款。按照《UCP600》规定，信用证是银行信用，开证行以自身的名义承担第一性的付款责任，所以出口公司在货物出运后应备妥单据向开证行或其指定的付款银行议付单据。只要单证相符，开证行不能以开证申请人倒闭为由拒绝付款。

（二）信用证是一种单据的买卖

信用证支付方式是凭单付款，各有关方面处理的是单据，而不是单据涉及的货物、服务或履约行为。因此，信用证业务是纯粹的单据业务。银行审核的是单据，而且在单据的审核过程中，银行审核单据标准是以确定单据表面上是否符合信用证条款为依据，具体见 UCP600 第 14 条“审核单据的标准”的 a 项规定。因此，开证行只依据单据表面上符合信用证条款付款，而对任何单据的形式、完整性、准确性以及真伪或法律效力或单据上规定的或附加的一般或特殊条件概不负责。信用证支付方式对受益人提交单据实行严格符合原则，要做到“单证一致”和“单单一致”。

例如：上海A出口公司与香港B公司签订一份买卖合同，成交商品价值为418 816美元，A公司向B公司卖断此批产品，合同规定：商品均以三夹板箱盛放，每箱净重10公斤，两箱一捆，外套麻包。香港B公司如期通过中国银行香港分行开出不可撤销跟单信用证，信用证中的包装条款为：商品均以三夹板箱盛放，每箱净重10公斤，两箱一捆。对于合同与信用证关于包装的不同规定，A公司保证安全收汇，严格按照信用证规定的条款办理，只装箱打捆，没有外套麻包。“锦江”轮将该批货物5 000捆运抵香港。A公司持全套单据交中国银行上海银行办理收汇，该行对单据审核后未提出任何异议，因信用证付款期限为提单签发后60天，不做押汇，中国银行上海分行将全套单据寄交开证行，开证行也未提出任何不同意见。但从货物运出之后的第一天起，B公司数次来函，称包装不符要求，重新打包的费用和仓储费应由A公司负担，并进而表示了退货主张。A公司认为在信用证条件下应凭信用证来履行义务。在这种情况下，B公司又通知开证行“单据不符”，A公司立即复电主张单据相符。那么本案应如何处理呢？

分析上述情况我们可以看出，本案争执的关键是依据合同还是依据信用证。根据《跟单信用证统一惯例》（UCP600）第14条“审核单据的标准”的a项规定，信用证“单单相符，单证一致”的支付原则，卖方上海A公司依据信用证行事是合法、合理的，应给予支持。因为在给付时，开证行和受益人只依据信用证行事，而不看重合同的规定，而对买方香港B公司的主张证据不足，不予支持，因为本案处理是依据信用而不是依据合同。

（三）信用证是一种自足性的文件

信用证的开立是以买卖合同为依据，但信用证一旦开出，就成为独立于买卖合同之外的文件或契约，不受买卖合同约束。银行只对信用证负责，与买卖合同等无关，即使信用证中包含有关于合同的任何援引文句，银行也与该合同完全无关。例如，一份信用证除自身条款外，加注“其他条款参考×××号合同（other terms as per contract No. ×××）”，即使如此，银行付款也不受上述条款的约束。UCP600也同样规定，信用证项下，一家银行作出承付、议付或履行信用证项下其他义务的承诺，并不受申请人与开证行之间或与受益人之间在已有关系下产生的索偿或抗辩的制约。受益人在任何情况下，不得利用银行之间或申请人与开证行之间的契约关系。

二、信用证的作用

（一）对出口商的作用

（1）保证出口商凭与信用证规定相符的单据取得货款。信用证支付的原则是单证相符，出口商交货后提交的单据，只要做到与信用证条款相符，银行就保证支付货款。在信用证支付方式下，出口商交货后不必担心进口商到时不付款，而由银行承担付款责任，因此这种银行信用要比商业信用可靠。信用证支付为出口商收取货款提供了较为安全的保障。

（2）出口商可以按时收汇。在进口管制和外汇管制严格的国家，进口商向本国申请外汇得到批准后，方能向银行申请开证。而出口商如能按时收到信用证，说明进口商已经得到本国外汇管理当局使用外汇的批准，才申请开立信用证，因而可以保证出口商在履约交货后，按时凭信用证和单据获得货款，及时收汇。

（3）出口商可凭信用证通过打包贷款或押汇取得资金融通。出口商交货前，可凭进口商开立的信用证作抵押，向出口地银行借取打包贷款（packing credit），用以收购、加工、生产出口货物和打包装船。或出口商在收到信用证后，按规定办理货物出运，并提交汇票和信用证规定的各种单据，叙作出口押汇取得货款。这是出口地银行提供的资金融通，从而有利于资金周转，扩大出口。

（二）对进口商的作用

（1）可保证进口商取得代表货物的单据。进口商填写开证申请书的任务就是有效地将买卖合同条款转化为对出口商（即受益人）提交单据的要求，因此进口商申请开证时可以通过控制信用证条款来约束出口商交货的时间、品质和数量等，以保证按时、按质、按量收到货物。特别是作为提交单据中的运输单据是卖方完成交货义务和买方在目的地据以提货的凭证，因此可以保证进口商收到的是代表货物的单据。

（2）进口商可凭自己的资信及开证行对自己的信任取得资金融通。进口商在申请开证时，通常要交纳一定的开证押金，如开证行认为进口商资信较好，进口商就有可能在少交或免交部分押金的情况下开证。如采用远期信用证，进口商还可以凭信托收据（Trust Receipt）向银行借单，先行提货、转售，到期再付款，这就为进口商提供了资金融通的便利。

（三）对银行的作用

（1）可利用进口商在申请开证时交的押金或担保品为银行利用资金提供便利。开证行接受进口商的开证申请，即承担开立信用证和凭相符单据付款的责任，这是银行以自己的信用作出的保证，以银行信用代替了进口商的商业信用。所以进口商在申请开证时要向银行交付一定比例的开证押金或担保品，为银行利用资金提供便利。

（2）在信用证业务中，银行每做一项服务均可取得如开证费、通知费、议付费、保兑费、修改费等各种费用。因此，承办信用证业务是各银行的业务项目之一。在国际贸易结算中，信誉良好、作风正派的银行以高质量的服务，促进了信用证业务的发展，增加了银行的盈利。

第三节 信用证的格式与内容

一、信用证的格式

信用证初创时是采用信函形式开立的，其格式多种多样，至今尚无统一格式，各开证行习惯使用的格式各不相同。为了避免误解，影响业务的顺利进行，国际商会曾先后多次拟定和修改标准信用证格式。如《最新国际商会标准跟单信用证格式》（ICC516格式）是国际商会为配合 UCP 制定的格式。但是，目前，除了广泛使用 SWIFT 格式外，采用国际商会标准格式的银行不是很多。信用证的开立有电报、信函和电传的方式。目前普遍使用的信用证的格式主要有两种：一种是信开本，另一种是电开本。

（一）信开本

信开本（to open by airmail）是指开证行采用印就的信函格式的信用证，开证后以空邮寄送通知行。这种信用证从开立至送达受益人所在地有一个邮程时间，如日本3-5天，东南亚国家5-10天，美国10-15天。该证从形式和内容上看较为规范、整洁、清晰易懂，但缺点是速度慢，特别不适应当今现代信息技术的迅速发展和办事高效率时代，现已很少使用。

（二）电开本

电开本（to open by Cable）是指开证行使用电报、电传、传真、SWIFT 等各种电讯方法将信用证条款传给通知行。SWIFT 是“全球银行金融电讯协会”（Society Worldwide Interbank Financial Telecommunication）的简称，目前，SWIFT 格式信用证应用比较普遍。

SWIFT 信用证是指凡通过 SWIFT 系统开立或予以通知的信用证。在国际贸易结算中，SWIFT 信用证是正式的、合法的，被信用证各当事人所接受的、国际通用的信用证。采用 SWIFT 信用证必须遵守 SWIFT 的规定，也必须使用 SWIFT 手册规定的代号（Tag），而且信用证必须遵循国际商会2007年修订的《跟单信用证统一惯例》各项条款的规定。SWIFT 信用证可省去开证行的承诺条款（Undertaking Clause），但不因此免除银行所应承担的义务。SWIFT 信用证的特点是快速、准确、简明、可靠。

SWIFT 由项目（FIELD）组成，如“59：Beneficiary - Name & Address”（受益人）就是一个项目，59是项目的代号，可以是两位数字表示，也可以两位数字加上字母来表示，如“51D：Applicant Bank - Name & Address”（申请人）。不同的代号表示不同的含义。项目还规定了一定的格式，各种 SWIFT 电文都必须按照这种格式表示。在SWIFT 电文中，M/O 表示必选（MANDATORY FIELD）和可选项目（OPTIONAL

FIELD)：必选项目是必须要具备的，如“31D：Date and Place of Expiry”（信用证有效期）；可选项目是另外增加的项目，并不是每个信用证都有此增加的项目，如“39B：Maximum Credit Amount”（信用证最大限制金额）。SWIFT 电文的日期表示为：YYMMDD（年月日），如：2011 年 5 月 12 日，表示为 110512。数字不使用分格号，小数点用逗号“，”来表示，如：5，152，286.36 表示为 5152286，36；4/5 表示为 0，8；5% 表示为 5PERCENT。

表 7.1　SWIFT 跟单信用证 MT700 的代码解读

M/O[①]	Tag 代号	Field Name 栏位名称	Content/Options 内容	No. 序号[③]
M	27	Sequence of Total 页次[②]	1! n/1! n 1 个数字/1 个数字	1
M	40A	Form of Documentary Credit 跟单信用证类别	24x 24 个字符	2
M	20	Documentary Credit Number 信用证号码	16x 16 个字符	3
O	23	Reference to Pre-Advice 预通知的编号	16x 16 个字符	4
O	31C	Date of Issue 开证日期	6! n 6 个数字	5
M	40E	Applicable Rules 适用的规则	30x [/35x]	6
M	31D	Date and Place of Expiry 到期日及地点	6! n29x 6 个数字/29 个字符	7
O	51a	Applicant Bank 申请人的银行	A or D A 或 D	8
M	50	Applicant 申请人	4 * 35x 4 行 35 个字符	9
M	59	Beneficiary 受益人	[/34x] 4 * 35x [/34 个字符] 4 行 35 个字符	10
M	32B	Currency Code，Amount 币别代号、金额	3! al5d 3 个字母，15 个数字	11
O	39A	Percentage Credit Amount Tolerance 信用证金额加减百分率	2n/2n 2 个数字/2 个数字	12

续表

M/O①	Tag 代号	Field Name 栏位名称	Content/Options 内容	No. 序号③
O	39B	Maximum Credit Amount 最高信用证金额	13x 13 个字符	13
O	39C	Additional Amounts Covered 可附加金额	4 * 35x 4 行 ×35 个字符	14
M	41a	Available With . . . By. . . 向……银行押汇，押汇方式……	A or D A 或 D	15
O	42C	Drafts at. . . 汇票期限	3 * 35x 3 行 * 35 个字符	16
O	42a	Drawee 付款人	A or D A 或 D	17
O	42M	Mixed Payment Details 混合付款指示	4 * 35X 4 行 ×35 个字符	18
O	42P	Deferred Payment Details 延迟付款指示	4 * 35X 4 行 ×35 个字符	19
O	43P	Partial Shipments 分批装运	1 * 35X 1 行 ×35 个字符	20

注释：① M/O 为 Mandatory 与 Optional 的缩写，前者指必要项目，后者为任意项目。

② 页次是指本证的发报次数，用分数来表示，分母分子各一位数字，分母表示发报的总次数，分子则表示这是其中的第几次，如"1/2"，其中"2"指本证总共发报 2 次，"1"指本次为第 1 次发报。

③ 这个序号表示的是这些代号（Tag）如果在一份信用证中出现的话，其出现的顺序即按此序号的顺序出现。

二、信用证的基本内容

目前，世界各银行对信用证的内容无统一格式，可随不同交易的需要而定，但其基本内容大致相同，一般包括以下几个方面：

（一）信用证自身的信息

（1）信用证的种类（Form of Credit）。

按 2007 年修订本 UCP600 第 3 条，跟单信用证均为不可撤销信用证。（A credit is irrevocable even if there is no indication to that effect.）第 38 条可否转让，第 2 条是否需要

另一银行保兑等。

（2）信用证号（L/C No.）。信用证号是指开证行开证时的编号。

（3）开证地点和日期（Place and Date of Issue）。

信用证开证地点是指开证行所在地；开证时间是指信用证开立的日期。按 UCP600 第 7 条规定，开证行自开立信用证时起，即不可撤销地受承付责任的约束。该规定明确了开证行责任的开始时间。

（4）有效期和到期地点（Expiry Date and Place）。信用证的有效期是指开证行限定受益人在货物装运后在规定期限内向议付行或付款行交单议付或付款的期限，或远期贸易规定受益人向承兑行交单要求承兑远期汇票的期限。到期地点是指受益人的交单地点，到期地点一般在出口地，这对受益人比较有利。到期地点如果在申请人所在地，受益人必须考虑寄单所需的时间以及所带来的风险。信用证的有效期和到期地点的写法，SWIFT 信用证格式如：

Date of issue　　31C：20/06/2011
Expiry Date：　　31D：Date：05/07/2011
Place：　　In Beneficiary's Country

（5）信用证的当事人，一般有开证申请人、开证行、通知行，受益人、付款行、议付行，有时还有保兑行和偿付行等。

（6）汇票条款（Draft）。凡使用汇票的信用证，汇票条款的内容包括汇票的出票人、付款人、付款期限、出票日期、票面金额等。如 "Available for 100% of invoice value against your draft（s）drawn on us at sight"（凭你方出具以我行为付款人的即期汇票，按发票总额 100% 金额付款），如不需要汇票的信用证，则无此项内容。

（7）信用证的兑付方式有即期付款、延迟付款、承兑还是议付等。

（8）货物描述（Description of goods）。信用证中关于货物的内容有货物名称、规格、数量、包装等，通常在这一栏里还包括货物的单价、总价、贸易条件等。具体写法如：Evidencing shipment of 5000 DOZEN 12 'X12' WHITE COTTON TOWELS S/C NO.：KHST02 CIF SINGAPORE.

（9）信用证使用的货币和总金额（Amount）。一般使用世界上可自由兑换的货币，并用 ISO 制定的货币代号表示。信用证金额是开证行所承担的付款责任的最高数额，应分别用大写文字和小写阿拉伯数字表示。如："for the amount USD25800. -（SAY U. S. DOLLARS TWENTY FIVE THOUSAND AND EIGHT HUNDRED ONLY）。又如：Currency：USD Amount：6 250.00 UINTED STATES DOLLAR SIX THOUSAND TWO HUNDRED FIFTY ONLY. 有的信用证总金额可以根据交易的需要规定有一定比率的上下浮动幅度，则在总金额前加 "about or approximately"（大约或大致）字样，按 UCP600 解释应为 10% 的增减幅度。

（10）运输条款（shipment）。信用证中装运条款有规定起运港、目的港、转运港、最终目的地、最迟装运期、可否分批装运、可否装运以及提单条款等。如 SWIFT 格式：

Partial Shipments　　43P：PROHIBITED
Transshipment　　43T：PROHIBITED

Loading in Charge　　44A：SHIPMENT FROM CHINESE PORT（S）

For Transport to　　44B：SINGAPORE

Latest Date of Ship.　　44C：NOT LATER THAN 14/03/2009

例：Full set of original clean on board ocean bill of lading made out to the order of the Kwangtung Provincial Bank, Singapore marked "Freight Prepaid" and notify applicant, Tel: 65－2256968（全套清洁已装船正本提单做成以新加坡广东省银行的指示性抬头，注明："运费付讫"通知开证申请人，电话号码为：65－2256968）。

（11）保险条款。有卖方或买方投保，投保的比例或金额、险别、适用的保险条款、赔付地点、赔付使用的货币种类等。如 FOB、CFR 贸易条件成交，保险由买方办理。信用证条款："Insurance To be covered by buyer."如 CIF 和 CIP 条件下，保险由卖方办理。信用证条款"Insurance Policy or certificate in duplicate blank endorsed covering F. P. A. and War risks for 110% invoice value as per Ocean Marine Cargo Clauses and Ocean Marine Cargo Clauses War Risks Clause of the People's Insurance Company of China dated 1/1/1981."（保险单或保险凭证一式两份，空白背书，依中国人民海洋货物运输保险条款 1981 年 1 月 1 日生效的条款，按发票面值 110% 投保平安险加战争险。）

（12）单据条款，通常要求提交商业发票、装箱单、运输单据、产地证明、保险单或投保通知、受益人证明等。

如：Documents required:　46A

+Signed Commercial invoices in 3 copies indicating L/C No and H. S > Code 3367. 8160. S/C No. 6321

+Packing list in 3 copies indicating L/C No...

+Certificate of origin GSP Form A in 1 original and 1 copy.

+Inspection certificate of (for) quantity, weight or origin in triplicate copies issued by State General Administration of Quality, Supervision, Inspection and Quarantine of the People's Republic of China.（由中国国家质量监督检验检疫总局签发的质量、数量、重量检验证书一式三份。）

（13）特殊条款：视具体交易的需要而定，常见的有货物需由指定船公司装运、运输船只不准停靠某港口、受益人装运后需寄一份副本单据给开证申请人、信用证限制在某银行议付、通知行需对本证加具保兑、俟具备某条件信用证方能生效等等。

（二）开证行的责任条款

（1）议付与索偿条款。

Documents must be presented for negotiation within15 days after the on board date of bill of lading/after the date of issuance of forwarding agents' cargo receipts（单据需在已装船提单/运输行签发货物承运的收据日期后 15 天内提示议付。）

In reimbursement,: Please draw on our head office account with your London office.（偿付办法：请从我总行在你伦敦分行的账户内支取。）

（2）议付行寄单条款。议付行寄单时应该一次还是二次寄单，邮递方式是快邮还是普通邮递，并列明开证行的收单地址。

Instruction to Negotiation Bank: All documents to dispatched in two sets of by consecutive for the Kwangtung Provincial Bank.

（3）信用证的遵循文句，通常有“本证根据《跟单信用证统一惯例600》（2007年修订本）开立”或类似文句，表明开立信用证所依据的国际惯例。

This credit is subject to Uniform Customs and Practice for Documentary Credit International Chamber of Commerce Publication No. 600.

附表：即期议付跟单信用证的操作流程图

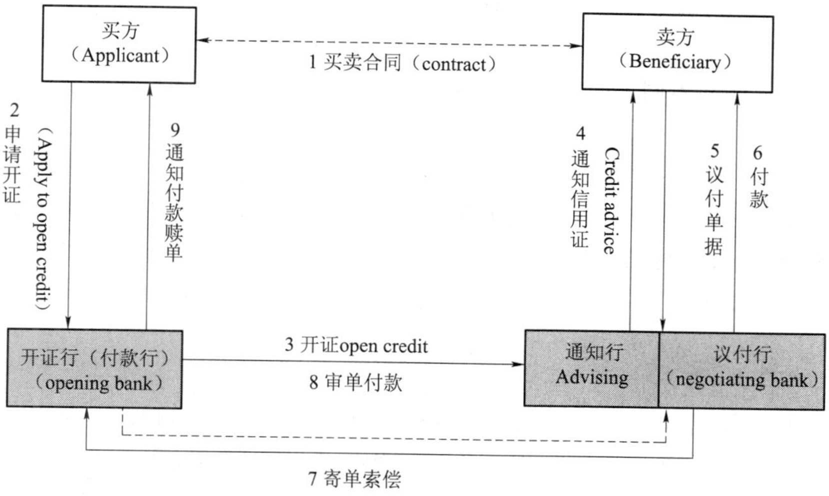

图 7.1 即期议付跟单信用证的操作流程图

图解：

（1）买卖双方在对外贸易（买卖）合同中明确规定采取信用证支付方式。

（2）买方（进口方）按合同规定的期限向所在地银行（开证行）申请开立即期跟单信用证。

（3）开证行接受申请后，开立以卖方（出口方）为受益人的信用证，并将信用证通过邮寄或电传或通过SWIFT电讯网络送交出口地的代理行（通知行）。

（4）通知行将收到的信用证经核对签字印鉴或密押无误后，通知受益人，并保留一份副本备查。

（5）受益人对信用证的内容审核无误后，即可根据信用证和合同的规定发运货物，缮制信用证规定的单据，开立汇票（或不开），连同信用证正本和修改通知书（如有），在规定的交单时间内，递交议付银行办理单据议付。

（6）议付行在单证一致的前提下，扣除预付款的利息和手续费后，将余额垫付给受益人。

（7）议付行议付后，即可凭单据向开证行或其指定付款银行寄单索偿支付金额。

（8）开证行或指定付款行审单无误后，将款项偿付给议付行。

（9）开证行付款后即通知开证申请人付款赎单。

第四节 信用证的种类

按照UCP600第3条的解释，即使未作明示，信用证也是不可撤销的。在此基础上，常见的信用证按其用途、性质、付款期限、流通方式、可否转让、是否循环使用等情况大体分为以下几种：

一、光票信用证和跟单信用证

根据付款凭证的不同，信用证可分为光票信用证和跟单信用证两种。

（一）光票信用证

光票信用证（clean credit）是指开证行仅凭受益人开具的汇票或简单收据而无需附带货运单据付款的信用证。在采用信用证方式预付货款时，通常使用光票信用证。光票信用证通常仅被用于总公司和分公司之间的货款清偿和非贸易的费用结算等。

（二）跟单信用证

跟单信用证（documentary credit）是指开证行凭跟单汇票或仅凭单据付款、承兑或议付的信用证。这里的“单据”是指代表货物所有权或证明货物已装运的运输单据，如海运提单、铁路运单、航空运单等，通常还包括商业发票、保险单据、商检证书、产地证书、装箱单等商业单据。在国际贸易货款结算中，一般以单据作为货款支付的对流条件，因此主要使用跟单信用证较多。光票信用证通常仅被用于总公司和分公司之间的货款清偿和非贸易的费用结算等。

二、保兑信用证和不保兑信用证

按照有否另一家指定银行保证兑付，信用证可分为保兑信用证和不保兑信用证两种。

（一）保兑信用证

保兑信用证（confirmed L/C）是指开证行开出的信用证，由另一银行（保兑行）对符合信用证条款规定的单据保证履行付款义务的信用证。经保兑行保兑的信用证，保兑行承担与开证行相同的第一性付款责任，无论开证行倒闭或拒付或发生什么变化，在信用证的有效期内都不能撤销保兑行保兑的责任，而且付款或议付后对受益人或其指定人无追索权。这种信用证有开证行与保兑行两家银行对受益人负责，因此有利于受益人。在国际结算业务中，保兑行通常由通知行担任，但另一家银行的保兑情形也不少见。

（二）不保兑信用证

不保兑信用证（Unconfirmed L/C）是指开证行开出的信用证没有经另一家银行加以保兑。如开证行资信好或成交金额不大时，一般都使用不保兑的信用证。

三、即期付款信用证、延期付款信用证、承兑信用证和议付信用证

根据付款时间的不同，信用证又可分为即期付款信用证、延期付款信用证、承兑信用证和议付信用证四种。

（一）即期付款信用证

即期付款信用证（sight payment L/C）是指开证行或付款行收到符合信用证条款的跟单汇票或装运单据后，立即履行付款义务的信用证。许多付款信用证不需要受益人提供汇票，只凭信用证规定的单据付款。付款行凭单付款后，对受益人没有追索权，因此这种信用证对受益人极为有利。在即期信用证中，有时还带列电汇索偿条款（T/T reimbursement clause），这是开证行允许议付行用电报、电传或 SWIFT 网络传递方式通知开证行或指定付款行，说明各种单据与信用证规定相符，开证行或指定付款行、偿付行应即以电汇方式将款项拨交议付行。

（二）延期付款信用证

延期付款信用证（deferred payment L/C）是指仅凭受益人提交的单据，经审核单证相符确定银行承担延期付款责任起，延长一段时间直至付款到期日付款的信用证。延期付款信用证一般注明“延期付款兑用”（available by payment after sight）文字。这类信用证一般不要求使用远期汇票，也无需开证行承兑汇票，但要规定付款的日期。因此也就不能利用贴现市场的资金进行融资。这类信用证大多使用于金额较大的资本货物的交易，而且付款期限较长，一年或数年不等，所以常与政府出口信贷相结合。UCP600 第 7 条 a 款和第 8 条 a. i. c 款也有明确规定：如信用证规定为延期付款，开证行和保兑行应按信用证规定所能确定的到期日付款。

（三）承兑信用证

承兑信用证（acceptance L/C）是指被信用证指定的付款行在收到符合信用证规定的远期汇票和单据时，先在汇票上履行承兑手续，俟汇票到期日再行付款的信用证。根据 UCP600 第 6 条 c 款的规定，信用证不得开立成凭以申请人为付款人的汇票兑付，付款人将仅限于被指定的银行。因此，承兑信用证必须要求受益人开立远期汇票且汇票的受票人必须是银行。而且开证行要指定一家能作出承兑业务的银行（除非是开证行自身）为承兑银行，它也是汇票的付款银行。

承兑信用证并没有“远期信用证”的分类，但根据国际信用证结算的实际情况，远期信用证实际包括延期付款信用证和承兑信用证两类。除此之外，在业务中还有一种

假远期信用证。假远期信用证（Usance credit payable at sight）一般规定信用证的受益人开立远期汇票，由付款行负责贴现，并规定一切利息和费用由进口商负担。这种信用证表面上看似远期信用证，但出口商可以即期收到十足的货款，实际上仍属即期收款，因而习惯上称之为“假远期信用证”。这种信用证实质上是付款行给进口商提供融通资金便利，进口商可在远期汇票到期时才向付款行付款。

（四）议付信用证

议付信用证（Negotiation L/C）是指允许受益人向某一指定银行或任何银行交单议付的信用证。通常在单证相符的条件下，议付行扣去垫付利息和手续费后将货款垫付给受益人。议付信用证可分为公开议付和限制性议付信用证两种，前者是指受益人可选择任何一家银行办理议付，后者则由开证行在信用证中指定一家银行办理议付。在议付信用证下，议付行的付款具有追索权，除非是保兑行的议付行为。开证行承担议付行付款后对其偿付的责任。议付与付款信用证的主要区别是：议付行在议付后如因单据与信用证条款不符等原因而不能向开证行收回款项时，可以向受益人追索；而指定的付款行以及开证行、保兑行一经付款，即再无权向受益人追索。

四、可转让信用证和不可转让信用证

根据受益人是否有权将信用证的所有权转让给其他人使用，信用证可分为可转让信用证和不可转让信用证。

（一）可转让信用证

依据 UCP600 第 38 条第 2 款规定，可转让信用证（Transferable L/C）是指信用证的受益人（第一受益人）可以要求信用证中特别授权的转让银行，将信用证全部或部分转让给一个或数个受益人（第二受益人）使用的信用证。在可转让信用证中，开证行在信用证中要明确注明“可转让”（Transferable）字样，方可转让。常用的表述如：This Credit is transferable 或 This Credit can only be transferred to A. B. C. Co. 。

可转让信用证的产生是随着中间商的产生而产生的。在国际贸易中，信用证的出口方（受益人）与开证申请人的关系，不一定是货物的制造商与进口商的关系，即受益人不一定是制造商。在许多贸易流程中，出口方受益人则是“中间商”，一方面，买进货物需要一定的资金，但中间商的手头并不始终掌握资金，如果实际供货人要求在交货时立即付款，中间商又无法通过信贷途径取得货款时，其资金周转就会出现困难。另一方面，中间商试图通过这笔交易谋求利润，但又不愿让实际供货人与进口商直接贸易，使货物价格等重要的贸易信息得到隐秘。为了达到这个目的，出口方（中间商）往往要求买方开立可转让的信用证，使其把转售货物得来的货款大部分转让给实际供货人，货款中的另一部分顺利地转化为中间商的利润。

可转让信用证的使用需要注意的问题：

（1）只有开证行在信用证中明确注明“可转让”时，此信用证方可转让。转让行一般是开证行自己或其特别授权的银行（如通知行）。但使用诸如“可分割”、“可分开”、“可让渡”、“可转移”之类的措辞，此信用证并不能认为是可转让的。

（2）除非转让银行明确表示同意接受第一受益人的转让申请，否则银行无义务办理转让。

（3）可转让信用证在转出前，第一受益人必须不可撤销地指示转让银行，说明他是否保留拒绝允许转让行将所转让的信用证项下未来的修改书通知第二受益人的权利。如转入行同意按此条件办理，它必须在办理转让时，将第一受益人关于修改事项的指示通知第二受益人。

（4）可转让信用证只能转让一次，即只能由第一受益人转让给第二受益人，第二受益人不得再行转让给其他人，即禁止纵向转让（Vertical Trabsfer）。

（5）在要求转让行办理转让手续时，第一受益人有权要求受让人（第二受益人）将单据交给转让行，以便把自己开立的按原信用证的单价及金额所制作的汇票、发票替换成受让人的汇票、发票，从中获取差额。

（6）可转让信用证的转让并不等于买卖合同的转让。如果实际供货人不能按时、按质、按量地交付货物或单据不符合买卖合同的规定时，原出口人仍要承担买卖合同规定的卖方责任。

（二）不可转让信用证

不可转让信用证（Untransferable L/C）是指受益人不能将信用证的权利转让给他人使用的信用证。凡是信用证上没有注明“可转让”字样的信用证，均为不可转让信用证。不可转让信用证只限于受益人本人使用。

五、循环信用证

循环信用证（Revolving L/C）是指信用证被全部或部分使用后，其金额又能够重新恢复到原金额并可再次使用或多次使用，直至达到规定的次数或规定的总金额用完为止的一种信用证。

循环信用证通常适用于进出口商在一定时期内交易金额较大而又分期分批多次交货，并且每一批都是特定数量的同一种商品。在这种情况下，进口方开出此种信用证可以省时和省手续费、邮电费、保证金等，从而降低业务费用和贸易成本；而出口方也可省去等待进口方开证或催证的麻烦。但目前，由于国际电讯的发达和银行费用的降低，循环信用证的使用已逐渐减少。

在按金额循环的信用证条件下，恢复到原金额的具体做法有：

（一）自动式循环

每期用完一定金额，不需等待开证行的通知，即可自动恢复到原金额。自动循环的条款如：“This credit shall be renewable automatically twice for a period of one month each for an amount of USD30 000 for each period making a total of USD90 000. ”（本证将再自动循环二次，每月一次，每次金额 30 000 美元总金额为 90 000 美元。）

（二）非自动循环

每期用完一定金额后，必须等待开证行通知到达，信用证才能恢复到原金额使用。非自动循环的条款如：“The amount shall be renewed after each negotiation only upon receipt of issuing bank ‘s notice stating that the credit might be renewed. ”（本证金额须在每次议付后，收到开证行声明“本证可恢复”的通知方可恢复。）

（三）半自动循环

即每次用完一定金额后若干天内，开证行未提出停止循环使用通知，自第×天起，信用证即可自动恢复至原金额。半自动循环的条款如：“ Should negotiating bank not be advised of stopping renewal within 15 days, the unused balance of this credit shall be increased to the original amount on the 16th day after each negotiation. ”（议付行每次议付，15 天内如未被通知终止循环，该证未用金额从第 16 天开始可增至原金额。）

六、对开信用证

对开信用证（Reciprocal L/C）是指两张信用证的开证申请人互以对方为受益人而开立的信用证。这两张信用证的金额相等或大体相等，可同时互开，也可先后开立。它多用于易货贸易或来料加工和补偿贸易业务。使用对开信用证的一般做法是，作为成品出口方 A，收到成品进口方 B 开立的以 A 为受益人的信用证后，才能开出以向成品进口方 B 为受益人进口原料的信用证，且前一个信用证为即期信用证，后一个信用证为远期信用证。

七、对背信用证

对背信用证（Back to back L/C）又称转开信用证、背对背信用证。它是指受益人要求原证的通知行或其他银行以原证为基础，另开一张内容相似的新信用证。对背信用证的开证行只能根据不可撤销信用证来开立。对背信用证的开立通常是中间商转售他人货物，或两国不能直接办理进出口贸易时，通过第三者以此种办法来沟通贸易。原信用证的金额（单价）应高于对背信用证的金额（单价），对背信用证的货物装运期应早于原信用证的规定期。

对背信用证与可转让信用证的比较：

1. 共同点

（1）两者均有中间商和第二受益人，中间商为了保守商业机密，能使真正的供货商与进口商互不见面，目的是顺利赚取差价。（2）两者的开证费用由中间商支付。（3）中间商可以改变信用证金额、单价、装运期和有效期。

2. 不同点

（1）对背信用证与原证是两个独立的信用证，两者同时独立存在；而可转让信用证是根据原证转开，在原证基础上注明“可转让”字样，因此与原证是一张信用证。（2）对背信用证的开立是中间商的独立行为，可以不经过开证行、开证申请人的允许；而可转让信用证的办理，中间商必须得到开证行、开证申请人的允许方可转让，否则无法转让信用证。（3）对背信用证的中间商在对背信用证和原证中的地位不同，在原证中是受益人，在对背信用证中是开证申请人，相关权利义务也随之变化；而可转让信用证的中间商的受益人“身份”几乎没有改变，相应的权利基本没有变化。

八、预支信用证

预支信用证（Anticipatory L/C）是指开证行允许受益人在货物装运交单前预支信用证金额的全部或一部分的信用证。预支信用证由开证行保证偿还并负担利息，开证行付款在前，受益人交单在后，它的流程与远期信用证相反。预支信用证凭出口商的光票付款，也有要求受益人附一份负责补交信用证规定单据的说明书，当货运单据交到后，付款行在付给剩余货款时，将扣除预支货款的利息。过去该证曾常用红字打出，因此俗称“红条款信用证”（red clause L/C）。目前，我国在补偿贸易中有时采用这种信用证。

信用证样例：

2011. June 20　　14:57:32　　LOGICAL TERMINAL POO5

MT S700　　**ISSUE OF A DOCUMENTARY CREDIT**　　PAGE 00001

ORIGINAL

FUNC SWPR3 MAGACK DWS7651 AUTH OK, KEY B09604214 FAEA9B2, BKCHCHBJ SAIVJPJT RECORD00182387 BASIC HEADER F 01 BKCHCNBJA 3008118 157214

Application header	0 700 1547 090225 GPBSBJPJTCXXX 3846 992024 090315
	* GWANGDUNG PROVINCIAL BANK
	* SINGAPORE
User Header	SERVICE CODE 103
	BANK PRIORITY 113
	MSG USER PEF 108
	INFO. FROM CI 115
Sequence of Total	27 : 1/1
Form of Doc. Credit	40 : IRREVOCABLE
Doc. Credit Number	20 : 211LC412262
Date of issue	31C : 20/06/2011
Expiry	31D : Date: 20/07/2011
	Place: IN BENEFICIARY'S COUNTRY
Applicant	50 : STE ENERGIE FROID SATL CORPORATION,

	SINGAPORE OSACY SECTION
Beneficiary	59 : CHINATEX KNITWEAR AND MANUFACTURED GOODS IMPORT & EXPORT CORPORATION 82, TUNG AN MEN STREET, BEIJING, CHINA
Amount	32 : CURRENCY: USD AMOUNT: 6 250.00 UINTED STATES DOLLAR SIX THOUSAND TWO HUNDRED FIFTY ONLY
Available with/by	41 : NEGOTIATION WITH ANY BANK IN CHINA,
Drafts at	42C : AT SIGHT DRAWN ON ISSUING BANK ONLY FOR 100 PCT OF THE INVOICE AMOUNT MARKED " DRAWN UNDER THE KWANGTUNG PROVINCIAL BANK, SIGAPORE, L/C NO. 211LC412262"
Partial Shipments	43P : PROHIBITED
Transhipment	43T : PROHIBITED
Loading in Charge	44A : SHIPMENT FROM CHINESE PORT (S)
For Transport to	44B : SINGAPORE
Latest Date of Ship.	44C : NOT LATER THAN 05/07/2011
Description Of Goods	45A : 5000 DOZEN 12 'X12' WHITE COTTON TOWELS S/C NO. : KHST02 CIF SINGAPORE

Documents required 46A: (IN TRIPLICATE UNLESS OTHERWISE STIPULATED)

· ORIGINAL SIGHED COMMERCIAL INVOICE IN 5 FOLD INDICATING L/C NO. AND H. S. CODE

· FULL SET OF ORIGINAL CLEAN ON BOARD OCEAN BILL OF LADING MADE OUT TO THE ORDER OF THE KWANGTUNG PROVINCIAL BANK, SINGAPORE MARKED "FREIGHT PREPAID" AND NOTIFY APPLICANT, TEL: 65 -2256968

· INSURANCE POLICY OR CERTIFICATE IN 2 COPIES ENDORSED IN BLANK FOR 120 PERCENT OF THE INVOICE VALUE INCLUDING OCEAN MARINE CARGO CLAUSSES AS PER PICC WITH CLAIMS PAYABLE IN JAPAN IN THE CURRENCY OF THE DRAFTS INDICATING INSURANCE CHARGES.

· PACKING LIST IN 3 FOLD.

· CERTIFICATE OF ORIGIN GSP FORM A IN 1 ORIGINAL AND 1 COPY.

ADDITIONAL CONDITION 47A:

+T. T. REIMBURSEMENT PROHIBITED

+THE GOODS TO BE PACKED IN EXPORT CARTONS

+ ONE SET OF NON-NEGOTIATBLE SHIPPING DOCUMENTS MUST BE SENT BY REGISTERED

AIRMAIL TO APPLICANT AFTER SHIPMENT AND A CERTIFICATE TO THIS EFFECT MUST

ACCOMPANY THE DOCUMENTS FOR NEGOTIATION

+B/L AND INVOICE TO INDICATE FREIGHT CHARGES & GROSS WEIGHT.

+BILL OF LADING MUST INDICATE NAME, ADDRESS, TELEPHONE AND FAX NOS. OF

SHIPPING AGENT IN SINGAPORE

INSTRUCTION TO NEGOTIATING BANK: ALL DOCUMENTS TO DESPATCHED IN TWO SETS OF BY CONSECUTIVE FOR THE KWANGTUNG PROVINCIAL BANK

Details of Charges 71B :	ALL BANKING CHARGES OUTSIDE SINGAPORE INCLUDING REIMBURSEMENT CHARGES ARE FOR ACCOUNT OF BENEFICIARY.
Presentation Period 48 :	DOCUMENTS TO BE PRESENTED WIRHIN 15 DAYS AFTER THE DATE OF SHIPMENT, BUT WITHIN THE VALIDITY OF THE CREDIT.
Confirmation 49 :	WITHOUT
Instructions 78 :	THE NEGOTIATION BANK MUST FORWARD THE DRAFTS AND ALL DOCUMENTS BY REGISTERED AIRMAIL DIRECT TO US (INTIL OPERATIONS CENTER MAIL ADDRESS: C. P. O. BOX NO. 800 TOKYO 100 - 91 JAPAN) IN TWO CONSECUTIVE LOTS, UPON RECEIPT OF THE DRAFTS AND DOCUMENTS IN ORDER, WE WILLREMIT THE PROCEEDS AS INSTRUCTED BY THE NEGOTIATING BANK.

第五节 跟单信用证统一惯例和 ISBP 概述

一、跟单信用证统一惯例（2007 年修订本，国际商会第 600 号出版物 UCP600）

（一）UCP600 的产生历程

国际商会制定的《跟单信用证统一惯例》自 1933 年问世以来，历经数次修改，先后形成 1951 年修订本、1962 年修订本、1974 年修订本、1983 年修订本（UCP400）、1993 年修订本（UCP500）。随着时代的变迁、科技的进步和国际贸易的发展，UCP500

的一些条款明显不再适用21世纪贸易环境的变化，所以国际商会萌发了修订UCP500的动议，于2002年初成立统一惯例修订工作小组，经过不懈努力多次修订，终于在2006年10月25日修订成UCP600，于2007年7月1日开始实施。

（二）UCP600的特点

相对于UCP500而言，UCP600语言更简洁，行文更顺畅，更易于阅读和理解。它具备以下五个特点：

（1）UCP600内容更简洁。UCP500有49个条款，UCP600简化为39个条款。

（2）UCP600条理更清楚。UCP500分A至G七个部分，条款琐碎，层次感不强。UCP600对UCP500的条款进行大量合并和重整，条理、层次比以前更清晰。

（3）表达更准确。对UCP500中模棱两可、表达不清之处，UCP600进行了准确的描述和界定。

（4）条款的删除。对UCP500中重复性的、无关紧要的词句或条款予以删除。

（5）条款的更正。对UCP500中与操作实务不尽相符的条款进行必要的补充或更正。

（三）UCP600与UCP500的不同

1. 条款数量的不同

UCP600共有39个条款，比UCP500减少10条，但却比UCP500更准确、清晰。其中，UCP600第1—5条为总则部分，包括UCP的适用范围、定义条款、解释规则、信用证的独立性等；第6—13条明确了有关信用证的开立、修改、各当事人的关系与责任等问题；第14—16条是关于单据的审核标准、单证相符或不符的处理的规定；第17—28条属单据条款，包括商业发票、运输单据、保险单据等；第29—32条规定了有关款项支取的问题；第33—37条属银行的免责条款；第38条是关于可转让信用证的规定；第39条是关于款项让渡的规定。

UCP600第2条（定义条款）和第15条（相符交单）为新增条款，删除了原UCP500中7个不必要或过时的条款：第5条（开立信用证的指示）、第6条（可撤销与不可撤销信用证）、第8条（信用证的撤销）、第12条（不完整与不清楚的指示）、第30条（运输行出具的运输单据）、第33条（运费到付/预付运输单据）、第38条（其他单据）。

2. 条款内容的变化

（1）增加了专门的定义条款，体现了UCP600细化规定的精神，对一些术语作出定义，不仅可以使概念明晰化，有利于条款的理解与适用，而且更可以解决一些地方法律适用的问题，如引入了“Honour”（兑付）的概念，改进了议付的定义。（2）约定了解释规则，摒弃了可撤销信用证。（3）开证行、保兑行及指定银行的责任更清晰、确定，规范了第二通知行的做法。（4）银行的审单标准更为明确。将审单时间从“不超过7个银行工作日的合理时间”改为“最多不超过5个银行工作日”；明确了交单期限的适用范围；将单据与信用证相符的要求细化为“单内相符、单单相符、单证相符”。

（5）将银行处理不符单据的选择增加到四种：即持单听候交单人的处理；持单直到开证申请人接受不符单据；径直退单；依据事先得到交单人的指示行事。

3. 概念的调整

（1）删除了信用证“可撤销”的概念。按照UCP500第6条和第8条，信用证可分为可撤销和不可撤销两种。可撤销信用证可由开证行随时修改或撤销而无须征得受益人的同意。可撤销信用证因早期实务的需要而得以在历次版本中保留，但其对受益人明显缺乏保护，不利于信用证业务的存在与发展。表现在整个UCP500实施期间，鲜有银行开立该类信用证的情况。可见随着时代的发展，可撤销信用证已经退出了历史舞台。在此种背景下，UCP600顺应实务的需要，删除了信用证“可撤销”的概念。如果实务中确有开立该类信用证的需要，可按照起草组的说明，必须在信用证中列明具体的条款以反映信用证可撤销的特性。

（2）单据审核时间缩短为5天。关于银行审核单据以确定是否接受的时间，UCP500为“自收到单据翌日起7个工作日”。然而，随着市场竞争日趋剧烈，金融波动瞬息万变，多数银行收到单据的当日便开始审核。UCP600为了反映市场的变化，将其修改为“收到单据翌日起最长不超过5个工作日”，从而加快了银行处理单据的速度，确立了新的审单标准。

（3）明确了沉默不等于接受。为了兼顾申请人与受益人的利益，UCP500并没有强制受益人必须发出接受或拒绝修改的通知，并给予其“以最后交单表示接受或拒绝”的权利。这种对受益人的优惠带来的问题是，若欲对曾经修改过的信用证再次修改，由于尚未收到单据而不知受益人是否已接受了上次修改，在两次修改有关联的情况下，就难以确定这次修改的内容。于是，一些银行便在信用证的修改通知中加列“如果在一个规定时间内，受益人没有正式拒绝修改，修改就自动生效”等类似语句。ICC强烈反对此类错误做法，认为这是“沉默等于接受”的翻版，称其改变了“不可撤销信用证未经开证行、保兑行及受益人的同意，不得修改和撤销的性质”。而受益人的沉默被假设为接受，这也是与许多国家的法律相违背的。鉴于这种对惯例的错误运用及ICC曾表达的观点，UCP600作出了明确的规定：如果修改中加列了接受或拒绝修改的时限，银行将不予理睬。

二、ISBP《关于审核跟单信用证项下单据的国际标准银行实务》

ISBP全称是International Standard Banking Practice for the Examination of Documents under Documentary Credits，中文含义是《关于审核跟单信用证项下单据的国际标准银行实务》

（一）制定背景

信用证业务的全部内容就是处理单据，因此正确审核信用证项下的单据是信用证业务顺利进行的关键。信用证业务最主要的依据——UCP500在第13条规定，银行应依据“国际标准银行实务”审核单据。但是UCP500并没有明确指出何为“国际标准银行实务”。由于没有统一的国际标准和各国对 UCP500 的理解的不统一，信用证在第一次交单时被认为存在不符点而遭到拒付的比例曾达到 60% －70%，不仅引发了大量争议，也严重影响了国际贸易的正常发展。因此，国际商会银行委员会于 2000 年 5 月成立了一个专门工作组，对世界主要国家审单惯例加以统一编纂和解释。专门工作组以美国国际金融服务协会制订的惯例为基础，收集了世界上有代表性的 50 多个国家的银行审单标准，结合国际商会汇编出版的近 300 份意见，并邀请了 13 个国家的贸易融资业务专家和法律专家于2002 年 4 月完成了 ISBP 的初稿，并向全世界的银行征询意见。2003 年 1 月，ISBP 作为国际商会第 645 号出版物正式出版。

（二）基本内容

ISBP 包括引言及 200 个条文，它不仅规定了信用证单据制作和审核所应该遵循的一般原则，而且对跟单信用证的常见条款和单据都作出了具体的规定。ISBP 引言主要对 ISBP 的产生、作用、范围等问题作了说明。ISBP 的 200 个条文共分为 11 部分，包括先期问题、一般原则、汇票与到期日的计算、发票、海洋/海运提单（港到港运输）、租船合约提单、多式联运单据、空运单据、公路、铁路或内河运输单据、保险单据和原产地证明。ISBP 较 UCP500 增加了许多新的内容，例如原产地证明、缩略语、未定义的用语、语言、数学计算、拼写错误及/或打印错误、多页单据的附件或附文、唛头等。

（三）UCP 与 ISBP 的关系

在 UCP600 中，新审单标准使用了国际银行标准，其中包含了 ISBP681 的国际惯例，因此信用证的相关人在运用中必须理清其关系。

UCP600 是总体原则性审单标准，ISBP 则是判定单证是否相符时与 UCP 配套的必备的规则，是对 UCP 的补充和说明。ISBP681 是在审核跟单信用证项下提交的单据时使用的审查项目细节清单，它通过详细规定跟单信用证操作中的细节，填补了概括性的 UCP 规则与信用证使用者日常操作之间的差距。ISBP681 是对 UCP600 的补充和进一步的解释，即解释信用证从业人员应如何应用 UCP 中所遇到的实务做法。例如怎样才构成单据的“修改”或“更正”，何时以及如何对之进行证实；在信用证没有明确规定的情况下，单据该如何签署；在什么情况下汇票可以做成以开证申请人为付款人；应该如何处理单据中公司名称和地址的打印错误，以及同一个公司不同的地址问题；发票是否必须显示贸易术语；什么是运输单据的“表面 ”；为确定承运人的名称、航程描述等问题，审单人员是否应该审查其背面内容；什么是全套的保险单据及其正本、副本、背书和生效日期等等一些在实务中的具体细节问题。

与 UCP600 配套的 ISBP681 体现了国际标准银行实务与 UCP600 的协调一致，为各方当事人清晰准确地应用 UCP600 提供解释说明。ISBP681 旨在统一并规范全球各地银行在审核信用证项下单据的不同做法，减少单据的不符点，降低单据的拒付率，使得信用证的操作更为简便。因此，运用信用证的各方要把 ISBP 和 UCP600 作为一个有机整体而不是各自孤立的规则来运用。同时，ISBP681 虽非常全面，但其中的条款只是就事论事地举例说明，而不是全面详尽的阐述。所以，ISBP 主要反映跟单信用证项下各方当事人所应当遵从的基本做法。

第六节　信用证项下的银行审单

一、银行审单的国际惯例

2007 年 7 月 1 日实施的 600 号出版物提出了新的审单标准。第二条定义中对相符交单作出说明，明确规定交单的行为或提交的单据必须符合信用证条款、UCP 的使用条款以及国际标准银行实务等相关规定要求。因此，在信用证使用过程中，银行审单的国际惯例依据主要是 UCP 和 ISBP。

（一）UCP《跟单信用证统一惯例》

UCP600 第五条单据与货物、服务或履约行为中规定：银行处理的是单据，而不是单据可能涉及的货物、服务或履约行为。

银行处理单据的标准参见本节第二部分《银行审核单据的标准》

（二）ISBP《关于审核跟单信用证项下单据的国际标准银行实务》

ISBP 就是 UCP600 定义所指的国际标准银行实务，它的大部分内容是 UCP 没有直接规定的——它是对 UCP 的补充、细化和解释，而非对 UCP 的修订——正如 ISBP 引言所说："本出版物中体现的国际标准银行实务做法与 UCP 本身及国际商会银行委员会已经作出过的意见和决定相一致。本出版物没有修订 UCP，而是解释单据处理人员应如何应用 UCP 中所反映的实务做法。"目前与 UCP600 相配套的国际标准银行实务是 ISBP681。（之前与 UCP500 相配套的国际标准银行实务是 ISBP645。）

二、银行审核单据的标准

（一）审单标准

UCP600 第 14 条"审核单据的标准"中第 a 款强调银行审核单据必须以单据作为唯一依据。此规定不仅适用于开证行，而且适用于所有被指定的银行。

（二）审单时限

UCP500 规定，开证行、保兑行（如有）或代其行事的指定银行应有各自的合理时间——不得超过从其收到单据的次日起算七个银行工作日——来审核单据，以便决定是接受或拒绝接受单据，并相应通知寄单方。"合理时间"本身就是一个较为模糊的概念。收到单据的次日起算七个银行工作日内究竟多少天审核单据完毕视为"合理时间”，必须要考虑诸如具体审单人员的人数、单据的种类和内容的复杂性等因素。为此，UCP600 删除了 UCP500 的“合理时间”概念，并将七个银行工作日的审核单据时间进一步缩短为五个银行工作日。除了加快银行的审单速度，更加保障了出口商的收汇。

（三）对信用证到期日的限制

信用证一般都规定提交单据的有效期限，否则信用证中规定的用于承付或者议付的到期日将被认为是提交单据的最晚有效期限。但 UCP600 第 14 条 c 分条对信用证的到期日又作出了如下限制性规定：

（1）如果信用证未规定交单期限，若交单中包含一份或多份正本运输单据，银行将拒绝接受迟于装运日后第 21 个日历日提交的单据。但按照 UCP600 的最新规定，此限制性规定仅适用于要求提交正本运输单据的情形，而不适用于通常仅要求受益人提交一张副本运输单据的备用信用证。

（2）但无论如何，交单日不得迟于信用证的到期日。这是为了防止受益人将货物装船后交单太晚以致超过了信用证的有效期。

（3）到期日或最后交单日的顺延。UCP600 第 29 条 a 款允许信用证的两个期限，即到期日或最后交单期如遇正常节假日，应将被顺延至次一个银行营业日。在顺延后的第一个银行工作日收到受益人交来的单据，被指定银行必须在其致开证行或保兑行的面函中声明交单是根据 UCP600 第 29 条 a 款顺延的期限内提交的，否则开证行或保兑行就会误认为受益人没有在信用证规定期限内交单而拒绝付款。

但是，信用证规定的最迟装运日不能随银行假日顺延。这是因为各国的公共交通运输如轮船、铁路、公路等一般全年无休，所以不存在因为放假而顺延的问题。如果信用证没有规定装运日期，就以信用证到期日作为最迟装运日，这种信用证称为“双到期”信用证。此时，若该到期日因为 UCP600 第 29 条 a 款的原因而顺延，装运期也不能跟着顺延，仍以信用证规定的到期日作为最迟装运日期。

（四）单证相符的含义

单证相符是指单据表面与信用证规定的条款相符。UCP500 第 13 条第 1 款规定：“银行必须合理谨慎地审核信用证规定的所有单据，以确定其是否表面与信用证条款相符。”

除此，银行在审查单据时不仅要求单据与信用证相符，同时也要求单据之间相符。UCP500 第 13 条第 1 款规定：“单据表面互不一致，一概视为表面与信用证不符。”长期以来，严格相符一直是信用证下银行审单的基本原则，有的将其形容为“镜像规则”，即受益人提交的单据在字面上应该像一面镜子一样按照信用证的字句进行审单。也就是说，开证行和保兑行以及议付行应该像手里拿着镜子一样拿着信用证，按照信用证的条件和条款一字不差地对照受益人提交的单据进行审单，只要单据中出现任何差异，无论该差异是大是小，银行对该单据均不予接受。但在 UCP600 第 14 条“审核单据的标准”中的 d 款规定“单据中的数据，在与信用证、单据本身以及国际标准银行实务参照解读时，无须与该单据本身中的数据、其他要求的单据或信用证中的数据等同一致，但不得矛盾”。可见，UCP600 即使单证之间也不要求“等同”，而仅要求“不得矛盾”，虽有标准宽松化的倾向，但还是体现了单证相符的原则。

（五）非单据条件

按照 UCP600 第 14 条 g 款的规定，银行将不审核信用证未规定的单据，此规定的目的是想致力于审核数量日益增加的单据，提高审单效率。但对于信用证没有规定的单据，特别是这些单据包含着与要求的、相符的单据有不符之处时，银行如何行事？此条文明确指示银行不要审核未规定的单据，并可将其退还给交单人。因此，银行必须认识到银行仅与信用证规定的单据产生关系，银行没有责任去审核受益人交来的额外单据。

UCP500 第 13 条 c 分条指出“如信用证含有一些条件，但未规定提交与之相符的单据，银行将认为这些条件未曾提及并对这些条件不予理会”，从而免除了受益人提交非单据条款证明的要求，进一步加强了开证行开证时明确指示的责任。UCP600 第 14 条 h 分条也做了同样的规定。然而，尽管 UCP 对“非单据条件”作了“不予理会”的规定，实践中有些银行仍继续开立含有非单据条件的跟单信用证或修改书。为此，国际商会银行委员会在第 3 号《阐明见解书》中再次重申“这些错误做法将给跟单信用证交易中所涉及的所有当事人带来严重问题。所以，银行将接受信用证中规定的表面上符合信用证所有其他条款和条件的单据，并作为有效的交单，而视非单据条件未曾提及，并对这些条件不予理会。”

为了准确贯彻 UCP600“非单据条件”的规定，有几方面须加注意：

一是开证行应仔细检查开证申请人的开证申请书，以确定其中是否含有“非单据条件”。如有此条件，开证行有责任通知申请人将该类条件转变为符合规定的单据要求。

二是不应在信用证中要求受益人提供凡在单据表面无法确定是否已履行的条件。例如，不应在信用证中加列“快船装运或按班轮条件装运”等模棱两可的类似条款。

三是不能在信用证中要求受益人不能获得或不在出单人知道范围内的单据。

四是尽管 UCP600 对“非单据条件”作出“不予理会”的规定，但当跟单信用证中的某一条件清楚地与规定单据相联系时，该条件就不能视为非单据条件了。

（六）货物描述

按照 UCP600 第 14 条 e 款规定，除商业发票外，其他单据中的货物、服务或履约行为的描述若须规定，可使用统称，但不得与信用证规定的描述相矛盾。因此，商业发票对货物的描述必须符合信用证中的描述；对其他单据可用统称，只要不与信用证相抵触即可。

（七）未规定单据出单人或内容

UCP 第 14 条 f 款规定，如果信用证要求提示运输单据、保险单据和商业发票以外的单据，但未规定该单据由何人出具或单据的内容，则只要所提交单据的内容已满足其功能需要，单据内容与其他规定单据内容、信用证之间又没有矛盾，银行即可接受其交来的单据。如果申请人或开证行要求一个特定的人签发单据，或要求单据包含准确语言，那就应该在信用证上清楚地包括这样的期望条件。

（八）出单日期和信用证日期

UCP600 第 14 条 i 款规定单据签发日在信用证开立日之前的单据可以接受，这主要是为便利出售大路货而规定的。但单据日期无论如何不得晚于交单日期。因此，日期在信用证日期之前的单据是不能接受的，必须将此条件在信用证开证指示或信用证本身清楚地予以说明。

（九）有关地址的细节内容

UCP600 第 14 条 j 款规定，当受益人和申请人的地址显示在任何规定的单据上时，不必与信用证或其他规定的单据中显示的地址相同，但必须与信用证中述及的各自地址处于同一国家内。然而，当申请人的地址及通信联系细节作为运输单据中的收货人或被通知人的细节组成部分时，则必须按照信用证规定予以显示。

三、对不符点单据的处理

（一）常见的不符点

信用证操作过程复杂，出现的不符点也多种多样。英国著名贸易咨询服务机构通过长期的追踪调查，列出了近年来出现频率最高的 10 类信用证不符点、产生这些不符点的原因及责任方。信用证不符点的主要责任是出口方，而不符点的出现主要集中在审单制单环节。结合业务实践，可将频率较高不符点的划分按照操作习惯归纳为以下几个方面：

（1）时限方面——信用证有效期过期，信用证装运期过期，受益人交单过期。

（2）运输方面——不清洁运输单据，无“已装船”批注或“货装舱面”注明，违反信用证规定进行了分批或转船操作，使启运港、目的港或转运港与信用证规定不符。

（3）保险方面——保险金额或保险费率与信用证不符，投保的险种与信用证不符，保险单据的签发日期迟于运输单据的签发日期。

（4）单据方面——单据中的货物描述与信用证不符，提交单据类别与信用证要求不符，各种单据中的币别不一致，汇票、运输单据或保险单据遗漏背书或背书错误，单据印鉴不符，提交单据份数与信用证要求不一致．

（二）对不符点单据的处理

1. 银行对不符点单据的处理

审核单据后，由开证行决定单据与信用证是否表面相符。如果认为单证相符，则开证行应接受单据并履行付款手续；如果认为单证不符，则开证行不能接受单据并履行付款的义务。

审单时，银行只依据单据的情况，而不依赖任何其他当事人如受益人的指示来确定单证是否相符。银行必须自己决定接受或拒绝单证。即使银行与开证申请人联系是否对不符点弃权，但作出最后决定的仍是银行自己。

（1）接受不符点单据

按照 UCP600 第 16 条 b 款规定，在开证行确定单据不符合信用证条款时，开证行可以自行决定联系申请人放弃该不符点。这是银行对受益人责任的独立性。一经银行决定拒受不符点单据时，限于开证行联系申请人的唯一目的是要求他放弃该项不符点，这是符合信用证银行承诺的完整型和独立性的。在单据轻微不符信用证的情况下，因开证行通常与申请人同处一地，给开证行以灵活处理权，让开证行替受益人联系申请人放弃不符点，有利于缩短联系时间，节省通讯费用，便于受益人及早结汇。

如开证行收到开证申请人的放弃不符点通知，开证行应决定是否接受该通知。如果开证行同意接受开证申请人的放弃要求，则应接受单据并履行付款手续，如果开证行拒绝开证申请人的放弃要求，则应拒绝单据并发出拒付通知。

如开证申请人在开证行限定的时间内没有向开证行提交是否放弃不符点的通知，开证行应自行决定是否接受单据。如果开证行自行决定放弃不符点，则开证行应接受单据并履行付款手续；如果开证行决定拒绝单据，则应根据 UCP 500 的要求发出拒付通知。

（2）拒绝不符点单据

UCP500 第 14 条“不符单据与通知”中规定，如开证行及/或保兑行及代表其行事的指定银行决定拒绝接受单据，它必须以电讯方式或其他迅速的方式毫不迟延地通知提交单据的一方，且不超过从其收到单据的翌日起算七个银行工作日内。通知应列明导致银行拒收的所有不符点并注明是将单据暂时保管还是退回。受益人提交单据的时间如果在信用证规定的有效期以内，被银行拒收后，受益人有权进行修改，然后在规定的时间内再进行提交。

UCP500 同时规定，如开证行及/或保兑行（如有）未能如此办理，开证行及/或保兑行（如有）将无权宣称单据与信用证条款不符。可见，按照 UCP500 的规定，构成合格的拒付通知必须包含如下三项内容：要有明确的拒付意思表示；一次性列出全部不符点；表面单据已代为保管、听候处理或已退给交单人。

UCP600 第 16 条“不符单据、放弃与通知”中对 UCP500 第 14 条作出了如下修改：

第一，强调拒付银行必须给予交单人一份单独的拒付通知；

第二，拒付通知的发出时限应由七个银行工作日内缩短为五个银行工作日内；

第三，拒付通知中增加了拒付银行“持单直至申请人放弃不符点”的选择。因此，拒付银行对不符点单据可分别采取四种处理办法：① 银行保留单据听候交单者的进一步指示；② 开证行保留单据直至从申请人处接到放弃不符点的通知并同意接受该放弃，或在开证行同意接受对不符点的放弃之前收到交单者的进一步指示；③ 银行退回单据；④ 银行按照交单者先前的指示处理。

2. 受益人对单据不符的处理

信用证业务中如遇单据不符，受益人实际业务中可酌情考虑采取如下补救办法：

（1）请审单银行将单据退回受益人修改，以便在信用证交单期内改妥再交单。

（2）受益人授权寄单行电告开证行不符点，请开证行接受，并授权付款、承兑或议付。

（3）征得受益人同意办理“保留索偿”的付款、承兑或议付。

（4）在受益人或另一家银行担保方式下予以付款、承兑或议付。

（5）改为寄单托收（collection）。

第七节 信用证中的软条款

在国际结算中，通常把在信用证中出现的、受益人不容易做到或无把握做到的条款（如交单期过短、受益人出具的商业汇票需由指定人签字等）俗称为“软条款”。“软条款”信用证通常使受益人在议付时处于被动地位，进而遭受开证行拒付。由此导致信用证项下开证行的付款承诺不确定，开证行可随时利用这种条款单方面解除其保证付款的责任。因此“软条款”在业务上也称之为“陷阱条款”。

一、信用证中“软条款”的种类

进口商要求开立“软条款”信用证的手法多种多样。一种情况是要求出口商预付履约保证金或佣金，一般金额为合同总额的5%—10%，在获得该金额后，不通知装船、不签发检验证书、以“合法手段”诈骗。出口商拿不到装船通知和检验证书，不能发货并向开证行交单索汇，导致出口商依据信用证的收款权利得不到保证。另一种是，在信用证中对单据作出特别规定，使得开证申请人可以有效控制受益人制单。

常见的信用证的“软条款”类型有：

（1）贸易合同以FOB（起运港）、FCA（起运地）的价格条件成交，且在信用证中要求相应单据。在该价格条件下，承运人、订舱等运输事宜由进口方或其代理人安排，运输费用由进口方支付，出口方对货物运输没有任何主动权，对承运人没有任何控制权，因此信用证要求的运输单据在时间和内容上达到信用证要求的主动权完全能由出口方自己掌握。UCP600第十四条c款规定：提示若包含一份或多份按照本惯例第19条、20条、21条、22条、23条、24条或25条出具的正本运输单据，则必须由受益人或其代表按照相关条款在不迟于装运日后的二十一个公历日内提交，但无论如何不得迟于信用证的到期日。一旦不受出口商自己控制的运输方无意，或根据进口商的指示有意拖延，或不按信用证规定制作运输单据交出口方，出口方就没法根据信用证要求完成交单，从而在交单期限以及单据内容方面产生不符点，给开证行埋下可以不兑付信用证的“正当”理由。

（2）信用证规定某些单据由特定人会签。如一些信用证要求货物检验相关凭证要有进口方或开证行授权的特定人签署，其印鉴要有开证行确认真实有效方可兑付，或要求以进口国质量技术标准为依据检验。可是这些签署人的行动出口方完全无法控制，进口国质量技术标准出口方无法完全把握，印鉴的真伪出口方也无法辨认，出口方非常被动，能否完成单据提交主动权自己没法掌握。这样的软条款使得出口方完全可以被第三方检验单套牢，出运了货物却根本没法提交符合信用证要求的单据，顺利收款命运全被对方控制。

例如：

The certificates of inspection would be issued and signed by authorized the applicant of L/C before shipment of cargo, which the signature will be inspected by issuing bank.

Commercial invoice in triplicate, all duly signed and counter-signed by MR. ** and MR. *** of L/C applicant whose signatures must be in conformity with the specimen signatures held in *** bank.

Quality confirmation issued and signed by authorized person of applicant (whose signature must be conform with that held in your file), certifying that goods are in good condition, and stating date, value, quantity of goods and dated not later than Sept, 10, 2011.

（3）信用证规定船名、装船日期等运输相关情况及验货等需等待开证申请人通知或同意，或以信用证通知书的形式告知出口方。这样的规定使出口方在整个生产运输过程中协调困难非常大，留给出口方的时间很短，根本无法达到要求。有的信用证对装运的明细要求出口方根本办不到，在时间上设置不合理条件刁难出口商，是要掌握是否兑付的主动权。

例如：

SHIPMENT CAN ONLY BE EFFECTED UPON RECEIPT OF AN AMENDMENT OF THIS CREDIT ADVISING NAME OF CARRYING VESSEL AND SHIPMENT DATE.

SHIPMENT CAN ONLY BE EFFECTED UPON RECEIPT OF APPLIANT'S SHIPPING INSTRUCTIONS THROUGH L/C OPENING BANK NOMINTING THE NAME OF CARRYING VESSEL BY MEANS OF SUBSEQUENT CREDIT AMENDMENT.

（4）信用证中规定相互矛盾要求或不符合实际情况要求，置受益人于被动地位。如果出口商方面业务人员对相关知识掌握不够广泛，或审核信用证不够仔细，则不容易发现这些矛盾条款。常见的情况有：① 故意在信用证中要求原产地证受益人保留空白（大多数国家规定受益人空白的原产地证不能颁发）；② 故意在信用证中要求有国际商会颁发普惠制证书（属于官方文件，只能由政府部门颁发）；③ 故意在信用证中要求出具装运港在内陆的海运提单，且不允许装船和分批装运。UCP600 并未提及矛盾条款存在使得出口商无论如何制单也达不到信用证要求，责任归开证行规定；出口商如果审单不慎，接受信用证后，议付单据必定产生不符点，给收汇带来麻烦。

（5）信用证要求同一集装箱货物以不同的收货人出两份以上提单，甚至要求就每一个包装单位分别出提单，与国际运输行业规定不符。与拼箱运输（LCL）方式不同的是，一个集装箱为最小运输单位，只能有一个收货人。软条款要求对一个集装箱内的货物以不同收货人出多份提单是出口商没法做到的事，因为承运人无论如何也不会答应不符合操作惯例的要求，否则不得不承担由此引起的一切后果或损失。

（6）信用证要求全套提单或部分提单直接寄进口商。提单是相关货物的物权证明文件，在提单载明的货物目的港只要1/3正本提单就可提货。提单直接寄进口商后，其就可以直接提货，和开证行勾结以不符点为借口拒绝付款而骗得货物。

（7）以行业特殊性代替UCP600的规定。有些行业由于生产特点，一般最后交货数量与价值差异和合同或信用证载明金额相比10%上下浮动都可以接受（比如一些贱金属及其制品行业），在其行业内国内外客商一般默认接受。而在UCP600中规定在没有使用“约”或“大约”用语情况下，只允许5%的数量与金额差异，且不能超过信用证金额。出口商鉴于行业特性默认而没要求进口商在合同与开出的信用证中载明，给进口商留下的一个拒付借口。一旦对方市场发生变化，就可能利用此疏漏与开证行勾结，凭此不符点拒绝付款提货。

二、防范信用证“软条款”的措施

（一）明确信用证软条款的识别标准

防范信用证软条款的关键在于建立一套行之有效的识别信用证软条款的标准或方法，用来检验信用证中是否含有软条款、此软条款属于哪种类型以及对受益人有什么程度的影响，以此决定采取何种相应的保护措施等。通常人们可以出口贸易的流转程序为基础，将识别信用证软条款的标准大体划分为信用证生效环节、货物检验环节、货物装船环节、单据议付环节以及货物验收环节。每个环节以往常出现的软条款特别是检验环节和议付环节的软条款往往比较隐蔽，很容易被受益人忽略，应引起特别的注意。

（二）推行信用证软条款的国际标准格式

1. 统一信用证的格式和条款

如果国际社会能采用统一标准格式的信用证，就可以有效地避免各种软条款。国际社会从20世纪初就开始做统一信用证格式的努力。国际商会自成立以来，一直致力于信用证格式的标准化。1951年以159号出版物公布了信用证标准格式，以后又几经修订，虽然目前国际信用证业务中尚未接受国际商会推荐的标准格式，但是随着国际社会的不断努力，相信在不远的将来，在国际信用证业务中总会采用统一的格式和条款，届时将会极大减少软条款的出现。

2. 信用证条款应平衡买卖双方的权利义务

根据跟单信用证统一惯例，包括UCP500号和现行的UCP600号的规定，信用证对于卖方的权益保护比较充分，而对于买方的保护则不够，主要是买方在开出信用证后，在卖方获得支付之前，无法了解货物的实际情况。有时即使是很快发现卖方欺诈，但已无力回天。这种权利义务的倾斜使得买方试图寻求有利于保护自己交易安全的措施，从而为信用证“软条款”的产生提供了动因。所以信用证制度和条款应该给予买方一个合理的机会，使其在付款之前知道货物的真实情况。通过信用证条款平衡买卖双方的权利义务，可以大大减少作为申请人的买方再以软条款来维护自己权益的现象。

（三）出口商的自我风险防范

出口商在从事出口贸易过程中应加强防范措施，提高业务人员的外贸专业知识，尤其是信用证法律知识，并对业务中的以下几个关键问题特别重视：

1. 交易前选择可靠的交易伙伴

对于陌生的客户，一般应通过银行或有关机构进行资信调查，如果知道对方为中间商时，对其经济实力和履约情况更应着重了解，心中有底。实践证明，选择可靠的交易伙伴，是避免信用证软条款、避免卖方被欺诈或陷于被动局面最有效的方法。

2. 重视国际买卖合同条款的商订

由于信用证条款主要是根据国际贸易合同条款开出的，因此合同条款中尤其是对有关信用证的限定应规定得严密、无懈可击，最好对提交的提单、保险单、发票、检验证书、产地证书等内容在合同中明确加以规定，这样就会减少信用证软条款出现的可能性。即使出现了与合同要求不符的信用证软条款，受益人也可以合同为依据要求修改。如果开证申请人拒绝修改，也容易引起卖方的注意。反之，如果合同本身就不明确，出现了信用证软条款时就无法有理有据地要求修改。

3. 及时审核信用证

收到信用证后要及时审查，一旦发现软条款，应立即要求开证申请人修改信用证，并说明由此引起的时间延误应通过开证申请人延长信用证的最迟装运日期及信用证的有效期加以弥补。如经再三请求开证申请人仍拒不修改时，受益人可以声明中止合同履行，要求开证申请人提供有效的担保，并保留因开证申请人违反合同规定条件开来信用证所造成损失的索赔权利。

（四）银行对于信用证软条款的风险防范

对于信用证软条款的风险防范，银行起着举足轻重的作用，必须在如下两方面进行防范：

1. 无论是开证行还是通知行，都应明确自身的责任和义务，为客户提供有效、周到的服务

开证行应当树立起第一性的付款责任和风险意识，在申请人提出开证申请时就应对所有的条款进行认真的审核。通知行在收到信用证之后必须核对签字或密押，确定真实无疑，杜绝假冒信用证。对带有软条款的信用证，应认真审核，将软条款列出，尤其要将隐蔽性较强的以特别条款方式出现的软条款列出，提请受益人注意，以便受益人及时联络申请人修改信用证，删除软条款；在收到国外开来的带有软条款的信用证时，可及时要求开证行传真一份带有开证申请人授权签字人的签字样本，以便在审单时加以核对，确保签字相符。银行应对收到信用证的延误、残缺或其他差错向开证行进行查询与澄清，避免软条款信用证。

2. 银行应当建立健全内部各项规章制度和自律机制，加强对开证环节的审核，选择资信良好的银行作为业务伙伴

首先，要加强风险防范意识，加强内部员工的法律意识，提高他们的业务素质。内

部员工素质的提高是银行进行防范的各项措施的基础，也是防止内部人员与不法分子同谋进行欺诈的一个重要前提。其次，要加强对企业客户资信的调查。银行可以通过建立客户开证档案，认真统计这些客户以往开立信用证的情况，也可以通过运用自身广泛的分支机构和网点以及灵活、快捷的信息系统获取掌握影响企业资信变化的各种因素及其资信的最新状况。再次，在积极扩大国际业务网络的同时，保持高度警惕，选择资信良好的银行作为业务伙伴。信用证付款是通过银行的国际业务网络实现的，银行本身良好的信誉以及银行之间良好的合作关系，无疑会便利信息的及时传递，便利银行之间合作打击信用证欺诈行为，从而最大限度地规避信用证的软条款。

第八节　进口贸易中信用证结算的风险防范

一、进口信用证的含义

进口信用证是指开证行根据进口商的申请向受益人（国外出口商）开具的，保证在一定期限内，凭议付行/寄单行寄来的符合信用证规定的全套单据，按照信用证条款对外付款的书面承诺。

二、进口信用证操作流程

（1）进口商向银行提出开证申请，填写《开证申请书》。

（2）进口商提供近期财务报表、营业执照、进出口合同、进口许可证、登记证明等材料。

（3）单据到达后，若发现单据之间或单据与信用证间存在不一致的地方，进口商应及时作出接受或不接受单据的决定。

（4）单据到达后，若符合信用证规定，进口商应及时向银行付款。

三、进口信用证申请书

进口信用证申请书的填制：

（1）开证日期（DATE），在进口申请书右上角填写申请日期。

（2）致：浙江省中国银行（TO：BANK OF CHINA，ZHEJIANG BRANCH）。

（3）请开列以下不可撤销信用证（PLEASE ISSUE ON OUR BEHALF AND FOR OUR ACCOUNT THE FOLLOWING IRREVOABLE LETTER OF CREDIT）。

（4）信用证号码（L/C NUMBER），此栏由银行填写。

（5）申请人（APPLICANT），填写开证人的全称及详细地址，并注明联系电话，电传等号码。

（6）受益人（BENEFICIARY），填写受益人的全称及详细地址，并注明联系电话，电传等号码。

（7）通知行（ADVISING BANK），由开证行填写。

（8）信用证金额（AMOUNT），填写合同规定的总值，分别用数字和文字两种形式表示，并且表明币制。如果允许有一定比率的上下浮动，要在信用证中明确表示出来。

（9）到期日期和地点（EXPIRY DATE AND PLACE），填写信用证的有效期及到期地点。

（10）分批装运是否允许（PARTIAL SHIPMENT），此处可打√或打×，表示同意与否。

（11）转运是否允许（TRANSHIPMENT），此处可打√或打×，表示同意与否。

（12）装运地（港）及目的地（港）的名称，最迟装运日期（LOADING IN CHARGES、FOR TRANSHPORT TO、LATEST DATE OF SHIPMENT），如允许有转运地港，也应列明。

（13）汇票要求，主要有三个方面的内容：

① 汇票金额，根据合同规定填写信用证项下应支付发票金额的百分之几。如合同规定所有货款都用信用证支付，则应填写信用证项下汇票金额是发票金额的100%；如合同规定该笔货款由信用证和托收两种方式各付50%，则应填写信用证项下汇票金额是全部金额的50%。

② 支付期限，主要有即期、远期，如果是远期汇票，必须填写具体的天数，如30天或60天等。

③ 付款人，付款人一般不是开证人，而是开证行或者指定银行。

（14）单据条款：信用证申请书中已印就单据条款12条，第12条是“其他单据”，对上述11条中没有的单据可全部填写在该处以下。填制单据：

① 在所要的单据前打“×”；

② 然后在该单据条款后填上具体要求，如一式几份，应包括什么内容等。如信用证申请书印制好的要求不完整，可在该条款后面填写清楚；

③ 申请人必须根据合同规定填写单据条款，不能随意提出超出合同规定的要求，也不能降低或减少合同规定的要求。

（15）商品描述（COVERING），合同规定的货物描述有商品名称、规格、包装、单价条款、唛头等。所有内容都必须与合同内容相一致，尤其是价格条款、数量条款。包装条款如有特殊要求，如规格、包装物等，应具体、明确表示清楚。

（16）附加指示（ADDITIONAL INSTRUCTIONS），此栏已印就6个条款：

① 所有单据加列合同号码（ALL DOCUMENTS MUST INDICATE CONTRACT NUMBER）。

② 所有开证行以外的费用由受益人承担（ALL BANKING CHARGES OUTSIDE THE OPENING BANK ARE FOR BENEFICIARY'S ACCOUNT）。

③ 每项数量与金额允许××%增减（BOTH QUANTITY AND AMOUNT FOR EACH

ITEM × ×% MORE OR LESS ALLOWED)。

④ 第三方作为托运人是不能接受的（THIRD PARTY AS SHIPPER IS NOT ACCEPTABLE)。

⑤ 单据必须在提单后××天送达银行并且在信用证有效期内（DOCUMENTS MUST BE PRESNTED WITHIN × × DAYS AFTER THE DATE OF ISSUANCE OF THE TRANSPORT DOCUMENTS BUT WITHIN THE VALIDITY OF THIS CREDIT)。

已印就好的上述条款，如需要，可在条款前的括号里打“×”，或在该项条款后作补充内容。

(17) 授权人签字（法人代表）及电话、传真等内容（SIGNATURE OF AUTHORISED PERSON, TEL NO. , FAX)。申请书最下面的一栏由有关授权人签字，并加注电话和传真号码。

表 7.2　进口信用证申请书样本

IRREVOCABLE DOCUMENTARY CREDIT APPLICATION

TO: × × BANK CO. , LTD.

L/C No.

Date: Jul. 21. , 2011

<table>
<tr><td colspan="2">Applicant:
ZHEJIANG *** IMP. & EXP. CO. , LTD.
C-719, WORLD TRADE CENTRE OFFICE BUILDING
122 SHUGUANG ROAD, HANGZHOU, 310007 CHINA
Tel: 0086 - 571 - *****
Fax: 0086 - 571 - ******</td><td>Beneficiary: (full neame, address and tel etc.)
**** CORPORATION
SAMSUNG-PLAZA BUILDING 263, SEOHYEON-DONG, BUNDANG-GU, SEONGNAM, GYEONGGI-DO, KOREA 463 - 721
TEL: 82 - 2 - *****　　FAX: 82 - 2 - ******</td></tr>
<tr><td>Partial shipments
(×) allowed ( ) not allowed</td><td>Transhipment
(×) allowed ( ) not allowed</td><td>issued by (×) teletransmission
( ) express delivery</td></tr>
<tr><td colspan="2">Loading on board/dispatch/ taking in charge at/from
ANY TAIWAN PORT

Not later than AUG. 10. , 2011
For transportation to SHANGHAI, CHINA</td><td>Contract No. : SMST/24116
Credit Amount (both in figures and words): USD374 694. 00
US DOLLARS THREE HUNDRED SEVENTY FOUR THOUSAND SIX HUNDRED AND NINTY FOUR ONLY.
Trade Term: ( ) FOB (×) CFR ( ) CIF ( ) Others:</td></tr>
<tr><td colspan="2">Loading on board/dispatch/ taking in charge at/from
ANY TAIWAN PORT

Not later than AUG. 10. , 2011
For transportation to SHANGHAI, CHINA</td><td>Contract No. : SMST/24116
Credit Amount (both in figures and words): USD374 694. 00
US DOLLARS THREE HUNDRED SEVENTY FOUR THOUSAND SIX HUNDRED AND NINTY FOUR ONLY.
Trade Term: ( ) FOB (×) CFR ( ) CIF ( ) Others:</td></tr>
</table>

续表

<table>
<tr><td rowspan="2">Description of goods:
SEE ATTACHMENT</td><td>Date and place of expiry: Aug. 30. , 2011 CHINA</td></tr>
<tr><td>Credit available with
( ) by sight payment (×) by acceptance ( ) by negotiation
( ) by deferred payment at against the documents detailed herein
(×) and beneficiary's draft for 100 % of invoice value at 90 DAYS AFTER B/L DATE On issuing bank</td></tr>
<tr><td colspan="2">Documents reauired: (marked with X)
1. (×) Signed commercial invoice in 3 copies indicating L/ C No. and Contract No. SMST/24116
2. (×) Full set of clean on board Bills of Lading made out [×] to order/ [ ] to the order of and blank endorsed,
marked " freight [×] prepaid/ [ ] to collect showing freight amount" notifying [ ] the applicant/ [ ]
3. ( ) Air Waybills showing "freight [ ] prepaid/ [ ] to collect indicating freight amount" and consigned to
4. ( ) Insurance Policy/Certificate in 3 copies for 110 % of the invoice value showing claims payable in China in currency of the draft, blank endorsed, covering ([ ] Ocean Marine Transportation / [ ] Air Transportation / [ ] Over Land Transportaion) All Risks, War Risks. / [ ]
5. (×) Packing list / Weight Memo in 3 copies indicating
6. (×) Certificate of Quantity/ Weight in 3 copies issued by [×] manufacturer / [ ] Seller / [ ] independent surveyor at the loading port, indicationg the actual surveryed quantity / weight of shipped goods as well as the packing condition.
7. (×) Certificate of Quality in 3 copies issued by [×] manufacturer / [ ] public recognized surveyor / [ ]
8. (×) Beneficiary's Certified copy of fax dispatched to the applicant within 2 days after shipment advising the contract number, name of commodity, quantity, invoice value, bill of loading, bill of loading date, the ETA date and shipping Co.
9. ( ) Beneficiary's Certificate certifying that extra copies of the documents have been dispatched to the [ ] applican/ [ ]
10. ( ) Certificate of Origin in copies certifying.
11. ( ) Other documents, if any:</td></tr>
</table>

续表

<table>
<tr><td colspan="2">Additiona instruction：(marked with X)
1. (×) All banking charges outside the opening bank are for beneficiary's account.
2. (×) Documents must be presented within 21 days after the date of issuance of the transport documents but within the validity of this credit.
3. ( ) Third party as shipper is not acceptable，Short Form / Blank B/l is not acceptable.
4. ( ) Both quantity and amount % more or less are allowed.
5. (×) All documents to be forwarded in one lot by express unless otherwise stated above.
6. ( ) Other terms，if any：</td></tr>
<tr><td>For banks use only

Seal and / or Signature
checked by ( )
L/C Margin %
checked by ( )
Credit Facility
checked by ( )

Ent ( ) Ver ( ) App ( )
Date：</td><td>我公司承担本申请书背面所列责任及承诺，并保证按照办理。

(申请人名称及印鉴章)

RMB A/C No.
USD or ( ) A/C No.
联系人：　　电话：</td></tr>
</table>

四、进口商在信用证项下的风险分析及注意问题

(一) 信用证的独立性和单据性带来的风险

信用证的独立性是信用证制度的基础。信用证独立性是指信用证的开立虽然是依据基础合同（如货物买卖合同），但信用证一旦开立则与基础合同相分离，不再受基础合同的约束。对银行而言，信用证的独立性原则确立了银行承付或依据相符单据的绝对责任，即使涉及基础合同的违约也无法免除银行的付款责任。因此，这种信用证独立性原则一定程度上就会给现实中受益人实施欺诈带来空间和机会。某些受益人利用表面完全相符的单据，而实质是伪造的各种单据向银行提示并要求承付或议付，也为开证申请人（进口商）遭受骗款埋下隐患。

信用证的单据性，根据 UCP600 第五条货物服务或履约行为的规定，银行处理的是单据，而不是单据可能涉及的货物服务或履约行为。第十四条单据审核标准规定：按指定行的指定银行保兑行（如果有的话）及开证行须审核交单，并仅基于单据本身确定其是否在表面上构成相符交单。也就是在实际操作中只要做到单单相符、单证相符，出口商就可从银行获得货款，而其他单据以外的行为或原因不能构成银行拒付的理由。银行对任何单据的形式、完整性、准确性、真伪性概不负责，对有关各方的诚信行为或资

信也概不负责。

（二）出口商与船公司的信用风险

信用证项下一些出口商利用银行只审核单据不审核货物的特点，伪造提单销售一些根本不存在的货物，或者提单所载货物与实际货物完全不一致，例如：空头提单诈骗就是指货物根本不存在或者货物的装船数量远远不足信用证规定的数量，诈骗者用伪造的足量提单会同其他单据一起先向银行结汇，待收到款后便逃之夭夭，此时进口商既付了款又收不到或收不足货，也只能望单兴叹。倒签提单是指实际的装运日期比提单签发的日期晚，这也是国际贸易比较常见的现象，属于托运人与船公司合谋，以欺骗收货人的欺诈行为。对进口商来说可能面临着货物跌价，应急货物不能如期到达造成损失等风险，有时进口商会突然收到船方的指示要求支付一笔钱款，否则就要将货贱卖。更有甚者，一些船东在港装完货后就销声匿迹。

（三）货物质量风险

从信用证单据买卖的特性看，进口商只有在付款或承兑之后才能得到包括物权单据在内的全套单据，才能凭以提取货物。而进口商在提货之前无法获悉出口商所发运的货物是否存在质量问题，这就给进口商造成很大被动，付款或承兑后如果发现货物质量存在缺陷，进口商依照法律进行保全也受到很大限制。尽管进口商可以在信用证之外凭合同通过双方协商仲裁或法律等程序解决，但在这一过程，必将耗费大量人力物力和财力，且最终也未必能使问题圆满解决。

（四）开证行信用风险

当前，我国许多开证行鉴于人手的紧张和习惯，对国外议付行寄来的单据并不审核，只是向开证申请人照转单据。开证行的义务不履行和不作为造成的损害是：一些导致进口商利益损害的不符点未能审出，开证申请人的权益得不到维护，尽管在大多数情况下对进口商的影响不是很大，但存在造成损失的隐患。

（五）我国相关的信用证条款法律制度不健全所引起的风险

由于我国国内还没有建立相应的信用证民事规范，每当贸易中我国进口商和外商在解决信用证争端问题时没法给予足够的法律支持和帮助，我国进口商常常处于风险的被动地位。法律制度不健全也是给我国进出口商在对外贸易中带来极大风险的原因之一。

五、进口商在信用证项下风险的防范措施

（一）熟悉信用证的游戏规则

进口商首先要掌握信用证的操作流程及相关规则，熟悉信用证的游戏规则，特别是要熟悉 UCP600 及国际商会颁布的关于审核跟单信用证项下单据的国际标准及银行实务

(ISBP)。对这些相关规定，进口商只有胸有成竹，才能在使用信用证中游刃有余，规避风险。

(二) 核实提单的真实性

在国际贸易中，尤其是涉及大宗货物交易时，进口商无论是在签订合同还是开立信用证时，均要求客户在装船之后一定时间内如 24 小时内发送装船通知，以约束出口商在装船后及时将装船情况通知进口商。进口商可根据通知中的有关细节，如承运人的船名、航次、装运日期、装货港、卸货港等情况，向伦敦海事局等海事机构调查核实船踪货名、数量等情况，确定提单内容的真实性。一旦发现问题，即可认真审单以合理拒付。即使单据不存在不符点，也可寻求司法救济，用信用证欺诈例外原则，在开证行付款或承兑之前由法院止付信用证项下货款，以避免欺诈发生。

(三) 了解开证行及客户的资信情况

国际商会早就提醒有关当事人：Know-who is even important than know-how 要充分了解了解开证行以及客户的资信情况。很多进口商购买商品都喜欢用投标的方式来获得最低价，往往忽视对卖方的信用调查，就贸然开出信用证。防范信用证结算的欺诈，最有效的方法就是选择有实力、信誉较高的合作伙伴。因此签订合同之前，应尽可能地了解和调查客户的信用资金及经营公司管理等方面的消息和情报，以确认出口商的资信情况，然后确定是否与其达成交易。另外开证行的选择也十分重要，尽管现在许多银行都可以办理国际结算业务，但各银行的素质参差不齐，各地区银行信用证业务的处理水平也不尽相同。进口商在办理进口业务时，一定要选择那些素质好、审单能力强、责任心强、信誉好的银行作为开证行，以顺利完成进口贸易。另外进口商一定要保护好自身的权益，开证行有审单的义务，如果开证行不履行责任而导致进口商损失的，进口商应要求赔偿损失。

(四) 规范好商品检验条款

开证申请人在签订合同和申请信用证时要规范好进口货物的检验条款。这里的检验不仅包括对出口商交付或拟交付的货物进行品质、数量、包装等方面的鉴定，对某些货物还应根据法律或法令规定进行安全、卫生、环境保护和劳动保护等的检验和动植物病虫害检疫。进口商可以根据具体业务，要求出口商提供相应的检验证书，同时确保各类检验证书真正发挥作用。进口商在信用证中还需对检验标准、检验方法及检验证书的出具人作出明确具体的规定，必要时可指定 SGS（日内瓦通用鉴定公司）、OMIC（海外货物检验株式会社）、LLOYDSSURVEYOR（英国劳氏公证行）等国际知名商检机构出具检验证书。

(五) 加强信用证立法

我国是一个发展中国家，相关的信用证法律法规订立的很少，这样使得外商很容易利用我国信用证的法律漏洞，对我国的进出口商进行贸易诈骗。再者，由于我国信用证法律法规的不完善，买卖双方在订立合同和信用证的时候，外商往往要求按国外的信用证惯例解决信用证争端，而我国进口商苦于国内没用相关的法律，也只能同意对方的要求。我国进口商对国外信用证法规惯例不熟悉，在交易中很容易被出口商设置陷阱。要想避免进口商因法律制度不健全而带来的风险，我国政府就必须建立一整套相应的信用证管理方法民事规则及法律，以形成完备的信用证法律制度体系。

本章重要概念

信用证　保兑信用证　不可撤销信用证　受益人　可转让信用证　假远期信用证　SWIFT 信用证　UCP600　信用证"软条款"

复习思考题

1. 信用证支付方式的性质与特点是什么？
2. 简述 UCP600 和 ISBP 对信用证下银行审单的基本要求。
3. 信用证下出现不符点单据的处理方法是什么？
4. 信用证应用中"软条款"的出现原因以及预防和处理的办法有哪些？

☑ 案例分析

1. 我某外贸公司以 CIF 鹿特丹与外商成交出口一批货物，按发票金额 110% 投保一切险及战争险。售货合同中的支付条款只简单填写"Payment by L/C"（信用证方式支付）。国外来证条款中有如下文句："Payment under this credit will be made by us only after arrival of goods at Rotterdam"（该证项下的款项在货到鹿特丹后由我行支付）。受益人在审证时未发现，因此未请对方修改删除。我某外贸公司在交单结汇时，银行也未提出异议。不幸 60% 货物在运输途中被大火烧毁，船到目的港后开证行拒付全部货款。对此，应如何处理？为什么？

2. 我国 A 公司向加拿大 B 公司以 CIF 术语出口一批货物，合同规定 4 月份装运。B 公司于 4 月 10 日开来不可撤销信用证。此证按《UCP 600》规定办理。证内规定：装运期不得晚于 4 月 15 日。此时 A 公司已来不及办理租船订舱，立即要求 B 公司将装期延至 5 月 15 日。随后 B 公司来电称：同意展延船期，有效期也顺延一个月。我国 A 公司于 5 月 10 日装船，提单签发日 5 月 10 日，并于 5 月 14 日将全套符合信用证规定的单据交银行办理议付。试问：我国 A 公司能否顺利结汇？为什么？

3. 日本某银行应当地客户的要求开立了一份不可撤销的自由议付信用证，出口地为上海，信用证规定单证相符后，议付行可向日本银行的纽约分行索偿。上海银行议付了该笔单据，并在信用证有效期内将单据交开证行，同时向其纽约分行索汇，五天后议付行收回款项。第二天开证行来电提出单据有不符点，要求退款。议付行经落实。确定本行失误，该不符点成立，但又从受益人处得知开证人已通过其他途径（未用提单）将货走，且受益人已持有该批货通关的证据。试问：议付行是否可以凭受益人提交的通关证据回复开证行，拒绝退款？

第八章　其他支付方式

学习目标

1. 明确银行保函、备用信用证及分期付款、延期付款等其他支付方式的概念、性质和作用；

2. 掌握银行保函、备用信用证业务程序及当事人的权责；

3. 了解分期付款、延期付款的区别以及实际业务中应用情况；

4. 掌握选择不同支付方式应考虑的因素、不同支付方式的结合使用等。

前面几章中讲述了汇付、托收、信用证等几种主要的传统国际结算方式，随着国际贸易的发展和科学技术的进步，特别是21世纪全球金融危机以来，又涌现出了一些新的国际贸易结算方式，如银行保函、备用信用证、分期付款、延期付款、保理业务和福费廷等就是除信用证以外的属于银行信用性质的有条件付款担保文件（保理业务和福费廷内容见第九章），有些支付方式主要用于一些生产周期长、成本费用高的产品交易。

第一节　银行保函

在国际经济交往中，如果一方未能履约，就会使另一方遭受较大损失。特别是在交易双方缺乏信任和了解的情况下，将会给交易的达成和合同的履行造成很大障碍。为了促使双方顺利达成交易，保证双方国际贸易的顺利进行，就需要信誉卓著的银行或其他机构充当担保人，为一方（申请人）向另一方（受益人）提供书面担保文件，以自己的资信向受益人保证对委托人履行交易合同项下的责任义务或偿还债务承担责任。

一、银行保函的含义及性质

银行保函（Banker's Letter of Guarantee，简称 L/G）又称银行保证书，是银行应申请人的要求，向第三方（受益人）开立的一种书面信用担保凭证，保证在申请人未能按双方协议履行其责任或义务时，由担保人代其履行一定金额、一定期限范围内的某种支付责任或经济赔偿责任。

银行保函是由银行开立的承担付款责任的一种担保凭证，银行根据保函的规定承担绝对付款责任。银行保函大多属于“见索即付”（无条件保函），是不可撤销的文件。

二、银行保函的基本内容

根据国际商会《见索即付保函统一规则》（URDG758）第8条规定，银行保函的内容应清楚、准确、全面，但应避免列入过多细节以免节外生枝，其主要内容包括：

（一）基本栏目

其包括银行保函的编号；开证日期；各当事人的名称、地址和所在国家或地区；有关工程项目或其他标的物的名称；有关合同或标书的编号和订约或签发日期等。

（二）责任条款

即开立保函的银行或其他金融机构在保函中承诺的责任条款，这是构成银行保函的主要内容。担保人在收到索赔书或保函中规定的其他文件（如工程师出具的证明书、法院判决书或仲裁裁决书）后，认为这些文件表面上与保函条款一致时，即支付保函中规定的款项。如果这些文件表面上不符合保函条款要求，或文件之间表面上不一致时，担保行可以拒绝接受这些文件。

保函项下的任何付款要求均应以书面作出，保函规定的其他文件也应是书面文件。

（三）保证金额

保证金额是出具保证书的银行所承担责任的最高金额。银行作为担保人的责任，仅限于申请人不履行基础合同时向受益人偿付一定金额的款项，因此，担保合同中必须明确规定确定的金额以及货币种类（担保的金额可以用与基础合同不同的币种表示），可以是一个具体金额，也可以是有关合同金额的某个百分率。如保证人可以按委托人履行合同的程度减免责任，则必须作出具体说明。对于担保行来说，明确保函项下的特定债务是十分重要的，它可以避免遭受难以承担的风险。通常情况下，担保金额只是所担保债务的一定比例，受益人的要求不能超过担保的最大数额，即使他能证明他所遭受的损害或应得的利息远远超过这个数额。

（四）有效期

保函一般都规定一个明确的有效期限，除非保函中有特别说明。保函的有效期指收到受益人索偿文件的最后期限，有效期限一过，保证人的责任便解除了。保函有效期既可以是一个具体的日期，也可以是在某一行动或某一事件发生后的一个具体的时期，例如在交货后3个月或6个月、工程结束后30天等。

保函应明确规定其终止的有效日期。如保证人在终止到期日以前未接到受益人的索偿文件，则保函自动失效。如发生索偿，受益人按保函规定应享有的权利得到充分满足的索偿时，保函即告终止。保函终止后受益人应将保函退还给保证人。

（五）索偿方式

即索偿条件，是指受益人在何种情况下可向开立保函的银行提出索赔。对此，国际上有两种不同的做法：一种是无条件的“见索即偿”（First Demand Guarantee）；另一种是有条件的保函（Accessary Guarantee）。显然，前者对受益人有利，后者对申请人有利，但事实上完全无条件的保函是没有的，只是条件的多少、严宽程度不同而已。

三、银行保函的当事人

银行保函的主要当事人有申请人、受益人、担保行等，还可能有通知行、转开行及保兑行等当事人，这些当事人的主要义务和相互关系如下：

（一）申请人

申请人（Principal），即委托人，是指向银行提出申请要求开立银行保函的一方。申请人承担向担保银行交纳银行开立保函的费用及履行商务合同的义务。根据商务合同的不同，申请人身份也有所不同，如：在投标保函项下为投标人，在出口履约合同保函项下是货物或劳务的提供者，在进口保函项下为进口商，在还款保函项下为借款人或债务人。

（二）受益人

受益人（Beneficiary）是指收到保函并有权按保函规定的条款凭以向担保行提出索赔的一方。受益人有履行商务合同的义务，在此基础上，他又有获得向担保行要求偿付的权利。受益人根据商务合同和保函的不同，其身份也有所不同，如：在投标保函项下受益人通常为招标人，在承包工程的履约保函和预付款保函项下通常为工程的业主，在出口履约保函下是进口商。

（三）担保人

担保人（Guarantor）是指开立保函的银行或其他金融机构。担保人的责任是收到索赔书和保函中规定的文件后，经审核这些文件与保函规定的表面一致，按保函中的规定向受益人进行经济赔偿。在向受益人偿付后，获得向申请人追索的权利，因而在申请人开立保函之前，为了保障自身的安全，担保人往往要求申请人提交一定的抵押或反担保，作为开立保函的前提条件。

银行保函除了以上三个基本当事人以外，有时还可能有转递行、转开行、反担保行和保兑行等当事人。转递行是指应担保行的要求和委托，将保函通知或转递给受益人的银行。转递行的责任是在收到保函后，检查保函的表面真实性，附带代受益人核对担保行的印鉴、密押是否真实、正确等。转递行对保函内容正确与否不负责任，对保函在传递过程中可能出现的延误、遗失等不负责任。转递行开证银行对在将保函转递给受益人后，按规定向担保行或受益人收取通知费用。

转开行是指根据担保行的要求，凭担保行的反担保向受益人开出保函的银行。转开行通常是受益人所在地银行。转开行一旦接受担保行请求，就必须按照担保行的要求及时开出保函。保函一经开出，转开行就变成了担保行，承担担保人的责任，原担保行就变成了反担保行或指示银行。此时，担保行如遇受益人索偿，就必须在其开出的保函项下履行付款责任，付款后，担保行有权凭反担保向反担保行索偿。

保兑行是指根据担保人的要求在保函上加具保兑的银行。开立保函的银行由于国外知名度不高、信誉较差或者担保的金额较大，超过了担保银行的授信额度等情况下，受益人往往会要求担保行另找其他银行为其开立保函加具保兑。保兑行按担保行的指示加具保兑后，可要求担保行支付相关的保兑费用，在付款行为发生后，享有向担保行进行追偿的权利。

反担保行是指申请人向担保银行开出书面反担保函的人（银行)。反担保行的责任是保证申请人履行合同义务，同时向担保人承诺，当担保行在保函项下付款后，担保行可以从反担保人处及时得到足够的赔偿。

四、银行保函的种类

银行保函按照不同的标准，可以分为几个不同的种类。

（一）从属性保函和独立性保函

根据保函与基础交易合同的关系，分为从属性保函和独立性保函。从属性保函是指那些其效力依附于基础商务合同的保函。这种保函是其基础交易合同的附属性契约或附属性合同，担保行依据保函所承担的付款责任的成立与否，将只能以基础合约的条款及背景交易的实际执行情况来加以确定。所以，这类保函本身的法律效力乃是依附于基础合约关系的存在而存在。合同与保函的关系是一种主从关系，传统的保函大都属于这一类型。

独立性保函是一种与基础交易的执行情况相脱离的保函。它虽然根据基础交易的需要开立，但一旦开立后其本身的效力并不依附于基础交易合约，其付款责任仅以其自身条款为准进行担保。在这种保函项下，保函与基础合同之间不再具有类似从属性保函那样的主从关系，而是呈现出一种相互独立、各自独具法律效力的平行法律关系。目前，国际银行界的保函大多数属于独立保函，而不是传统的从属性保函。

（二）付款保函和信用保函

根据保函项下支付前提的不同，分为付款保函和信用保函。付款保函是指银行为有关合同价款的既定支付义务提供担保所出具的保函，或者说是为保证随着交易的发生而必然产生的债务支付所开立的保函。从理论讲，付款保函项下支付行为的发生与否，是以受益人能否按照保函中所确定的要求去履行自己的职责和义务为前提条件的（由于保函源于合同而产生，故保函中所规定的这些职责和义务是与基础交易合同中所赋予受益人一方的职责和义务相吻合的)，只要受益人履行了属于自己应尽的合约义务，从而获得了求索并享有合同价款的权利，他就可以在保函项下提出索赔并取得自己应得的合同款项。因此，付款类保函的支付前提是受益人是否履约。

信用保函是指银行对那些在合同的一方有违约行为而使违约方在合同项下承担了赔偿责任时，支付才可能发生所开立的保函。在这种保函所涉及的经济活动中，只要不出现保函申请人作为合同一方的违约事件，这种或有的支付就不会发生。所以，信用保函支付的前提是申请人的违约。

（三）有条件保函和无条件保函

根据保函索赔条件的不同，分为有条件保函和无条件保函。有条件保函是指担保人在保函的条文中对索赔的发生与受理设定了若干的限制条件，或规定了若干能客观反映某种事实发生、条件落实的单据提供；只有保函所规定的这些条件得到满足后，或所规定的能反映客观事实的单据提交给担保行后，担保行才会履行其支付义务。这种保函有利于保护申请人的利益，防止受益人的无理索赔和欺诈。但是对受益人来说往往是难以接受的。

无条件保函是指“见索即付”保函。在这类保函项下，担保行在受益人的简单书面索赔面前承担了无条件的支付义务，不论基础交易合同的执行情况如何，也不论受益人本身是否履行了合同中规定的义务，只要担保行在保函的有效期内收到了受益人所提交的符合保函条款规定的书面索赔，就应该立即付款。在这种保函项下，申请人及担保行所承担的风险很大，有时可能会在受益人的无理索赔面前陷入极其被动的境地。不过，从目前国际银行保函业务来看，无条件保函占到了较大的比例。

（四）履约保函、借贷保函和其他保函

根据保函的使用范围不同，分履约保函、借贷保函和其他保函。

1. 履约保函（Performance Guarantee），又分为出口履约保函和进口履约保函

（1）出口履约保函（Export Letter of Guarantee）是银行应出口商的申请向进口方开出的保函。此保函明确规定，如出口商未能按贸易合同交付货物，开立保函的银行在收到通知后一定期限内，无条件负责赔偿进口商一定金额。出口保函适用于国际承包业务和商品出口业务。

（2）进口履约保函（Import Letter of Guarantee）是银行应进口商的申请开给出口商（受益人）的信用文件，保证在出口商按贸易合同交货后进口商一定如期付款，否则由保证银行负责偿付一定金额的款项。

履约保函在日常商务活动中应用较广。在进出口贸易项下开出的履约保函主要是保证出口方（保函的申请人）履行贸易合同项下的交货义务，即保证出口方按时、按质、按量地交运合同规定的货物。有些情况下，履约保函也保证出口方交运的货物在一定时期内质量合格等，这实际上是以履约保函代替了留置金保函。而在实际业务中，交易双方应尽量争取将这两者分别开立保函。因为履约保函的担保金额一般为合同总价的10%左右，而留置金保函的金额通常为合同总价的5%左右。此类保函的生效日期应规定为基础合同生效日，或规定出口商在规定时间内收到进口商开来的信用证后，保函才

生效。失效日期一般为出口商交货之日或规定以提单日期为保函失效日。如履约保函包括质量保证，根据中国国际招标公司目前的做法，一般为货到目的港后的12个月左右失效。

2. 投标保函（Tender Guarantee）

投标保函是银行或其他金融机构（保证人，Guarantor）应投标人（申请人）的要求而出具给招标人（受益人）的书面担保凭证，保证投标人在开标前不撤销投标或片面修改投标条件、中标后签订合约履行投标时承诺的各项义务。否则，担保银行负责向招标人赔付一定金额的款项，以补偿招标人由于投标人而给其造成的损失以及重新选择中标人所支付的费用。如果投标人未中标，招标人则应退回投标人的投标保函，以解除担保人的担保责任。

在招投标业务中，投标人为了简化手续，也可要求担保行在投标保函中加列条款说明，若该投标人中标，则保函自动转化为履约保函。担保金额根据具体情况，可做相应调整。

3. 借贷保函

借贷保函是指在各种形式的国际借贷关系中，债务人依约向债权人提供的由（另外）一家银行担保债务人将依约履行其还贷义务，否则担保银行承担给予债权人保函规定金额内赔偿的各种信用保函。

（1）借款保函（Loan Guarantee）。借款保函是银行应借款人要求向贷款方开立的保证借款人到期归还贷款本息，否则由保证人进行赔付的书面担保文件。借款保函的担保金额一般为贷款总额及其利息之和，保函自开立之日起生效，至借款人偿清全部本利总和之日失效。保函的担保责任随借款人的偿还而自动递减。银行应借款人的要求向贷款人出具一份保证借款人一定按照借款协议的规定偿还贷款本息的书面保证文件。如借款人违约，担保人必须向贷款人偿还借款人应还未还的全部款项。

（2）透支保函（Overdrawn Guarantee）。透支保函是为对外承包工程公司或其他驻外机构在外国施工或开展业务，向当地银行申请开立透支账户而由本国银行出具的书面保证文件，用以保证申请人按透支合同的规定按时补足透支款项并支付利息及银行有关费用。申请人对透支放款需支付利息，并有随时偿还的义务。透支需要提供抵押品的称为抵押透支，无抵押品的称为信用透支。透支担保的金额通常为委托人与当地（外国）银行签订的透支合同中所规定的透支限额。

开立透支保函可为申请人提供融资便利。对申请人来说，在外汇短缺或非自由兑换货币国家，开立透支保函可避免由于当地严格的外汇管制可能调不出流动资金所造成的损失。因此，开立透支保函可减轻外汇风险和本国的资金压力。

五、银行保函的作用

（一）提供担保

银行保函保证在主债务人违约时给债权人以资金上的补偿。作为第三者的信用凭证，其出具的目的是为了使受益者能够得到一种保证，以消除他对申请人是否具有履行某种合同义务的能力或决心的怀疑，从而促使交易顺利进行，保证货款和货物的正常交换，这是保函的基本功能之一。银行一旦同意开立独立性保函，担保银行就为主债务人承担了对受益人的一切义务。担保银行向受益人支付了保函的款项，就取得了对主债务人的立即追索权。因此，担保银行处于一种信贷风险中，它通常要以补偿来降低这种风险，而不是作为一个保险人行事。这种补偿通常由申请人提供抵押或另一家银行为申请人提供反担保来实现。

（二）在当事人之间分配风险

从广义上讲，银行保函代表了当事人之间风险的分配。风险分配的程度与范围取决于银行保函的类型。在见索即付保函下，受益人只需提供表面与保函要求一致的单据就可以得到付款，而担保行作为值得信赖的金融机构，信誉良好，有对债务人的立即追索权，通常都会毫不犹豫付款。而主债务人如果认为他自己已经正确履行了义务，他想重新取回已经支付的款项就会有相当的困难。比如，一个主债务人已经正确履行了合同，但受益人凭见索即付保函，通过提交与保函表面一致的单据，向担保行索偿并得到偿付。主债务人因此向法院提起诉讼或向仲裁机构申请仲裁并胜诉却面临着以下风险：判决或裁决因受益人是一个政府机构而得不到执行。对受益人而言，若主债务人没有正确地履行合同，受益人因此向法院提起起诉或向仲裁机构提请仲裁并胜诉，受益人要承受判决或裁决因主债务人破产或是一个政府机构而得不到执行的风险。

（三）见索即付保函的清偿功能

受益人认为主债务人违约时，通过提交与保函要求表面一致的单据就可以获得支付，而无需首先证实主债务人的违约。见索即付保函的重要作用就是使受益人通过实现担保对债务人施加压力，使主债务人按照他的要求完成合同。

（四）提供融资便利

在主债务人需要向受益人支付预付款或进行中间付款时，保函可以作为替代品起到暂缓付款的作用，向主债务人提供了融资便利。

（五）见证作用

银行保函可以证明委托人的履约能力，从一开始就把不具备资格的人排除在外。提供保函就意味着不可撤销的付款承诺，所以在对债务人的资金实力和履约能力进行全面审查并得到满意的结果之前，银行是不会轻易作出付款承诺的。

除此之外，保函还通常用来保证合约的正常履行、预付款项的归还、贷款及利息的偿还、合同标的物的质量完好及被扣财务的保释等等。概括而言，保函从其本质上来说具有两大基本作用：第一，保证合同价款的支付；第二，发生合同违约时，对受害方进行补偿。

六、银行保函的业务程序和业务处理

（一）银行保函的申请

在合同或项目协议中，如果申请人与受益人没有规定一个特定的银行提供保函，则一般由申请人向其往来银行申请开立银行保函。申请人必须向银行提交书面申请，即开立《保函申请书》。该申请书是担保银行与申请人之间的一种契约，也是银行对外开立保函的法律依据。其内容除了请求银行按照某种规定开立保函外，还有申请人的声明和保证，即如果发生了保函项下的索偿，申请人须补偿担保人在保函项下因履行担保责任而做的一切支付。

（二）银行对保函的背景资料的审查

由于保函业务涉及面广、风险性大，银行出于保护自身利益的考虑，在开立保函之前，会对申请人的资信状况及项目的可行性等方面对担保内容进行审查，然后，再根据审查结果和风险程度来决定是否接受申请人提交的申请。银行保函的审查工作主要有以下几方面：

1. 审查申请人资格及资信情况

审查申请人是否具备申请担保的资格及其目前的经营管理水平、财务状况和资信情况等。一般应包括申请人的名称、性质、永久性地址、电传、电话、法人代表、注册资本等依法登记的情况，是否具有经国家批准的履行涉外合同的权利以及企业连续三年来建设、生产、经营和财务状况等内容。

2. 审查受益人资信情况

银行或其他相关机构要对受益人的法人资格、经济实力及信誉进行审查，以避免受益人埋伏的风险和欺诈行为。一般包括受益人的注册实际资本、名称、注册地点、法人代表、开户银行、近期的经营和财务状况等。

3. 审查交易合同或项目

主要是审查交易合同（商务合同、贷款合同）的内容和条件是否合理，工程项目是否已得到国家有关单位的批准，审批文件是否有效和真实。对交易合同的审查一般包括合同名称、编号、缔约日期、缔约地点、缔约双方的名称和地址、缔约双方的权利和义务、各项交易货款、交易标的、双方的签字等。对项目的审查一般包括：项目是否已办好报批立项手续，是否已纳入国家的有关计划；项目引进的技术和设备是否国内急需，是否先进适用，是否有足够的配套资金，价格是否合理；项目建成后的经济效益和社会效益如何。此外，还应侧重审查交易合同或项目协议所适用的法律和有关国际惯例，以避免交易或项目在执行过程中得不到所在国法律的保护。

4. 审查保函格式的主要内容

审查保函内容，主要为了避免文字风险，防止有关利害方有隙可乘。审查保函的主要内容应注意以下几点：

（1）申请担保的内容是否属于银行担保业务的范围。

（2）申请保函条款是否符合国家的经济、产业政策及平等互利的原则。

（3）受益人提出的保函格式、责任条款、索偿办法、保函有效期和开立方式是否符合有关法律和国际惯例。

（4）担保金额是否明确。

（5）有无金额递减条款。有些保函如借款保函、进口付款保函、租赁保函、预付款保函、“三来一补”项下的保函等类保函中，应列明担保人的责任随申请人对外付款的增加而减少的金额递减条款。

（6）是否与交易合同条款相关、有无矛盾等；是否有损申请人和担保银行的正当权益；是否存在歧视性条款或不能接受的条款。

5. 审查反担保

审查反担保主要是审查资产抵押和反担保（无条件的、不可撤销的）措施是否落实。这是担保银行对外开立保函必不可少的前提条件。对于资产抵押的反担保，要审查抵押物的处分权、变现能力、抵押物的合法性和是否足值等。对于信用反担保，要审查反担保人的法人资格，外汇资金来源，生产、经营、财务状况，反担保函的法律效力等。

（三）银行保函的开立

申请人的条件符合银行规定，其开立《保函申请书》、反担保措施落实情况、受益人和有关文件资料被银行审查通过后，银行应与申请人、反担保人签订各项法律文件，以明确双方的权利和义务，并在此基础上对外开具保函。

1.《资产抵押协议》或《反担保函》的签订

为了降低在履行担保责任而代申请人履约或向受益人作出赔付后不能从申请人那里得到相应补偿的风险，银行在对外出具保函前，视具体情况要求申请人提供足额抵押品、反担保或反担保加部分抵押品。申请人提供抵押品的，银行要依法与申请人签订《资产抵押协议》，以明确双方的权利和义务。《资产抵押协议》是申请人（或反担保人）以抵押财产的方式向担保银行提供反担保而与其签订的协议。它必须经过有关公证机构的公证。抵押财产应是实在和完好的动产或不动产，其价值必须大于担保金额。并且，抵押担保中的实物部分要由申请人向保险公司投保足额的以担保银行为第一受益人的财产保险，保险单、产权证书等交由担保银行管理，待担保义务解除后退还给申请人。这是为了保证当担保银行对受益人（债权人）赔付后而申请人未能给予补偿时，银行可以向法院申请拍卖抵押财产，并优先得到清偿。应该注意的是，担保银行与申请人签订《资产抵押协议》并经过公证后，担保银行所享有的抵押权应该是唯一的和排他的，即抵押人在提供抵押财产时应该以足够的证据证明该财产没有抵押给其他任何机构；抵押人应同时向银行保证，当抵押财产有可能被变卖、灭失或扣押时，应及时通知银行。

如果申请人没有提供抵押品或只是提供了部分抵押品，则需向担保银行提供由第三方出具的可接受的书面反担保。这种情况下担保银行要与反担保人签订《反担保函》，目的在于明确反担保人对担保银行因履行担保义务而支出的一切费用应承担的偿付责任。它属于信用反担保形式。反担保人应提供不可撤销的反担保，且《反担保函》须经反担保人的开户行签字盖章作出见证，其内容应当表述为："本担保函为无条件的不可撤销的担保函；担保金额为×××及其全部利息和费用。我方对贵行提出的索偿通知书保证不以任何理由拒付，并放弃一切抗辩追索的权利。"

2. 银行保函的开立

担保银行签订《反担保函》或《资产抵押协议》后，便根据《保函申请书》中所列内容及时对外开立保函。

为便于银行内部管理和事后查询，银行在每笔保函开立之前均应编号，并按顺序进行登记，简要注明保函的有关情况，如保函的金额、开立日期、申请人、受益人名称、保函类别、保函有效期、通知行/转开行的名称等。

担保银行出具的不可撤销保函必须列明下列基本条款：（1）保函编号；（2）申请人、受益人名称、永久性地址、开户银行；（3）有关合同、协议、标书的编号、日期，所供货物名称、规格、数量，工程项目名称等；（4）保函金额；（5）递减条款；（6）责任条件，包括申请人、担保银行、受益人三方面所负责任和义务；（7）索偿条款，包括受益人向担保银行提出的索偿方式、期限、渠道，应提交何种单据及证明等；（8）生效期，担保银行开出保函一般自开出日起生效，但预付款退款保函应订明自收到预付款之日生效，借款保函一般应订明自对方交款日生效；（9）失效期，担保银行开出保函应明确规定失效日期。

担保银行开立的保函应规范、严密、符合法律程序。保函各基本条款要填写详细、准确。责任条款及索偿办法不得有损于申请人和担保银行的利益。对国外受益人要求按其事先拟订的保函格式开出保函时，担保银行应认真审查；条款内容明显有损于担保银行权益或增大担保银行承担风险的，担保银行可不予受理；对保函中规定担保对受益人的索赔无条件照付或见索即付的条款，担保银行应建议申请人慎重考虑，力争对其进行修改。我国银行原则上不出具有转让条款的保函，如有特殊情况须征得总行同意。

对要求担保银行委托国外银行转开保函或对担保银行开立的保函加具保兑时，担保银行原则上不予接受，除非由申请人承担这种做法所导致的风险。对国外银行委托国内银行转开保函的，原则上不予接受。但如果是资信情况和近期经营状况良好的委托行，又有代理行关系或业务合作关系，担保银行可以考虑接受。

担保银行对外开立保函，应争取适用中国的法律。如外国受益人不接受，可规定按第三国（如瑞典、瑞士、英国等）法律解释和仲裁。我国担保银行原则上不接受规定适用受益人所在国法律的保函条款。

担保银行自拟文字对外开立保函时，应事先把保函文稿送申请人确认，再向外开出。担保银行开出保函后，如国外受益人要求保兑和修改，均须得到保函申请人同意方可办理。

一般情况下，开立《保函申请书》应规定保函的开具方式。保函的开具方式有两种：一种是直开，一种是转开。在直开或转开中又分信开或电开两种形式。电开保函为全电方式，是以电报或电传的方式开给受益人，或由受益人所在地银行转交。由于担保人与受益人之间没有密押（test key）关系，所以通常情况下，电开保函由受益人当地银行（一般是与担保人有密押关系的代理行）在收到保函后，经核对无误，将保函通知给受益人。因此，电开保函时，担保人除缮制保函正本外，还应列明给通知行的指示。各担保银行对外开立的信开保函，必须由两个对外有权签字人双签。

（四）银行保函项下的业务处理

银行保函项下的业务处理主要包括银行保函的修改与撤销、转开与保兑、收取担保费用、处理索偿与赔付等诸多事宜。

1. 银行保函的修改与撤销

（1）银行保函的修改。通常，一笔保函业务从担保人正式出具保函到保函最终失效要经过较长的一段时间，短则几个月，长则几年，甚至更长时间。在保函的有效期内，当事人会由于各方面的原因而涉及保函条款的修改，如交易或工程项目的延期，可能需要保函的有效期也相应延长；交易货物或工程项目所需的机器设备价格的变动，可能会导致保函金额的增减；金融市场变动、政策调整、新法规出台、国际政治关系剧变等，都可能会使保函条款做相应的变动。可现在的银行保函大都属于无条件的、不可撤销的保函，为防止责任和风险的加大，修改保函必须经各有关当事人一致同意后方可进行。

当申请人向原出具保函的担保银行提出修改保函的要求时，必须向银行提出书面请求及修改保函的编号、金额、开立日期和有权签字人签字和公章，以及一切因修改保函而引起的责任条款，并随附受益人要求或同意修改的书面材料以供担保人参考。担保银行根据申请人的修改内容和风险程度，经审查批准后缮制修改通知书。

担保人在办理保函修改后，应在留底上或保函登记卡上详细批注相关内容，留待日后查考。

（2）银行保函的撤销。保函到期后应及时办理撤销手续。担保银行收到受益人退回的保函时，应将存档原卷调出核对，同时在正本和原卷上红字注明撤销。如是电开保函，应由受益人来电证明原保函已失效，后才可办理撤销手续。对那些到期或已失效而尚未收回的保函，应及时向受益人索回，并在查明原因后，在原卷上红字注明撤销。

保函到期如不办理撤销，担保银行仍然承担着被索偿的风险，而且担保银行也将继续向申请人收取担保费用。担保费用一般是一年计收一次，即使保函在本年度内只有几天时间，担保银行也会按整年计收担保费用。但也有些银行视具体情况按季度计收。因此，不仅担保银行要及时撤销到期保函，而且申请人也应对到期保函及时撤销。

担保银行办理保函撤销手续时，应注意区分注有明确到期日的保函和未注有明确到期日的保函。对于保函条款中有明确到期日且到期日为担保人所在地的时间时，即保函条款中注有“This L/G is valid up to ________ . And upon expiry, this L/G shall automatically become null and cancelled whether it is returned to us or not.”（本保函有效期至________日。到期后，无论你方将本保函正本退回我行与否，本保函均将自动失效并注销）或类似条款，并且在保函规定的到期日后一两天内仍未收到任何来自受益人的索赔要求（主要是防止出现受益人索赔时在银行内部传递上的失误），便可撤销保函，并向受益人发出函/电，要求退回保函正本。由于各国的法律规定不同，加上对他国的法律不了解，为避免出现不必要的纠纷，保函到期后，担保银行或申请人均应尽量要求受益人退回保函正本。对于后者，担保银行应根据有关的法律规定和申请人提供的有关资料及时确定保函的有效期限和到期日，并在确定的时间向受益人发出撤销保函的通知，及时索回保函的正本。《中华人民共和国担保法》第二十五条规定："一般保证的担保人与债权人未约定保证期间的，保证期间为主债务履行期届满之日起六个月。"第二十六条规定："连带责任保证的担保人与债权人未约定保证期间的，债权人有权自主债务履行期届满之日起六个月内要求担保人承担保证责任"。

2. 银行保函的转开与保兑

银行保函的转开与保兑通常是基于外国法律或外国政府的规定以及受益人或银行的要求而进行的，属于正常情况。在我国，银行对保函的转开与保兑一般持谨慎态度。

(1) 银行保函的转开。保函的转开是指申请人所在国的银行（担保人）根据申请人的要求，开立一份以外国受益人所在地银行（担保银行的代理行或联行）为受益人的反担保函，凭以委托该银行按规定的格式（由担保银行提供）开立一份以本国公司（即原始保函申请人）为申请人、以国外业主为受益人的保函。担保银行在开投标保函、履约保函、保释金保函、关税保函等种类的保函时，常遇到要求转开的情况。如在国际招标业务中，保函的受益人如为外国政府机构时，往往规定由受益人本国的银行提供保证，有时甚至指定国内某一银行提供保证。

在上述情况下，申请人只能委托他自己的往来银行转开受益人在合同中规定的银行提供保证。当然这家银行必须是申请人往来银行的代理行。如申请人的往来银行与指定的保证银行没有建立代理关系，则可以转请自己的代理行委托指定的银行提供保证。这样，就有两家或三家银行为这笔交易提供服务或担保，不仅增加了担保的环节和风险以及申请人的费用，而且也并不一定有利于受益人，因为申请人增加的费用将转嫁到他向受益人提供的服务或商品的货款中，所以，一般都是争取由申请人的往来银行在受益人本国选择一家与申请人往来银行有业务联系的银行提供担保。申请人的往来银行在要求转开行开具保函的委托书中规定需要支付转开行本国的货币时，可以授权转开行在支付保证金额的同时借记其账户。如果保证金额属于其他货币时，偿还的办法由转开行在支付保证金额的同时电告委托银行将款项划交转开行。

一般情况下，申请人必须通过自己的往来银行办理保函的转开，而不能直接与转开行发生关系。程序是：首先，申请人必须向自己的往来银行递交《保函申请书》、《反担保函》等有关资料；其次，往来银行根据申请人的要求在审核通过各项资料并落实反担保措施的基础上，向转开行出具反担保函，委托其按规定的格式（由申请人往来银行提供）开立一份以其本国债权人或业主为受益人的保函；再次，转开行审查接受反担保函后，根据指示行（申请人的往来银行）的要求向本国受益人开出保函，这样，受益人凭保函可直接向当地转开行提出索赔，既方便又可靠，有利于维护受益人的权益。

(2) 银行保函的保兑。保函保兑是指担保银行开出保函后，应申请人的要求，再请另一家银行在保函上加保，实际上等于双重担保，即保兑行在担保行上承诺，受益人根据保函条款向担保人提出索赔被拒付后，便可向保兑行提出索赔，但必须在保函有效期内向保兑银行提交保函所规定的索赔佐证文件。

保兑行（Confirming Bank）一旦对保函或反担保函加具保兑，就承担起在保函或反担保函规定的付款条件具备时向受益人或转开行付款的责任。保兑行履行付款责任后，可向担保人或指示行索偿，后者必须立即付款。

与接到国外银行委托转开保函一样，当保兑行接到国外银行要求对其保函加具保兑时，保兑行应注意以下几点：第一调查国外银行的资信和实力，是否为本行的代理行或有业务合作关系的银行；第二核对国外银行所开反担保函或保函的密押、签字是否正确；第三审核要求保兑的保函所列各项条款是否明确合理，是否符合我国的法律或规章制度；第四审核国外银行提供的反担保措施能否保证保兑行安全收汇和索偿；第五审核受益人的基本情况、经营范围和权限以及被扣保合同的内容或工程项目是否符合国家的有关规定和政策。

在实务中，如确属开展业务需要且申请人同意负担保兑费用，或申请保兑的国外银行资信情况良好，且又为我国银行的代理行或有业务合作关系的银行时，保兑行可视其情况加以接受。受益人根据保函条款向担保银行提出索赔被拒付后，便可向保兑行提出索赔。由于保兑涉及的环节较多，政策性较强，且处理程序复杂，在办理此项业务时需要慎重对待。

3. 银行保函的担保费用

担保银行提供各种类型的保函，应按规定的收费标准按时向申请人收取担保费。如果由申请人往来银行在受益人所在地的另一家银行转开保函，则除了向申请人收取其自身的担保费外，受益人所在地银行的转开费用也须由申请人负担。同时，保兑行加具保兑后，按时向担保行或转开行收取的费用实际上也应由申请人负担。担保的收费依照担保金额确定，可一次或分几次向申请人计收担保费用，币种为担保合同的同种货币或担保行接受的其他币种。

担保费的计算方法是：每期的担保费 = 担保金额 × 费率

保函内容修改时，担保银行应修改单项收费。保函展期或增额时，担保银行要按费率加收费用。同时，担保费应随担保金额的递减而相应减少。

在实务中，担保银行收取担保费时，“三资”企业一般原则上按担保币种收取同币种的担保费；国内企业可视具体情况，或按担保币种收取同种外币的担保费，或按收费日当天外汇牌价卖出价折算成人民币收取。在办理转开或保兑业务时，亦可按担保行费率表收费。

4. 银行保函的索偿与赔付

保函开出后，可能因为各种因素的影响，如申请人未能按规定履行合同、借款人不向贷款人偿还其贷款、承包商没有按期或按规定的质量标准建设项目等，造成受益人在保函规定的有效期内向担保行或转开行或保兑行索偿。只要受益人在保函规定的有效期内提交了与保函的规定表面上相符的证明文件（包括证明文件之间的一致），担保银行即可认定所规定的支付或赔偿条件已经具备，不必过问索赔理由是否属实、合同是否已实际执行以及这一单据和书面文件是否真实等即应付款。这是因为，根据 URDG758，担保银行（或转开行或保兑行）作为商业交易的中介，提供的是银行信用，无义务、也无必要、更无可能对合同实际执行情况进行调查和判定受益人的索赔是否合理；而且担保银行办理保函业务时，处理的只是保函所规定的应由受益人提供的证明文件，并不过问其真伪，对证明文件在邮递过程中的遗失、延误以及受益人与申请人之间是否发生纠纷等概不负责。

对于从属性银行保函，担保银行在处理受益人索偿时应防止受益人的无理索偿和维护担保行自身的抗辩权。我国《担保法》第二十条规定："一般保证和连带责任保证的保证人享有债务人的抗辩权。债务人放弃对债务的抗辩权的，保证人仍有权抗辩。抗辩权是指债权人行使债权时，债务人根据法定事由，对抗债权人行使请求权的权利。"抗辩权既是担保人的一项权利，也是保护担保人的一项法律制度。担保银行所享有的抗辩权，使受益人（债权人）必须首先向申请人（债务人）请求清偿，只有在对申请人的财产强制执行仍不足以清偿债务时，受益人才能向担保银行请求清偿。但是，对于独立性的、无条件的见索即付保函，受益人（债权人）拥有向担保银行立即进行追索的权利，即担保银行承担的是第一性付款责任，放弃了所享有的抗辩权。除非主合同违反了国际公共秩序或保函本身无效，如担保人出具的保函因违反开立地国的强制性规范而无效，此时担保人没有义务来满足受益人的索赔要求。

《中华人民共和国担保法》第三十条规定："有下列情形之一的，担保人不承担民事责任：（一）主合同当事人双方串通，骗取保证人提供保证；（二）主合同债权人采取欺诈、胁迫等手段，使保证人在违背真实意思的情况下提供保证的。"所以，只要担保银行有充分的证据表明受益人（债权人）的要求是欺诈，并且担保银行对该要求的欺诈性质能提供充分的证据以支持在可能的法律诉讼中的抗辩，担保银行就可以拒绝支付受益人（债权人）的索偿要求。不过，对于欺诈索赔，其证据必须予以证实。但客户（债务人/申请人）的无旁证陈述、债权人/受益人的疑虑或过失行为都不属于欺诈。

受益人的索赔有效时，担保银行应按保函规定的担保金额及时支付或赔偿受益人的损失，不能借各种理由推迟偿付，否则不仅会使担保银行信誉受损，而且还会承担由于拖延而增加的各项费用或利息。

担保银行向受益人赔付时，要注意使用责任递减条款，减轻自身承担的责任或减少对外支付的款项。同时担保银行在对外赔付前，应要求受益人或由受益人通过其往来银行进行确认，在受益人收取赔付款项后，担保银行在保函项下的责任自动解除，保函自动失效。受益人有义务将失效的保函退还担保银行，担保银行收到失效的保函后办理注销手续，并凭反担保函向申请人或反担保人索偿。

七、银行保函和信用证的区别

银行保函和信用证同属银行信用，但两者有很大的区别，主要表现在三方面：

（一）付款的责任不同

信用证一旦开立生效，开证行首先承担第一性付款责任，受益人或其指定人要求付款时应该向开证行或其指定银行交单，而不是向开证申请人交单；而使用银行保函时，应该先由委托人向受益人付款或履行合同义务，只有在委托人不付款或不履约合同义务时，受益人才可凭保函向保证银行要求付款。因此，保函的保证行付款责任的性质须按保函所规定的索偿条件来确定，保证银行的付款责任是第二性的。

（二）使用情况不同

信用证只用于正常履约国际货物买卖合同的情况下，只要交易正常进行，受益人提交符合信用证条款的单据向银行支款，这笔支款必然发生。而采用银行保函却不然，交易正常进行，有关方均按合同规定严格履行各自义务时，保函就不必使用，只有在委托人违反合同或不履行合同义务又未按合同规定向债务人赔偿时，受益人才会凭保函向保证行索偿，因此，凭保函支款不是每笔交易必然会发生的。

（三）付款的依据不同

信用证结算当卖方装运货物后，只凭符合信用证条款规定的单据付款，与订立的贸易合同无关。而银行保函当受益人凭保函向保证行索偿时，大多则须调查证实系委托人违反合同而又不予赔偿时才进行偿付。在调查证实过程中，保证行就会被扯进交易各方的合同纠纷中去。因此，有的国家法律为了不让银行介入商业纠纷，禁止银行开立保函。如美国和日本的银行就只能以开立备用信用证的办法来适应实际业务的需要。

第二节　备用信用证

一、备用信用证的概念

备用信用证（Standby L/C）又称担保信用证（Guarantee L/C），是指对受益人承担一项义务的凭证。开证行保证在开证申请人未能履行其应履行的义务时，受益人只要凭备用信用证的规定向开证行开具汇票，并随附开证申请人未履行义务的声明或证明文件，即可得到开证行的偿付。备用信用证是一种特殊形式的信用证，对受益人来说是备用于开证人违约时取得补偿的一种方式。

二、备用信用证的性质

备用信用证（Standby Letters of Credit）属于银行信用，开证行保证在开证申请人不履行其义务时，即由开证行付款。如果开证申请人履行了约定的义务，该信用证则备而不用。因此，备用信用证对于受益人来说，是备用于开证申请人发生违约时取得补偿的一种方式，其具有担保的性质。同时备用信用证又具有信用证的法律特征，它独立于作为其开立基础的所担保的交易合同，开证行处理的是与信用证有关的文件，而与交易合同无关。所以备用信用证既具有信用证的一般特点，又具有担保的性质。

除以上重要性质外，备用信用证还具备如下性质：

（一）不可撤销性

除非在备用证中另有规定，或经对方当事人同意，开证人不得修改或撤销其备用信用证下确定的义务。

（二）独立性

备用信用证下开证人义务的履行并不取决于：（1）开证人从申请人那里获得偿付的权利和能力。（2）受益人从申请人那里获得付款的权利。（3）备用证中对任何偿付协议或基础交易的援引。（4）开证人对任何偿付协议或基础交易的履约或违约的了解与否。

（三）跟单性

开证人的义务要取决于单据的提示以及对所要求单据的表面审查。

（四）强制性

备用信用证开立后即具有约束力，无论申请人是否授权开立，开证人是否收取了费用，或受益人是否收到或因信赖备用信用证或修改而采取了行动，它对开证行的义务都是有强制性的。

三、备用信用证与跟单信用证的区别

备用信用证开证行的付款责任与跟单信用证开证行的付款责任是有所不同的。在备用信用证业务中，备用信用证是一种银行保证，开证行一般处于次债务人的地位，其付款责任是第二性的，即只有在开证申请人违约时开证行才承担付款责任。而跟单信用证开证行的付款责任是第一性的，只要受益人提交信用证规定的单据，且“单证相符”，开证行就必须立即付款。

（一）银行付款的依据不同

跟单信用证仅在受益人提交有关单据证明其已履行基础交易义务时，开证行才支付信用证项下的款项；备用信用证则是在受益人提供单据证明债务人未履行基础交易的义务时，开证行才向受益人支付信用证项下的款项。

（二）信用证使用目的不同

跟单信用证开证行愿意按信用证的规定向受益人开出的汇票及单据付款，因为这表明买卖双方的基础交易关系正常进行；备用信用证的开证行则不希望按信用证的规定向受益人开出的汇票及单据付款，因为这表明买卖双方的交易出现了问题。

（三）涉及当事人不同

跟单信用证总是以货物的进口方为开证申请人，以出口方为受益人；而备用信用证的开证申请人与受益人既可以是进口方也可以是出口方。

四、银行保函与备用信用证的区别

（一）适用国际贸易惯例不同

备用信用证适用《UCP600》部分条款和《ISP98》，银行保函遵循《见索即付统一规则》（国际商会758号出版物）。

（二）银行付款责任不同

备用信用证的开证行负第一性付款责任，但为次债务人；银行保函的担保行既可负第一性付款责任（见索即付保函），也有负第二性付款责任的（有条件的保函）。

（三）付款依据不同

备用信用证一般要求受益人索赔时提交汇票及表明申请人未能履约的书面声明或证明；而银行保函一般不要求受益人提交汇票，仅凭受益人提交的书面索偿声明或证明即付款。

（四）付款金额不同

备用信用证项下付的为规定支付的金额；而银行保函项下为合同价款或履约赔偿金或退款等。

第三节 分期付款与延期付款

在成套设备、大型机械产品和交通工具的交易中，因为成交金额较大，产品生产周期较长，一般采取按工程进度和交货进度分若干期付清货款即分期付款和延期付款的支付方式。

一、分期付款

分期付款（Pay by Instalments）：买卖双方在合同中规定，在产品投产前，买方可采用汇付方式，先交部分货款作为订金。在买方付出订金前，卖方应向买方提供出口许可证影印本和银行开具的保函。除订金外，其余货款可按不同阶段分期支付。买方开立不可撤销的信用证，即期付款，但最后一笔货款一般是在交货或卖方承担质量保证期满时付清。货物所有权则在付清最后一笔货款时转移。在分期付款的条件下，货款在交货时付清或基本付清。因此，按分期付款条件所签订的合同是一种即期合同。

二、延期付款

延期付款（Deferred Payment）：在成套设备和大宗交易的情况下，由于成交金额较大，买方一时难以付清全部货款，可采用延期付款的办法。其做法是，买卖双方签订合同后，买方一般要预付一小部分货款作为订金。有的合同还规定，按工程进度和交货进度分期支付部分货款，但大部分货款是在交货后若干年内分期摊付，即采用远期信用证支付。延期支付的那部分货款，实际上是一种赊销，等于是卖方给买方提供的商业信贷，因此买方应承担延期付款的利息。在延期付款的条件下，货物所有权一般在交货时转移。

三、分期付款与延期付款的区别

采用延期付款，其做法虽与分期付款类似，但两者有所不同，主要区别是：

表 8.1　分期付款和延期付款的区别

不同点	分期付款	延期付款
1. 货款清偿程度不同	货款在交货时付清或基本付清，是一种即期现货买卖。	大部分货款在交货后的一个相当长的时间内分期支付，是卖方给买方的信贷，是一种赊销交易。
2. 所有权转移时间不同	买方必须付清最后一笔货款后，才取得货物所有权。	卖方履行交货义务后，买方即取得货物所有权，若此时买方不履行付款义务，则卖方只能依法要求偿付货款，而不能恢复货物的所有权。
3. 支付利息费用不同	买方未利用卖方的资金，因而买方不存在承担利息问题。	买方利用卖方的资金，因而承担利息问题。

因一般货价较高，因此在按延期付款条件签订合同时，应结合利息、费用和价格等因素进行考虑，权衡得失。然后作出适当选择。

第四节 不同结算方式的选择使用

一、影响国际结算方式选择的因素

（一）交易货物的销售情况

交易的货物属于紧俏商品、商品供不应求、货物属于卖方市场状况，则卖方可选择有利自己的结算方式，特别是选择在资金占用方面对自己有利的支付方式，而进口方则不得不在这方面作出让步，卖方可要求采用预付货款、信用证、银行保函等结算方式。而当合同货物属于滞销商品、商品供大于求、货物属于买方市场的情况下，则出口企业为扩大产品销路，增强市场竞争力，一般会接受买方提出的付款条件，例如货到付款或承兑交单等方式。

（二）客户的信用情况

对方客户的信用等级高低、资金实力是否雄厚、以往的交易历史中有无不良记录，这些都会影响出口结算方式的选择。在外贸实务中，无论进口方还是出口方都应该事先了解或调查对方的信用情况。若对方是自己长期可靠的贸易伙伴，或信用很好和偿付能力较强的老客户，可以适当放宽对结算方式的要求。在不损害自己利益的前提下，给予对方一些优惠政策。选择对双方都有利的手续简便、费用少的支付方式，对于巩固老客户有很好的作用。在建立新的客户联系时，由于对对方的信用情况不了解或认为对方信用不好时，则要选择相对较保守的结算方式。随着经验的增加和双方的相互熟悉，可以逐步采用相对宽松的支付政策。

（三）合同金额大小和价格条件

合同金额的大小直接影响外贸企业出口收汇的风险。企业应结合对方情况选择商业信用结算方式或是银行信用结算方式。合同中选用不同的价格条件，对买卖双方的责任划分和风险分担各不相同。例如合同选择 CFR 和 CIF 等象征性交货术语则可选择托收和信用证方式，而对于 FCA 和 FOB 等术语，由买方安排运输事宜，卖方很难控制货物，所以在一般情况下不会选择托收方式。

（四）有无融资条件

国际结算时，企业的资金是否充裕将使企业不得不考虑融资条件。企业利用国际结算服务的目的之一即是获得融资便利。借助国际结算方式合理地利用融资支持是企业所应具备的基本技能。当企业随着规模的扩大需要越来越多的资金时，企业向银行贷款的难度因为我国银行商业化进程的加快而增加。在这种情况下，资金缺乏的企业便会选择信用证结算方式，利用信用证就可以向银行打包贷款，而且手续简便费率较低。若企业资金充足且收汇风险较小，其一般愿意采用汇付或托收等结算费用较小的结算方式。

（五）运输单据的性质

国际结算中所涉及的运输单据有些属于物权凭证，有些则是非物权凭证。不同性质的运输单据对于支付方式的选择也有一定程度的影响。对于海运提单联合运输单据等代表物权凭证的单据，控制提单就等于控制货物所有权，交单等于交货。在实务中则有利于单据交易，所以对于卖方则可选择信用证方式甚至托收方式收取款。但在空运、公路、铁路运输、邮寄等运输单据项下，以及以记名抬头的海运单这些非物权凭证的运输单据下，则不利于单据交易。特别是托收方式下，由于没有银行信用作付款保证，更有钱货两空的极大风险。

二、不同结算方式的合理选择

合理选择和运用各种不同的结算方式，应从保障外汇资金的安全、加速资金周转、扩大贸易往来等多方面来考虑。在外贸实践中，外贸企业常根据交易的实际情况，有针对性地采用一种或综合运用多种支付方式和信用工具。以下列出几种供参考：

（一）汇付与托收结合使用

在出口贸易中，此种组合结算方式运用较多。出口方为减少收汇风险，往往要求进口方先支付一定的押金或预付款（一般为合同总金额的 20% —30% ），等货物装船出运后，出口方再从货款中扣除预付款，其余部分通过银行办理托收。这种组合方式，一方面可以保证出口方及时按合同履行发货的义务，又在一定程度上减少了货款收不回来的风险，同时也能约束进口方及时付款，节省了银行费用的开支。

（二）汇付与信用证结合使用

为减少收汇风险，出口企业对贸易结算中的运费、保险费、佣金、租赁费、折旧及赔款等金额较低的从属费用常采用汇付方式。而对于主要货款的收取则采用信用证结算方式。这样既保证了主要货款的收回，又因为汇付结算贸易从属费用而降低了结算成本。

（三）光票托收与跟单信用证结合使用

外贸实务中，买方为减少采用信用证结算方式带来的开证费用和押金，常会要求合同主要金额用信用证支付，而其余部分以光票托收方式结算。此时卖方应就信用证项下的金额和托收项下的金额分别出具汇票。前者以银行为付款人，后者以进口商为付款人，并将全套单据连同光票一并交由信用证指定的代理银行向开证行寄单索偿。同时卖方还可以要求买方在信用证中加注特殊指示，规定开证行必须在托收光票的款项收妥后才能向申请人（进口商）交单，从而保证安全收汇。

（四）汇付与银行保函、备用信用证结合使用

无论是买方的预付汇款还是卖方的货到后汇款，均可要求对方出具银行保函、备用信用证作为汇款支付方式的补充手段来减轻对方的违约风险。例如我国出口产品多以纺织品、农产品及其他低附加值的初级原材料为主，此类商品目前主要以买方市场为主，针对我国外贸出口企业因属于贸易劣势，而被迫接受外国进口商要求的以汇付做结算的要求，如条件允许，我国出口商应尽量争取要求进口商提供银行保函（备用信用证），保证进口商在提货后规定的期限内按合同付款。如果进口商拒付，将由担保行（开证行）承担付款责任，以此来维护自己的合法权益。

本章重要概念

银行保函　保险金递减条款　反担保函　见索即付保函　备用信用证　ISP98　分期付款　延期付款

复习思考题

1. 简述银行保函的性质与作用。
2. 备用信用证与跟单信用证之间的区别有哪些？
3. 简述备用信用证适用的相关国际惯例及对其的规定。
4. 简述分期付款与延期付款之间的不同点以及在国际贸易中的应用。
5. 国际结算中如何选择合适的支付方式？

☑ 案例题

1. 有一备用信用证要求受益人分期支款时须提供申请人违约的如下声明：“因为在到期日申请人没有对以下本票中的一张付款，因此，所开立汇票之金额代表开证申请人应该支付而未付的金额。”申请人早于分期付款日，即2011年1月1日、2011年2月1日、2011年3月1日之前，在备用信用证外，直接向受益人支付了应付的分期支款金额。因此，受益人毋需在备用信用证项下开立特殊的分期支款汇票。

2011年4月2日，在分期支款第四张本票到期后，申请人没有像前三次那样如期付款，因此受益人向开证行提交了信用证所要求的违约声明书和汇票，以便在备用信用证项下向开证行索取申请人所欠款项。请问：按照ISP98规定，开证行收到单据后可否拒绝付款？

2. 一备用信用证规定受益人支款时须提交一份有关申请人未能在2011年9—12月间交货的违约声明，但该备用信用证的有效期为2011年10月31日，受益人于2012年1月1日向银行提交违约声明时遭开证行拒付。请分析受益人在该案中应接受的教训。

3. 2009年3月7日，中国银行江苏省分行应苏美达集团公司的申请开出LC9400644/06号即期自由议付信用证，金额为600 000欧元，受益人为SWEDEN ENERGY AND ENVIRONMENT ABSAGVERKSGATAN，SWEDEN，通知行为SWEDBANK，STOLKHOLM，

SWEDEN。信用证所需要的单据中含一份正本银行保函，保函金额为10%的合同款，有效期至2011年9月30日。2009年7月31日该行收到该L/C项下全套正本单据，单据金额为信用证金额，交单行为信用证通知行SWEDBANK。经审核，银行认为单证相符，除留下待核实真实性的银行保函外，将其余单据交给申请人，并定于8月7日对外付款。从表面上看，该保函的出具银行是交单行SWEDBANK，STOLKHOLM，江苏省分行向其发出查询电后收到回电，该行称无法核实保函，要求江苏省分行传真保函，江苏省分行立刻将保函传真至该行。8月7日，苏省分行收到该行的回电，电文出人意料地告知该保函是伪造的。江苏省分行立即暂停了该笔信用证的付款，并与申请人联系，申请人退回已收到的所有单据要求拒付。8月8日，江苏省分行在收到单据的第六个工作日，向交单行SWEDBANK，STOLKHOLM发出拒付电报，拒付理由为该行某日的电报银行保函系伪造。之后江苏省分行没有收到对方银行的电文。8月21日，申请人书面通知江苏省分行已收到该信用证项下真实合格的银行保函并同意江苏省分行付款，江苏省分行当日解除拒付并对外付款，此笔业务圆满完成。请问：保函能否作为信用证的单据?

第五篇 国际贸易结算与融资

随着中国对外贸易的持续增长，传统的国际结算与融资方式已不能适应外贸业务的需要。特别是2008年发生的全球金融危机对实体经济的冲击，严重影响了中国对外贸易的开展。基于此，我国各商业银行为满足各进出口企业的短期融资的需要，转变融资观念，以国际结算为依托，为各进出口企业提供了多种多样的国际贸易融资方式。

国际贸易融资业务在国际市场上已有几百年的历史。发达国家在国际贸易融资方面起步较早，有不少成功经验值得我们借鉴，如美国规定出口信贷支持的出口产品国产率不得低于85%；在日本，政府有关机构亲自审查银行融资项目参与企业的情况，以保证其清偿能力，一旦贷款被批准，银行就密切跟踪，保证对贷款人的偿款执行进行持续监督；而意大利则将出口信贷及担保列入国家的预算资金，资金不足时在国内外市场发行债券筹集资金，以保证本国企业进出口贸易的顺利进行。可见，国际结算项下的贸易融资方式，对推进国际贸易的发展具有重大的现实意义。本章主要介绍国际结算项下的进口和出口两方面贸易融资方式及其在国际贸易结算中的运用。

第九章　国际结算下的贸易融资方式

学习目标

1. 了解国际结算下的贸易融资的概念、种类及业务程序；
2. 掌握进出口贸易融资的各种方式及其应用；
3. 掌握国际保理的种类、业务程序及其基本做法；
4. 掌握包买票据业务的程序及其应用。

第一节　国际贸易融资概述

一、国际贸易融资的含义和作用

（一）国际贸易融资的含义

国际贸易融资（Finance of International Foreign Trade）是指从事国际贸易结算的银行对进口商或出口商提供的与进出口贸易结算相关的短期融资或信用便利。它是在国际结算的基础上，以国际结算为依托、在国际结算的相关环节上提供的资金融通，为贸易行为的顺利开展提供所需资金的一系列融通服务的金融行为。国际贸易融资业务集中间业务与资产业务于一身，其目的是通过结算环节的融资，加速企业的资金周转，解决企业应收账款或对外付款所面临的资金困境。它是促进进出口贸易的一种金融支持手段，对银行和进出口企业的经济效率和社会效率均有积极的影响，现已成为许多国际性银行的主要业务之一。有的银行设在国外的分支机构，主要的业务就是开展国际贸易结算与融资，其业务收入可占到银行总收入的八成，因此，此项业务的发达程度与否，已被视为银行国际化、现代化的重要标志。

我国实行改革开放以来，对外贸易持续上升，国际贸易供应链的形成和电子商务及互联网技术的成熟，市场和技术的力量在共同重塑着国际贸易融资业务的发展，催生了多种便于进出口资金周转的融资方式。如在出口贸易融资方面，有出口押汇、打包放款、出口信用保险、国际保理业务、包买票据和票据贴现等。在进口贸易融资方面，有进口押汇、进口托收押汇、提货担保、信托收据、授信开证和假远期信用证等。但是每一种贸易融资方式都有具体的独特功能，有着不同的使用条件和背景，都有它的优势和局限性。因此在实际业务中，进出口商可根据各自进出口融资的需要灵活选择。因为选择的结算方式直接决定了贸易融资的种类和操作流程，以期较快地满足各自短期融资的需要。

（二）国际贸易融资的作用

国际结算下的贸易融资业务风险小而效益高，业务的延展性强，能够有力地带动银行其他业务的综合营销与发展，对维护世界经济的稳定和发展具有以下几个方面的作用：

1. 提升发展中国家的信贷能力（creditworthy）

发展中国家由于经济状况落后，信贷能力通常较低。而贸易融资的成功与否，更多的是依靠贸易活动本身或贸易货物信贷价值的情况，较少与国家间贸易双方主体的本身情况挂钩，故贸易融资的门槛较低，因而国际贸易融资活动的开展有利于提升发展中国家的银行信贷能力。

2. 开辟了银行新的利润增长点

通常，商业银行很愿意发放以贸易货物为抵押品的贷款，以获得具有充足的风险保障和汇兑结算等中间业务。同时，通过提供贸易融资服务，银行不但可以获得相应的融资服务收益，而且可以维持和客户的良好关系，巩固和扩大银行的金融市场，为银行的经营效益开辟新的增长方式。

3. 促进国际贸易的开展

国际贸易融资扩大了贸易双方的流动性，有利于出口企业生产能力的扩大和进口商购买能力的提高，从而扩大国际贸易规模。特别是贸易货物可作为提供贸易融资活动的商业银行或其他机构的抵押品，使中小企业和发展中国家提高在国际金融市场上融资的能力，有助于中小企业和发展中国家扩展贸易规模，扩张市场范围，同时也极大地减少贸易双方的交易成本。

4. 有利于国际资本向发展中国家的流动

通过国际贸易融资，参与国际贸易活动的企业从国外贸易伙伴或其他机构获得了国外资本，又通过贸易融资或其他手段，将获得的国际资金转移或融资给国内不能获得国际融资服务的企业。这样，非从事国际贸易活动的企业通过国内社会化经济活动的进行，也间接地获得了接触国际资本的机会，使国际资本流入发展中国家和企业的渠道增多，便利了国际资本向发展中国家的流动，提升了发展中国家和企业的信贷能力。

总之，国际结算下的贸易融资是国际贸易中的一种重要融资方式，不仅能增加本国的对外贸易，而且还能促进本国银行业务的良性发展。

二、国际贸易融资的基本特点

国际贸易融资业务的主要特点是，以贸易融资产生的现金流量为还款的来源，无须等待企业经营中所产生的效益来还款，结算中的商业单据或金融单据等权利凭证就是融资者融资的履约保证。这对银行来说，首先，作为国际结算业务延伸的中小企业融资，由于其业务的前期属中间业务，业务过程的中后期属资产业务，所以银行可以从融资者那里获得手续费和利差，其中手续费除纯粹的结算费用外，有时还可获得1‰—5‰的汇兑收益及外汇交易费用等，收益率高；其次，国际贸易中小企业融资风险小、收效快，符合银行资产盈利性、安全性和流动性的原则；再次，由于国际结算中的中小企业融资业务技术性较强，需要有现代的、科学的内部运行系统加以支持，这就促使银行对内部营运机制进行不断地改善和调整，使整个业务在相互衔接、相互制衡的情况下高效运转，这就能较快地造就一支懂银行经营、懂英语、懂外贸的专家型团队，审时度势，抢占先机，占领商业银行国际业务发展的制高点。四是银行和进出口商都是以追求利润为目标的企业，有着各自的利益。银行需要稳定的、信誉良好的客户群，进出口商也很需要能为其提供优质服务的银行。通过贸易融资服务，银行一方面可以证明自己的实力和资力，提高银行的可信度，另一方面也可以获得更多中小企业的业务群，使双方的联系紧密起来，达到银行与企业互利共赢的目的。

三、国际贸易融资的分类

在现代国际贸易中，越来越多的商业银行在提供多种多样的国际贸易融资方式，以满足进出口企业短期融资的需要。国际结算的贸易融资方式很多，但在实务中，根据银行提供融资的对象不同，通常分为进口贸易融资和出口贸易融资两类方式。因为这是本章重点讲解的内容，所以分节介绍。

第二节　进口贸易融资方式

在竞争激烈的国际贸易中，如何安全、高效地运用资金自然是进出口企业首先考虑的问题。国际结算项下进口贸易融资方式有进口信用证押汇、进口托收押汇、提货担保、信托收据、进口代付和假远期信用证。

一、进口信用证押汇

（一）进口信用证押汇的含义

进口信用证押汇是指进口地开证行在收到出口国议付行寄来的单据后，应开证申请人要求向其提供的短期资金融通，用以支付该单据项下款项。

议付行将单据交到开证行，开证行经过严格审单后无不符点，或虽有不符点但客户及开证行都同意接受，开证行应在合理工作时间内对外付款，通知申请人赎单。

这时申请人还未见到货，有可能凭单付款有资金困难，开证行根据协议可以不立即向申请人收款，而是扣其授信额度，办理进口押汇，待申请人出售货物收回资金后再付款。

（二）进口信用证押汇的基本条件

（1）进口押汇期限原则上不超过180天。

（2）客户于申请授信开证时或授信开出的信用证付款前向开证行提出进口押汇申请，应提交以下材料：

《进口押汇申请书》，申请书应加盖客户预留银行的印鉴；经签章确认的《进口押汇协议书》，协议书须列明申请人名称、信用证编号、押汇金额、押汇期限、押汇利率、还款H期、还款责任及违约处理等。在进口押汇业务中，释放单据的方式大致有3种：一是凭信托收据（Trust Receipt）放单，因为信托收据也是进口押汇的一种形式；二是凭进口押汇协议放单，这种协议通常包括类似于信托收据的内容；三是由申请人付清银行垫款后放单，即付款赎单。在最后一种情况下，如申请人暂时无力赎单，银行还必须考虑货物的存仓保险事宜，待客户付清货款后再签发提货单给客户提货。押汇银行从垫款之日起开始收取押汇利息，利率按市场利率加上一定的幅度。这个升幅可根据每个客户的不同情况而定，同时按回收期的长短，将押汇利率分为几个档次，如30天以内，60天以内，90天以内，时间愈长，利率愈高。这种计算方式可以鼓励客户尽早还款，以降低银行业务风险并加速资金周转。需特别注意的是：转让信用证项下的单据不予办理出口押汇；银行不能掌握货权的货运单据或未按信用证要求提示全套正本海运提单的不符点单据原则上不予办理押汇。

（三）进口信用证押汇流程

进口信用证押汇流程图如图9.1和图9.2所示。

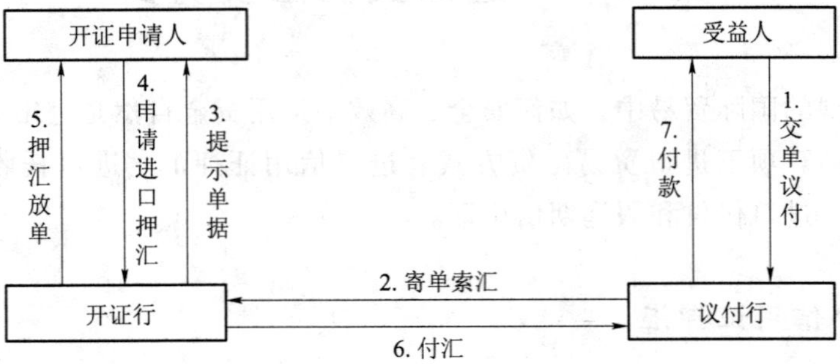

图9.1 进口信用证押汇流程图1

（1）信用证项下受益人提交单据议付。

（2）议付行寄出单据索汇。

（3）开证行提示单据。

（4）开证申请人申请进口押汇。

（5）开证行押汇放单。

（6）付汇。

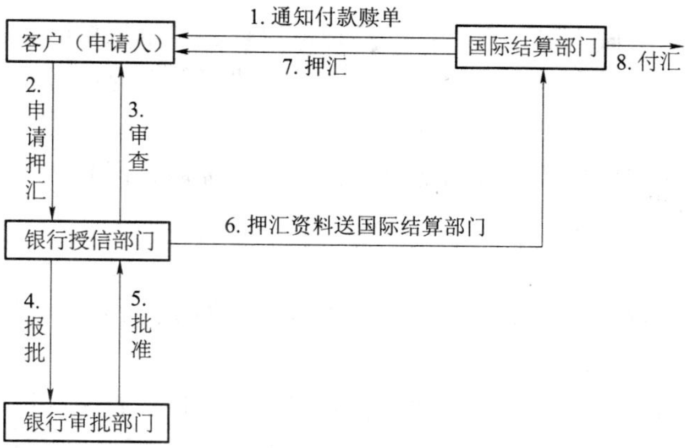

图 9.2 进口信用证押汇流程图 2

1. 受理

受益对象要求是具有进出口经营权的银行客户，信用记录良好，财务、经营状况正常；对于已经获得银行进口押汇额度的押汇申请人，在可使用的进口押汇授信额度以内，最迟不得晚于信用证对外付款日之前三个工作日向银行申请叙做进口押汇；对于在银行没有进 El 押汇授信额度的押汇申请人，或者拟押汇金额超过其可使用的进口押汇授信额度的申请人，原则上必须在向银行申请办理进口开证业务的同时，向银行申请叙做进口押汇；开证申请人申请进口押汇需提交包括《进口押汇申请书》、银行在该信用证项下发出的到单付款/承兑通知书、最近一期财务报表和进口押汇额度协议以及相应的最高额担保文件（如果开证申请人申请叙做额度押汇）；进口押汇由银行授信部门受理，可以逐笔受理，并单笔审批办理，也可以对符合条件的客户给予进口押汇额度管理。

2. 审查

银行授信部门收到客户递交的《进口押汇申请书》及其他资料后，按照短期贷款调查要求，对申请人资信、财务、经营及该笔进口商品市场销路、销售落实情况，回款周期、押汇担保措施等进行调查，核定押汇方案，落实相应担保措施，交银行审批部门进行单笔审批或确定是否给予授信限额的审批。

3. 核定押汇方案

押汇本金数额应为进口信用证项下单据到单时需要对外支付的金额扣除开证申请人已缴存的保证金差额；押汇期限应根据开证申请人申请、贸易循环实际需要酌定。申请的押汇期限指信用证项下对外付款之日起原则上不超过 90 天，最长不超过 180 天，且不得展期；押汇币种必须是银行外汇牌价挂牌币种，具体押汇币种由押汇行根据申请人的需求及押汇行自身的外汇存量情况自行决定；押汇币种为人民币的，押汇利率按照中国人民银行公布的同期贷款利率计息；押汇币种为外币的，参照国际市场 LIBER 加点。

另外根据客户资信等级、业务风险度、银行综合收益等因素确定加点数。计息日自对外付汇日起，至押汇归还日止，利随本清。

4. 签约

银行审批部门通过后，银行与客户签订押汇协议。单笔叙做时，签订进口押汇协议及对应保证合同；额度叙做时，签订进口押汇额度协议及对应的最高额保证合同。

5. 发放

银行授信部门将押汇凭证、押汇协议送国际结算部门，国际结算部门发放押汇款并同时直接对外支付。

6. 贷后管理

贷款发放后，银行会指定专人负责跟踪进口商品加工、销售、货款回笼情况，并督促客户及时归还押汇本息。

银行开立了信用证就要承担第一性的付款责任，所以银行在开证时应要求申请开证人提供保证金、抵押品或担保函，但对资信良好的长期往来客户，可以提供优惠服务和简化手续，按一定的抵押品核定一个开证额度。

二、进口托收押汇

（一）进口托收押汇的含义

进口托收押汇是指代收行在收到出口商通过托收行寄来的全套托收单据后，根据进口商提交的押汇申请、信托收据以及代收行与进口商签订的《进口托收押汇协议》，先行对外支付货款并放单，进口商凭单提货，用销售后的货款归还代收行押汇本金和利息。它的特点主要是帮助进口商获得银行的信贷支持，加速资金周转，从而把握市场机会，扩大销售额。

（二）进口托收押汇业务流程

进口托收押汇流程如图 9.3 所示：

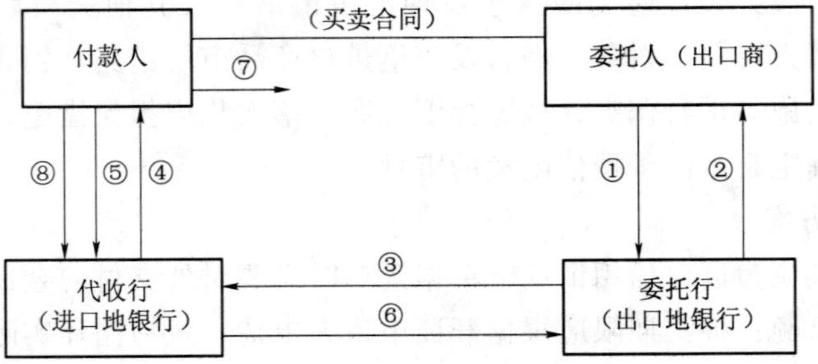

图 9.3　进口托收押汇流程图

（1）出口商先行发货，然后开立汇票连同有关货运单据交给委托行。

（2）委托行向委托行托收押汇。

（3）委托行向进口地代收行寄单。

（4）代收行收到进口商为付款人的进口代收单据后，就可以作为申请人向银行提出进口代收押汇申请。

（5）申请人接受单据并承诺到期付款。

（6）代收行审核相关资料后办理押汇手续并对外付款。

（7）申请人取得全套单据后向承运公司办理提货手续。

（8）押汇到期后，申请人偿还押汇本息。

（三）对进口商的资金融通

托收项下对进口商的资金融通有凭信托收据借单和凭银行保函提货。

（四）进口信用证押汇和进口托收押汇的区别

进口信用证押汇与进口托收押汇相比较，无论对于银行或外贸企业而言，其获利效益大体一致。但前者结算方式是L/C，后者结算方式是托收，两者所使用的结算方式不一。从银行自身的风险来说，进口托收押汇远远超过进口信用证押汇的风险，因为进口信用证押汇是建立在银行负有第一性付款责任的信用证业务基础上，如果单证一致、单单相符、单内一致，即使开证申请人不付款，开证行也必须履行对外付款的义务。这样，如果剔除汇率风险和利息两个因素，进口信用证押汇并没有给开证行带来更大的风险。而进口托收押汇则属于商业信用，无论进口商是否付款，代收行都没有责任。进口商无非将原本给予出口商的商业信用转给了代收行，从而加大了代收行的风险。因此，风险应是进口托收押汇大于进口信用证押汇。在进口托收押汇的业务中，作为代收行，应当根据进口商的资信、业务和抵（质）押/担保情况，为其核定一个押汇额度，供其周转使用，做到拓展业务和防范风险的有机结合。

三、信托收据

（一）信托收据的含义

信托收据（Trust Receipt，T/R）是进口商借单时提供的一种书面信用担保文件，用来表示愿意以代收行的受托人身份代为提货、报关、存仓、保险、出售，并承认货物所有权仍属于银行。货物售出后所得的货款，应于汇票到期时交银行。

（二）信托收据的内容

信托收据具有借单及保证书的双重性质，一般载有以下内容：

（1）在进口商付款赎回信托收据之前，单据、货物的所有权仍属代收行。

（2）进口商只能以货主（出口商或代收行）的名义提货，将货物存仓；如果出售货物，所得货款应如数存入银行（代收行），以便汇票到期时支付货款。

（3）如果代收行因借出单据而受到损失，进口商应负责赔偿。

(4) 代收行可随时取消信托收据，收回单据及货物。

(三) 信托收据的申请条件

(1) 进口商资信状况良好；

(2) 单据必须属于银行开出的信用证项下才可以办理信托收据；

(3) 信托收据须指明客户作为银行的受托人代银行保管有关货物，同时保证货款的安全收付。

四、提货担保

(一) 提货担保的含义

提货担保（Delivery against Bank Guarantee）是指进口商开出信用证后，有时因航程过短、货比信用证项下提单或其他物权凭证先到达目的港的情况下，为便于进口商办理提货，尽快实现市场销售和避免货物滞港造成高额滞仓费和损失，银行根据开证申请人的申请向船公司出具书面提货担保书，交承运人先行提货，待正本提单收到后向承运人换回提货担保书的一种担保业务。进口商只需保证日后及时补交正本提单，并负责缴付船公司的各项应收费用及赔偿由此而可能遭受的损失，即可由银行单独或与进口商共同向船公司出具书面担保，请其凭担保书先行放货。

(二) 提货担保的具体做法

提货担保一般仅限于开立信用证项下的商品进口。进口商办理提货担保时，必须向银行提交提货担保申请书及相关资料，如船公司的到货通知、船公司的预先标准提货保函（银行提供）以及提单副本和发票副本（复印件也可）、经授权人签字的信托收据，进口地银行对上述文件进行审核以确保所指货物确属该信用证项下的货物。申请人还应在提货担保申请书上保证承担船公司所收一切费用及其他可能遭受的损失。如在与日本、韩国和东南亚等近洋地区的进口贸易中，由银行出具提货担保的情况比较普遍。随着航运业的不断发展，我国与这些地区的货物运输时间越来越短，海上航程一般在2－7天，经常发生货物先于单据到达进口地的情况，所以由银行出具提货担保的情况比较普遍。

提货担保的优点是可使开证申请人（进口商）及时提货和销售，流程费用低廉，手续简便，避免压仓，可减轻货物滞港费用负担，加速资金周转，防止不必要的经济损失。但应注意的是，一旦办理了担保提货手续，无论后到的单据存在有否不符点，进口商均不能提出拒付或拒绝承兑。

(三) 提货担保业务的主要特点

1. 风险低

提货担保由信用证开证银行签发或者由银行加签，对于非由银行开出的信用证，银行拒绝叙做信用证项下的提货担保业务。银行自己开出进口信用证后，由于正本提单流转在自己控制下，而且银行对进口商的资信在开立信用证时已经做过全面审查，对这种信用证交易的真实贸易背景以及货款支付环节比较有把握，从而减少了提货担保业务的风险。在担保函的形式方面，由银行加保的情形最常见。但提货担保占用授信额度限于信用证项下使用。

2. 安全性高

进口商可凭提单副本等文件向银行提出申请。进口商须向银行提供提货担保申请书及提货担保保函（样本）以及相关资料，如发票复印件或传真件、提单副本或正本提单复印件或传真件或运输公司的到货通知书、箱单复印件或传真件、进口付汇核销单等。经审核查实后，银行将提货担保保函交进口商提货。

3. 全额保证金

很多银行要求进口商必须提供全额保证金，也有银行对不同信用证项下的提货担保的反担保措施加以区别对待，对即期信用证项下的提货担保要求收取全额保证金，而对远期信用证项下的提货担保可减收保证金，或视情况收取一定比例的保证金，不足部分由申请人、担保人提供抵押（质押）或第三者提供保证金。

4. 担保关系

为了控制风险，银行分步办理提货担保业务，不愿为申请人出具总担保。

银行办理提货担保业务后，进口商将担保函交给承运人，这样银行与承运人之间成了保证关系，银行为保证人，承运人为债权人，进口商为债务人。这种保证关系除了担保函另有约定外，适用《担保法》的规定。

（四）提货担保的业务流程

（1）开证申请人（进口商）向银行（开证行）提出办理提货担保业务申请，并填写《提货担保申请书》。

（2）开证申请人向银行提供近期财务报表、提单复印件等材料，必要时提供保证金等担保措施。

（3）办妥上述事宜后，银行向签发提单的承运人或其代理人出具提货担保书。

（4）担保提货后，一旦收到所需单据时，立即凭正本提单到提货所在地将银行担保书换回并退还银行。

（五）提货担保的申请条件

（1）进口商应具备进出口业务经营权，且资信较好。

（2）在办理提货担保时，开证申请人须以书面形式承诺，无论单据是否存在不符点，均同意对外付款或承兑。

（3）办理提货担保项下的信用证须由办理银行开出。

（六）提货担保的注意事项

进口商在办理提货担保时，应注意如下事项：

（1）办理提货担保的基本前提是：a. 以信用证为结算方式，b. 运输方式为海运，c. 信用证要求提交全套海运提单；

（2）进口商应向开证行申请办理提货担保；

（3）需在出具提货担保的核定占有授信额度或单笔授信；

（4）申请办理提货担保时需要提交：a. 提货担保申请书，b. 提货担保书，c. 副本发票，d. 副本提单；

（5）需向出具提货担保的银行承诺，当单据到达后，无论有无不符点，均不提出拒付货款或拒绝承兑；

（6）正本提单到达后，应及时从船公司处用正本提单换回提货担保，并交还给出具该提货担保的银行予以注销。

例如：2010 年 11 月 1 日，中国香港某银行根据其客户 A 公司的指示开立一张金额为 20 000 美元的信用证，货物允许分批装运。2010 年 11 月 20 日，申请人向开证行说明货物由受益人分两批装船，第一批货物已经抵达香港，要求开证行出具提取这第一批货物的提货担保，并附上相应的金额为 10 000 美元的赔款保证。由于申请人在开证行有 40 000 美元的信用额度，所以该行签发了一张给船公司的提货担保，允许申请人提货。一星期后，第一批货物的单据尚未收到，申请人又要求提取第二批货物的提货担保。由于申请人的信用额度并未突破，因此开证行开出了第二份提货担保。几天后，开证行获悉它的客户 A 公司倒闭了，董事们不知去向，之后开证行收到了国外寄来的单据，但金额是 20 000 美元。显然信用证下只有这一批货物，根本没有第二批。一个月以后，凭开证行担保而被提走第二批货物的船公司声称开证行侵占了价值为 20 000 美元的货物，原来 A 公司少报了第一批货物的金额，又冒领了不是它的第二批货物。

分析

在国际贸易中银行出具提货担保给客户提货是常有的事，尤其是在近洋贸易中更为常见，因为货物常常先于提单抵达目的港。银行通常要对船公司保证赔偿因没有提单而提货所产生的一切损失及费用，如果客户骗取提货担保，冒领货物，提供担保的银行很可能遭受很大的损失。

启示

防范这类诈骗的有效措施有以下几种：（1）开证行在开证时就在信用证中明确规定货物的唛头，在提货担保上打出货物唛头，并加注信用证号码，这样开证申请人就只能提取信用证中所规定的货物，而不能冒领别人的货物了；（2）开证行可以通过议付行获得货物的详情资料，了解单据是否已被议付，是否真的有这批货物，以避免受骗；（3）开证行应该要求开证申请人提供绝对付款的书面保证和保证金，以防届时开证申请人以单证不符为由达到提取货物后不付款的目的；（4）开证行可以要求进口商在他的赔偿担保或信托收据中说明承担无限责任，而不是像上述案例中只有 10 000 美元的赔款保证。必要时，开证行可要求进口商提供抵押品或由信誉良好的第三方提供无限责任担保。

五、进口代付

（一）进口代付的含义

进口代付（又称海外代付）是银行利用代理行的资金，为进口商信用证项下进口付汇提供的短期融资服务。在信用证对外付款之前，进口商如有融资需求，在开证行资金紧张或资金成本较高的情况下，由开证行联系外资银行或海外分行代为付款，在融资到期日进口商再偿还信用证款项、融资利息和银行费用的融资业务。

从融资的角度看，海外代付和进口押汇有一定的相似性，两者都是开证行向进口商提供的短期贸易融资。但是海外代付业务的资金由代付行提供，不同于进口押汇业务的资金是由开证行提供，所以海外代付不占用开证行的资金。在各银行资金普遍紧张的情况下，海外代付就可以突破一定的局限，更为灵活方便。更为重要是，海外代付业务需支付的费用一般低于国内同期贷款的利息支出。通过海外代付融资的利率，一般也远低于进口押汇利率，从而大大降低了进口商的成本费用。

（二）进口代付的特点

进口代付，要求银行在开立信用证前与开证申请人签订《进口信用证项下代付协议》，开证行与国外银行要签订融资协议，到凭开证申请人提交的《信托收据》放单，才电告国外银行付款。开证申请人在代付到期日支付代付的本息。这种代付方式有如下好处：

（1）减少客户流动资金占压，提高资金使用效率。

（2）利用国际货币市场资金，降低客户融资成本。

（3）突破境内外汇供应瓶颈，为企业创造有利商机。

（4）购汇付汇合理延期，创造增值收益。

（5）代付融资差价计入手续费收入，扩大中间收入来源，优化收入结构。

（6）信用证、托收和汇款项下的进口业务均可办理进口代付业务。

（7）受托银行可与众多代理行开展进口代付合作。

（8）纳入贸易融资授信额度，融资便利快捷，实现额度共用。

（9）根据国际货币市场行情合理确定报价，按实际融资天数计息，合理灵活。

（三）进口代付的注意事项

融资比例、币种、期限和融资金额不得超过付款金额。

（1）币种：与进口付款币种一致。

（2）期限：a. 进口代付期限与进口付款期限合计原则上不超过 180 天。b. 属于信用授信、特别授信项下的，经代付行同意，进口代付期限最长为一年。

（3）适用客户：具有进口经营权，符合该银行贸易融资授信条件的企业。

（4）申请材料：① 进口代付申请书；② 进口贸易合同和进口单据副本；③ 代理

进口合同（如需）；④ 进口付汇备案表（如需）；⑤ 进口货物报关单（如为汇款项下进口代付）；⑥ 银行要求的其他材料。

六、假远期信用证

（一）假远期信用证的含义

所谓假远期信用证（ Usance Credit Payable at Sight ）是指进出口双方签订贸易合同中规定的即期付款条件，但进口方开立信用证要求出口方发运货物后提交远期汇票和单据，同时在信用证上注明该远期汇票对出口方可即期付款，由开证/付款行对远期汇票进行贴现，其贴现费用和延期付款利息由开证申请人负担。这种信用证从形式上看，对出口人来说仍属于即期全额收款的信用证。但对开证人来说则属于远期付款的信用证，故也称“买方远期信用证”（Buyer's Usance Credit）。

（二）假远期信用证的作用

假远期信用证实际上是进口地银行（开证/付款行）给进口商的一种贸易融资方式。这一融资方式可使银行、进口商、出口商三方获利。

对出口商来说，货物起运后开立远期汇票将相关单据提交给议付行，由议付行押汇或买断单据直接融资给出口商，它的作用等于即期信用证，加速了出口商资金周转，促进了商贸活动的继续。同时，通过假远期信用证，能使出口商成功规避收汇风险。因为如果以真远期信用证结算，出口商要待远期汇票到期后才能收汇，期间如果付款银行发生付款障碍，出口商就要承担风险，而采取假远期信用证的方式，则可规避银行的付款风险。

对进口商来说，能及时借助银行资金，既实现了对出口商即期付款的承诺，又减缓了自身暂时的资金短缺。进口商在开证银行开立假远期信用证，明确了即期付款的条件和承担贴现利息的承诺，并向银行缴纳一定比例的保证金，进口商就获得类似进口押汇的贸易融资，同时可以即期取货销售。因为进口商在付款前可凭借信托收据向开证行借用信用证规定的各种单据，虽然货物的所有权并未改变，进口商却可以提前取货出售，提前偿还开证行的融资，另外，进口商可以即期付款为条件，要求出口商对商品价格给予一定的优惠，从而降低货物的进口成本。

对银行来说，假远期信用证在开证行、议付行、偿付行几个银行间运作，开证行要指定一家银行作为偿付行，可利用偿付行的资金，既解决自身银行的资金周转，又满足为进口商融资的需求。议付行是买入或贴现出口商提交的远期汇票的银行，如要向出口商发生垫款行为，所垫款项自有开证行或指定的偿付行清偿。因此，议付行即使向出口商融资垫款却无垫款风险，买断远期汇票即刻获利，增加了议付行的中间业务收入。偿付行根据开证行的指令付款，垫付的款项由开证行来清偿，从垫付款项到汇票到期期间所产生的贴现利息和费用由进口商支付。使偿付行可获取手续费，从中增加一笔收益。

总之，假远期信用证是出口商开立的远期汇票，但信用证明文规定按即期收汇，这种做法的实质是由开证行或付款行对进口商提供融通资金的便利，所需利息由进口商承担。但对出口商来讲，可即期获得汇票的票款，但亦承担汇票到期前被追索的风险。

进口商所以愿意使用假远期信用证，其一，他可以利用贴现市场或国外银行资金以解决资金周转不足的困难；其二，是摆脱进口国外汇管制法令的限制。

（三）假远期信用证与远期信用证的区别

假远期信用证与远期信用证的主要区别是：

1. 开证基础不同

假远期信用证是出口商要求即期收回货款，以即期付款的贸易合同为基础，而进口商则承诺远期付款，期间由付款行负责贴现；而远期信用证是出口方同意远期收汇，进口商承诺远期付款，它是以远期付款的贸易合同为基础的。

2. 信用证条款不同

假远期信用证中除在进出口合同中明确即期付款后，进口商在条款上增加了即期付款的假信用证条款；而远期信用证（Usance Credit）在进出口双方签订的贸易合同中规定了远期付款的结算期限，当开证行或付款行收到出口商交来的远期汇票后，先进行汇票承兑而不立即付款，而是待汇票到期后进行付款。远期信用证中只有利息由谁负担的条款。

3. 利息的负担者不同

假远期信用证中的远期汇票的贴现费用和利息由进口商担负。而远期信用证的贴现利息则要等到约定的日期由出口商负担。

4. 收汇时间不同

出口商使用假远期信用证能即期收汇，而使用真远期信用证要俟汇票到期才能收汇。远期信用证从银行贴现到银行实际付款这段时间产生的贴现费用和贴现利息一般由远期汇票的出口商来支付。

5. 操作流程不同

假远期信用证是开证行与进口商进行的融资环节，开证行应进口商要求在远期汇票到期前为进口商的付汇融资。远期信用证是开证行指定偿付行对远期汇票贴现垫付资金。

（四）假远期信用证的条款

凡在信用证载明如下条款者，皆为假远期信用证：

（1）远期汇票按即期议付，由本银行（开证银行）贴现，贴现及承兑费由进口商承担。

Usance Drafts to be negotiated at sight basis and discounted by us (Issuing Bank), discount charges and acceptance commission are for Importer's account.

（2）远期汇票按即期议付，利息由进口商承担。

Usance draft to be negotiated at sight basis, interest is for Buyer's account.

（3）授权议付银行议付远期汇票，依票额即期付款。

The Negotiating Bank is authorized to negotiate the usance drafts at sight for the face amount.

(4) 本信用证项下开立的远期汇票可按即期议付。

Usance drafts drawn under this credit are to be negotiated.

(5) UCP600 信用证中条款 42C Draft at：at xx days after sight 即为假远期信用证。

(五) 假远期信用证的业务操作

(1) 开证前调查、审查和审批

① 受理申请：进口商开立假远期信用证，应符合银行开立假远期信用证的信贷条件。

② 调查、审查和审批：银行按照减免保证金开证的审批程序进行调查、审查、审批。

③ 确定利率。

(2) 假远期信用证的开立

(3) 假远期信用证的到单

(4) 假远期信用证融资发放

(5) 到期收回融资款项

(6) 远期信用证融资查询

(7) 开证后的管理

(8) 注意事项

(9) 风险提示

(10) 档案管理

由于假远期信用证操作上的特殊性，使得银行进行国际收支的申报时间不确定。假远期信用证融资环节涉及议付交单银行、国内偿付银行、国外开证银行。按照国际收支申报原则，一笔收入应按照实际收汇日期进行国际收支申报。近几年，假远期信用证一般由议付行在收到国内偿付行偿付款项后即进行国际收支申报工作，但由于假远期信用证业务涉及的议付行和偿付行不是一家银行，因此议付行无法掌握真正的国外回款时间。如果改让偿付行进行国际收支申报，则偿付行无法获取出口商的详细信息。所以在国际结算业务中，建议参照押汇业务申报的办法，在出口商议付交单时，先由出口商申报相应的信息，议付行记录远期汇票到期时间，将远期汇票的到期日作为国外回款日。

总之，不论采用何种方式申报，信用证凭与之表面相符单据付款的性质并未改变，其操作风险和一般即期或远期信用证基本一样，并没有额外的扩大或缩小。重要的是在与申请人、受益人或银行签订相关协议时要严谨缜密，使之符合银行内部规定，又符合政策法律要求，以保证假远期信用证融资方式的效益性和安全性。

第三节 出口贸易融资方式

和进口贸易融资的目的一样，出口贸易融资也是出口商希望借助银行的资金，达到企业生产资源顺利周转运作的目的。在操作过程中，每一种出口贸易融资方式都有着不同的使用条件和背景，都有其自身的优势和不足，而单一的出口贸易融资方式又难以适应企业在产品出口融资过程中的需要。本节介绍出口企业最常使用的出口贸易融资方式：出口押汇、打包贷款、国际保理业务、福费廷、贴现、出口信用保险等。

一、出口押汇

（一）出口押汇的概念与作用

出口押汇（Outward Bills）是指出口商将代表物权的单据及其他单据抵押给银行，从而得到银行扣除押汇利息及手续费用后的有追索权的垫款。

出口押汇的融资金额通常为货款的100%，但其利息计收采用“预收利息法”，即银行在全额的本金内扣除预收利息及各种手续费后的余额货款给出口商。因此出口商收到的金额不足货款的100%，还款的来源通常为信用证或托收项下的收汇款，在出口商不能正常从国外收回货款的情况下，出口商应偿还押汇本金及利息，或允许银行主动从其账户扣划押汇金额及补收的有关费用。

押汇利息 = 本金 x 融资年利率 x 押汇天数

押汇天数的计算：办理出口押汇日到预计收汇日再加5—7天。

出口押汇的作用主要是使出口商在国外货款到达之前从出口地银行得到垫款，加速资金周转，方便出口商的资金运作。出口押汇与其他融资方式相比，具有手续简便（无须担保、质押、保证金等）、快捷的特点。

（二）出口押汇的种类

出口押汇主要是买单业务，包括出口信用证押汇和出口托收押汇。

1. 出口信用证押汇

出口信用证押汇（Negotiation Under Documentary Credit）是指在信用证项下，出口商在货物发运完毕后，缮制并取得信用证所规定的全部单据，开立汇票连同信用证正本，（如经修改的还需连同修改通知书）在信用证规定的交单期和信用证的有效期内，递交有权议付的通知行或与自己有往来的其他有权议付的银行提供在途货物资金融通的融资方式。也就是由议付行向受益人购进由他开立的汇票及所附单据，在我国习惯上称为“议付”或“买单”。这种融资方式对银行来说风险小、收款较有保障，在议付时只扣除一个来回邮程的利息就行。但“出口信用押汇”业务，受益人（出口商）必须向议付行提交符合信用证条款的单据，如出口商交单不符，即会遇开证行拒付，就会失去开证行的信用保障，押汇银行就有向其前手出票人，即受益人进行追索票款的权利。因此，押汇银行在押汇后，通常在信用证正本背面作必要的有关议付事项的记录，俗称“背批”。出口商要求银行买入其出口单据时，应填写出口融资申请书，连同信用证正本和全套单据提交银行。银行核对融资申请书印签并验收单据后开始审核单据，除了按L/C条款和规定审核外，银行还要审核以下方面的内容：

(1) 开证行所在国的政治经济情况，有否第三国信用良好的银行加具保兑或确认偿付；

(2) 开证行的经营作风及资信情况；

(3) 信用证条款是否符合国际惯例；

(4) 对物权的控制，是否具有海运提单和货物承运收据等物权凭证；

(5) 出口商的资信情况；

(6) 对限制议付的信用证、可转让信用证、有不符点的单据、政治经济不稳定的国家来证、或 SWIFT 开立的信用证使用无密押格式，银行要从严控制出口押汇的办理；

(7) 押汇有追索权，若开证行（或保兑行）未能及时付款，不论何种原因，出口商作为受益人必须归还出口地银行的押汇融资款项；

(8) 出口押汇期限一般不超过 180 天；

(9) 银行采用预收方式收取押汇利息，押汇利息是根据押汇利率和融资期限计算出来的。如果实际收汇时间超出了预收利息期限，则议付行有权向出口商追收迟付利息。

2. 出口托收押汇

出口托收押汇（Collection Bill Purchased）是指出口商在按照出口合同规定发运货物后，开出以进口商为付款人的汇票，并将汇票及所附全套单据交托收行委托收取货款时，由托收行买入跟单汇票及其所附单据，然后按照汇票金额扣除从付款日（买入汇票日）至预计收到票款日的利息及手续费，将净款先行付给出口商。

出口托收押汇可以使出口商在货物装运取得货运单据后，立即得到银行的资金融通，有利于出口商加速资金周转和扩大业务量，银行也可以从中得到手续费收入及押汇利息收入。但是，托收银行仅凭出口商开立的汇票和提交的货运单据发放贷款，风险较大。所以银行不仅要看出口商的资信，还要看进口商的资信。在实际业务中，除非托收银行认为这笔业务的出口商特别是进口商的资信可靠、有关出口商品的种类及价值合适、该商品的市场行情和进口地区的政治经济情况良好，许多银行不愿做或很少承做。在承做时，大部分也只根据托收的交单条件（大都仅限于付款交单）酌情发放一部分汇票金额的贷款，一般按汇票金额贷放 70%、80% 不等，很少仿照信用证项下出口押汇那样发放全额贷款。目前，我国银行在国外进口商信用可靠的前提下，也酌情承做跟单托收项下的出口押汇业务。

托收行办理押汇后成为全套单据的正当持有者，有权要求付款人支付货款；如果付款人拒付，托收行有权向出口商追索所垫款项。此时如果出口商破产，银行对该款项可以寻求物权的保障，通过处理单据即货物来回笼资金，保留对不足部分索偿并参与破产清理的权利。

一般来说，为控制垫款风险，银行一般要核定垫款额度，在额度内叙作出口托收押汇。银行根据审查出口商的资信情况、清偿能力和履约能力、托收交单方式（D/P 风险比 D/A 小）、是否由出口商办理运输保险等情况来考虑是否接受出口商办理押汇的要求。托收行办理押汇后有权向出口商追收差额押汇利息，有权向出口商索回垫款和由此产生的利息。同时，出口地银行应选择适当的代收行，与出口商签订质押书（Letter Of Hypothecation），其押汇利率高于 L/C 押汇利率。

表 9.1　　出口融资申请书

出口融资申请书

编号：　　年　　字　　号

（用于出口押汇或远期信用证下承兑汇票贴现）

因业务需要，依据我公司与贵行签署的________年________字________号《授信额度协议》及附件________：1. 附件：用于出口押汇；2. 附件：用于远期信用证下承兑汇票贴现，向贵行申请叙做第________项业务：1. 出口押汇；2. 远期信用证下承兑汇票贴现。由此而产生的权利义务，均按照前述协议、附件和本申请书的约定办理。

第一条　业务内容

信用证号码：　　　　开证行名称：

信用证期限：　　　　寄单编号：

单据/发票金额：　　　　发票号：

托收编号：　　　　代收行名称：

对代收行指示：　　　　贵行业务编号：

汇票号：

第二条　融资币种和金额

融资币种为：　　　　融资金额为：（大写）

第三条　融资期限

融资期限为________月/天，自贵行向我公司制服融资款项之日起连续计算。融资到期日为前述期限的截止日或贵行依据相关协议宣布的立即到期日。出口项下应收款项在出口融资到期日前全部收妥，贵行有权以货款收妥之日作为融资到期日。融资的最终期限以贵行确认的为准。

第四条　融资利息和付息

正常出口融资的利率及付息请按以下第________种利率（均为年率）核算，贵行为我公司办理出口押汇的利息：

1. 双方协商确定的利率________%；2. 押汇时贵行确定/公布的利率________%；

3. 押汇时 LIBOR/HIBOR + ________基点。

计收利息的方式为以下第________种：

（1）预收利息，到期结息；（2）后收利息，到期结息；（3）后收利息，按季结息。

逾期出口融资的利率和付息，如我公司未能按照总协议和相关附件的要求偿还贵行对我公司的融资款项，则该融资的本金、利息及相关费用构成我公司对贵行的逾期债务，贵行可按本条第1款确定的利率加20%的水平核算利息。对于我公司的逾期债务，贵行有权：

（1）根据本条款第一项的利率按季结息；

（2）对于我公司应付未付的利息按照本条款第一项的利率计收复利。

第五条　费用（本条为选择性条款，双方的选择是：1. 适用；2. 不适用

我公司将通过以下第 种方式向贵行交纳本笔业务的费用：

1. 在贵行接受此申请书后________个银行工作日内主动通过________向贵行交纳本笔业务下的费用；

2. 请从我公司在贵行开立的人民币账户（账号　　　　　　）/外币账户（账号　　　　　　）中直接划收本笔业务下的费用；

3. 其他。

申请人：　　　　银行意见：

授权签字人：　　　　授权签字人：

年　月　日　　　　年　月　日

地点：　　　　地点：

(三) 出口信用证押汇和出口托收押汇的区别

出口信用证押汇和出口托收押汇的根本区别在于，出口信用证押汇有开证行（或保兑行）的付款保证，属于银行信用；而出口托收押汇收汇风险大，属于商业信用。银行为控制风险，通常根据出口商收款人的资信、还款能力等对出口商核定相应的授信额度，仅仅在额度内叙作出口托收押汇。

二、打包放款

(一) 打包放款的概念和作用

打包放款（Packing Loan/Credit）又称为“打包贷款”，在国际贸易往来中，当我国国内出口商收到国外进口商通过其往来银行开来的信用证，如收购或生产出口产品的流动资金不足，可将信用证抵押银行申请办理打包贷款（打包贷款的原意是指出口产品已基本备好，但仅需少量资金添购少量原材料或办理产品的打包，故称打包贷款，后来延伸到可用于解决出口产品的收购或生产流动资金的不足，但这并不意味着可按信用证金额全额贷款，一般贷款金额不超过信用证金额的 80%），经银行考察出口商生产经营正常，信誉良好，并完备信用证抵押手续后，银行即可向出口商发放打包贷款，待信用证项下产品出口后，信用证必须交由银行议付并对外索取货款，货款索取后由银行直接扣收银行打包放款。

打包放款的期限一般很短，出口商得到打包放款后，很快将货物装船运出。在取得各种单据并向进口商开出汇票后，出口商通常前往放款银行，请其提供出口押汇贷款，该银行收下汇票和单据后，将以前的打包放款改为出口押汇，这时的打包放款即告结束。在打包放款中，如果出口商不按规定履行职责，贷款银行有权处理抵押品，以收回贷款款项。打包放款的数额一般为出口货物总价值的 50% -80% 不等。

放款期限一般是自信用证的抵押之日至收到开证行支付货款之日止，一般不超过该银行向开证行的寄单收款之日。提供贷款的银行承担了议付义务，收到开证行支付的货款后即扣除贷款本息，然后将余额付给出口商。一般来说，企业办理外汇打包贷款的利息负担远远低于人民币的打包贷款利息。同时，银行办理打包贷款通常不收取手续费，利息计算公式为：

打包贷款利息 = 信用证金额 × 打包折扣（70% -80%）× 融资年利率 × 打包天数，计算的天数为办理打包日至信用证最迟装运日的天数再加 30 天。

(二) 打包放款的业务流程

1. 出口商将信用证正本交银行，向银行提出打包放款申请，并同时提供以下文件：

(1) 如出口商第一次在该银行办理贷款等授信业务，办理打包贷款时必须提供基础资料：企业的营业执照副本、税务登记证、企业组织机构代码证、进出口业务许可证、贷款卡。

(2) 准确填写银行提供的“打包放款申请书”，填写后交给银行。

(3) 如银行需要，出口商得交纳保证金、落实担保单位、抵押或质押。

(4) 签订贷款合同或其他需要的协议。

2. 银行审核信用证和一切出口商提供的资料后，办理打包贷款

3. 出口企业收到国外货款后，向银行归还打包贷款本金及利息

(三) 办理打包贷款应注意的问题

1. 银行应注意的问题：

(1) 以正本信用证作抵押，但银行不能仅凭国外信用证就给出口商放款。因为信用证对于开证行是一种“或有负债”，对出口商是一种“或有资产”。所以放款银行需要仔细审核信用证的满足条件和要求，如：开证行的付款承诺是否会得以实现、客户是否能满足信用证的全部条件和要求，或客户能否履约。

(2) 银行应根据客户的资信情况和清偿能力为其核定相应的打包贷款额度，供其循环使用。审证时，必须清楚开证行的资信和印签是否合乎开证要求，L/C 条款是否清楚、合理，有否对出口商不利的陷阱条款和出口商难以履行的规定，能否控制物权单据以减少风险等。审查通过后，还要根据融资额度的余额和商品类别来决定放款期限和金额。对于装运单据为非物权单据或不能控制全套正本物权的单据，银行的审核应更加严格。

(3) 为保证安全、及时地收回打包资金，贷款期间，银行应与客户保持密切联系，掌握客户的业务进展和有关合同的执行情况，督促客户及时发货交单。如信用证过期后仍未能提交单据，银行应根据贷款协议的规定，要求客户立即归还银行的贷款和利息。

2. 出口商应注意的问题：

(1) 要向银行提交所要求的有关资料。

(2) 自身信誉良好，在该行没有不良记录。

(3) 关注信用证条款，若信用证在打包贷款时已过最迟装运期或有效期，或信用证已经没有足够的余额，开证行所在国的政治、经济不稳定，信用证有软条款、不利条款或付款期限超过一年等，均不能轻易地从银行取得打包贷款。

(4) 若企业是可转让信用证的第二受益人，也不能轻易地从银行取得打包贷款。

三、国际保理

(一) 国际保理的含义

国际保理（International Factoring）又称保付代理，是指在国际贸易中出口方以赊销（O/A）、承兑交单（D/A）等商业信用方式向进口方销售货物时，由出口保理商和进口保理商共同提供的一项集资信调查、应收账款催收与管理、信用风险承担和贸易融资等于一体的综合性金融服务。

国际保理业务起源于美国，后逐渐成为国际贸易结算中的一种短期融资方式，但在

我国是近二十年发展起来的一种新兴贸易结算方式。它通常是出口商交货后把应收账款的发票和装运单据转让给保理商，即可取得应收的大部分货款，日后一旦发生进口商不付或逾期付款，则由保理商承担付款责任。因此在保理业务中，保理商承担第一付款责任。若保理商对上述预付款没有追索权、对余款也要担保付款的，则称之为无追索权保理，反之则为有追索权保理。

（二）国际保理方式的当事人及其法律关系

国际保理方式涉及四个基本当事人，即出口商、进口商、出口保理商和进口保理商。

出口商（Exporter）即销售商或供货商，在国际贸易结算中，通常是提供货物或劳务的一方，他的应收账款可由出口保理承做保理业务。

进口商（Importer）即买方或债务人，是对所产生的应收账款负有付款责任的人。

出口保理商（Export Factor）是对出口商的应收账款承做保理业务的人。

进口保理商（Import Factor）或代理保理商（Correspondent Factor）是同意代收由出口商出具发票表示的、并转让给出口保理商的应收账款的支付当事人。

不同的国际保理，其参与的当事人是不同的。在国际双保理的情况下，会形成出口商与进口商、出口商与出口保理商、出口保理商与进口保理商、进口商与进口保理商之间的四层关系。

1. 出口商与进口商之间是货物买卖合同关系

2. 出口商与出口保理商之间是根据出口保理协议建立的一种合同关系

出口保理协议是国际保理交易中的主合同。依该协议，出口商应将出口保理商协议范围内的所有合格的应收账款转让给出口保理商，使出口保理商对这些应收账款获得真实有效而且完整的权利，以便从实质上保证应收账款是有效的和具有相应价值的，并且不存在也不会产生任何障碍。

3. 出口保理商与进口保理商之间是相互保理合同关系

进出口保理商之间应签订相互保理协议，双方的关系具有债权转让人与受让人之间的法律关系，即出口保理商从供应商手中购买应收账款再转让给进口保理商而再保理而所形成的法律关系。

4. 进口商与进口保理商之间是一种事实上的债权债务关系

从法律意义上说，进口商与进口保理商之间没有合同上的法律关系，但由于进口保理商最终收购了出口商对进口商的应收账款，只要出口商与进口商之间的买卖合同或其他类似契约未明确规定该合同或契约项下所产生的应收账款禁止转让，保理商就可以合法有效地获得应收账款，而无需事先征得进口商的同意，这样，进口保理商与进口商之间事实上形成债权债务关系。

（三）国际保理方式的业务功能

1. 国际保理提供的服务

国际保理具有资信调查与银行信用的双重功能。作为一种综合性的金融服务安排，保付代理业务包括多种服务项目，比较常见的包括资信调查和信用评估、销售分户账管理及催收应收账款、信用风险保障、贸易融资等内容，客户可以根据需要选择服务项目。

（1）资信调查和信用评估

在国际保理业务中，资信调查和信用评估是保理的主要服务项目之一。保理商为确保贸易成功的同时降低其所承担的风险，将通过其广泛的国际信息网络系统，多渠道地对进口地的市场状况、进口商的资信及财务状况等基本情况进行详尽的资信调查及信用评估。保理商将调查评估结果反馈至出口商，并向其提出相应的建议与忠告，帮助其核定进口商的信用额度等。另外，保理商还可为出口商提供市场信息，帮助其寻找目标市场中的潜在买方，帮助卖方拓宽销售渠道，增加贸易机会。

（2）销售分户账管理及应收账款催收

销售分户账是出口商与进口商进行货物买卖交易的账务记录。保理商承购了出口商的应收账款后，即全面承担了向进口商催收账款的责任。由于保理商多为银行的业务部门或其附属机构，因此具有管理客户账户的便利及相关经验。当保理商与客户签订保理协议后，即开始提供销售分户账管理服务。保理商利用电脑系统，将每一客户的消息资料输入计算机，进行电脑记账、催收、计息、结算等全面账务服务。同时，保理商还可利用其与银行、国际催账组织、律师的密切联系，以安全经济的方式向进口商追收款项，并按照保理协议规定的付款方式与期限向出口商支付款项。

（3）贸易融资

保理商以无追索权方式购入应收账款后，若出口商提出融资要求，保理商可立即向其预付发票金额80%左右的货款，以利于出口商资金周转，货款的其余部分将从进口商处收回的全部货款中付清；若保理商向进口商收讨货款未果，保理商无权向出口商追索其融资款项，因为保理商已经作出向进口商收回应收账款的承诺。

（4）信用保障风险

保理商在与出口商正式签订保理协议前，会在对进口商进行资信调查、评估及考核的基础上，为出口商核定出口销售信用额度，即“已核准应收账款”。在协议执行过程中，保理商可根据客户资信变化状况、收汇考核实绩、自身业务能力等，随时调整客户的销售信用额度。若出口商在此额度内向进口商销售货物，而进口商未能按期如数支付货款时，保理商将提供坏账担保，并向出口商全额支付其承购的应收账款数额。但出口商出售给保理商应收账款必须是正当的、毫无争议的债务求偿权，而因产品质量、服务、交货期等贸易纠纷所造成的呆账或坏账，保理商不负担赔偿责任。另外，对于未经审核的信用额度或是信用额度以外所产生的应收账款，即所谓的“未核准应收账款”，保理商的责任仅为代收，而不承担付款保证责任。

（四）国际保理的种类

国际保理业务从不同的角度划分有多种类型，较常见的分类有：

1. 到期保理与融资保理

到期保理（Maturity Factoring）是指出口商以无追索权方式将出售货物或服务的应收账款转让给保理商，保理商在发票到期日从进口商处收回货款，在扣除相关费用后，将净款付给出口商。或者由保理商和出口商双方约定，无论保理商可否从债务人处收回款项，保理商将于双方约定的平均到期日向出口商支付款项；出口商则应通知进口商直接向保理商付款。

融资保理（Financed Factoring）是指应出口商的要求，保理商在购入应收账款后立即预付出口商约发票金额80%的款项，其余部分待从买方处收回全部货款后再行支付，保理商对预付的融资款项无追索权。由于出口商可以该种方式获得保理商提供的贸易融资，故融资保理在保理业务中广泛应用。

2. 国内保理与国际保理

国内保理（Domestic Factoring）业务的有关当事人都处在同一国家和地区，所以保理商主要为国内商贸活动提供服务。在国内保理中，由于买卖双方均在同一个国家或地区，所以一般采用单保理方式。它是供应商和保理商签订保理协议后，在保理商为其客户核定的信用额度内发货寄单，并将发票副本提交保理商。保理商则负责信用控制、售后账务管理、收款和坏账担保。货款回收后，保理商在剩余的20%货款中扣除保理费用和贴息后转入供应商的银行账户。

国际保理（International Factoring）业务的有关当事人地处不同国家和地区，保理商主要为国际贸易活动提供综合服务。由于国际保理涉及语言、贸易习惯、法律适用、司法管辖权等诸多因素，故其业务难度与风险明显高于国内保理。所以国际保理商多为实力雄厚、经验丰富、具有广泛国际联系的银行附属机构或专门的国际保理公司。

表 9.2　　国际保理业务申请书

编号：

致：××银行××分行

我公司拟在对（买方名称）的信用销售中利用贵行提供的国际保理服务，现请贵行审批信用额度。有关内容详见下表：

卖方名称	
买方名称	
货物名称	
合同/订单号	
合同/订单金额	
预计年赊销额	
付款条件	
申请循环额度金额	
申请单笔额度金额	
申请信用额度效期	

请贵行将审批结果尽快通知我公司。

公司（签字盖章）

年　　月　　日

3. 双保理与单保理

双保理（Double Factoring/Two Factors）业务是指涉及两个保理商，即出口保理商及进口保理商。在双保理运作过程中，出口商及进口商只需同各自的保理商进行业务往来，极为便利。所以国际保理业务多采用双保理运作机制：即当买卖双方经过谈判决定采用保理结算方式后，出口商即向本国出口保理商提出申请，签订保理协议，并提交需要确定信用额度的进口商名单。出口保理商再从进口国选择进口保理商，由进口保理商对进口商进行资信调查，确定有关的信用额度。出口商在信用额度内发货后，将发票和货运单据直接寄交进口商，并将发票副本送达本国出口保理商。如有融资需求，出口保理商即以预付款方式向出口商提供不超过80%的发票金额的无追索权短期贸易融资。到期后，进口商将全部货款付给进口保理商，进口保理商则立即将款项交给出口保理商。出口保理商扣除有关费用及贴息后，将剩余的20%货款付给出口商。在双保理的整个过程中，进出口双方都只需和本地的保理商接触，没有语言和社会习惯等方面的障碍，方便易行。

单保理（Single Factoring）业务一般只涉及一个保理商，通常为进口保理商。进、出口商决定以保理业务结算债权债务后，若出口国家无保理商，出口商则需通过进口国家的保理商对进口商进行资信调查，并凭以确定信用额度。货物出运后，出口商将所有单据直接寄交进口商，而将发票副本寄送进口保理商，委托其向进口商催收销售货款。进口保理商将承担信用额度内的收账风险责任。进口商须于发票到期日向进口保理商支付货款，后者将全部款项转付出口商。进口保理商也可应出口商的要求，于收到出口商的发票副本后对其预付80%的销售货款，其余部分待收回全部货款扣除手续费后支付。由于单保理只有一个保理商从中运作，为出口商增加了诸多不便及工作量，故通常只有在不具备双保理业务条件的情况下，进、出口商才会考虑利用单保理结算货款。在国际保理业务实务中，单保理业务较少应用。

4. 无追索权保理和有追索权保理

无追索权保理（Without Recourse Factoring）是指保理商在收到出口商交来的发票等单据后，在已核准应收账款内提供80%的预付款。若进口商到期无理拒付或无力付款，保理商对出口商已预付的款项无追索权；此外，保理商对余下的款项也要承担付款责任。无追索权保理是标准意义上的保理服务形式。

有追索权保理是（Recourse Factoring）指保理商向出口商支付款项后，若遇到进口商无理拒付或无力付款，有权要求出口商偿还所付款项。有追索权保理实际上不具备信用风险保证功能，不属于标准意义上的保理业务。

5. 明保理和暗保理

明保理（Opened Factoring）指债权转让一经发生，供应商须以书面形式将保理商的参与情况通知买方，并指示买方将货款直接付给保理商。

暗保理（Undisclosed Factoring）指供应商不将债权转让及保理商参与情况通知买方，买方仍将货款付给供应商，供应商收到货款后转付给保理商，即保理业务的整个操作过程只在供应商与保理商之间悄悄进行。

根据《中华人民共和国合同法》第五章第七十七条至第八十三条规定：供应商对

自有的应收账款可以转让，但须在购销合同中约定可以转让，且其必须通知买方；债权转让后，保理商同时取得与债权有关的从权利，买方对供应商的抗辩可以向保理商主张。因此，国内保理业务只可能是明保理，且保理商须在保理合同中明确规定供应商的合同义务（如售后服务、产品质量、交货方式、交货期、交货地点等）不因债权的转让而转让，从而避免由保理商承担本身无法承担的合同义务。

除以上几种分类方法外，保理业务还可以分为代理保理、背对背保理等形式。同时，由于保理业务是一项多功能的金融服务，保理商可根据客户需要灵活调整业务内容。所以保付代理虽有不同业务类型，但在实务中，经常出现若干种保理形式交织并用的情况，从而形成综合性保理业务。例如，进出口双方多采用双保理的国际保理进行贸易结算，而又以无追索权保理居多，所以出口商亦通常要求保理商提供融资保理服务。

（五）国际保理业务运作流程

（1）出口商寻找国际市场中的潜在进口商；

（2）出口商向出口保理商提出叙做保理的需求并要求为进口商核准信用额度；

（3）出口保理商要求进口保理商对进口商进行信用评估；

（4）进口保理商将对进口商的评估情况和核准的信用额度反馈给出口保理商；

（5）如果进口商同意购买出口商的商品或服务，出口商开始供货，并将附有转让条款的发票寄送进口商；

（6）出口商将发票副本交出口保理商；

（7）出口保理商通知进口保理商有关发票详情；

（8）如出口商有融资需求，出口保理商付给出口商不超过发票金额80%的融资款；

（9）进口保理商于发票到期日前若干天开始向进口商催收货款；

（10）进口商于发票到期日向进口保理商付款；

（11）进口保理商将款项付给出口保理商；

（12）如果进口商在发票到期日90天内仍未付款，进口保理商做担保付款；

（13）出口保理商扣除融资本息（如果有的话）及费用，将余额付给出口商。

出口保理业务基本操作流程：

国际保理业务的结算方式，具有一定银行信用的性质，主要因为该项业务在世界上有专门的“国际保理联合会”（Factors Chain International，FCI）组织，并有统一的国际惯例（Code of International Factoring Customs），保理公司一般都是国际保理联合会的成员，而且很多本身就是银行，所以具有一定银行信用的性质。

出口保理业务基本操作流程如图9.4：

（1）出口保理商与进口保理商签订保理协议；

（2）出口商向出口保理商申请出口保理额度；

（3）出口保理商选择合适的进口保理商要求其对进口商核定信用额度并报价；

（4）进口保理商正式为进口商核准信用额度后，出口保理商与出口商签订保理协议；

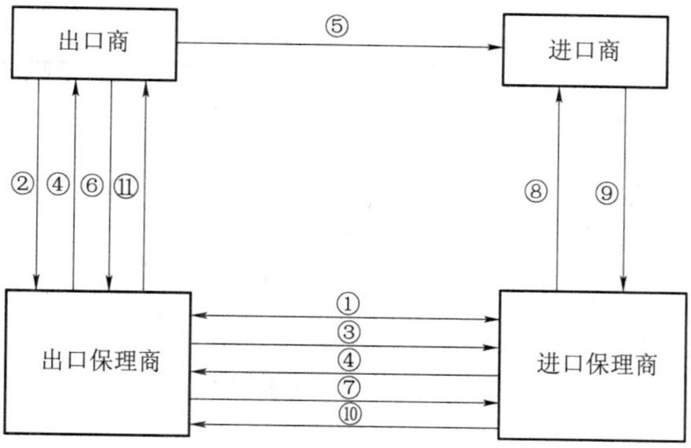

图 9.4　出口保理业务基本操作流程图

（5）出口商发货，并将附有转让条款的商业发票及其他单据寄给进口商；

（6）出口商将商业发票副本及运输单据副本交出口保理商，如出口商有融资需求，可在受核准的进口商信用额度内，获得 80% 发票金额的融资款；

（7）出口保理商向进口保理商发送债权转让的信息；

（8）该笔应收账款到期时，进口保理商向进口商索取货款；

（9）进口商向进口保理商付款；

（10）进口保理商扣除佣金后，向出口保理商付款；

（11）出口保理商扣除费用及融资本息后，将余款付给出口商。

适应情况：

（1）进、出口双方信誉好，贸易往来长期稳定；

（2）可省去进口商如以信用证方式而产生的开证费等进口成本；可使出口商获取到期收回货款的保证，而在货款收回前，还可得到出口保理商的融资支持，从而增加了进、出口双方的贸易机会。

进口保理基本操作流程：

与出口保理业务相比，银行变出口保理商银行为进口保理商银行，即银行作为进口保理商银行与国外出口保理商（或银行）签订进口保理合同，明确由银行对银行进口商的资力、资信及财务状况进行调查分析，并为其核定相应的授信额度，在国外出口商以远期付款方式（承兑交单或赊销）在银行所核进口商授信额度内向银行进口商发货情况下，由国外出口商将其出口项下应收款转让给国外出口保理商，而国外出口保理商再将其应收款转让银行，由进口地行负责向进口商按时收回货款偿还国外出口商。在货款收到之前，国外出口商可得到其国外保理商的融资支持。

进口保理基本操作流程如图 9.5 所示：

（1）进口地银行与出口地保理商签订进口保理协议；

（2）出口商向出口地保理商申请出口保理额度；

（3）出口保理商代出口商要求进口地银行对进口商核定授信额度；

（4）出口商与出口地保理商签订出口保理协议；

（5）出口商在进口地银行核定进口商的援信额度内向进口商发货；

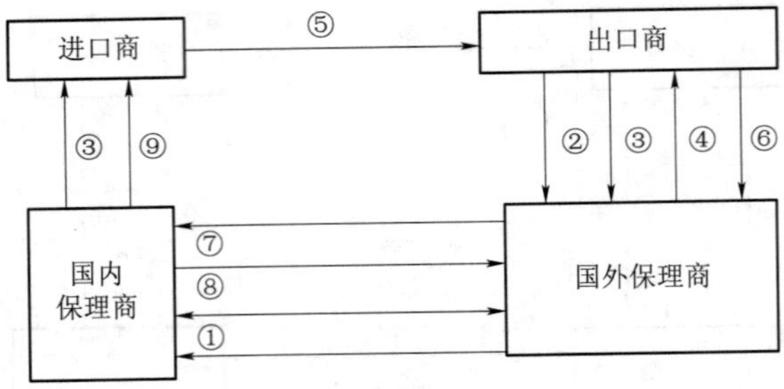

图 9.5 进口保理基本操作流程图

(6) 出口商向出口地保理商转让其应收账款单据，并可得到出口地保理商的融资支持；

(7) 出口地保理商将应收账款单据转让进口地银行；

(8) 出口地保理商向进口地银行到期索款；

(9) 进口地银行到期向进口商索款；

(10) 进口地银行到期偿还出口地保理商货款。

适应情况：

(1) 进出口双方信誉好，贸易往来长期稳定；

(2) 与使用信用证结算方式相比，可省去我行进口商开证费等，降低其进口成本，可使国外出口商得到到期收回货款的保证，并可获取国外保理商的融资支持，从而增加进出口双方的贸易机会，进一步扩大双方贸易往来。

(六) 国际保理业务收费

保理业务中，保理商将根据其所提供的服务项目、客户资信状况以及销售交易量等因素向客户收取一定的业务费用。对出口保理而言，常见的保理商向出口商收取的费用一般包括以下几部分：

1. 服务佣金

由于保理商或其代理公司需要花费人力、财力对进口商进行资信调查与信用评估，并凭以核定信用额度，故保理商对此项服务将收取一定的费用以弥补其付出的成本。服务佣金是保理商向出口商收取的提供各项保理服务的报酬，计收标准一般参照下列因素制订：

(1) 年预期销售额；

(2) 付款方式及赊销交易的付款期限；

(3) 平均发票面值；

(4) 进口市场状况；

(5) 出口产品类型；

(6) 业务风险程度；

(7) 需处理的单据与文件数量；

(8) 进口商资信调查费用。

根据以上因素，服务佣金通常为出口发票金额的1%—3%。

2. 融资利息

若保理商向出口商提供了贸易融资，即在信用额度内预付出口货物发票金额80%的货款时，保理商将按银行贷款利率向出口商计收融资利息。

3. 银行转账费用

保理商在收到货款后，一般通过银行划转给出口商，故出口商需向保理商支付相应的银行转账费用。

（七）国际保理业务中的风险及其防范

国际保理在促进国际贸易发展、给交易各方带来利益的同时，也潜存着一定的风险。为了更好地利用保理这一支付方式，各方都有必要对各种风险因素进行分析，在实际操作过程中将国际保理业务的风险降到最低，实现互利共赢。

国际保理业务主要涉及出口商、进口商和保理商三方当事人，因为进口商完全是凭着自身的信用声誉来获得保理商对其债务的担保，所以风险主要由保理商和出口商来承担。

1. 保理商面临的风险及其防范

保理商买断出口商应收账款，便成为货款债权人，同时也承担了原先由出口商承担的应收账款不能收回的风险。如果保理商从融资时对进口商的审查缺乏客观性和全面性，高估了进口商的资信程度，对进口商履约情况作出错误判断或者进口商提供了虚假的财务信息，伪造反映其还款能力的真实数据；进口商的资信水平原来不错，但在履约过程中，由于进口的商品不适销对路、进口国的政治经济状况发生突然变化等客观原因使得资信水平下降，无法继续履约等等。上述种种因素都可能导致保理商遭受巨额损失且难以得到补偿。以上风险因素也会潜存于出口商一方，如在保理商为出口商提供了融资服务的情况下，出现了出口货物质量与合同不符，进口商拒付货款的问题，保理商同样可能会因为出口商破产而导致融资款的无法追偿。

鉴于此，保理商可以从以下几个方面来实现对风险的防范：

（1）做好对进出口商的资信调查

据世界贸易组织的有关资料显示，世界上有70%左右的公司都存在着或多或少的财务问题，因此在国际保理业务的整个过程中，保理商要全方位、深层次、多渠道地对进出口商的综合经济情况和综合商业形象进行调查。其内容包括进出口商的工商注册情况、财务状况、公司结构、管理人员情况、历史重大交易额、法庭诉讼纪录以及专业信用评估机构对该公司的信用等级评估等等。在对进出口商进行资信评估时，要注意静态分析和动态分析相结合，不仅要对其过去的资信状况作全面的了解和分析，也要根据其生产经营发展的变化趋势，对其未来资信作出预测；不仅要对新发展的客户进行调查，对那些有过保理业务合作的进出口商也必须坚持新的信用调查。通过资信调查，保理商可以掌握进出口商的公司资料，从而可以确定与之交易的方式，达到减小交易风险的目的。

（2）选择合适的保理类型

对于不同的保理类型，保理商面临的风险有所区别，因此保理商要根据对进出口商的了解程度、资信评估以及当时经济形势等多方面因素，选择恰当的保理方式。从一般的国际保理业务看，保理商只有出口商、进口保理商、进口商三个当事人。但从近几年的保理实践看，双保理模式的应用明显多于单保理模式。在国际双保理中，出口保理商将该出口债权转让给进口保理商，进口保理商在其核准的信用销售额度内无追索权地接受该债权转让，并负责对进口商催收货款、承担进口商到期不付款的风险。在这种安排下，出口保理商可以依赖进口保理商对债务人核准的信用额度来弥补业务风险，从而达到了转移、分散风险的目的。同时，保理商在不敢保证进口商的资信水平时，可优先采用有追索权的保理方式。这样不管买方因何种原因不能支付，保理商对卖方都有追索权。可见，在有追索权的保理业务方式下，保理商的风险大大降低。

（3）注重保理协议条款

国际保理通过保理协议来表现其法律关系的实质——债权的转移。保理协议明确了保理商与出口商之间的权利义务关系，同时间接影响着销售合同，关系到保理商能否取得无瑕疵的应收账款所有权。保理协议通常以如下几类条款来保障应收账款的安全性：① 出口商担保条款。保理商应要求出口商保证所有应收账款在让给保理商时是有效的，债务额同发票额一致，进口商将接受货物和发票，对此不存在任何争议、扣减、抗辩、抵消；出口商对此应收账款具有绝对权利，不存在任何第三者担保权益及阻碍；未经保理商同意，出口商不得变更销售合同的任何条款；出口商必须披露其所知晓的有关债权的全部事实；销售合同中的支付条件、折扣幅度、法律适用和法院选择等条款，须符合保理合同的有关规定。② 通知条款。多数国家的民法规定，通知债务人是债权让与生效的要件之一。在国际保理实践中，让与通知具有重要意义，它可以防止进口商向出口商支付，同时具有划分进口商的抗辩对象的效力。对进口商的让与通知关系到保理商能否及时有效地获得支付，所以在保理协议中通常都会对通知的方式作出详细的规定。如规定在发票上注明该债权已经让与给保理商，进口商应直接在协议中表明向保理商支付的字样。③ 附属权利转让条款。债权让与的法律性质决定了在债权让与给受让人后，与债权有关的附属权利也随其转让。因此在保理协议中通常规定，一些附属权利随着保理商对债权的购买自动转移给保理商。这些权利主要有从属于应收账款所有权的起诉权、对货物的留置权等救济权利、汇付背书代理权、能够证明受让债权的文件的所有权以及其他从属权利。保留受让债权文件资料的权利，是为了避免出口商破产时，其财产管理人不提供给保理商能够证明其购买出口商应收账款的证据。④ 追索条款和保障追索条款。出口商在保理协议中作出上述保证，并不意味着违反保证的情形不会发生。一旦关于已保理的应收账款发生争议，保理协议中必须规定就这些债款，保理商对出口商享有追索权。但是追索可能因出口商丧失清偿能力而落空。为此，保理合同中还应规定，出口商就其所享有的债权的保障，保理商有权向出口商行使抵消，有权合并出口商名下的其他账户。

2. 出口商面临的风险及其防范

在国际保理业务中，出口商则主要承担货物的质量风险。保理业务不同于信用证以单证相符为付款依据，而是在商品和合同相符的前提下保理商才承担付款责任。如果由于货物品质、数量、交货期等方面的纠纷而导致进口商不付款，保理商不承担付款的风险，故出口商应严格遵守合同。另外，出口商也要防范进口商可能会联合保理商进行欺诈。尽管保理商对其授信额度要负100%的责任，但一旦进口商和保理商勾结，特别是出口商对刚接触的客户了解甚少时，如果保理商夸大进口商的信用度，又在没有融资的条件下，出口商容易造成财货两空的损失。

对出口商而言，保障货物质量不发生争议就是降低风险的前提。除了要选择信誉良好的进口商和保理商之外，出口商还要做到以下两点：

（1）仔细研究合同质量条款，防止欺诈

由于在保理业务中进出口双方对产品质量存在争议时，保理商概不承担付款责任，因此，出口商要特别注意销售合同中和质量有关的条款，确保和买方在产品质量问题上不出现争议。① 品质条款。出口商对品质条款的规定一定要给予足够的重视，因为其内容一旦出现疏漏，挑剔的进口方就很有可能指控出口商违约。但是，由于合同中商品品质表示方法的局限性，国际贸易实务中卖方交付的货物很难做到和合同中规定的货物质量绝对一致。因此，出口商在订立品质条款时应注意：对那些很难做到与合同规定的品质完全相符的产品，在合同中应指明商品品质的公差和机动幅度，以避免交货品质与合同稍有出入而造成违约的风险；对品质条款内容的规定，语言应明确、具体、严密、准确，一般不要用“大约”、“左右”、“公平合理”等模糊字眼，以避免不应有的纠纷；为避免所交货物与样品不完全一致而产生的违约，出口商可要求在合同中加列“交货品质与样品大致相符”等字句；在不是凭样品买卖的交易中，卖方在提交样品时，应注明“参考样品”或“仅供参考”，以免发生误会；在以说明书表示商品品质时，合同中应注明规格、等级、标准，制定和颁布的年代、版本等，明确规定说明书的法律效力，图案说明应与商品内容、品质完全一致。② 检验条款。按照合同检验条款得出的结果，是确定卖方所交货物的品质等是否符合合同的依据，同时是买方对货物品质、包装等提出异议、拒收货物、提出索赔的依据。同一种商品，检验时间、检验地点、检验机构、检验标准及检验方法的不同都可能对检验结果产生比较大的差异，因此在买卖合同中应明确规定商品检验的时间与地点，采用的检验标准和具体的检验方法，以何种检验机构签发的何种检验证书为准。出口商对于进口商在签订合同后要求改用出口商不熟悉的检验机构或检验标准时，应特别注意防范，以保证不被不法进口商诈骗。

（2）严格遵守和履行合同，按合同办事

保理合同和销售合同主体不同、标的各异，是两个独立的合同，但是出口商是保理合同的一方当事人，同时也是销售合同的一方当事人，这样两个原本独立的合同就通过共同的一方当事人——出口商联系起来：保理合同的标的是产生于销售合同的应收账款权利，销售合同中的条款影响产生于该合同的应收账款能否成为保理合同的标的，并制约保理商的收款权。因此保理商为维护自身权益，就会通过保理合同要求出口商在销售合同中列入某些条款。而身受两个合同约束的出口商，应切实全面地履行自己在两个合同项下的义务，做到在两个合同中权利和义务的协调，从而使保理业务带来的效益达到最优。

(八) 国际性的保理机构

随着国际保理业务的全球化发展，一些国际性的保理机构相继成立，最著名的有：

(1) 国际保理协会（International Factors，IF）；

(2) 哈拉尔海外公司（Heller Oversea Corporation，HOC）；

(3) 国际保理商联合会（Factors Chain International，FCI）。

上述机构中，国际保理商联合会的规模和影响最大。国际保理商联合会成立于1968年，总部设在荷兰的阿姆斯特丹，是一个由多国保理公司参与的开放性的跨国民间会员组织，目前有来自50多个国家的150多个会员。与国际保理协会和哈拉尔海外公司不同的是，国际保理商联合会允许一国的多家保理公司加入该组织；而前两者只允许一个国家的一家保理公司加入其中。国际保理商联合会的宗旨是促进保理业务在全球范围内的竞争与发展，为会员提供国际保理业务在全球范围内的竞争与发展，为会员提供国际保理业务的统一标准、规章制度以及人员的业务培训，并负责会员间的组织协调，以提高保理业务的服务水准。

四、福费廷

福费廷（Forfaiting）一词最初来源于法语 a forfait，意指“放弃权力”（to Surrender One's Rights），它是一种中期的、利率固定的、无追索权的出口贸易融资方式。它是指出口商向进口商提供货物或服务后，金融机构作为融资商从出口商那里无追索权（Without Recourse）地购买经进口商承兑的、并通常由进口商所在地银行担保的远期票据。由于这种业务是由提供融资的机构（通常是银行）无追索权地买断远期票据，因此，在我国通常也将这种方式称为“包买票据”或“收买应收账款”业务，而融资商即商业银行，通常被称为包买商（Forfaitor）。这个概念的核心就是商业银行无追索权地买断远期汇票：买断远期汇票，就意味着向出口商即期付款；无追索权，就意味着银行的付款是终局性的。

现代福费廷业务起源于二战后的欧洲，20世纪70年代，美国、英国和加拿大等发达国家也开始办理此项业务，后逐渐扩展到亚洲、非洲、中南美洲和中东等发展中国家，成为又一种贸易融资方式。在实际业务中，该融资方式可单独也可与其他融资产品联合使用，通常情况下用于建筑项目、成套机器设备、大宗农产品及能源等大型进出口业务的出口前融资、出口后融资、结构性贸易融资和项目融资。融资期一般为1个月到10年，金额可由10万美金到2亿美金不等，操作手续简便，报批材料简单（一份申请书、一份承诺书、一份协议即可，不需要任何财务报表），因而在国际市场上发展迅速。

(一) 福费廷业务的特点

在福费廷融资方式的不断发展中，逐步显示出鲜明的两大业务特征：

一是无追索权（Without Recourse）的融资，即出口商的汇票贴现是一种权利的卖断，表明其已放弃对所出售的债权的一切权益，贴现商在出口商处买断的票据到期时无法承兑，亦无权向出口商追索；

二是应收账款的贴现，出口商将远期应收账票据卖给包买商，在债权凭证上加注“无追索权”，承诺放弃其一切权益，从而获得包买商的即期付款，其实质是将债权卖给包买商，是一种债权贴现。

除了上述两个最基本的特征外，与其他融资方式相比，福费廷还具有以下几个特点：

（1）福费廷业务主要用于资本货物或提供技术服务的出口贸易中，票据的开立均以国际贸易为背景，包括一般贸易和技术贸易。

（2）福费廷是融合商业信用和银行信用于一体的融资方式。远期商业汇票或本票必须经过进口国银行或政府机构的承兑或担保后方可办理包买票据业务。

（3）福费廷业务的票据期限属中长期贸易融资为主，一般在1—5年，但随着该业务的发展，其融资期限扩展到1个月至10年不等，时间跨度很大。

（4）传统的福费廷业务属批发性融资工具，融资金额由10万美金至2亿美金。可融资币种为主要交易货币，如美元、日元、英镑等。

（5）福费廷不仅有初级市场，而且在全球还存在二级市场。包买商买下出口商的债权凭证后，为了使资金不积压，便在二级市场上将一些票据转卖给其他的包买商。它可以在二级市场出售某笔交易的全套单据，也可以只出售其中的一部分票据。

（6）在承担期内，包买商因为对该项交易承担了融资责任而相应限制了他承做其他交易的能力，并承担了利率和汇价风险，所以要收取出口商一定的费用。

采用福费廷业务的优点是：

（1）加速客户的资金周转、优化财务报表；

（2）有利于客户开辟高风险地区的对外贸易，增加贸易机会；

（3）融资手续简便，不占用客户在商业银行的授信额度；

（4）根据我国的外管政策，福费廷融资可办理收汇核销和退税手续。

（二）福费廷业务的优势

目前，福费廷业务在世界上广泛流行，成为一种有效的融资方式，对出口商极具吸引力，其原因主要有以下几个方面：

第一，由于是无追索权的融资，出口商可以提前锁定成本、固定收益。

第二，由于货款贴现，赊卖变为立即收款，有利于出口方融通资金，扩展业务，提高资金使用效率，同时便于进行会计核算，财务结构更趋合理。

第三，出口商获得福费廷融资商无追索权贴现款后，被视为正常收汇，银行可出具出口收汇核销专用联，供出口商及时办理出口收汇核销和出口退税手续。

第四，控制汇率与利率变动的风险。出口商的中长期外币票据以固定利率贴现，可以有效地控制融资期间汇率变动的风险，特别是当国际利率处于低水平、本币有升值压力时，福费廷的这一作用更加显著。

第五，手续简便，方便易行，有很强的实用性和可操作性。

（三）福费廷业务流程

申请办理福费廷业务的出口商必须具有独立的法人资格和出口业务经营权，并向银行提供有权签字人的签样和授权书，操作中主要需完成以下步骤：

福费廷业务流程如图9.6：

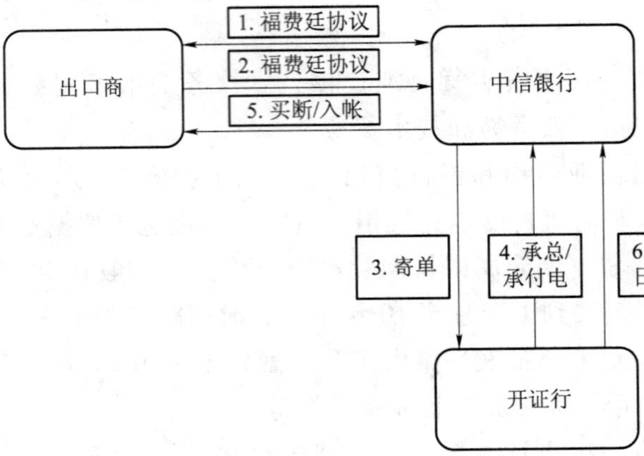

图9.6　福费廷业务流程表

（1）授信额度，签订福费廷协议。申请人（出口商）向融资行提出意向，提供业务类型、承兑行名称等，融资行根据承兑行授信状况及业务类型确定授信额度，并按商业票据与申请人签订福费廷合同，确定福费廷额度、期限、利率及双方的权利和义务。

（2）提交单据议付。申请人填制“福费廷申请书”，连同有关单证一并交融资行的国际结算部门审核，办理单证议付手续。

（3）贴现商寄单给进口地银行（代收行或开证行）。

（4）票据贴现。进口地银行收到单据，信用证项下商业汇票经开证行或承兑行承兑后，换取货运单据，由融资行的信贷部门根据国际结算部门提供的承兑依据，在三个工作日内办理贴现手续。

（5）买断票据。办理贴现后，融资行向申请人出具入账凭证及收汇核销联，并不再保留对申请人（出口商）的追索权和其他费用追索权。

（6）到期收回。承兑汇票到期后，融资行直接收回福费廷贴现金额。

目前，在中国的各中资银行、外资银行办理的福费廷业务暂局限于信用证项下的福费廷业务，对其他票据不予办理。

五、票据贴现

票据贴现（Discounting）是指票据持有人在票据到期前为获取现款而向银行贴付一定利息的票据转让。根据票据的不同，票据贴现可以分为银行票据贴现、商业票据贴现、债券及国库券贴现四种。贴现票据必须是已承兑的远期汇票，承兑人一般是进口商、开证行或其他付款人。票据持有者一般是出口商。这类票据流动性强，可靠性高。在办理该业务时，银行要与出口商签订质权书，确定双方的权利和义务。银行根据贴现费率扣减贴现利息和手续费后买下票据，待票据到期收回票款，偿还垫款，余下部分为银行的贴现收益。如果到期收不回，银行有权向出口商进行追索。因此，银行一般会对票据的付款人和承兑人的资信进行调查，确认符合条件后才予以贴现。

（一）银行票据贴现

银行票据贴现是指资金的需求者，将自己手中未到期的银行承兑票据向银行或贴现公司要求变成现款，银行或贴现公司收进这些未到期的票据，按票面金额扣除贴现日至票据到期日的利息后付给现款，到票据到期时再向出票人收款。

1. 商业票据贴现

商业票据贴现是指资金的需求者将自己手中未到期的商业票据向银行或贴现公司要求变成现款，银行或贴现公司收进这些未到期的应收票据，按票面金额扣除贴现日至票据到期日的利息后支付现款给票据贴现人。这是一种金融资产交易，应属于银行的资产业务。

2. 债券和国库券贴现

债券、国库券贴现是一种票据转让方式，是指持票人在需要资金时，将其持有的债券或国库券，经过背书转让给银行，银行从票面金额中扣除贴现利息后，将余款支付给申请贴现人的票据行为。

（二）办理票据贴现应注意的问题

（1）注意承兑票据的信誉。银行承兑汇票信誉高于商业承兑汇票信誉。

（2）注意承兑票据的风险。L/C 的远期汇票的承兑风险低于 D/A 和 D/P 项下的远期汇票承兑风险。

（3）要注意各国票据法的不同之处，如持票人享有的权利方面的差异。

（4）注意票据本身的质量，例如加保兑的票据最可靠。如仅付某人的抬头或背书的票据，不容易被再贴现，影响票据的流通性。

六、出口信用保险

（一）出口信用保险的概念和作用

1. 出口信用保险的概念

出口信用保险（Export Credit Insurance）是保险人对企业在出口贸易、对外投资和对外工程承包等经济活动中的合法权益提供收汇风险保障的一种特殊保险。

出口信用保险也叫出口信贷保险，是各国政府为提高本国产品的国际竞争力，推动本国的出口贸易，保障出口商的收汇安全和银行的信贷安全，以国家财政为后盾，为企业在出口贸易、对外投资和对外工程承包等经济活动中提供风险保障的一项政策性支持措施，属于非营利性的保险业务，是政府对市场经济的一种间接调控手段和补充。它是世界贸易组织（WTO）补贴和反补贴协议原则上允许的支持出口的政策手段。

出口信用保险是以出口贸易过程中的信用风险为标的，承保国内出口方因买方的商业风险或进口国/地区的政治风险而致其不能履行贸易合同规定的支付到期（部分或全部）债务而遭受的经济损失。目前，全球贸易额的 12% —15% 是在出口信用保险的支持下实现的，有些国家的保险机构提供的各种出口信用保险，其保额甚至超过其本国当年出口总额的三分之一。

出口信用保险的信用期限分为短期和中长期两种，短期的一般为一年（365 天）以内，中长期的一般为一年以上（2—5 年/5—12 年或更长）。

2. 出口信用保险的作用

（1）提高市场竞争能力，扩大贸易规模

出口信用保险使投保企业能够采用灵活的结算方式，接受银行信用方式之外的商业信用方式（如 D/P，D/A，O/A 等），使企业给予其买家更低的交易成本，从而在竞争中最大限度地抓住贸易机会，提高企业销售的竞争能力，扩大贸易规模。

（2）提升债权信用等级，获得融资便利

出口信用保险承保企业的应收账款来自国外进口商的风险，从而变应收账款为安全性和流动性都比较高的资产，成为出口企业融资时对银行的一项有价值的“抵押品”，因此银行可以在有效控制风险的基础上降低企业融资门槛。

（3）建立风险防范机制，规避应收账款风险

借助专业的信用保险机构防范风险，可以获得单个企业无法实现的风险识别及判断能力，并获得改进内部风险管理流程的协助。另外，交易双方均无法控制的政治风险可以通过出口信用保险加以规避。

（4）通过损失补偿，确保经营安全

通过投保出口信用保险，信用保险机构将按合同规定在风险发生时对投保企业进行赔付，有效弥补投保企业的财务损失，保障企业经营安全。同时，专业的信用保险机构能够通过其追偿能力实现企业无法实现的追偿效果。

（二）出口信用保险承保对象和承保风险

出口信用保险承保的对象是出口企业的应收账款，承保的风险主要是人为原因造成的商业信用风险和政治风险。商业信用风险主要包括：买方因破产而无力支付债务、买方拖欠货款、买方因自身原因而拒绝收货及付款等。政治风险主要包括因买方所在国禁止或限制汇兑、实施进口管制、撤销进口许可证、发生战争、暴乱等卖方与买方均无法控制的情况，导致买方无法支付货款。而以上这些风险，是无法预计、难以计算发生概率的，因此也是商业保险无法承受的。

（三）出口信用保险的运营原则

保险是提供风险保障服务的，可降低贸易收入风险的后顾之忧。因此，在保险业务运营中，保险商与投保人都必须做到如下三大原则：

（1）最大诚信原则，即投保人必须如实提供项目情况，不得隐瞒和虚报。

（2）风险共担原则，万一发生收汇风险，对投保人投保金额的赔偿比率一般为90%左右。

（3）事先投保原则，即保险必须在实际风险有可能发生之前办妥。

（四）出口信用保险的发展历程

19 世纪初，出口信用保险最早在英国和德国等地萌芽，当时欧洲国家的出口信用险是国内信用险的延伸。1919 年，英国成立第一家官方支持的出口信贷担保机构——英国出口信用担保局（ECGD）。1934 年，伯尔尼协会——国际信用与投资保险人协会（The International Union of Credit and Investment Insurers——Berne Union）成立，成为出口信用保险交流的平台。1978 年，经济合作与发展组织 OECD（Organization for Economic Co-operation and Development）君子协定——官方支持的出口信贷准则的约定诞生。（Arrangement on Guidelines for Officially Supported Export Credits）

中国于 1988 年创办信用保险制度，由中国人民保险公司设立出口信用保险部，专门负责出口信用保险的推广和管理。1994 年，中国进出口银行成立，其业务中也包括了出口信用保险业务。2001 年，在中国加入 WTO 的大背景下，国务院批准成立专门的国家信用保险机构——中国出口信用保险公司（中国信保），由中国人民保险公司和中国进出口银行各自代办的信用保险业务合并而成。

表 9.3　国际主要官方出口信用机构（ECA）

诞生年份	国　别	出口信用机构名称
1919	英 国	出口信用担保局（ECGD）
1926	德 国	赫尔姆斯（Hermes）
1934	美 国	美国进出口银行（US EXIMBANK）
1944	加拿大	出口发展公司（EDC）
1946	法 国	外贸信贷保险公司（Coface）
1950	日 本	进出口保险可（EID/Miti-Nexi-日本贸易保险）
1957	印 度	印度出口信贷担保局（ECGC）
1976	韩 国	韩国输出保险公社（KEIC）
1988	中 国	中国人民保险公司（PICC）
1994	中 国	中国进出口银行（CHINA EXIMBANK）
2001	中 国	中国出口信用保险公司（SINOSURE）

（五）出口信用保险与商业保险的区别

出口信用保险与商业保险的区别见表 9.4。

表 9.4　出口信用保险与商业保险的区别

项　目	出口信用保险	商业保险
性质	政策性	商业性
目的	支持出口、发展经济	利润最大化
政策	支持外经贸、外交、产业	公司自身发展战略
标的	合同权益	人身、财产（物质）
风险	国家政治和商业信用	意外事故、自然灾害
风险承担者	最终为政府	保险公司自身
法律管辖	专门法规	保险法
办理机构	专门机构	多家经营

（六）福费廷与国际保理、出口信用保险的区别

与众多的贸易融资产品相比较，福费廷业务独具特色，但在实际运行中，人们往往容易将其与国际保理、出口信用保险等业务相混淆，因而有必要将福费廷与其他两种业务进行一个比较。

1. 福费廷与国际保理的区别

从概念上讲，国际保理是出口商将其出口的应收账款委托或贴现给出口保理商后，预先从出口保理商那里收回部分货款，再由出口保理商向进口商或者进口保理商收取货款的一种融资与结算方式；而包买票据是银行或金融机构对出口商持有的经进口商承兑的远期汇票进行无追索的贴现，在收取一定费用后，付与出口商现款的一种出口信贷融资方式。虽然在形式上两者很相似，都是由某专门机构购买国际贸易中的远期债权来实现融资与结算的目的，但实际上，它们之间存在着较大的区别。

表 9.5　福费廷与国际保理业务的区别

项　目	包买票据	国际保理
功能侧重点	融资	结算
单据	合同规定单据 + 远期承兑汇票	合同规定单据 + 应收账款转让通知
标的物	资本性商品	非资本性商品
出口商的风险承担	无	有
信贷额度	无	有

从表 9.5 可以看出，福费廷和国际保理的区别主要体现在以下五个方面：

（1）功能不同

从功能侧重点来看，福费廷业务的融资性较强，而国际保理业务更侧重于结算。在福费廷项下，出口商把远期承兑汇票贴现给银行并支付相应的费用，取得现款后，便立刻解除了与银行的任何关系，若今后进口商破产倒闭或因其他原因不履行付款义务，均与出口商无关，一切风险和损失由银行承担，这正是体现了无追索权原则。鉴于出口商

可及时地从银行获得完全融资，所以融资是包买票据业务的主要功能。而国际保理业务，保理机构得事先根据进口商资信状况确定信贷限额，出口商只能按这一额度贴现，而不能完全贴现，剩余未贴现部分要等进口商把款项完全付给保理机构后，出口商才能取得扣除费用后的剩余款项。因此，出口商不能像福费廷那样在贴现后与保理机构解除责权关系，其货款的完全取得有赖于整个结算过程的顺利进行，才能与保理机构脱钩。

（2）单据差别

在福费廷项下，贸易合同签订后，出口商向进口商签发远期汇票，并要求取得进口商往来银行的担保。出口商发运货物后，将全套货运单据通过银行寄给进口商，并索回经进口商承兑且附有银行担保的汇票。然后，按照与银行的预先约定办理汇票贴现，银行再通过其代理或分支机构向进口商提示汇票要求付款。而在国际保理中，出口商除应按合同规定制作有关单据外，还应增做“应收账款转让通知”，以便将货物的债权转让给保理机构。出口商将发票副本和到期向保理机构付款的指示书寄给进口商，同时将发票和付款指示书的副本以及货运单据交给保理机构。保理机构收到这些单据后，即为出口商按信贷额度办理贴现。

（3）标的物不同

两者虽然都应用于延期付款条件下的国际贸易中，但包买票据业务主要针对资本性商品如大型设备等，其交易金额大，付款期限长，并在较大的企业间进行；而国际保理业务主要适用于非资本性商品，是适应进口商不愿意开立信用证、出口商又不愿意采用托收方式结算的一种折中选择，期限多在一年以下，成交金额不大，且都在中小企业间进行。

（4）出口商承担风险的区别

在福费廷项下，出口商向银行贴现远期汇票后，便把票据拒付的风险完全转嫁给了银行，出口商则有效地避免了收取货款的风险。出口商转嫁这种风险的代价是必须向银行支付较高的融资费用，但实际上这些费用往往都被加在货价上由进口商承担了。而在国际保理业务项下，保理机构并不承担第一付款责任，而只是在进口方倒闭无力支付的情况下，在其提供的信贷额度内，有条件地的履行付款责任。保理机构对未核准的应收账款不承担任何责任，出口商仍面临着赊销及托收项下的各种风险。

（5）付款机制不同

福费廷项和国际保理业务的付款机制是有区别的，主要是因为是否存在信贷额度。国际保理需要先确定对出口商的信贷额度，然后在信贷额度内对汇票办理贴现付款，对于信贷额度外的货款则要待进口商完全支付后再支付给出口商，即对未核准的应收账款，保理机构只承担代收责任，而不承担付款责任。包买票据业务则无此规定，只需按原先约定提交汇票贴现，便可取得完全融资。

2. 包买票据与出口信用保险的区别

出口信用保险是一种防范风险的融资方式，但担保费率较高，从而增加了出口商的负担，而且常常是发生呆账后4－6个月才可获得80%－90%赔偿。若通过法律途径向进口方索债，赔付期会更长，影响出口企业的资金周转。而包买票据业务是一种票据卖断业务，出口商在货物装船后，将数十张经进口商所在地一流银行担保的票据一次性卖断给承做包买票据业务的银行，提前取得现款，既转移了信贷风险和汇率风险，又锁定了利率，预知企业的货物及贸易成本。所以与出口信用保险相比，福费廷的风险更小。

表 9.6　福费廷与出口信用保险的区别

项　目	包买票据	出口信用保险
风险承担者	融资商（银行）	保险公司和出口商
保险比例	100%	80%
贸易融资的提供	有	无
获得融资时间	短	长
融资范围	宽	窄

从表 9.6 可以看出，福费廷与出口信用保险的区别体现在以下几个方面：

（1）从风险承担者看，出口信用保险项下，进口商的信用风险一般由保险公司和出口商共同承担，在出现坏账时，保险公司一般只赔偿 70% —90%，而且索赔手续繁琐耗时；而在福费廷业务中，银行承担了全部信用风险。

（2）从保险比例看，保险公司提供的出口信用保险只承担出口应收账款 80% 的风险，余下的部分对于出口商而言，仍面临敞口风险；而福费廷融资商是对出口货值进行 100% 的融资。

（3）从贸易融资的提供看，出口信用保险是保险公司保障出口商收汇安全的政策性保险业务，它起到支持出口、防范收汇风险的作用，是一种事后的保障；而福费廷是银行向出口商提供的一种即期贸易融资工具，有利于出口商的资金周转。

（4）从获得融资的时间看，保险公司通常是等确认出口应收账款成为呆坏账的 6 个月后才予以赔付，如需通过法律途径解决则需要更长时间；而福费廷融资商是在进口商或进口商的银行承兑票据数日后即可将货款给出口商入账。

（5）从融资范围看，保险公司正在逐步提高费率，而且拒绝受理高风险国家和地区的业务申请；而包买票据融资商提供的费率固定，覆盖的国家和地区相对较广。

七、其他

由于各种贸易的特点、公司的资金状况不同，新的融资产品不断出现，如出口的商业发票贴现等。

出口商业发票贴现（Discount Against Export Commercial Invoice）是在“货到付款”结算方式（俗称后 T/T）项下，出口地银行以出口商的出口商业发票作为抵押进行融资的业务。中国银行将出口商业发票贴现业务归入国内保理来操作。它是从保理业务的融资功能中演变而来的，其融资比例通常为 100%，使用与其他押汇相同的“预收利息”，即银行在全额的本金内扣除预收利息及各种手续费后将余额贷款给出口方收款人。因此，出口商收到的实际金额不足 100%，出口商还款的来源在正常情况下为收汇款。在企业不能正常从国外收回货款的情况下，企业应偿还贴现的本金及利息，或允许银行主动从其账户扣划贴现的金额及补收有关费用。银行办理贴现有时候不收贴现手续费，其利息计算方法为：贴现利息 = 本金 x 融资年利率 x 贴现天数/360，贴现天数计算通常是办理贴现日到后 T/T 项下预计的收汇日或发票的到期日的天数 + 30 天。

综上所述，国际结算中的融资方式较多，比如通过包买票据出口商可以获得中长期无追索权的融资。保理业务也可以通过收取债权方式提供融资。福费廷融资手续方便，简单易行，且提供的是无追索权的短期贸易融资。随着新的国际经济货币收付方式的不断完善，进一步为国际贸易的发展提高了技术支持。但新的融资方式将不断出现，需要我们继续探索简单、安全、可靠的新的贸易融资方式。

本章重要概念

国际贸易融资　出口押汇　进口托收押汇　提货担保　进口代付　出口押汇　出口托收押汇　打包放款　国际保理　福费廷　票据贴现　出口信用保险

复习思考题

1. 信用证押汇下银行审核要考虑哪些方面？
2. 国际保理对出口商有何益处？
3. 与出口信用保险相比，国际保理的优势表现在哪些方面？
4. 福费廷与国际保理有哪些区别？
5. 简述打包贷款的业务流程。
6. 出口商、保理商应如何防范国际保理业务中的风险？
7. 简述福费廷与出口信用保险的区别
8. 办理票据贴现应注意哪些问题？
9. 什么是信托收据？
10. 在银行办理进口押汇，对信用证及单据有何要求？
11. 进口押汇与出口押汇有什么区别？

☑ 案例分析

1. 银行应进口商 A 公司的申请开立了金额为 500 万美元的即期信用证。信用证项下单据到达后，A 公司向银行提出进口押汇申请。经审查，所到单据为信用证项下全套物权单据，且完全符合信用证的要求。A 公司系银行贸易融资重点客户，银行为其核有 1 000 万美元的进口押汇客户授信额度，按银行规定可直接办理此笔业务，无须进行信贷审查。在此情况下，A 公司向银行出具了信托收据，并与银行签订了进口押汇协议。办妥上述手续后，银行放单给 A 公司，并先行对外付款。

问题（1）：为什么说 A 公司系银行贸易融资重点客户？

问题（2）：A 公司向银行出具了信托收据，为什么还要与银行签订进口押汇协议？

问题（3）：银行放单给 A 公司，并先行对外付款，如到期银行收不回货款怎么办？

第六篇

国际结算单据

在国际结算中，单据是履行合同的必要手段，是推定交付货物的证明，因它代表了物权，所以它是结算的主要依据。在信用证方式下，《跟单信用证统一惯例》（2007 年修订本，国际商会第 600 号出版物）第 5 条规定：“在信用证业务中，银行处理的是单据而不是与单据有关的货物、服务或履约。”《托收统一规则》（URC522 出版物）也规定托收是银行根据所收到的指示处理资金单据和商业单据等。因此，国际结算是通过单据在进口商和出口商之间直接或通过银行居间传递单据，凭以清算贸易双方在两国或两地区之间的债权债务。

第十章　国际结算中的单据

学习目标

1. 了解国际结算中单据的作用、种类和要求；
2. 掌握国际结算中基本单据的主要内容及其单据的缮制；
3. 熟悉国际惯例，掌握单据审核的一般原则及单据审核的内容；
4. 正确处理国际结算单据中常见的不符点。

第一节　国际结算单据概述

一、单据的重要作用

现行的国际贸易是以单据为媒介的，因此也可将国际贸易称为“单据贸易”。单据是国际结算的基本工具，是履行合同的必要手段，是一项政策性很强的涉外工作，是企业管理的重要环节。进出口交易实现货物单据化，卖方将全套单据交给买方，代表交付货物；买方凭单据付款，获取货物。通过单据转移实现货物所有权的转移，简便增效，成为国际贸易的重要方式之一。

国际贸易结算的支付方式大多是“凭单据付款”，单据是国际结算的基础和保证。《联合国国际货物销售合同公约》第30条明确规定：“卖方必须按照合同和本公约的规定交付货物、移交一切与货物有关的单据并转移货物的所有权。”可见，出口贸易不仅有按照买卖合同规定交付货物的义务，而且还有移交与货物有关的单据和转移货物所有权的义务。《跟单信用证统一惯例》（UCP600）第5条规定：“在信用证中，银行处理的是单据，而不是与单据有关的货物、服务或其他行为。”《托收统一规则》（UCR522）规定，托收是银行按照收到的指示，办理金融单据及商业单据。由此单据的重要性可见一斑。

在国际贸易中，单据的作用主要表现在以下几个方面：

（一）单据体现了不同当事人之间的权责利益关系

在进出口贸易中，出口商有按照合同规定装运货物提交单据的义务，也有凭单据收取货款的权利。进口商有凭单付款的义务，也有凭单提货的权利。例如，海运提单是承运人和托运人之间订立的海上货物运输合同的证明，体现了承运人和托运人之间的权利义务关系。保险单据是保险人和被保险人之间保险合同的证明，投保人必须按照规定支付保费，保险人承担对合同约定的风险所造成的损失进行赔偿的责任。因此，不同当事人之间的权利义务关系都通过单据来体现。

（二）单据是当事人履行合同的凭据

单据是一种书面凭证，贸易合同的执行情况需通过单据反映出来。出口商装运货物的品名、数量、规格等体现在商业发票和装箱单上，质量体现在检验证书上。出口商只有在货交承运人后才能取得海运提单，只有在为货物办理了保险后才能取得保险单据，只有在货物经过检验之后才能取得检验证书。进口商只有在履行了相关手续之后才能取得进口许可证。所以，单据是有关各方履约的证明。

（三）单据是一种物权凭证

我国出口货物通常使用 CIF 合同。从贸易的角度来看，ClF 合同的目的不是货物本身的买卖，而是与货物有关的单据买卖。它不是一个货物必定到达的合同，而是一种根据买卖合同发运货物、取得（除非合同另有规定）货物运至目的地的运输单据和货物在运输途中的通常保险凭证，以及凭提交这些单据取得合同价金的合同。提交装运单据这一事实，在商业意义上就等于提交了货物。因此在国际贸易中，谁控制了代表货物所有权的凭证（单据），就等于控制了货物，即“见单如见货”。

（四）单据是办理国际结算的基本工具

单据是出口商收汇和进口商付款的依据，也是银行办理国际结算和贸易融资的重要依据。在不同的国际结算方式中，银行处理单据的方式是不同的。在汇款结算方式下，银行不接触单据，出口商发货后，自行直接将单据寄给进口商，进口商委托银行将货款支付给出口商，因此，单据是出口商交付货物的基础，也是进口商支付货款的依据。在托收结算方式下，出口商将单据交给银行并委托银行代为收取货款，银行负责将收到的单据和托收指示中所列单据进行核对，如发现单据缺失或与托收指示中所列不符，应立即通知发出托收指示的一方，说明拒收货款。托收业务中，单据虽然通过银行，但银行没有审核单据内容的义务。在信用证结算方式下，银行与单据的关系最为密切。银行不仅负责传递单据，而且必须审核单据的内容，开证行付款的原则是“单证一致、单单一致、单内一致”，即所有单据和信用证相符、所有单据之间必须相符，才能安全结汇。

二、缮制单据的基本要求

单据制作的正确、及时、完整决定出口商能否顺利结汇，关系到企业的经济利益，其专业性、时间性强，工作量大，涉及货物生产企业、承运人、保险公司、银行、海关、检验检疫机构以及有关行政管理部门。因此，单据不能随意缮制，必须符合商业规则和实际需要，做到“正确、完整、及时、简明、整洁”。

（一）正确

正确是单据制作最基本的要求。制作单据必须正确，才能保证安全和及时收汇。因为不管是信用证项下还是托收项下，如果单据不正确，买方都有拒付货款的权利。在执行单据尤其是信用证项下的单据时，不仅要符合有关法规以及UCP600惯例的规定，更要按照“严格相符”的原则，做到“单证一致”、“单单一致”和“单内一致”；在托收业务中，单据的制作应与买卖合同的规定一致。

（二）完整

完整包括单据之间的完整性和每一种单据本身内容的完整性。单据在通过银行议付或托收时，一般都是成套的、齐全的而不是单一的。例如信用证结算方式中，所需单据类别甚多，其间缺一不可。任何单据都有它的特定作用，这种作用是通过单据本身的特定内容和格式、项目、文字签章等来体现。如果格式使用不当，项目漏填，文理不通，签章不全，就不能构成单据有效文件，也就不能为银行所接受。此外，各种单据的份数要如数交齐，不能短缺。

（三）及时

出口单据的时间性很强，各种单据都要有一个适当的出单日期和交单日期。

（四）简明

简明是指单据的内容必须按照有关国际惯例、买卖合同（托收业务中）和信用证（信用证业务中）的规定填写，力求简明扼要。这样做不仅可以节省单据制作时间，避免制作中的错误，提高工作效率，还可减少出口商本身和银行的风险。

（五）整洁

整洁是指单据的格式设计和外观制作力求标准化、规格化，做到内容整齐、排列清楚、字迹清晰、重点突出，尽量避免差字错行。

在业务活动中提交相应单据是当事人履行合同的手段，也是当事人完成合同义务的证明。合同订立后，履行阶段可概括为“货、证、船、款”四环节，无论是哪个环节，进出口商及合同有关的相应各方只有在履行了约定义务的情况下才能取得相关单据，没有提交应交付的单据就意味着没有按规定履约。这是避免和解决争端的依据，对国家、对企业和每个从业员工的形象和利益都有重大影响。

三、单据的种类

进出口业务中常用的基本单据有发票、提单和保险单、汇票；官方单据有海关发票、产地证、商检证书、出口许可证、装船证明；附属单据有重量单、装箱单等。通常，汇票、本票、支票等票据通称为金融单据，发票、提单、权利证书等通称为商业单据。运输单据包括海运提单、国际多式联运单据、航空运单、公路、铁路、内河运输单据、专递及邮政收据，保险单据包括保险单、保险凭证、预约保险单等。

第二节　运输单据

一、海运提单

所谓海运提单（Marine Bill of Lading or Ocean Bill of Lading）简称为提单 Bill of Lading，B/L，是国际结算中的重要单据之一。它是运输部门承运货物时签发给发货人的一种凭证，即海上货物运输合同。证明货物已经由承运人或其代理接收或者装船，并保证将货物运至目的港交付收货人的收据，收货人凭此收据向目的港的运输部门提取货物的证明。

（一）提单的性质

《中华人民共和国海商法》第 71 条规定："提单，是指用以证明海上货物运输合同和货物已经由承运人接收或者装船，以及承运人保证据以交付货物的单证。提单中载明的向记名人交付货物，或者按照指示人的指示交付货物，或者向提单持有人交付货物的条款，构成承运人据以交付货物的保证。"根据上述定义，可知提单具有物权凭证、海上运输合同证明和货物收据等作用。

1. 物权凭证

国际货物运输中，提单代表货物所有权，承运人凭其发货，持有人有权在目的港凭其提取货物，并在银行办理结汇手续。而且提单可以不经承运人的同意而连续背书转让，提单的转移就意味着物权的转移，提单中所规定的权利和义务也随之转移。如果遇到货物在运输过程中遭受损坏或灭失的情况，因货物的风险已随提单的转移而由卖方转移给买方，应该由买方向承运人提出赔偿要求。

2. 海上货物运输合同证明

提单背面印有承运人与托运人之间权利和义务条款，它是法律承认的处理有关货物运输的依据。但提单本身不是运输合同，也不是双方意图表示一致的产物，因承运人和托运人双方的提单条款是由承运人单方拟定的。而且，货物运输流程是承运人先开始接受发货人委托，将货物装船之后才签发提单，它是承运人与托运人双方在海洋运输中权利义务关系的主要依据，是双方订立运输合同的证明。

3. 货物收据

提单一经承运人签发，即表明承运人已将货物装上船或已确认接管。提单作为货物收据，能够证明收到货物的种类、数量、标志、外表状况以及收到货物并装船的时间。

提单是承运人签发给托运人的，表明承运人可以有效监管货物，也可以作为承运人收取运费的证明，在运输过程中办理货物装卸、发运和交付方面手续的依据，向船公司索赔的重要依据。提单须经承运人签字后始能生效，也是海关报关的有效单证之一。

（二）提单的当事人

海运提单涉及的当事人有托运人、承运人、收货人、通知人。托运人即卖方（出口商），承运人即船公司，收货人通常是买方（进口商）。提单由承运人签发，由托运人寄送给收货人，收货人持提单提货。通知人是承运人为了方便货主提货的通知对象，大多是收货人。如果提单发生转让，则会出现受让人、持有人等提单关系人。

（三）提单的种类

提单的分类主要有以下几种：

1. 根据货物是否已经装船

（1）已装船提单（SHIPPED ON BOARD B/L），指承运人向托运人签发的货物已经装船的提单。它是国际货物运输中最常见的提单，通常进口商往往要求出口商在提单中注明货物已装船的时间和船名，并要求承运人或船长签名。

（2）备用提单（RECEIVED FOR SHIPPING B/L）又称收讫待运提单，指承运人虽已收到货物但尚未装船时签发的提单。在签发备运提单情况下，发货人可在货物装船后凭以调换已装船提单，也可以经承运人或其代理人在备运提单上批注已装上某具体船名及装船日期并签署后使之成为已装船提单。

2. 根据货物的运输方式

（1）直达提单（DIRECT B/L），指货物自装货港装船后，由同一条船从装运港运达目的港，中途不经换船直接到目的港卸货而签发的提单。

（2）转船提单（Transshipment B/L），指货物从装运港到目的港的海运途中从一艘船上卸下再装上另一艘船而签发的提单。

（3）联运提单（THROUGH B/L），指货物运输过程中涉及两种或两种以上的运输方式，而且第一程运输方式是海运，由第一程承运人签发的提单。

（4）多式联运提单（MULTIMODAL B/L），指货物运输由海上、内河、铁路、公路、航空等两种或多种运输方式进行的由多式联运经营人签发的适用于全程运输的提单。

3. 根据船舶运营方式

（1）班轮提单（LINER B/L），指班轮运输中，由班轮公司或其代理人签发的提单。

（2）租船合同提单（CHARTER PARTY B/L），指用租船承运租船人的全部货物，船东签给租船人的提单。

4. 根据提单收货人抬头

（1）记名提单（STRAIGHT B/L），指提单上收货人一栏具体写明特定收货人的名称、只有收货人可以提货的提单，一般不具备流通性。银行不接受这类提单。

（2）指示提单（ORDER B/L），是指提单上收货人一栏注明凭指示（TO ORDER/ORDER OF SHIPPER /ORDER OF CONSIGNEE xx COMPANY/ORDER OF xx BANK）才可提货的提单。这种提单的应用最广泛，因为它可以通过背书转让。

（3）不记名提单（BLANK B/L 或 OPEN B/L），是指提单上收货人一栏没有注明收货人名称或注明 BEARER 字样，即提单的任何持有人都有权提货。它不用背书就可以转让，实际业务中很少应用。

5. 根据货物外表状况和包装有无不良批注

（1）清洁提单（CLEAN B/L），承运人接收货物时，提单表面情况良好，承运人签发提单时未加任何货损、包装不良或其他有碍结汇的批注。

（2）不清洁提单（FOUL B/L），承运人接收货物时，其包装及提单表面状态出现不坚固或不完整等情况，船方在提单表面上注明如“一箱破损”等不良批注，即为不清洁提单。

6. 其他分类

（1）最低运费提单（MINIMUM B/L），运费未到运价规定的最低额而按规定的最低运费计收的提单，或称起码提单。

（2）过期提单（STALE B/L），指出口商向银行交单结汇的日期与装船开航的日期距离过久，以致无法于船到目的地以前送达目的港收货人的提单，银行一般不接受这种提单。

（3）倒签提单（ANTI-DATED B/L），指承运人应托运人的要求在货物装船后，提单签发日期早于实际装船完毕日期的提单。

（4）预借提单（ADVANCED B/L），因信用证规定的装运期和结汇期都已到期而货物因故未能及时装船，但已在承运人掌握之下或已开始装船，由托运人出具保函要求承运人预借的提单。

（5）舱面提单（ON DECK B/L），指货物装载于船舶露天甲板，并注明“甲板上”字样的提单，或称甲板货提单。

（6）货运提单（HOUSE B/L），货运提单往往是货物从内陆某地运出并运至内陆某地时由货运代理人签发的提单。这种提单从技术上和严格的法律意义上，是缺乏提单效力的。

（四）有关提单的国际公约

有关提单的国际公约有《海牙规则》、《汉堡规则》和《维斯比规则》。

1.《海牙规则》（Hague Rules）

《海牙规则》全称是《统一提单若干法律规定的国际公约》（International Convention for the Unification of Certain Rules of Law Relating to Bill of Lading），1924 年 8 月 25 日由 26 个国家在比利时布鲁塞尔签订，1931 年 6 月 2 日生效，目前有 50 多个国家先后加入了这个公约，我国于 1981 年承认该公约。它统一了海上货物运输中关于提单的法律，促进了海运事业和国际贸易的发展，是目前最重要和被普遍使用的国际公约，然而《海牙规则》较多地维护了承运人的利益，在风险分担上很不均衡，容易引起托运人和收货人的担忧。

2.《维斯比规则》(Visby Rules)

《维斯比规则》全称是《关于修订统一提单若干法律规定的国际公约的议定书》(Protocol to Amend the International Convention for the Unification of Certain Rules of Law Relating to Bill of Lading), 1968 年 2 月 23 日在比利时布鲁塞尔通过，1977 年 6 月生效。目前已有英国、法国、丹麦、挪威、新加坡、瑞典等 20 多个国家和地区参加了这一公约。它只对《海牙规则》中明显不合理或不明确的条款作局部的修订和补充。

3.《汉堡规则》(Hamburg Rules)

《汉堡规则》全称是《1978 年联合国海上货物运输公约》(United Nations Convention of the Carriage of Goods by Sea, 1978), 1976 年由联合国贸易法律委员会草拟，1978 年经联合国在德国汉堡主持召开有 71 个国家参加的全权代表会议上审议通过。《汉堡规则》全面修改了《海牙规则》，其内容在较大程度上加重了承运人的责任，保护了托运人和收货人的利益，代表了发展中国家意愿。这一公约于 1992 年生效，但因签字国为埃及、尼日利亚等非主要航运货运国，因此《汉堡规则》对国际海运业影响较小。

4. 有关提单国际公约的不同之处

在当事各方利益的保护方面和适应不断发展的航运技术方面，三个公约的不同之处如下：

(1) 承运人的责任基础不同

《海牙规则》对承运人责任基础采用了“不完全过失原则”，即要求承运人对自己的过失承担责任，但同时又规定“船长、船员、引航员或承运人的雇佣人员在驾驶或管理船舶上的行为、疏忽或不履行契约”的行为可以要求免责。

《汉堡规则》则采用“推定的完全过失原则”。它不仅以是否存在过失来决定承运人是否负责，而且规定举证责任也要由承运人承担，即“除非承运人证明他本人或其受雇人或代理人为避免该事故发生及其后果已采取了一切具有合理要求的措施，否则承运人应对货物灭失或损坏或延迟交货所造成的损失负赔偿责任。”

(2) 承运人的最高责任赔偿限额不同

《海牙规则》规定船东或承运人对货物或与货物有关的灭失或损坏的赔偿金额不超过每件或每单位 100 英镑或相当于 100 英镑的等值货币。以每件或每单位来计量货物。

《维斯比规则》将最高赔偿金额提高为每件或每单位 10 000 法郎或按灭失或受损货物毛重计算，每公斤 30 法郎，两者以较高金额的为准。同时明确一个法郎是一个含有 66.5 毫克黄金、纯度为千分之九百的单位。随着托盘、集装箱等成组化运输方式的发展，该规则规定，当提单内载明运输工具内货物的包数或件数时，以集装箱或托盘所载货物的每一小件为单位逐件赔偿；当提单内未载明货物具体件数时，则以一个集装箱或一个托盘作为一件货物进行赔偿。

《汉堡规则》将承运人的最高赔偿责任增加至每件或每货运单位 835 特别提款权或每公斤 2.5 特别提款权，两者以金额高的为准。

（3）对货物的定义不同

《海牙规则》对货物定义的范围较窄，将活动物、甲板货都排除在外。《汉堡规则》扩大了货物的定义，不仅把活动物、甲板货列入货物范畴，而且包括了集装箱和托盘等包装运输工具。

（4）公约适用范围不同

《海牙规则》只适用于缔约国所签发的提单。

《汉堡规则》不仅规定公约适用于两个不同缔约国间的所有海上运输合同，而且规定被告所在地、提单签发地、装货港、卸货港、运输合同指定地点等五个地点之中任何一个缔约国。

（5）承运人的责任期间不同

《海牙规则》规定承运人的责任期间是自货物装上船舶开始至卸离船舶为止。《汉堡规则》则将责任期间扩大为承运人从托运人接管货物时起，至承运人将货物交付收货人止，包括装货港、运输途中、卸货港、集装箱堆场或集装箱货运站在内的承运人掌管的全部期间。

（6）诉讼时效不同

《海牙规则》规定诉讼时效是一年。《维斯比规则》规定诉讼时效经当事各方同意可以再延长3个月以内。《汉堡规则》将诉讼时效延长至2年，保留了《维斯比规则》90天追赔诉讼时效的规定。

（7）对承运人延迟交货责任的规定不同

《海牙规则》和《维斯比规则》对延迟交货未作任何规定。《汉堡规则》规定承运人要对延迟交付承担赔偿责任。

（五）提单缮制应注意的问题

1. 托运人（Shipper）

托运人即委托运输的人，通常为出口商。托运人栏目填写出口商公司的名称和地址，一般为信用证的受益人、合同的卖方，也可以是第三方。根据《UCP600》的规定，除非信用证另有规定，银行将接受表明以信用证受益人以外的一方为托运人的运输单据。

2. 收货人（Consignee）

提单的收货人即提单的抬头，它决定了海运提单的性质和物权的归属。通常有三种填写方法：记名抬头，收货人栏内直接填写收货人名称和地址，如“To xx Co.；不记名抬头，收货人栏内留空或填“To Bearer”，这种提单可以不经背书转让，风险较大，国际市场应用很少；指示抬头，收货人栏内填写“To order”、“To order of ×××”，如果填写“To order of ×××”，则称为记名指示提单，记名指示人可以是银行，也可以是贸易商。指示提单由托运人背书才能转让，是目前国际市场上应用最广泛的抬头。

3. 通知人（Notify Party）

通知人是货物到达目的港后船公司通知的收货人。信用证项下通常注明被通知人的详细名称和地址，如规定：“Full set of B/L... notify applicant”，应在本栏目中将开证申请人的全称及地址填上。如无规定时，正本提单可不填，但随船的副本提单须填列开证申请人的详细名称和地址。

4. 提单号码（B/L No.）

提单上必须注明承运人及其代理人规定的提单编号，以便核查。发货人向收货人发装船通知也要列明船期和提单号码。

5. 装运港（Port of Loading）

货物实际装船港口的名称，应按信用证规定填写。如信用证只是笼统规定“CHINA MAIN PORT”，则根据实际情况填写装运港口的名称，如“NING BO”。根据《UCP600》规定，如果提单没有表明信用证规定的装货港为装货港，则需以“已装船”批注表明信用证规定的装运港、发运日期以及实际船名。

6. 前段运输（Pre-carriage by）

如果货物需要转船运输，则填写第一程租船名；如不需转船，就空白。

7. 船名（Vessel）

如果货物转船运输，此栏填写第二程租船的船名和航次；如无需转船，填写货物实际装运船名和航次或类似的关于船名的限定语，则需以“已装船”批注发运日期以及实际船名。

8. 转运港（Port of Transshipment）

发生转运时，填写转运港口名称，必要时加注所在国家名称。

9. 卸货港（Port of Discharge）

填写货物实际卸下港口的名称。如果有选卸港，根据信用证规定如实填写“Option **/**”。

10. 标的物（Mark &Nos. Number and Kind of Packages. Description of Goods Gross Weight. Measurement）

11. 唛头

提单唛头应该与发票和装箱单一致，如果信用证规定，要与信用证相一致；如无规定，可由出口商自行设计。如果没有涉及码头，则填写 N/M。

12. 件数和包装种类

本栏注明包装数量和单位，大写与小写的数值一致；散装货注明“IN BULK”；裸装货注明件数和大写数量。

13. 货物名称

本栏应该与信用证或发票上货物的中文英文名称一致，可以用统称。

14. 毛重和尺码

与发票栏内容一致。如果货物涉及不同种类和包装方式应该先计算并合计总的重量；尺码同理。

15. 交货地点（Place of Delivery）

填写最终目的地名称。如货物的目的地就是目的港，此栏可空。

16. 运费条款

此栏根据贸易术语选择不同，标注方法也不同。如果以 CIF 或 CFR 成交，则出口商承担海运费，填写“Freight prepaid”；如果以 FOB 成交，则进口商承担海运费，填写

"Freight collect"

17. 签发的提单份数（Number of Original B/L）

按照惯例，提单正本应该是一式两份至三份。每份效力一样，收货人凭一份提单提货后，其他自动失去效力。

18. 提单的签发地点、日期和签署

提单一般在装货地签发，签发日期是货物实际装运日期或船公司接收货物的日期。提单必须由船长或承运人及其代理人签发才能生效。

19. 关系人的记载及签字

提单的各个关系人都应记载在提单正面合适的栏目内。提单正面要求注明承运人名称，如果提单上已明示承运人即"CARRIER"，则承运人签字时无须再明示其为承运人。如果提单上未明示承运人，承运人在签字时还须明示其为承运人，即在承运人名称后加"CARRIER"。如果由船长签字，在签字栏目内不需要打印承运人名称，后加"AS MASTER"即可。由其他人代理承运人签字，则除了应在签字栏目内注明承运人名称外，应加代理人名称及"As agent for"或"As behalf of"。如果由其他人代理船长签字，则除了应在签字栏目注明代理人名称及"As agent for"或"As behalf of"外，还应注明船长的姓名和身份。

20. 货物已装船的要求

如果提单上注明"货物已装上船"，当货物已经装上船时就发出提单，该提单的出具日期视为装船日期与装运日期。如果注明的收货地或接受监管地与装货港不同时，装船批注可省略"On Board"字样，只需加注信用证规定的装货港和实际装货船名。

提单未注明"已装船"字样而是"已收妥货物"（Received the Goods）字样，在实际装货后签发的提单上必须批注"已装船"（On Board）字样及装船日期，该日期视为装运日期；如果注明的收货地或接受监管地与装货港不同时，已装船批注还应加注信用证规定的装货港和实际装货船名。

二、国际多式联运单据

（一）国际多式联运单据的性质

20 世纪 90 年代以来，国际货物运输主要是以集装箱运输为主体的成组化运输，与之相应的一种运输单据是国际多式联运单据。它是由多式联运经营人签发的证明货物以多式联运完成的合同文件，又是证明多式联运经营人接管货物并负责按照合同条款交付货物的单据。多式联运营运人一般是运输商，他以本人身份与托运人签订，至少要用两种不同方式才能将货物从接管地运至交货地，并对全程负责，安排运输事项。

（二）国际多式联运单据与海运提单的区别

1. 运输方式不同

国际多式联运单据与海运中的联运提单虽然都使用了两种或两种以上的运输方式，

但是，联运提单只适合于海运与其他运输方式所组成的多式联运，而国际多式联运单据的范围更广。

2. 承运人责任范围不同

海运提单每一承运人只负责自己的航段，提单签发人仅对第一程运输负责，而国际多式联运单据的签发人则是对全程运输负责。

（三）国际多式联运单据的缮制

国际多式联运经营人在接收货物后，凭发货人持有的货物收据立即签发多式联运单据，并应发货人的要求签发可转让或不可转让多式联运单据。

在签发可转让的多式联运单据时，应列明按指示交付或向持有多式联运单据人交付。如列明按指示交付，须经背书后才能转让；如列明向多式联运单据持有人交付，无需背书即可转让；如签发一套数份正本多式联运单据，应注明正本的份数；对于签发的任何副本多式联运单据，应在每一份副本上注明“副本不可转让”字样。

在签发不可转让多式联运单据时，应在单据的收货人一栏内载明收货人的具体名称并注明“不可转让”字样。货物抵达目的地后，多式联运经营人只能向多式联运单据中载明的收货人交付货物。

如果签发数份多式联运单据，多式联运经营人只要按其中一份正本交付货物后，便完成向收货人交货的义务，其余各份正本自动失效。

如果多式联运经营人或其代表在接收货物时，对于货物的品种、数量、包装、重量等内容有合理的怀疑，而又无合适方法进行核对或检查时，多式联运经营人或其代表可对多式联运单据作出保留，注明不符的地方、怀疑的根据等。反之，如果多式联运经营人或其代表在接收货物时未在多式联运单据上作出任何批注，则应视为他所接收的货物外表状况良好，并应在同样状态下将货物交付收货人。

三、航空运单

（一）航空运单的性质

1. 航空运单的定义

航空运单（Air Way Bill）是指航空公司或其代理人签发给托运人表示接收货物托运的收货证明，是托运人与承运人之间运输契约的证明，对双方均具有约束力。但航空运单不可转让，持有航空运单并不能说明对货物具有所有权。

2. 航空运单的作用

（1）运输合同的证明

航空运单必须由托运人或其代理和承运人或其代理共同签署后方能生效，成为发货人和承运人之间订立的运输合同。货物发运后，承运人或其代理人将正本航空运单寄送托运人，作为承运人已接受货物的证明和收据。

(2) 报关和投保的基本单据

货物到达目的地后，收货人凭航空运单向海关报关，是海关查验放行货物的基本单据之一。托运人或委托承运人为货物投保时，航空运单也是向保险公司提交的单据之一。

(3) 航空运费的凭证

此凭证是航空公司向出口商核收运费的凭据。但出口商保留的航空运单并不能保全其对货物的所有权，在承运人将货物发出后，出口商无法凭航空运单向承运人主张权利。

(二) 航空运单的缮制

航空公司所使用的航空运单则大多借鉴IATA所推荐的标准格式。

1. 始发站机场

需填写IATA统一制定的始发站机场或城市的三字代码，如果始发地机场名称不明确，可填机场所在城市的IATA的三字代码。

2. 托运人姓名、住址

填写托运人姓名、地址、国家（或国家代号）及托运人的电话、传真、电子邮件等联系方式。

3. 航空运单号码

航空运单号码一般在右下方，编号的前三位是IATA统一编制的航空公司代码，如中国国际航空公司的代码是999，此栏由航空公司填入。

4. 收货人姓名、住址

填写收货人姓名、地址、所在国家（或国家代号）及收货人电话、传真、电子邮件等联系方式。航空运单抬头不能制成“凭指示”，因为航空运单是不能转让的。

5. 托运人账号和收货人账号

除非承运人需要，此栏不需要填写。

6. 承运人代理的名称和所在城市、IATA代号、代理人账号

如果运单由承运人的代理人签发时，本栏填写实际代理人的名称和城市名称以及国际航协代号，一般可不填。代理人账号除非承运人需要，一般可不填。

7. 始发站机场及所要求的航线

本栏填制与1一致的始发站机场或机场所在地即可。

8. 支付方式

本栏填制付款方式。如果货物被退运，应将原货运单号码填入新货运单的此栏内。

9. 运输路线和目的站

A栏去往（To）：分别填入第一中转站机场的IATA代码。B栏承运人（By）：分别填入第一段运输的承运人。同理，C栏填入第二中转站机场的IATA代码，D栏填入第二段运输的承运人，E栏填入第三中转站机场的IATA代码，F栏填入第三段运输的承运人。

10. 货币

此栏填入始发国的ISO货币代码。

11. 运费及声明价值费

本栏填入根据货物计费重量和航空运价计算的航空运费和声明价值费（声明价值费是指向承运人申报价值时必须与运费一起交付的费用）。运费有预付和到付两种。

12. 其他费用

始发站涉及的其他费用支付方式，有预付和到付两种。

13. 运输声明价值

本栏填入发货人要求的用于运输的声明价值，一般根据发票金额填。如果发货人不要求声明价值，则填入“NVD”。

14. 海关声明价值

本栏填入提供给海关征税的货物价值。如果以报关单或商业发票作为征税标准时，可不填或填“AS PER INV”；如果货物是低值商品或样品时，可填“NCV”。

15. 货物件数和运价

本栏填入货物包装件数。当需要使用非公布的直达运价时，件数下面填入运价组成的机场 IATA 三字代码。

16. 毛重

填入适用于运价的货物毛重。

17. 重量单位

可选择公斤（kg）或磅（lb）。

18. 运价等级

针对不同的航空运价共有 6 种代码：N（Normal，45 公斤以下货物适用的普通货物运价）、Q（Quantity，45 公斤以上货物适用的普通货物运价）、M（Minimum，起码运费）、C（Specific Commodity Rates，特种运价）、S（Surcharge，高于普通货物运价的等级货物运价）、R（Reduced，低于普通货物运价的等级货物运价）。

19. 商品代码

若货物使用特种运价时本栏需要填写商品代码。

20. 计费重量

本栏填入航空公司计算运费的计费重量，可以与毛重相同也可与毛重不同。

21. 运价

填入该货物适用的费率。

22. 运费总额

本栏应为起码运费值或者是运价与计费重量两栏数值的乘积。

23. 货物的品名、数量，含尺码或体积

货物的名称和数量要与合同或信用证一致。尺码以厘米或英寸为单位，尺寸分别以货物最长、最宽、最高边为基础，体积则是上述三边的乘积，单位为立方厘米或立方英寸。

24. 其他费用

这是指除运费和声明价值附加费以外的其他费用。根据 IATA 规则，各项费用分别用三个英文字母表示，其中前两个字母是某项费用的代码，如运单费就表示为 AW，第三个字母是 C 或 A，分别表示费用应支付给承运人（Carrier）或货运代理人（Agent）。

25. 计重运费、声明价值费和税款金额

本栏一般有预付和到付两种，填写按重量计算的运费、声明价值费和适用的税款。

26. 承运人或其代理人收取的其他费用

本栏分别记录需要付与货运代理人（Due Agent）和承运人（Due Carrier）的其他费用合计金额。

27. 预付或到付的各种费用总额

本栏填写预付或到付的运费和其他费用总额

28. 托运人的签字

本栏有托运人名称和托运人的签字盖章。

29. 承运人的签字

本栏填写航空运单签发日期、地点和承运人或代理人签字。航空运单的签发日期就是货物实际装运日期。

四、公路、铁路、内河运输单据

（一）公路、铁路、内河运输单据的含义

公路、铁路或内河运输单据是货物收据和运输合约。它不是物权单据，不可流通，而是直接交货给收货人。单据不能控制交货。

（二）公路、铁路、内河运输单据

1. 公路运单

公路运单的内容主要包括有关当事人的名称、地址、货物说明、货物的接管与交货地点、运输费用的说明、有关办理海关和其他手续的必要通知、运单的签发日期和地点等。公路运单的正本是一式三份。第一份正本运单交发货人，第二份跟随货物同行，第三份则由承运人留存。

2. 铁路运单

铁路运单一式几联，名称不一，各联的作用如下：

（1）运单正本。它是货物运输合同，随货物到达目的地交收货人作提货通知。

（2）运行报单。它是货物交接、划分运送责任以及结算运费、统计运量的依附。

（3）运单副本。交托运人作为收据并向银行办理结算。在货物到达目的地之前，只要托运人仍持有副本运单，就可以行使停运权或将货物运给另一收货人。运单副本也一起随货物运送到站并由到达站留存。

（4）货物到达通知单。它随同货物到站，并同运单正本和货物一起交给收货人。

五、专递及邮政收据

（一）邮包收据的性质

邮包收据是邮政运输的主要单据，它既是邮局收到寄件人的邮包后所签发的凭证，

也是收件人凭以提取邮件的凭证。当邮包发生损坏或丢失时，它还可以作为索赔和理赔的依据。但邮包收据不是物权凭证。

邮包运输是一种较简便的运输方式。各国邮政部门间订有协定和公约，通过这些协定和公约，各国的邮件包裹可以互相传递，从而形成国际邮包运输网。由于手续简便，费用也不高，而且具有“门到门”运输的性质，所以在国际贸易中这种运输方式采用得比较普遍。但国际邮包运输对邮包重量和体积均有限制，如每一包裹重量不得超过20千克，长度不得超过1米，因此，邮包运输只适用于量轻、体积小的货物。

（二）专递

专递作为一种以直投和揽收为特点的业务形式，其时效性和服务质量受到客户的欢迎。它以门到门的服务形式为客户快速递送各类产品、文件、样品等，并对投递物种类、重量和尺码都有严格规定。

第三节　其他单据

一、商业发票

（一）商业发票的性质

商业发票全面反映了一笔外贸业务的全过程，由出口商开给进口商有关货物名称、规格、价格、数量、金额、包装等价目清单。它是全套单据的中心单据、买卖双方记账的依据、进出口报关的总说明、出口商履约情况而提供的证明文件，向进口商索取货物金额的依据，供进口商了解和掌握装运货物的全面情况，是双方记账的凭证，便于进、出口商核对已发货物是否符合合同或信用证规定，可作为索赔、理赔的凭据。但商业发票不是物权凭证，不代表货物所有权，不能背书转让。其性质是：

1. 核心单据

商业发票是国际商务单据中的基础单据，运输单据、保险单据、包装单、报关单、产地证、报检单等单据都是根据商业发票而开立的，它是全套单据的核心，也是办理保险的依据，货物投保时，保险金额的计算以发票上的价格为依据。

2. 报关依据

商业发票中的货物单价、总金额、原产地等内容是海关征税的依据，进出口双方办理进出口报关不可缺少的文件，办理清关纳税的依据；各国的海关一般都是按照发票上所记载的内容来征税的。商业发票又是报检单据的组成部分，报检需要附上发票才能起到相应的作用。核销外汇时也需提供发票。

3. 记账凭证

商业发票上注明货物的单价和总价是记账的凭证。进口商凭此核对应收货物和应付货款，出口商凭此向进口商计收货款清算账目。买卖双方都将此作为记账的凭证（副本）。

4. 替代汇票

在不要求提供汇票的情况下，发票可代替汇票作为付款的依据；欧洲国家一般都不要求汇票，日本有些银行也不要求汇票，因为若使用汇票，政府要征收印花税。在这种情况下，发票就替代汇票作为付款的依据。开证行以发票记载金额付款。

（二）商业发票的缮制要点

国际贸易中使用的商业发票一般没有统一的格式，但所包含的内容大致相同。通常包括的主要内容有：发票的名称、发票出具人的名称和地址、发票号码、合同号码、发票开立的地点、日期、运输工具的名称、起运地、目的地、抬头人的名称及地址、唛头、货物的描述包括品名、数量、规格、包装、单价、总金额以及价格条件等等。若是信用证业务，还要注明信用证的号码。从发票上可以基本了解进出口双方的交易情况。

1. 商业发票名称

商业发票一定要在单据名称上显示商业发票（COMMERCIAL INVOICE）或发票（INVOICE）字样。

2. 出口商的名称和地址

出口商一般为发票签发人，通常发票顶端就印有出口商的名称和详细地址。信用证项下发票的签发人应与信用证的受益人名称、地址相同。

3. 发票抬头人和地址

此栏要填入进口商公司的名称和地址。信用证的开证申请人即发票抬头人。

4. 发票号码和日期

发票号码由出口商统一编制，按顺序编号，以便核查，也可用合同号代替。

发票日期应早于提单日期。如果用信用证支付，不能晚于信用证有效期。根据《UCP600》规定："除非信用证另有规定，银行可以接受出单日期早于信用证日期的单据，但不得迟于信用证有效期和信用证规定的提示单据的日期。"

5. 合同号码和信用证号码

发票上应列明具体成交的合同号。如信用证支付，信用证号码也应填列此栏。

6. 装运地

装运地应根据合同（信用证）正确填制。若来证要求装运地是"A Chinese Port"或"China"，则此栏必须标注具体的中国装运港口或内陆城市。货物如需转船运输，应加注转运港，例如："From Ningbo to be Transshipped at Hong Kong to Rotterdam "，而且注意装运港和转运港的地点应与提单一致。

此栏非发票必要项目，可根据情况另行决定。

7. 目的地

目的地应根据合同（信用证）正确填制。若来证规定"xxx 国家港口或内陆城市"，则是合同或订单内的目的地，但必须注意与价格条件一致。

此栏非发票必要项目。

8. 唛头

发票唛头应与提单中的唛头一致。若来证有指定唛头的必须按规定制唛；若无指定，出口商可自行设计。如无唛头，则表示“NO MARK”或“N/M”。

9. 批号

发票上必须注明件号和批号，如果是No. 1—1 000，但实际上货物只有990箱，又无法确定缺哪几号箱，则在件号前加注“EX”，表示货物中有缺箱。

10. 货物描述和数量

货物名称、数量是发票的主要部分，本栏要列明商品的名称、规格、数量。根据《UCP 600》规定，发票上有关货物的叙述必须与信用证规定完全严格一致，其他单据可用货物统称，但不得与信用证中货物描述有所抵触。货物描述内容一般涉及数量、品质规格、包装等。信用证规定凡“约”、“大概”、“大约”表示数量时，应不超过10%的增减。

11. 单价与总金额

单价的表示包括计价货币、数额、计量单位和贸易术语，贸易术语中的目的港和装运港必须和合同中的装运条款、唛头中的目的港相同。如果信用证结算，应该与信用证中的装运港和目的港一致。价格是发票中的重要组成部分，它涉及进出口商双方责任的承担、费用的负担和风险的划分，同时又是进口国海关征收关税的依据。

单价和总金额必须正确计算、复核，注意数量和金额乘积与总金额相一致。信用证结算时总金额不能超过信用证总金额。《UCP 600》规定：“除非信用证另有规定，银行可拒绝接受金额超过信用证所允许的金额的商业发票。但是，如果信用证项下被授权付款、承担延期付款责任、承兑汇票或议付的银行接受发票，只要银行的付款、承担延期付款责任、承兑或议付的金额没有超过信用证所允许的金额，则决定对有关各方均具有约束力。”凡“约”、“大概”、“大约”等类似词语表示金额时，应理解为不超过10%的增减幅度。

如果金额中涉及折扣和佣金时，应根据具体业务情况在发票中标注佣金和折扣。若用信用证结算，根据信用证折扣条款和佣金条款，应在发票制作中扣除相应的折扣和佣金。如果没有相应的条款但信用证总金额已扣除，发票中要表示佣金和折扣。

12. 商品包装和件数。

发票中必须列明商品包装及件数，不仅要与提单一致，还要与唛头中相应的内容一致。

13. 发票上加注内容

信用证有时需要在发票上加注运费、保险费和FOB价、进出口许可证号码、非木质包装证明等。常见加注的文字有：(1) 证明货物与合同或信用证所列货物相符；(2) 证明原产地；(3) 证明没有装载或停靠限制的船只或港口；(4) 证明货真价实；(5) 证明已经航邮有关单据。加注证明的发票、装箱单各两份，应于装运后立即直接航邮开证人。

14. 出口商签署和份数

发票由出口商缮制，如果影印、自动或电脑制作发票为正本时，应在发票上注明“ORIGINAL”并签字。《UCP 600》规定：“商业发票可不必签字，除非信用证规定发票必须加盖出口商的印章，若信用证要求发票手签，必须是负责人的手签。”出口商提交的发票张数必须与信用证要求一致。一般要多制几份发票，正本发票要印有“original”字样，以便银行留底和出口商记账、核销和退税。

二、汇票

国际贸易结算基本采用非现金结算形式，利用一种可以流通转让的债权凭证，要求付款人在确定的时间向持票人支付金额，以便贸易的顺利进行。国际贸易结算中使用最多的票据是汇票，有关汇票的基本内容参见本书第三章第二节。本节主要介绍汇票的缮制。

（一）汇票的缮制

1. 出票条款

汇票的出票条款体现其无条件支付命令的性质。它有两种填法：信用证项下的汇票，Drawn under 后应填写开证行名称 + 信用证号 + 信用证开证日期。一般开证行全称，不能写成缩写。信用证号和开证日期应与信用证规定相符；托收方式下的汇票，Drawn under 后应填写合同和合同编号。

2. 汇票号码

汇票号码一般按发票号码填写。为了核对发票和汇票相关内容，只要查找号码就可确定某笔交易的单据，就可保证单证工作的顺利进行。

3. 汇票金额

汇票金额有大写与小写两栏：“Exchange for”后填写币种和小写金额；“the sum of”后填写大定金额。而且大写必须准确反映小写表示的金额，即汇票开立的金额大小写必须完全一致。

汇票开立的金额应与发票金额一致，小数点后应保留两位数字有效。除非信用证另有规定，如汇票金额为发票金额的百分之几，就应该按其要求制作。汇票的币种应与信用证规定的币种相同。

4. 付款期限

付款期限分为即期付款和远期付款两种。

（1）信用证结算，汇票付款期限的表示如下：① 见票即付“At Sight”；② 见票后 30 天付款“At 30 Days After Sight”；③ 出票后 60 天付款“At 30 days after date”；④ 提单日后 60 天付款“At 30 days after date of B/L”；⑤ 某固定日期付款。

（2）托收结算方式下汇票的付款期限表示如下：① 即期付款交单“D/P at sight”；② 30 天远期付款交单“D/P at 30 days sight”；③ 30 天远期承兑交单“D/A at 30 days sight”

5. 汇票收款人

汇票的收款人即汇票的抬头（Pay to）有三种表示方法：

（1）限制性抬头。表示为“pay to xx only”或“pay to xx not negotiable”。

（2）指示性抬头。表示为“pay to the order of xx ”或“pay to xx or order”。

（3）来人抬头。此栏空白，不填。

若信用证结算，受益人可将自己作为收款人，汇票上“pay to the order of ourselves”再背书转让给接受单据的银行；若信用证有规定，如“pay to our order”，则汇票的收款人应做成“pay to the order of 开证行名称”。

6. 汇票付款人

在信用证结算支付方式下，根据《UCP600》的规定，汇票的付款人必须是银行。一般为开证行或开证行指定的付款行；有时信用证规定汇票做成“drawn on our xx branch”即汇票上的付款人应做成开证行 xx 分行；有时信用证条款可以判断出某一银行，若已对信用证加以保兑并声称其承担付款的条件之一，即汇票的付款人必须做成保兑银行，即付款人为该保兑行，则按信用证的规定在汇票左下角“To”栏填写付款人名称、地址。

若托收业务结算，该栏填写进口商名称。

7. 出单地点及出单日期

汇票出票地点一般已经印制在汇票上，无需填制。

出票日期是汇票的基本要素之一，填在地点后面的横线上。信用证结算方式下议付日期为汇票的出票日期，而且其不得比其他随附货运单据签发的日期早，但不能迟于信用证规定的交单期和有效期。托收方式下汇票的出票地点为委托行所在地，托收方式的出票日期以托收行对外寄单日为准。

8. 汇票的出票人

出口商一般为汇票出票人，通常填写出口商全称且有负责人的签字或盖章在右下角位置。若信用证结算，汇票由受益人出票，并且即使信用证没有规定，汇票的负责人必须签字或盖章。可转让的信用证，汇票的出票人是第二受益人。汇票的出票人必须签字盖章，无出票人签字盖章的汇票视为无效汇票。

三、保险单

（一）保险单的性质

国际货物运输通常的运输方式是海洋运输，海运具有运费低、时间长、距离远、风险大的特点。但海运过程客观存在对自然灾害和意外事故以及诸如战争、罢工、受潮、受热等外来风险较难预测，因此，海运货物不可避免地可能存在全部和部分损失的可能。进出口商为了规避风险，降低损失，在意外事故中能够获得一定的经济补偿，通常选择货物出运前缴纳一定的保险费向保险公司投保。所以国际货物运输保险是国际贸易实务中必不可少的环节。

1. 保险单的作用

保险单是保险人与被保险人订立保险合同的证明文件，是保险人在接受被保险人的“投保单”或“投保申请书”后签署的承诺文件。保险单记载的内容是合同双方履行的依据，是保险合同成立的证明。

保险单是赔偿的证明。当保险标的物出现损失时，被保险人有权根据保险合同即保险单要求赔偿。作为一种权利凭证，保险单可以背书转让。

2. 保险单的种类

（1）保险单。它是一种正规的保险合同。保险单正面载明投保人名称、保险货物名称、数量或重量、唛头、保险起讫地点、承保险别、赔偿地、运输工具名称、投保日期、总保险金额等项目，背面载有保险公司责任范围及保险合同双方权利、义务等方面的详细条款。保险单也称大保单。

（2）保险凭证。它是简化了的保险合同，保险凭证正面内容与保险单相同，具有同保险单相同的法律效力。但它背面没有保险公司责任范围和保险当事人的权利、责任和义务。保险凭证也称小保单

（3）联合凭证。保险公司仅仅在出口商缮制的商业发票上加注编号、投保险别和保险金额，并加盖保险公司印章。它具有和保险险单相同的法律效力，但它不可转让，仅适用于对港、澳地区的交易。联合凭证是一种简化的保险凭证。

（4）预约保险单。它是一种长期的保险合同，合同中规定承保货物的范围、险别、责任、费率和赔偿处理等项目，凡属于预约保险合同中约定的运输货物，在保险合同有效期内自动承保，被保险人在每批货物出运后，向保险公司申报，保险人签发相应的保险凭证。

3. 保险单的当事人

（1）投保人。出口业务中由于贸易术语选择不同，办理保险的当事人（投保人）也不同。如果选择 F 组术语和 CFR、CPT 术语时，进口商负责货物投保，是投保人。如果选择 D 组术语和 CIF、CIP 术语时，出口商负责货物投保。

（2）保险人。主要是签订保险合同的一方当事人，有权取得保险费并承担赔偿义务，通常为保险公司及其保险代理人和保险经纪人。

（3）被保险人。国际货物运输保险业务中，如果是出口货物保险，投保人是出口商，当保险单还未转让给进口商时，被保险人是出口商；信用证结算议付行买入单据，而未向开证行索偿时，被保险人是议付行；开证行偿付后，开证行是被保险人；进口商付款赎单后，又成为被保险人。如果是进口货物保险，投保人、被保险人都是进口商。

（二）保险单的缮制

1. 保险公司名称（NAME OF INSURANCE COMPNAY）

保险公司名称应根据信用证和合同要求到相应的保险公司去办理保险单据，尤其在信用证支付方式下，如来证规定“INSURANCE POLICY IN DUPLICATE BY PICC”，应该是进口商向中国人民保险公司投保。

2. 保险单据名称（NAME）

按照信用证和合同填制，如来证规定“INSURANCE POLAY IN DUPLICATE”，即要求出具保险单而非出具保险凭证（INSURANCE CERTIFICATE）等。

3. 发票号码（INVOICE NO.）

填写投保货物商业发票的号码。

4. 保险单号（NO.）

填写保险单号码。

5. 被保险人（INSURED）

如信用证和合同无特别规定，一般填信用证的受益人，即出口商公司名称；若要求空白背书，出口商需要在保险单背面背书。如果信用证要求以某公司为被保险人，则此栏填该公司名称，出口商不用背书；如果信用证要求以银行为抬头，则此栏先填受益人名称，再填该银行名称。

6. 标记（MARKS AND NOS.）

填制装船唛头。标记要与发票和提单上同一栏目内容相同或填上“AS PER INVOICE NO.”。

7. 包装及数量（QUANTITY）

填制大包装件数要与提单上同一栏目内容相同；裸装货物注明货物件数；散装货物注明净重；若重量为单位应注明净重和皮重。

8. 保险货物项目（DESCRIPTION OF GOODS）

填制货物的名称，一般使用统称即可与提单上名称相同。不同类别的多种货物应注明不同类别的各自总称。

9. 保险金额（AMOUNT INSURED）

保险金额应严格按照信用证和合同上的要求填制，如信用证和合同无明确规定，一般都以发票金额加一成（即110%的发票金额）填写。金额中货币单位要与货物价格相同，大小写要严格一致，保险金额小数要取整数。

10. 总保险金额（AMOUNT INSURED IN CAPITAL）

这一栏只需将第9栏中的保险金额以大写的形式填入，计价货币也应以全称形式填入，保险金额使用的货币单位应与信用证中的货币单位一致，如应填 SAY UNITED STATES DOLLARS（U.S. DOLLARS）ONE THOUSAND TWO HUNDRED AND FIFTY - FIVE ONLY。

11. 保费（PREMIUM）

一般由保险公司填制或已印好 AS ARRANGED，可不填。若信用证要求具体列明此栏，需盖校对章后填制相应内容。

12. 费率（RATE）

由保险公司填制或已印上“AS ARRANGED”字样。

13. 装载运输工具（PER CONVEYANCE S. S）

海运方式应按照实际情况填写船名和航次。当运输需两段或两段以上运程完成时，应把各种运输的船只名填在上面，如：提单上的第一程船名是“EAST WIND”，第二程船名是“RED STAR”，本栏应填 EAST WIND/RED STAR，以此类推。

铁路运输要填写“BY RAILWAY”和车号；航空运输要填写“BY AIR”。

14. 开船日期（SAILING ON OR ABOUT）

开船日期是填提单签发日期或签发日期前5天内的任何一天，或可简单填上 AS PER B/L。

15. 起讫地点（FROM... TO...）

填制货物实际装运的起运港口和目的港口名称，货物如转船也应把转船地点填上；有时信用证中未明确列明具体的起运港口和目的地港口，如 ANY CHINESE PORT 或 ANY JAPANESE PORT，应根据货物实际装运选定的一个具体港口填制，如 SHANGHAI 或 OSAKA 等。

16. 承保险别（CONDITIONS）

应根据信用证或合同中的保险条款要求填制，如来证要求“INSURANCE POLICY COVERING THE FOLLOWING RISKS: ALL RISKS AND WAR RISK AS PER CHINA INSURANCE CLAUSE（C. I. C）”，制单时应打上“ALL RISKS AND WAR RISK AS PER CHINA INSURANCE CLAUSE（C. I. C）”。

一般填写英文缩写的险别，注明险别来源和险别生效时间。

17. 赔款偿付地点（PAYMENT AT）

赔款偿付地点通常填进口商所在地。

18. 日期（DATE）

保险单日期即货物离开仓库日期，早于提单签发日。因为保险手续应该在货物装上船之前办妥，即保险单日期要早于提单日期。

四、装箱单

装箱单（Packing List）、重量单（Weight List）和尺码单（Manurment List）统称为包装单据，指一切记载或描述商品包装情况的单据，是商业发票的补充单据，是货运单据中的一项重要单据。进口地海关验货、公证行验证、进口商核对货物都以包装单据为依据。

装箱单是发票的补充单据，它列明了信用证（或合同）中的有关货物包装事宜的细节，便于进口商在货物到达目的港时供海关检查和核对货物。重量单是用来列明每件货物的毛重和净重；规格单是用来列明包装的规格；尺码单用于列明货物每件尺码和总尺码，或用来列明每批货物的逐件花色搭配。

（一）装箱单的性质

装箱单又称包装单，主要表明货物包装的详细情况，包括包装形式、包装内容、货物名称、规格、数量、唛头、箱号、件数和重量的单据，可用于海关验货、商检部门核查和进口商提货的凭据。

如果信用证来证条款要求提供详细包装单，则必须提供当年可能详细的装箱内容，描述每件包装的细节，包括商品的货号、色号、尺寸搭配、毛重与净重及包装的尺寸等内容。不定量包装的商品要逐件列出每件包装的详细情况。定量箱装的包装单，因每件商品重量统一，只需说明总件数、每箱重量和合计重量。

（二）装箱单的缮制

1. 单据名称

装箱单单据名称要与信用证规定一致，因为包装单据的内容既包括包装的商品内容，也包括包装的种类和件数、毛重和总重量、每件尺码和总尺码。

2. 抬头

一般是进口商公司名称和地址。

3. 日期

装箱单的缮制日期要与发票日期一致，不能迟于信用证的有效期及提单日期。

4. 编号

要与商业发票号码一致。

5. 唛头

运输标志即唛头是进口货物包装上的装运标记和号码，要符合信用证的要求，并与发票、提单一致。

6. 货物描述及数量

货物描述相关内容即货物名称、规格、数量、和包装说明要与发票严格相符。若信用证结算，要与信用证的货物条款内容一致。

7. 毛重、净重和体积

本栏应列明每件货物的毛重和净重，总的毛重和净重必须与发票和运输单据、产地证等栏的相关内容一致。

8. 签名

出口商公司名称和法人代表签名，同时可加上出口商地址。

进口商把商品转售给第三方时，一般只交包装单据和货物。因为货物的采购成本是商业机密，因此装箱单上不会列明货物单价和总金额。为了符合信用证不接受联合单据的要求，可以利用装箱单分别冠以重量单、尺码单的单据，一次缮制，按照信用证规定的份数分别提供给银行。

五、原产地证书

（一）原产地证书的性质

原产地证书是证明货物原产地的文件，以便进口国海关采取不同国别政策和国别待遇征收差别关税。

1. 一般原产地证书（CERTIFICATE OF ORIGIN）

它是证明出口货物制造地的一种证明文件，是海关通关、结汇、贸易统计、保障措施、歧视性数量限制、反倾销和反补贴、原产地标记、政府采购的重要依据，也是进口国对货物征收不同关税的依据。

一般原产地证书可由出口商或生产商缮制并签发，也可由出入境检验检疫局和中国国际贸易促进委员会签发。

2. 普惠制原产地证书（G. S. P）

它是发达国家给予发展中国家的一种关税优惠制度，主要针对工业制成品或半制成品给予单方面的关税减免优惠制度，其特点是普遍的、非歧视和非互惠的。普惠制原产地证书一般由出入境检验检疫局签发。

（二）一般原产地证书的缮制

1. 出口商名称和地址

填写出口商公司名称和详细地址，与合同的卖方（信用证中的受益人）信息严格一致。如果经其他国家或地区转运，可在出口商后加填转口商公司名称和地址。

2. 进口商名称和地址

填写最终收货方公司名称和详细地址，与合同的买方（信用证中的受益人）信息严格一致。此栏不得留空。

收货人的信息显示，则不得与运输单据中的收货人信息相矛盾。但是，如果信用证要求运输单据作成“凭指示”（TO ORDER）、“凭托运人指示”（TO THE ORDER OF SHIPPER）、“凭开证行指示”（TO ORDER OF THE ISSUING BANK）或“货发开证行”（CONSIGNED TO THE ISSUING BANK）式抬头，则原产地证明可以显示信用证的申请人或信用证中具名的另外一人作为收货人。如果信用证已经转让，那么也可接受以第一受益人作为收货人。原产地证明可以显示信用证受益人或运输单据上的托运人之外的另外一人为发货人/出口方。

3. 运输方式和路线

填写起运地、目的地、运输方式和装运日期。如果货物转运应加转运地名称。

4. 目的港

填写货物最终到达港口的名称。但要与收货人栏的国别信息一致。

5. 官方机构使用栏

在签证机构加注声明、补发证书时使用。申领单位留空此栏。

6. 唛头及包装号

唛头的填写应该与货物外包装和发票上的唛头一致。唛头内容必须具体明确，不能简单填写“AS PER INVOICE NO. 或 AS PER B/L NO.”，无唛头应填写“NO MARK 或 N/M”。

7. 货物名称、包装数量和种类

货物名称不能笼统概括，必须能够在 HS CODE 的 8 位数字中准确归类。包装数量必须用英文和阿拉伯数字同时表示。如果信用证要求该证加注合同和信用证号码时，可在此栏空白处添加。

此栏相关内容填写完整后，一定在下一行加注“*************”表示结束。

8. H. S 编码

填写与报关单一致的商品编码。若涉及多种商品，则根据不同商品的编码信息分别列明。此栏不得留空。

9. 数量或重量

填写商品的计量单位如“双”“台”“只”等。重量以毛重为准，若只有净重则需加注“N. W.”。

10. 发票号码和日期

根据发票具体日期填写，月份用英文表示。不得留空。

11. 出口商的声明

声明内容已经印制好，出口公司相关负责人只需签字盖章即可，此栏还必须填制申报地点、时间，原产地证书签发时间不能早于发票日期。

12. 签证部门的证明

签证部门的证明内容已经印制好，该证书若经签证机构审核再经其负责人审核无误后，由其手签姓名并盖签证机构的公章和签发日期。

（三）普惠制原产地证书的缮制

1. 出口商名称和地址

填写出口商公司名称和详细地址，并与合同的卖方（信用证中的受益人）信息严格一致。如果经其他国家或地区转运，可在出口商后加填转口商公司名称和地址。

2. 进口商名称和地址

填写最终收货方公司名称和详细地址，并与合同的买方（信用证中的受益人）信息严格一致。此栏不得留空。

3. 运输方式和路线

填写起运地、目的地、运输方式和装运日期。如果货物转运应加转运地名称。

4. 供官方使用

本栏由签证部门填写，要留空。一般情况此栏空白，除非该证签发日期晚于装运日期或证书遗失、损毁等意外情况需要注销说明。

5. 商品顺序号

本栏根据出口商品的不同种类，填写“1”、“2”、“3”等。如果是单一商品，此栏填写“1”。

6. 唛头及包装号

唛头的填写应该与货物外包装和发票上的唛头一致。唛头内容必须具体明确，不能简单填写“AS PER INVOICE NO. 或 AS PER B/L NO.”，无唛头应填写“NO MARK 或 N/M”。

7. 包装数量、种类和名称

货物名称不能笼统概括，必须能够在 HS CODE 的 8 位数字中准确归类。包装数量必须用英文和阿拉伯数字同时表示。如果信用证要求该证加注合同和信用证号码时，可在此栏空白处添加。

此栏相关内容填写完整后，一定在下一行加注“xxxxxx”表示结束。

8. 原产地标准

本栏是海关审核项目的核心。如果产品完全出于原产地，不含任何进口成分，出口到任何国家都填“P”；含有进口成分的产品，出口到加拿大填“F”；出口到波兰填“W”；含有进口成分的产品，出口到日本、欧盟、瑞士、挪威等国填“W”和产品HS编号；含有进口成分，出口到俄罗斯、白俄罗斯、哈萨克斯坦、乌克兰、捷克等国填“Y”和进口成分占该产品整个价格的百分比；出口到澳大利亚和新西兰，则此栏留空。

9. 毛重或其他数量

填写商品的计量单位如“双”“台”“只”等。重量以毛重为准，若只有净重则需加注“N. W.”。

10. 发票号码和日期

根据发票具体日期填写，月份用英文表示，不得留空。

11. 签证部门的证明

本栏的检验检疫部门要签字、盖章，并标注签证地点和日期。签证日期不得早于发票日期但不晚于货物装运期。

12. 出口商的声明

本栏需要出口单位负责人手签，注明申报地点、日期，并加盖出口单位中英文名称的公章。此栏日期不得早于发票日期。同时在生产国横线上需注明“CHINA”。进口国横线上需注明最终进口国。

六、海关发票

（一）海关发票的含义

海关发票（customs invoice）是非洲、美洲和大洋洲等某些国家海关特定的格式，由出口人填制，供进口人凭以向进口国海关报关时使用的一种特别的单证。这种单证的名称有以下三种叫法：（1）海关发票；（2）估价和原产地联合证明书；（3）根据××国海关法令的证实发票。对于上述三种叫法的发票，我们习惯上统称为海关发票。进口国海关要求提供此种发票，其作用主要在于：

1. 为进口国海关统计提供依据。

2. 供进口国海关核定货物的原产地，以便根据不同国别政策采取不同的征收进口关税比率。

3. 提供给进口国海关掌握该商品在出口国市场的价格情况，以便确定该商品是否对进口国低价倾销。

4. 供进口国海关借以了解进口商是否有虚报价格，预防进口商偷逃关税或减关税的情况发生。

5. 是进口国海关对进口货物估价定税的根据。

海关发票一般由各国海关制定其固定的格式。由于各国海关的规定不同，各国和各地区的海关发票有其不同的格式，也形成了不同的种类。常见的海关发票格式有：美国的“特殊海关发票5515式”，加拿大海关发票格式，非洲等国的“表格B式”和“自由格式”等，除了美国和加拿大海关发票的格式比较特别外，其他地区所使用的海关发票格式基本相差不大，内容也差不多。

（二）填写各国海关发票时的一般内容和项目

1. 卖方

填写直接出口货物给他国的出口单位或出口人的详细名称和地址。有些国家的海关发票还可填写直接发运货物的发货人名称和地址。

2. 装运时间、转运国和运输情况

装运时间填写直接运至他国的日期，一般可以填提单日期或运单日期，转运国填写货物转运港的国家名称，运输情况的填写包括货物的运输方式、货物的起运地、目的地和转运情况。

3. 其他单证

填写合同号、订单号、商业发票或产地证书等。

4. 收货人

填写目的港的收货人详细名称和地址。一般填信用证的开证申请人。如果开证申请人不是目的港的所在地商人，也可以填提单的收货人。如果提单的收货人栏是空白抬头或银行指示抬头，或者也不是目的港所在地的商人，也可以填提单上的通知方的人名。在加拿大等个别国家，必须填实际收货人的名称和地址。

5. 买方

填写买方名称和地址，即购买出口方国家货物的出口商名称和地址，如果所要填的买方与收货人同是一人时，一般可以注明：“同收货人”字样。

6. 原产地国

填写货物真实的原产地国家的名称。

7. 贸易和付款条件

填写价格条件和支付方式。

8. 使用货币

填写本次出口贸易在结算时所使用的货币名称。

9. 货物的描述及规格

填写货物的包装单位、运输标记（唛头）、货物的规格等。

10. 数量

填写所装运的货物数量及计量单位。

11. 单价

填写出口国市场单价及货币名称，如果信用证没有特别要求和规定，本发票该项一般可以不填，没有特别要求也可以不填离岸价格。

12. 发票总额

即填写本发票各项累计金额。

13. 费用项目

费用项目一般包括包装费，海运或国际运费、保险费、国内运输费用和其他费用，填写时要按规定一一填入相应的栏目里。

14. 签字

填写本海关发票的签署人的名字，一般填卖方单位负责人的名字，有些国家的海关发票还要求证明人签字。

（三）填写各国海关发票时应注意的事项

（1）由于海关发票格式不一，不同国家或地区有其本国或本地区规定的专门格式，来证内一般有规定，切勿用错格式。

（2）凡是商业发票上和海关发票上共有的项目和内容，必须与商业发票保持一致，不得相互矛盾。

（3）发票价格构成的填写，海关发票一般均要求列明构成该价格的各项费用。若按 CIF 价格条件成交，则应分别列明运费、保险费和 FOB 价格，这三者的总和应与 CIF 货值相等。此外，尚应列明包装费、打包费、货物运至装运港码头的搬运费等费用。"出口国当地市场价格"以本国货币表示，但该栏价格应比 FOB 价格低 4% －5% 左右，否则会被认为是低价倾销。

（4）有些国家的格式有"费用栏"，填写时应尽量填全。如果有"是否包括在国内市场价内"的要求，也应给予表明。因为填"不包括"或"包括"都直接影响"国内市场价"的计算额，应注意计算的正确。

（5）海关发票的签署，要求以个人名义用手签方式签署的海关发票则不盖公章；如需要证明人监签，也要手签。但海关发票的签字人或其他单据的签字人不得作为监签人。海关发票如有涂改，须由原缮制人用钢笔小签，不能加盖校对印章，也不得由监签人代行。

（6）海关发票的"原产地"一项应填"X 国"的国名字样，切勿漏掉。

（7）海关发票是用外文印制的，填写时一般要用相应的外文进行，要求文字简洁、准确没有错误。

七、其他单据

（一）装船通知

1. 装船通知的性质

装船通知（SHIPPING ADVICE）是货物装船后，出口商用传真或电邮形式及时告知进口商货物装船的情况。信用证结算一般要求提供装船通知，出口商议付时需要提供此单据的副本。装船通知可以使进口商及时掌握货物装运情况，同时可作为货物及时投保，办理货物保险凭证。按惯例，货物起运后三个工作日内，出口商向进口商发出装船通知。

2. 装船通知的缮制

一般要填写出口公司名称和地址、单据名称、收货人或开证行、装船通知填制日期、合同号及出口商签字盖章。若信用证支付，要根据信用证条款的具体规定列明具体信息。

（二）船公司证明

船公司证明是由船公司出具的单据，一般进口商要求出口商提交此单据以及时了解货物运输情况。根据内容不同，常见的船公司证明有：

1. 船籍证

船籍证是说明载货船舶国籍的单证。

2. 船程证

船程证说明载货船舶航程中停靠的港口。

3. 船龄证

船龄证主要说明载货船的船龄，通常开证申请人在信用证中规定要求运输船舶包括工程船的船龄不得超过 15 年。

4. 船级证

船级证主要说明载货船舶符合一定船级标准，一般以劳氏船级作为标准。

5. 收单证明

为了使进口商及时凭单提货，信用证往往规定货物装船后，将正本或副本提单交装货船只的船长签字后转交收货人，出口商凭船长签发的收单证明结汇。

（三）受益人证明

1. 受益人证明的性质

信用证结算方式下，信用证条款一般要求出口商提交由其本人签发的证明，包括船样、装船通知、商品检验、样品、包装标签等。

2. 受益人证明的缮制

受益人证明包括出口公司名称和地址、受益人证明单据名称、抬头、单据签发日期、合同或信用证号码，证明内容及出口商签字。

（四）检验证书

检验证书（Inspection Certificate）是检验检疫机构对出口商品实施检验或检疫后，根据检验检疫结果，结合出口合同和信用证要求对外签发的证书。检验证书是检验检疫机构对外签发的具有法律效力的凭证，直接关系到对外贸易有关各方的合法权益和争议各方的利益，其作用是多方面的，其中包括凭此证书才可向银行或进口商收取货款。检验证书一般由国家质量监督检验检疫部门指定的检验检疫机构包括设在各省、市、自治区的质量监督检验检疫局与其他专业检验机构出具，也可以根据不同情况和不同要求，由外贸企业或生产企业或国外某检验机构出具。证件的名称视检验检疫的内容而定。但应注意证件名称及所列项目和检验检疫结果须与出口合同和信用证规定相符。此外，还须注意检验检疫证书是否在规定的有效期内，如果超过规定期限，应当重新报检。

中国国家检验机构检验证书有品质检验证明书、重量检验证明书、数量检验证明书、兽医证明书、卫生检验证书、消毒检验证书、产地证明书、衡量检验证书、度量检验证书、植物检验证书等。

非国家检验机构检验证书有SGS（瑞士通用鉴定公司）检验证书、OMIS（日本东京一家公司）检验证书、BV（总部在法国）检验证书、进口商代表签发的运前检验证书等。

第四节　国际结算单据的审核

国际结算单据的审核包括出口企业交单前的自我审核和银行接收单据后对单据的审核。信用证项下的单据都是按照国际商会《跟单信用证统一惯例》（UCP600）要求进行审核。企业自我审核发现单据不符后可及时修改，而银行的审核将影响出口企业结汇安全。以下主要从银行的角度介绍审单工作的各项要求。

一、审单的原则

（一）按照（UCP600）的规定审单

（UCP600）是确保世界范围内将信用证作为可靠支付手段的准则，已被大多数的国家与地区接受和使用。（UCP600）所体现出来的银行国际标准惯例是各国银行处理结算业务必须遵循的基本准则。我们必须按照（UCP600）的要求，合理谨慎地审核信用证要求的所有单据，以确定其单据是否与信用证条款相符。

（二）按照信用证所规定的条件、条款审单

信用证是根据买卖双方的贸易合同而开立的，它一旦为各有关当事人所接受，即成为各有关当事人必须遵循的契约性文件。在信用证结算业务中，各有关当事人必须受其约束，按照信用证所规定的条件、条款逐条对照，以确定单据是否满足信用证的要求。当信用证的规定与《跟单信用证统一惯例》有抵触时，则应遵循信用证优先于《跟单信用证统一惯例》的原则，按照信用证的要求审核单据。单证相符原则又体现为表面严格一致性和实质内容相符性两条原则。

1. 表面严格一致性原则

表面严格一致性原则即在单据和信用证条款之间，一个字与一个字、一个字母与一个字母的相符，即使是拼写错误，也算存在一般不符点，即构成单证不一致。要求单证严格一致是很难达到的，也不是容易实行的。例如，某信用证将货物描述为ATTACHES SANITAIRE（卫生洁具附件），而受益人具体的货为EXPASION BOLT（膨胀螺栓）。虽然如此，有关单据中货物的描述仍必须与信用证的规定相一致。可能有的单据因某种特殊作用如清关报税等需显示具体货名，我们仍必须将信用证所规定的ATTACHES

SANITAIRE 显示在其上，而在其后加注具体货名 EXPASION BOLT，从而符合表面严格一致性原则。

2. 实质内容相符的原则（Principle of Substantial Compliance）

实质内容相符原则是指允许单据有差异。只要差异不损害申请人，或不违反法定自身对于“合理、公平、善意”的概念即可。换言之，单据只有有了实质上的不符点，才构成单证不一致。如果单据没有实质不符点，还应判定单证一致，故要求达到单证实质一致是比较适用的。所以，我们在审单时应避免照搬、照抄信用证的原话，只要内容相符即可。例如，信用证的有关人称指向、时态、语态等，转到单据上时即应根据进口方当地的习俗作相应的调整，以避免不必要的误会。

（三）按照银行的经营思想、操作规程审单

国际贸易结算作为银行经营的一项重要业务，在操作过程中，必须按照银行的有关操作规程行事。尤其是在向客户融资时，更应明确银行的观点和看法，更有权对单据有关条目的处理作出自己的选择和判断，以体现银行的经营方针和经营要求。如银行对信用证未规定的单据不予审核；如信用证载有某些条件但并未规定需提交与之相符的单据，银行将视这些条件为未予规定而不予置理；银行审单的合理时间是不超过收到单据次日起的七个银行工作日内，这对开证行或保兑行和指定银行都适用，但对其他银行则不适用。其他银行如果接到受益人提交的单据，被要求转递或寄单给开证行时，应使单据在信用证的有效期内尽快送达开证行等。

（四）按照普遍联系的原则，结合上下文内容审单

信用证是一个与商务合同分离的独立文件，其内容是完整的互为联系的，其中要求的条件、单据等是相辅相成、前后连贯的。必须遵循普遍联系的原则，结合上下文内容进行审单，避免片面孤立地看待某一条款。例如，欧共体某国开来信用证，要求提交的单据中有一项是 CERTIFICATE OF ORIGIN（产地证），而在后文中又要求受益人将正本 GSP CERTIFICATE OF ORIGIN FORM A（普惠制产地证）寄交开证申请人，结合上下文内容，我们就能判断出信用证要求向银行提交的是副本 GSP CERTIFICATE OF ORIGIN（普惠制产地证），而非一般的产地证。

（五）按照合情、合理、合法的原则审单

所谓合情、合理、合法是指审单员应根据自己所掌握的国际贸易结算知识，对各种单据的完整性和准确性作出合乎情理的判断。例如，普惠制产地证是施惠国赋予受惠国出口货物减免关税的一种优惠凭证，其“收货人”一栏应填写最终买主。如信用证未作明确规定，我们应根据提单的收货人、通知人及货至目的地对最终买主是否能享受普惠政策作出合理的选择。

（六）按照单据的商业功能和结算功能相统一的原则审单

单据的商业功能在商务流转及商品买卖过程中的作用是主要的，结算功能是次要

的，所以审单时应着重考虑其商业功能。我们应该了解各类单据的作用及功能，按照各类单据自身的功能及用途审单，避免将不必要的内容强加于单据。

二、审单的方法

审单的具体操作方法常常因单而异。银行审核单据可以先进行纵横审核，然后再进行综合复审。纵横审核包括横审法和纵审法。

（一）横审法

“横审”是根据信用证的条款逐字逐句地审核各种单据的内容，做到“单证一致”。审时应注意：

（1）当信用证有修改时，应先确认受益人对修改书有否书面表示拒绝接受，然后再根据原信用证或原信用证与修改书审核有关单据。

（2）仔细分析信用证。信用证中每涉及一种单据，即按单据条款核对相对应的单据，以达到单证一致。如果发现有与信用证不一致之处，应做好记录，以免遗漏；

（3）仔细阅读信用证文句，并与单据核对。

（4）按信用证审核完所有的单据后，剩下的则属于信用证未规定的单据，应退还交单人。

若信用证项下的单据与单据之间表面上出现彼此不一致，应视为单据表面上与信用证条款不符。

（二）纵审法

“纵审”是以商业发票为中心，与其他单据相对照，要求单据与单据之间所共有的项目相互一致，即“单单一致”。

（1）以发票为中心与其他单据逐个核对。先将被核对的单据全部阅读一遍，将其与发票的相同资料核对发票与其他单据是否一致；

（2）将提单与保险单核对；

（3）经过横审和纵审没有发现不符点，或发现不符点已经改妥，即可确定单据全部相符。

（三）综合复审

综合复审是在纵审和横审的基础上，在单据与信用证、单据与单据之间所进行的综合复审。其复审要点有：

（1）检查规定的单证是否齐全（包括所需单证的份数）。

（2）检查所提供的文件名称和类型是否符合要求。

（3）有些单证是否按规定进行了认证。

（4）单证之间的货物描述、数量、金额、重量、体积、运输标志等是否一致。

（5）单证出具或提交的日期是否符合要求。

（6）有的信用证在下方印有背书，议付行必须在信用证背面背书汇票金额。如：The amount of each draft must endorsed on the reverse of the Credit by the National Bank.

背书时应注明议付日期、地点、金额、余额、审单员签章等。如是自由议付信用证，最后写上议付银行名称。已用完的信用证，可以加盖“留用”（Exhausted）戳记。

三、信用证项下单据审核的要点

（一）汇票的审核

（1）汇票的付款人名称、地址是否正确。

（2）汇票上金额的大写与小写是否一致。

（3）付款期限是否符合信用证或合同“非信用证付款条件下”规定。

（4）检查汇票金额是否超出信用证金额，如信用证金额前有“大约”一词的可按10%的增减幅度掌握。

（5）出票人、受款人、付款人是否都符合信用证或合同“非信用证付款条件下”的规定。

（6）发票上的币制名称与信用证上的是否一致。

（7）出票条款是否正确（出票所根据的信用证或合同号码是否正确）。

（8）是否按需要进行了背书。

（9）汇票是否由出票人进行了签字。

（10）汇票份数是否正确（汇票一式二份，有第一汇票和第二汇票）。

（二）商业发票的审核

（1）抬头人是否符合信用证规定。

（2）签发人是否是受益人。

（3）商品的描述是否完全符合信用证的要求。

（4）商品的数量是否符合信用证的规定。

（5）单价和价格条件是否符合信用证的规定。

（6）提交的正本副本份数是否符合信用证的要求。

（7）信用证要求表明和证明的内容是否遗漏。

（8）发票的金额是否超出信用证的金额，如数量、金额均有“大约”标识，可按10%的增减幅度掌握。

（三）保险单据的审核

（1）保险单据是否由保险公司或其代理出具。除信用证另有规定，保险单据一般应作成可转让的形式，以受益人为投保人，由投保人背书。

（2）投保加成是否符合信用证的规定。

（3）保险险别是否符合信用证的规定并且无遗漏。

(4) 保险单据的类型与信用证的要求是否一致。除非信用证另有规定，保险经纪人出具的暂保单银行不予接受。

(5) 保险单据的正本与副本份数是否齐全。如保险单据注明出具一式多份正本，除非信用证另有规定，所有正本都必须提交。

(6) 保险单据上的币制是否与信用证上的币制相一致。

(7) 包装件数、唛头等是否与发票和其他单据相一致。

(8) 运输工具、起运地及目的地，是否都与信用证及其他单据相一致。如有转运，保险期限是否包括全程运输。

(9) 除非信用证另有规定，保险单的签发日期是否迟于运输单据的签发日期。

(四) 运输单据的审核

(1) 运输单据的类型是否符合信用证的规定。

(2) 起运地、转运地、目的地是否符合信用证的规定。

(3) 装运日期/出单日期是否符合信用证的规定。

(4) 收货人和被通知人是否符合信用证的规定。

(5) 商品名称可使用货物的统称，但不得与发票上货物说明的写法相抵触。

(6) 运费预付或运费到付是否正确表明。

(7) 正副本份数是否符合信用证的要求。

(8) 运输单据上是否有不良批注。

(9) 包装件数是否与其他单据相一致。

(10) 唛头是否与其他单据相一致。

(11) 全套正本是否有签发日期并都盖妥承运人的印章。

(12) 应加背书的运输单据是否都加了背书。

(五) 其他单据

其他单据如装箱单、重量单、产地证书、商检证书等，均须先与信用证的条款进行核对，再与其他有关单据核对，求得单证一致，单单一致及单内一致。

第五节 银行对单据的处理

货物出运后，出口商应在信用证或合同规定的交单期限内向指定银行提交符合信用证条款的各种单据。但在实际业务中，由于主观（业务员对信用证中单据条款的理解不同、或没有识别出陷阱条款等）或客观（信用证正本到达时间晚，交单日期短等）的原因，常会发生国际结算单证不符的情况。为此，应在改单时间充分的条件下及时改单，争取做到单证相符，保证安全收汇。而在无法充分修改单据的情况下，须根据实际情况灵活处理。银行对单据处理的有关内容可参照本书第七章第七节《信用证项下的银行审单》，下面再加以概括提示：

一、对不符单据的处理

（一）保兑行或指定银行可按照下列方法之一处理

（1）将所有单据退还给提交人更改，以便在信用证有效期内和最迟交单期内再次交单。

（2）退还不符单据，让提交人更改，以便在信用证有效期内和最迟交单期内再次交单。

（3）在交单人授权下将信用证项下的不符单据以等待批准方式寄送给开证行，要求开证行审查和批准接受单据或拒绝接受单据。

（4）将所有单据退还交单人，请交单人采取直接行动寄单给开证行。

（5）如果交单人准许，以电报、电传或电讯发至开证行，要求凭不符单据授权付款、承兑或议付。

（6）从受益人或他指定的银行出具赔偿担保信，凭以议付、付款或承兑，该信保证如果开证行拒绝接受不符单据和拒绝偿付时，任何议付、付款、承兑金额连同利息等有关费用将由担保信出具人偿还。

（7）根据实际经验，并征得收益人同意，办理“保留权利”的付款、承兑或议付，即如果开证行凭着不符单据而拒绝偿付时，银行保留对收益人的追索权。

（8）寄单托收。

以上方法中，在不符点并不严重时，在取得信用证开证申请人的同意下，受益人可出具保证书请求议付行“凭保议付”，声明若国外银行拒付，一切后果受益人自己负担，同时电请开证申请人立即授权开证行付款，并在寄单的面函上说明单据的所有不符点，请开证行征得申请人的同意后决定是否付款。若单证的不符点属于实质性的，议付行一般通过用电传或 SWIFT 方式，将不符点电告开证行，征得同意议付/付款或承兑后寄单，该做法称之“电提”。若开证行不同意授权议付行议付，受益人应联系开证申请人接受单据，银行则作“信用证项下托收处理”。一旦改为“信用证项下的托收”处理，单据也就不再适用于 UCP500 条款。开证行不再对单据承担责任，是否付款完全由开证申请人自行决定。这种信用证业务改为跟单托收方式，比一般的托收方式风险更大。

（二）开证行对单据不符的处理

（1）拒付时必须以单据作为依据。

（2）必须在 7 个工作日内通知拒付。

（3）以电讯方式通知寄单行。

（4）向寄单行作电文说明全部不符点。

（5）向寄单行说明单据听候处理或退回。

二、对相符单据的处理

（一）议付行对相符单据的处理

在我国，议付行经过严格审核，认为单证相符时，可以如下三种方式之一处理：

1. 出口押汇

出口押汇又称“买单结汇”或“议付、垫款”。它是指议付行在审核单据确认与信用证条款相符的情况下，买入受益人的汇票和单据，按照票面金额扣除从议付日起到估计收到票款之日的利息，将净额按议付日外汇牌价折算成人民币，付给信用证的受益人。

2. 定期结汇

定期结汇即银行收单后过一定天数内向受益人付款的一种结汇方法。在定期结汇时，议付行不需要垫付资金，当然也没有扣息问题。

3. 收妥结汇

收妥结汇也称先收后结，即由出口地银行在收到受益人提交的单据，经审核确认与信用证条款的规定相符后，将单据寄给国外付款行索偿，待付款行将外汇划给出口地银行后，该行再按当日外汇牌价结算成人民币交付给受益人。

议付行审单后，还需将议付金额在信用证背面批注后再将单据寄交付款行。一旦付款行拒付，仍有权向受益人追索。若议付行又是通知行，按信用证规定可向受益人收取该笔通知费。

（二）开证行对相符单据的处理

开证行审核单据相符后，一般作如下处理：

（1）对已付款、已承担延期付款责任、已承兑汇票或议付的指定银行予以偿付。

（2）接受单据。

（3）通知开证申请人付款赎单。

（4）开证行付款后，无追索权。

本章重要概念

海运提单　国际多式联运单据　指示提单　已装船提单　清洁提单　过期提单　海牙规则　航空提单　收妥结汇

复习思考题

1. 简述国际结算单据的性质和作用。
2. 简述国际结算单据的分类。
3. 简述提单的性质，并说出有关提单的国际公约的不同内容？

4. 国际多式联运单据的性质是什么？它与提单的不同之处是什么
5. 航空运单的性质是什么？
6. 发票的性质是什么？发票和装箱单的关系何在？
7. 保险单的性质是什么？保险单可以转让吗？
8. 原产地证书的性质和种类有哪些？它在国际贸易中的作用何在？
9. 汇票的作用？基本当事人？汇票的票据行为？

☑ 实训题

根据信用证资料缮制发票、保险单、提单和汇票

Sequence Total	*27	1/2
Form of Doc Credit	*40	IRREVOCABLE
Doc Credit Num	*20	DCT1234
Date of Issue	31C	091105
Date / Place Expiry	*31D	20101231 CHINA
Applicant	*50	JIM. SMITH. CORP 306 STREET, NEW YORK, USA
Beneficiary	*59	SHANGHAI SUNNY EXP. &IMP. CO. , LTD. WU ZHONG ROAD, SHANGHAI, CHINA.
Amount	*32B	USD Amount 36000. 00
Credit Amt	39B	NOT EXCEEDING
Available With By	*41D	ANY BANK BY NEGOTIATION
Drafts At	42C	90 DAYS AFTER SIGHT
Drawee	42D	ISSUING BANK
Partial Shipments	43P	ALLOWED
Transhipment	43T	NOT ALLOWED
Loading on Brd	44A	SHANGHAI, CHINA
Transport to	44B	NEW YORK, USA
Latest Shipment	44C	101215
Description of Goods		MACHINE AT USD500 PER SET FOB SHANGHAI AS PER CONTRACT NO. 123
Docs Required	46A	

ORIGINAL COMMERCIAL INVOICE IN QUADRUPLICATE.
FULL SET OF CLEAN ON BOARD MARINE BILL OF LADING MADE OUT TO ORDER OF SHIPPER, ENDORSED IN BLANK, MARKED FREIGHT COLLECT
CERTIFICATE OF ORIGIN ISSUED BY THE CHINA COUNCIL FOR THE PROMOTION OF INTERNATIONAL TRADE.
INSPECTION CERTIFICATE OF QUALITY ISSUED BY CCIB.

ORIGINAL BENEFICIARY'S CERTIFICATE STATING THAT ONE FULL SET OF ALL COPY DOCUMENTS HAVE BEEN SENT TO UNIWORLD S. R. L. BY COURIER BEFORE ETA OF SHIPMENT.

Conditions	47A	

ALL DOCUMENTS MUST BE MARKED AS ORIGINAL UNLESS COPY (IES) STIPULATED EXCEPT SO FAR AS OTHERWISE EXPRESSLY STATED THIS CREDIT IS SUBJECT TO THE UNIFORM CUSTOMS AND PRACTICE FOR DOCUMENTARY CREDITS, 1993 REVISION I. C. C. PUBLICATION NO. 600.

Charges	71B	ALL CHARGS. OUTSIDE COUNTRY OF ISSUE FOR ACCOUNT OF BENEFICIARY
Period for Prestation	48	WITHIN 15 DAYS AFTER THE DATE OF SHIPMENTBUT WITHIN THE VALIDITY OF THE CREDIT
Confirmation	*49	WITHOUT
Send Rec Info	72	DOCUMENTS TO BE DESPATCHED BY COURIER IN ONE LOT TO: HSBC BANK PLC, TRADE SERVICES, MILANO,

第十一章　国际非贸易结算

学习目标

1. 了解国际非贸易结算主要业务的基本概念、基本特点；
2. 了解信用卡、旅行支票、外币兑换业务、侨汇等业务的具体业务流程；
3. 熟悉国际非贸易结算的规则、规定及行业操作规则。

第一节　国际非贸易结算概述

一、国际非贸易结算的含义

国际非贸易结算（International Non-trade Settlement）是指由无形贸易（Invisible Trade）引起的国际货币收支和国际债权债务的结算。无形贸易与有形贸易（Visible Trade）的结算方式不同。有形贸易结算是指一国对外进出口商品所发生的国际贸易结算。无形贸易结算包括国际贸易往来中的各项从属费用，如运输、保险、银行手续费等以及与贸易无关的收支项目，如国外旅游费用、侨民汇款、外币兑换、国外投资和贷款的利润、利息收益、驻外使领馆和其他机构的经费、专利权收入、馈赠等。非贸易结算是国际结算的重要组成部分。

最初的非贸易结算是采取现金结算方式，后来发展成市场票据，开始以光票的收据进行非贸易结算。现在国际非贸易收支是采取非现金结算方式，主要通过银行对票据进行清算。小量非贸易外汇，也可采取携带自由兑换的货币，到国外兑成当地货币的办法。国际非贸易结算在两国或多国以双边或多边方式进行。不论使用何国的货币，支付时一般均折付当地货币，或将资金存入有关货币的中心地点的账户，例如汇至伦敦的美元存入收款人在美国开立的银行账户。非贸易外汇收入主要来自提供劳务及其他各种服务，不需要出口商品，所以多数国家都努力提高服务质量，争取多收汇。中国在争取华侨汇款、旅游外汇和调回私人存在国外资金等方面订有各种优待办法。非贸易结算可用即期或远期方式，即期票据在提示时即付款，远期票据在提示时先办理承兑，待票据到期时付款。

国际非贸易结算可以促进服务国际经济文化交流和促进国际金融一体化，进而繁荣整个世界经济；同时还可为本国创收和积累外汇，引进外资，合理使用外汇，输出资金向外投资，起到巩固本国货币汇率，提供本国对外支付能力的作用。

二、国际非贸易结算的特点

国际非贸易结算的特点是收支范围广泛、内容庞杂、项目繁多、金额较低。结算方式多样、灵活，主要通过非贸易汇款、外币兑换、旅行支票、旅行信用证、信用卡等方式进行结算。非贸易结算不需要组织商品进出口，有关企业主要以相互提供服务来换取外汇。

三、国际非贸易结算的内容

根据国际惯例和我国自身的业务办理习惯，国际非贸易结算的内容通常有以下几种类型：(1) 私人海外汇款（简称侨汇）；(2) 铁路运输收支；(3) 海运收支；(4) 航空运输收支；(5) 邮电收支；(6) 银行收支；(7) 保险收支；(8) 图书、影片、邮票收支；(9) 外轮代理和服务收入；(10) 外币收兑；(11) 兑换国内居民外汇；(12) 旅游部门外汇收入；(13) 经费外汇收支；(14) 企业利润收支；(15) 其他外汇收支。本章主要讲解用途较广的侨汇、旅行支票、信用卡等几种常见的非贸易结算方式。

第二节　侨　　汇

一、侨汇的含义

侨汇（Overseas Chinese Remittance）是指侨居在国外的本国公民或侨居在本国的外国居民汇回祖国的款项。我国通常所称的侨汇是指华侨汇回祖国的款项。侨汇是我国非贸易外汇的主要来源之一。

新中国成立初期，侨汇在我国政治经济生活中扮演着重要角色。这一时期，侨汇既是国内近千万侨眷的生活来源，也是国外广大华侨与祖国联系的一个重要桥梁，又是国家社会主义建设中外汇资金的主要来源，在我国外汇收入中占有十分重要的地位。20世纪80年代改革开放以后，随着我国的旅游产业、会展产业及其他服务产业的快速兴起，侨汇在我国银行业务中的比重越来越大。成为国际结算的重要组成部分。

二、侨汇的解付程序

（一）侨汇的解付

侨汇的主要方式有信汇、电汇、票汇和约期汇款等。

1. 信汇

信汇是指港澳或国外联行通过信函方式航寄信汇通知书汇入的侨汇。大部分港澳和国外联行在办理侨汇业务时采用每日按国内通汇行、分币别在营业终了时缮制“经收侨汇总清单”并附信汇委托书等直接寄给通汇行。通汇行收到汇出行寄来的侨汇总清单后，经仔细审核汇出行的签章无误、总清单所列笔数、金额与附件相符后，按所附的信汇委托书逐笔缮制汇款通知书，通知收款人取款。

通汇行解付信汇后，应在收款人签章的正副收条上加盖有行名和日期的付讫戳记，副收条可代“汇入汇款”科目借方传票或作传票附件，正收条及时寄回汇出行。

2. 电汇

电汇指港澳或国外联行以电报方式汇入的侨汇。通汇行接到电汇后，经译电核押无误，即缮制汇款通知书通知收款人前来取款。如汇款报单电抄未到，通汇行先以“港澳及国外联行往来未达户”科目列账，转入“汇入汇款”科目并抽出电抄，加盖付讫戳记，以防重复解付。

3. 票汇

票汇指海外华侨、港澳台同胞向港澳或国外联行购买汇票，自带或邮寄给他们国内的亲属，凭此向国内指定的解付行兑付的汇款。解付行经核对汇票上的出票人签字、汇票通知书上的签字与签字样本相符后办理解付。汇票上若有收款人姓名，应由收款人背书，并认真核对收款人提供的身份证件后方可解付。解付汇票的侨汇证明书由解付行填写，解付汇票时如未收到汇出行的总清单，解付行可通过“港澳及国外联行往来未达户”科目处理。

4. 约期汇款

约期汇款是指华侨和港澳台同胞与汇出行约定，在一定时期（如每月一次或每两月一次）汇给国内侨眷一定金额的汇款。由汇出行通知解付行按约定日期通知收款人取款。

（二）侨汇收条的处理

信汇、电汇全套汇款收条一般都有正副收条、汇款证明书和汇款通知书一式四联，由汇出行寄给解付行。

正收条（Original Receipt）应在解讫侨汇后及时寄还汇出行，等候汇款人领取，以清手续。正收条有收款人签章、现金付讫章和解付日期章。副收条是解付侨汇后，解付行留存的主要凭证。副收条上有收款人签章、现金付讫章和解付日期章，并作收款人证件号码的详细记录。汇款证明书是在解付侨汇时，交给收款人持有的一联，凭以查对收款金额，或凭以参加华侨储蓄存款。汇款通知书有收款人详细地址，以便通知收款人取款，它是解付侨汇的依据。

三、侨汇的转汇及解付的处理手续

侨汇的转汇是指当汇入行收到侨汇后，收款人在外地需要办理转汇，汇入行可委托收款人所在地银行办理解付。侨汇的转汇均应以外币进行，解付后也应以外币划账。

解付行收到转汇行寄来的侨汇转汇委托书及附件，应先核对印鉴、密押，再根据转汇委托书逐笔与附件核对，按照规定手续办理解付。解讫的正收条和通知书上应加盖解付行付讫日期，随附报单寄转汇行。副收条由解付行留作传票附件或存档保管。

转汇行收到解付行的联行报单及所附的解讫侨汇正收条及通知书，经核对无误后，逐笔抽销信汇委托书办理转账。

第三节　旅行支票

一、旅行支票概述

（一）旅行支票的概念和特点

旅行支票（Traveller's Cheque）是大银行或旅行社为便于旅游者安全携带和使用而发行的一种定额支付工具。它是一种银行汇款凭证，没有指定的付款地点和银行，一般也不受日期限制，能在全世界通用。客户随带旅行支票可以在国外的各大银行、国际酒店、餐厅及其他消费场所随时兑换现金或直接使用，是国际旅行常用的支付凭证之一。

美元的旅行支票样张如图 11. 1。

图 11. 1　美元的旅行支票样张

旅行支票具有以下特点：

（1）面额固定、多样。有 10 元、20 元、100 元、1 000 元等多种面额，便于使用。

（2）兑取方便。一般不受时间和地区的限制，既可在银行随时兑现，也可在酒店、餐厅、商场等付账或购物，已被世界各地广泛接受。

（3）携带安全、挂失补偿。一旦持票人所携带的旅行支票丢失或被盗，可全天候拨打旅行支票发行公司的免费电话及时挂失，一经旅行支票发行机构确认，即可对挂失的支票进行免费补偿。

（4）无使用期限：旅行支票永久有效，一次购买后未使用完毕，还可留待下次出境使用。

（二）旅行支票的关系人

（1）出票人：是指发行旅行支票的银行或专业机构。由于旅行支票是以出票人为付款人的支付凭证，因此出票人即为付款人，它的签章预先印在票面上。

（2）发售人：是指出售或代售旅行支票的银行或旅行社等代理机构。

（3）持票人：是购买或持有旅行支票的人，并已在旅行支票上进行了初签。

（4）兑付人：是指事先已与出票人签订代付协议的机构。

（5）受让人：接受旅行支票的服务部门即为支票的受让人。

二、旅行支票的出售和挂失

（一）旅行支票的出售

发行旅行支票的银行或旅行社，除自己发售旅行支票外，还可委托国内外的代理行发售。

游客购买旅行支票时，填写的购买申请书上要写明：购买哪家银行发行的旅行支票、购买者姓名、地址、购买张数、货币种类、面额及总金额、购买日期等。出售机构对购买申请者审核无误并收妥款项后，按规定要购买者在每张旅行支票的“初签栏”签名，以便兑付时与“复签栏”的签名核对。若购买者用本国货币购买外币旅行支票，按当天外汇牌价的卖出价折算。

中国银行是中国内地第一家代理国外旅行支票业务的银行，业务范围包括旅行支票的代售、代兑业务。目前中国银行有近800余家国内分支机构办理国外旅行支票代兑业务，有近200家国内分支机构可办理国外旅行支票代售业务，旅行支票业务总量位居全国同业市场份额的首位。

（二）旅行支票的挂失

旅行支票一旦遗失或被盗窃，持票人可向发行银行挂失，说明丢失的时间地点、支票面额、号码、数量以及是否已按规定在购买时作了初签、后来有否复签等。发行银行对挂失后的旅行支票的退款或补发新的旅行支票的规定各不相同。

三、旅行支票的兑付

我国可以接受的外币旅行支票有10多种，兑付行在兑付旅行支票时应特别注意识别旅行支票的真伪，审核支付范围和有效期限，核对初签和复签，审查是否转让。

旅行支票分可转让（Negotiable）和不可转让（Non-negotiable）两种。对不可转让支票，只能由原购票人在兑付时当面复签，确认复签真实后，可予兑付。对可转让支票，原购票人在转让时应对受让人当面复签，并填上受让人姓名，然后受让人到银行在支票背面背书并领取票款。

四、旅行支票与支票的比较

支票是由出票人签发，委托办理支票存款业务的银行或者其他金融机构在见票时无条件支付确定的金额给收款人或持票人的票据。旅行支票与支票均是见票即付，但两者亦有区别，如表11－1所示。

表11.1 旅行支票与支票的区别

	旅行支票	支　票
付款条件	出票人签字和预备样本一致	初签和复签一致
金额	不固定	固定（空白支票金额不固定）
开立机构	由银行、商号、个人开立	由出票人开立
付款地	列有付款地和付款名称	不列有付款地和付款名称
期限	短	长（有时还注明期限）
兑付时是否扣息	不扣息	要扣息

第四节　信　用　卡

一、信用卡的含义

信用卡（Credit Card）是由银行或专业机构向客户提供短期消费信贷的一种信用凭证。持卡人可在指定的特约商店、宾馆、旅游场所等地购买商品或享受服务，或向约定银行支取现金。

信用卡上一般印有持卡人姓名、签名样式和编号。持卡人外出时不必携带现钞和支票，可以凭卡到指定商店、宾馆、饭店购买商品和支付费用，还可以在特约银行兑换一定金额的现钞。持卡人须在发行银行开立账户，每次凭卡购物或取得服务应支付的金额都记在该账户内。银行一般是一月一次向持卡人收款，持卡人接到通知后，应按约定的要求向银行一次付清或分次付清。在使用信用卡时，持卡人还可以根据协议从发卡银行取得贷款。由于银行具有联系面广的特点，有的信用卡可以由多家银行、各种商业和服务业实行联营，以满足持卡人多方面的支付需要。

二、信用卡的种类

信用卡的种类很多，按不同的标准可分五类：

（1）按发卡机构不同，信用卡可分为银行卡和非银行卡，后者有零售信用卡和旅游娱乐卡。

（2）按清偿方式不同，信用卡分为贷记卡（Credit Card）和借记卡（Debit Card）。

（3）按发卡对象不同，信用卡可分为公司卡和个人卡。

（4）按持卡人的信誉、地位等资信情况的不同，信用卡分为普通卡、金卡和白金卡。

（5）按使用范围不同，信用卡分为国际卡和国内卡。

三、信用卡的申请与使用

（一）信用卡的申请

需要使用信用卡的单位或个人向银行申请，办理信用卡时，应填写“信用卡申请表”交发卡行审核，发卡行要审查申请人的收入、信誉、担保等情况，符合条件者即可得到发卡行发给的信用卡。

（二）信用卡的使用

1. 购物

较早时，持卡人去特约商店凭卡购物时，需填写一式四联的签购单，连同信用卡一起交商店的经办人员审核，经办人员在审核无误后用压印机将信用卡的卡号、持卡人名字、有效期压在签购单上，并将客户所购商品、签购单的第一联和信用卡交回持卡人。

但信用卡这种结算方式会随着商店的结算设备的升级换代而更新。现在，信用卡的持卡人去特约商店凭卡购物时，只需在商店配备的 POS 机上刷卡，并输入消费密码，即可进行购物消费。随着网络科技的发展，持卡人甚至可以使用信用卡在网上支付，进行购物。

2. 取现

持卡人凭卡支取现金，可向银行支取或向自动出纳机支取。去指定的代付行办理时，须填写一式三联的取现单，连同信用卡一起交代付行审查。代付行核对无误后，将信用卡的卡号、持卡人姓名、有效期压在取现单上并按取款金额加收一定的手续费即可付款，然后将取现单的“顾客联”和信用卡交还持卡人，另将一联取现单连同一联总计单寄发卡行索偿。若持卡人支取现金超过了最高用款限额时，代付行必须先用电传与发卡行联系，取得授权后，将授权号码填入取现单，办理兑付。

四、主要的国际信用卡组织

目前国际上的信用卡组织主要有五个，分别是威士（Visa）国际组织、万事达（Master）国际组织、美国运通、大来卡（Diners Club）、日本 JCB。

（一）威士（Visa）国际组织

1959 年，美洲银行在美国加利福尼亚州发行了第一张银行信用卡——美洲银行卡。

1966 年，Bank of America Service Corp.（BSC）公司成立。1970 年 BSC 公司改名为 National Bank Americard INC（NBI），为美国各地银行提供信用卡服务。1977 年，NBI 改组成 Visa International，即 Visa 国际集团。

Visa 卡国际组织是由国际上各银行会员组成的信用卡组织，属于非营利机构。总部设在美国加州旧金山。Visa 帮助会员开发各种 Visa 支付工具（又称信用卡）及旅行支票业务，为会员提供各种 Visa 产品及服务，帮助会员利用 Visa 产品及服务获取利润，降低会员在网络上的重复投资，提供给会员、消费者及特约商户自动“无现金”的付款工具及系统。

Visa 全球电子支付网络是目前世界上覆盖面最广、功能最强和最先进的消费支付处理系统，不断履行使持卡人的 Visa 卡通行全球的承诺。目前，全世界有超过 2 000 万个特约商户接受 Visa 卡，还有超过 84 万个 ATM 遍布世界各地。因此，Visa 的全球网络让持卡人不论身在何处，都能方便地使用 Visa 卡。

Visa 国际组织本身并不直接发卡。在亚太地区，Visa 国际组织有超过 700 个会员金融机构发行各种 Visa 支付工具，包括信用卡、借记卡、公司卡、商务卡及采购卡。

1987 年中国银行加入 Visa 国际组织，成为该组织的主要会员，1989 年开始发行人民币长城 visa 卡。继中国银行后，中国工商银行、中国建设银行、中国农业银行也分别加入了 visa 卡组织。

（二）万事达国际组织

万事达（Master）国际组织于 20 世纪 50 年代末至 60 年代初创立了一种国际通行的信用卡体系，旋即风行世界。1966 年，万事达国际组织组成了一个银行卡协会（Interbank Card Association）组织，1969 年银行卡协会购下 Master Charge 的专利权，统一了各发卡行的信用卡名称和式样设计。随后 10 年，将 Master Charge 改名为 Master Card。

万事达国际组织的管理总部设在美国纽约市，总处理中心设在圣路易斯市。它是一个包罗世界各地财经机构的非营利协会组织，其会员包括商业银行、储蓄与贷款协会以及信贷合作社。其基本目标为沟通国内及国外会员之间的银行卡资料交流，并方便发行机构不论规模大小，都可进军银行卡及旅行支票市场，谋求发展。目前，万事达国际组织已发展成为仅次于维萨国际组织的世界第二大信用卡国际组织。

中国银行于 1981 年率先在国内代理万事达卡的取现和购货业务，1987 年加入万事达国际组织，并于同年发行人民币长城万事达卡，1988 年又推出了国内第一张长城万事达外汇卡。

（三）美国运通公司

美国运通公司（American Express Card）的信用卡业务始于 20 世纪 50 年代。1958 年起，美国运通公司先后向客户发行了普通卡、运通卡、公司信用卡、运通白金卡。

美国运通公司服务于高端客户的历史长达百年，积累了丰富的服务经验和庞大的优质客户群体。运通卡的持卡人通常是社会上地位和收入较高的中上层人士，分绿卡、金卡和白金卡三种。运通卡与维萨卡、万事达卡性质不同，后两者属于银行卡，前者属于旅游娱乐卡，适合消费者外出旅游之用。运通卡主攻大额消费市场，自1958年发行第一张运通卡以来，迄今为止已在68个国家和地区以49种货币发行了运通卡，构建了全球最大的自成体系的特约商户网络，并拥有超过6 000万名的优质持卡人群体。

美国运通公司总部设在美国纽约市，总处理中心设在盐湖城。美国运通公司凭借百余年的服务品质和不断创新的经营理念，保持着特有的“富人卡”的形象。过去运通一直走独立发卡之路，到1996年才开始向其他金融和发卡机构开放网络，1997年成立环球网络服务部，允许有关国家的合作伙伴发行美国运通卡，至今GNS已与全球90多个国家的80个合作伙伴建立了战略合作伙伴关系。它在亚太地区的17个国家和地区拥有28个合作伙伴，包括中国工商银行、中国台湾的台新银行、中国香港的大新银行、新加坡发展银行、新西兰银行、国立澳大利亚银行等。

（四）大来信用卡公司

大来卡（Diners Club）于1950年由创业者Frank M C Mamaca创办，后来发展成为国际通用的信用卡。1981年美国花旗银行收购了大来信用卡公司的大部分股票。大来信用卡公司成为花旗银行的控股公司，公司总部设在美国芝加哥市。1983年3月，中国银行与美国花旗银行签订了“中国银行代理大来卡取现和直接购货协议书”，开始办理大来信用卡业务。

（五）日本JCB

1961年，JCB（Japan Credit Bureau）作为日本第一个专门的信用卡公司宣告成立。它是当前日本最大的信用卡发行者，也是全球五大信用卡公司之一，其业务范围遍及世界100多个国家和地区。JCB信用卡的种类达5 000多种，成为世界之最。JCB的国际战略主要瞄准于工作、生活在国外的日本实业家和女性。为确立该公司的国际地位，JCB对日本、美国和欧洲等商户实行优先服务计划，使这些商户都包括在JCB持卡人的特殊旅游消费中。

1982年，JCB公司与中国银行签订了受理JCB卡取现和直接购货协议书，至今在我国已有100多个城市开展JCB卡取现业务。

五、中国的信用卡组织——银联

中国银联股份有限公司（简称银联）是经中国人民银行批准的、由80多家国内金融机构共同发起设立的股份制金融服务机构。公司于2002年成立，总部设在上海，注册资本16.5亿元。

银联卡是指符合统一业务规范和技术标准要求，并且在指定位置印有“银联”标识的银行卡。它必须符合中国人民银行规定的统一业务规范和技术标准，并经中国人民银行批准。中国各大银行发行的银行卡基本上都加入了银联组织，银联在基本完成了中国大陆银行卡大一统的同时，还在不断地扩大海外市场。现在，我国香港、澳门、欧洲等地方都出现了银联组织的特约商户，银联正逐渐向国际化的信用卡组织迈进。

第五节 外币兑换业务

一、外币兑换含义

银行办理外币现钞的兑入和兑出的业务称为外币兑换业务（Exchange of Foreign Bank Notes）。国家确定某种外币能否收兑，主要考虑两个因素：一是货币发行国对本国货币出入境是否有限制；二是这种货币在国际金融市场上能否自由兑换。

目前我国银行可兑换的币种有：英镑（GBP）、港币（HKD）、美元（USD）、瑞士法郎（CHF）、新加坡元（SGD）、瑞典克朗（SEK）、挪威克朗（NOK）、日元（JPY）、丹麦克朗（DKK）、加拿大元（CAD）、澳大利亚元（AUD）、欧元（EUR）、菲律宾比索（PHP）、泰国铢（THB）、韩国元（KRW）、澳门元（MOP）、新台币（NTD）共十七种货币。

二、我国外币兑换的基本程序

（一）兑入外币

凡属国家外汇管理局“外钞收兑牌价表”上所列的各种外币，顾客持本人有效身份证件、填写外汇兑换水单并交付现钞即可办理。有效身份证件包括：本人身份证（中国公民）、户口簿（十六岁以上中国公民）、军人身份证件（中国人民解放军）、武装警察身份证件（中国人民武装警察）、港澳居民往来内地通行证（港澳居民）、台湾居民往来大陆通行证（台湾居民）、护照（外国公民或有护照的中国公民）。

兑入外币必须坚持“先收后付”的原则，并要鉴别外币真伪。经过鉴别后，银行按兑换当天的外钞买入价折算成人民币，填写一式四联的“外币兑换水单”（第一联为兑入外币水单，第二联为外汇买卖科目外币贷方传票，第三联为外汇买卖科目借方传票，第四联为外汇买卖统计卡），收点外钞和支付人民币。

（二）兑出外币

银行应境外单位或个人要求兑出外币，应查验护照或身份证及原外币兑换水单，在有效期内（从兑入外币之日起6个月内），按不超过原兑换水单上的金额兑换。在收回的原兑换水单上加盖“已退回”戳记，作为外汇买卖传票的附件。最后还应在顾客的海关申报单的外币登记栏中写明已兑换的外币，以便海关检查放行。

对于批准出国人员申请兑换外币，银行应根据外汇管理部门在顾客的“非贸易外汇申请书”上批准的金额办理。办理兑出手续时，应缮制“外币兑换水单”一式四联（第一联为兑出外币水单，第二联为外汇买卖科目人民币贷方传票，第三联为外汇买卖科目借方传票，第四联为外汇买卖统计卡），根据当天外钞卖出价兑付。

第六节　其他非贸易外汇业务

一、旅行信用证

（一）旅行信用证的含义与特点

旅行信用证（Traveller's Letter of Credit）是银行为了便利旅客到境外支付旅行用款而开出的一种信用证。开立旅行信用证时一般要求开证申请人预留印鉴，以便取款时核对。旅行信用证具有如下特点：

（1）旅行信用证的正本由开证申请人自己携带。

（2）旅行信用证是一种光票信用证，不附带任何单据。

（3）旅行信用证与贸易结算中的信用证的不同之处是开证申请人和受益人是同一人，也就是汇款人和收款人是同一人，即均为旅行者本人。

（4）受益人按不超过旅行信用证总金额的限额，可以一次或多次向指定的议付行支款，每次取款后都须在信用证上做记录。

（5）旅行信用证应在其有效期内使用。

（6）旅行信用证是不可撤销性质，也没有加保兑的做法。

（二）旅行信用证受理程序

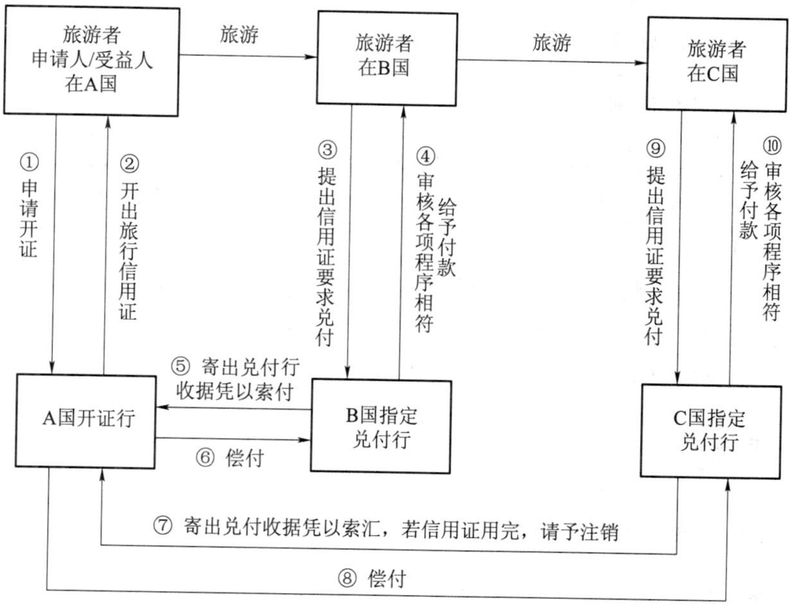

图 11.2　旅行支票操作流程

当旅行信用证的持证人到某国指定的银行要求兑付时，须将旅行信用证的正本交兑付行审查，经兑付行验证确认可兑付时，把本次付款日期、金额和结存余额等记载于信用证上，加盖付款行印章，收取7.5‰的贴息后结付，然后将收据的第二联（即副收条）作为兑付行的借方传票附件，并将收据的第一联（即正收条）随报单寄开证行索偿，收回垫款。

信用证经解付后还有余额，兑付行应将"印鉴核对书"和信用证还给受益人；若没有余额，兑付行应将此信用证收回，并在信用证上加盖"注销"或"用完"戳记，连同"印鉴核对书"及报单一起寄给开证行索偿。

旅行信用证在20世纪80年代初期曾广泛使用，极大方便了广大旅游者。后来随着各种新型支付工具如信用卡、旅行支票、国际汇票等的普及使用，旅行信用证业务已日趋萎缩，发达国家的银行拒绝受理旅行信用证业务。中国银行自1994年10月1日起停办旅行信用证业务。

二、光票托收

（一）光票托收的含义以及适用范围

光票托收（Clean Bill for Collection）是指资金单据的托收不附有其他的商业单据，是银行接受委托人的委托，并利用银行广泛的国外代理行关系，将境外开出的不能在银行所在地办理贴现的票据及其他金融单据邮寄给付款人，提示其付款并收回款项的服务。办理该业务需要的时间较长，通常为30－40天。

光票的范畴：不以受理行为付款行的外汇汇票、本票、支票、旅行支票、债券、存单、存折、现钞等类似用以取得款项的凭证。

（二）光票托收的手续

办理光票托收业务，需携带本人（收款人）的身份证件，如委托他人代办，还要携带代办人的身份证件并填写托收申请书，在票据上背书后，连同票据托收申请书及身份证件一起交银行审核。

银行审核无误后，将托收申请书的一联盖章后交给收款人或代办人保存，待银行将票款收妥后，收款人凭此联及身份证件到银行办理取款手续。受托行将另一联托收申请书寄给国外付款行向其收回款项。

本章重要概念

国际非贸易结算　侨汇　旅行支票　信用卡　万事达　银联

复习思考题

1. 国际非贸易结算的含义是什么？

2. 侨汇业务的主要类型是什么？各有什么特点？
3. 旅行支票、旅行信用证各有什么特点？
4. 简述信用卡的特点以及全球主要的信用卡机构。

附录一 《托收统一规则》

（1995年修订本，国际商会第522号出版物）

一、总则和定义

第一条 《托收统一规则》的适用范围

（1）本国际商会第522号出版物《托收统一规则》1995年修订本将适用于第二条界定的、并在第四条“托收指示”中列明适用该项规则的所有托收项目，且除非另有明确的相反约定，或与无法规避的某一国家、政府或地方法律及/或法规相抵触，本规则对所有的当事人均具有约束力。

（2）银行没有义务必须办理某一托收或任何托收指示或以后的相关指示。

（3）如果银行无论出于何种理由选择不办理它所收到的托收或任何相关的托收指示，应毫不延误地采用电讯，或者如果电讯不可能时，采用其他快捷的工具，通知向其发出托收或指示的当事人。

第二条 托收的定义

就本规则各项条款而言：

（1）托收是指银行依据所收到的指示，处理下述第（2）款所界定的单据，以便：

a. 取得付款及/或承兑；或

b. 付款交单及/或承兑交单；或

c. 按照其他条款和条件交付单据。

（2）单据是指金融单据及/或商业单据。

a. 金融单据是指汇票、本票、支票或其他类似的可用于取得款项支付的凭证；

b. 商业单据是指发票、运输单据、所有权单据或其他类似的单据，或者不属于金融单据的任何其他单据。

（3）光票托收是指不附有商业单据的金融单据项下的托收。

（4）跟单托收是指：

a. 附有商业单据的金融单据项下的托收；

b. 不附有金融单据的商业单据项下的托收。

第三条 托收当事人

（1）就本规则各项条款而言，托收当事人有：

a. 委托人，即委托银行办理托收的当事人；

b. 托收行，即委托人委托办理托收的银行；

c. 代收行，即除托收行以外的任何参与处理托收业务的任何银行；

d. 提示行，即向付款人提示单据的代收行。

（2）付款人，即根据托收指示向其提示单据的人。

二、托收的形式和结构

第四条 托收指示

（1）a. 所有送往托收的单据必须附有一项托收指示，注明该项托收将遵循《托收统一规则》第522号出版物，并列出完整和明确的指示。银行只准根据该托收指示中的命令和本规则行事；

b. 银行将不从单据的审核中获取指示；

c. 除非托收指示中另有授权，银行将不理会向其发出托收的任何当事人/银行以外的任何当事人/银行的任何指示。

（2）托收指示应当包括下述各项内容：

a. 发出托收指示的银行详情，包括全称、邮政地址和SWIFT地址、电传、电话和传真号码和业务编号；

b. 委托人的详情，包括全称、邮政地址或者办理提示的场所以及，如果有的话，电传、电话和传真号码；

c. 付款人的详情，包括全称、邮政地址或者办理提示的场所以及，如果有的话，电传、电话和传真号码；

d. 提示行（如有的话）的详情，包括全称、邮政地址以及，如果有的话，电传和传真号码；

e. 待托收的金额和货币类型；

f. 所附单据清单和每份单据的份数；

g. i. 据以取得付款及/或承兑的条件和条款；

ii. 凭以交付单据的条件

① 付款及/或承兑

② 其他条件和条款

缮制托收指示的当事人应负责确保清楚无误地说明交付单据的条件，否则，银行对此所产生的任何后果将不承担责任；

h. 待收取的手续费，指明是否可以放弃；

i. 待收取的利息，如有的话，指明是否可以放弃，包括利率、计息期、适用的计算期基数（如一年按360天还是365天计算）；

j. 付款方法和付款通知的形式；

k. 发生拒绝付款、拒绝承兑及/或与其他指示不相符的情况时应给出的指示。

（3）a. 托收指示应载明付款人或将要办理提示的场所之完整地址。如果地址不全或有错误，代收银行可尽力查明适当的地址，但其本身不承担任何义务和责任。

b. 代收银行对因所提供地址不全或有误所造成的任何延误，将不承担任何责任。

三、提示的形式

第五条 提示

（1）就本规则各项条款而言，提示是指银行按照指示将单据提供给付款人的程序。

（2）托收指示应列明付款人将要采取行动的确切期限。

诸如“首先、迅速、立即”和类似的表述，不应用于提示或付款人赎单采取任何其他行动的任何期限。如果采用了该类术语，银行将不予理会。

（3）单据必须以银行收到时的形式向付款人提示，但经授权银行可以贴附任何必需的印章，并按照说明由向银行发出托收的当事人承担费用，而且银行可以经授权采取任何必要的背书或加盖橡皮戳记、或其他托收业务惯用的和必要的辨认记号或符号。

（4）为了使委托人的指示得以实现，托收行将以委托人所指定的银行作为代收行。在未指定代收行时，托收行将使用自己的任何银行，或者在付款或承兑的国家中、或必须遵守其他条件的国家中选择另外的银行。

（5）单据和托收指示可以由托收行直接或者通过另一银行作为中间银行寄送给代收行。

（6）如果托收行未指定某一特定的提示行，代办行可自行选择提示行。

第六条 即期付款/承兑

如果是见单即付的单据，提示行必须立即办理提示付款，不得延误；如果不是即期而是远期付款单据，提示行必须在要求承兑时毫不拖延地提示承兑，在要求付款时，不应晚于适当的到期日办理提示付款。

第七条 商业单据的发放

承兑交单（D/A）与付款交单（D/P）

（1）如果托收包含有远期付款的汇票，则其指示不应要求付款才交付商业单据。

（2）如果托收包含有远期付款的汇票，托收指示应说明商业单据是凭承兑（D/A）还是凭付款（D/P）发放给付款人。

若无上述说明，商业单据只能是付款放单，而代收行对由于交付单据的任何延误所产生的任何后果将不承担责任。

（3）如果托收包含有远期付款的汇票，而且托收指示表明应凭付款发放商业单据时，则单据只能凭该项付款才能发放，而代收行对由于交付单据的任何延误所产生的任何结果将不承担责任。

第八条 代制单据

在托收行指示代收行或者付款人来代制托收中未曾包括的单据（汇票、本票、信托收据、保证书或其他单据）时，这些单据的格式和措辞应由托收行提供，否则，代收行对由代收行及/或付款人所提供任何该种单据的格式和措辞将不承担责任或对其负责。

四、义务和责任

第九条 诚信和合理的谨慎

银行将本着诚信的原则、尽合理的谨慎来办理业务。

第十条 单据与货物/服务/履行

(1) 未经银行事先同意，货物不得直接发送到该银行地址、或者以该行作为收货人或者以该行为抬头人。

然而，如果未经银行事先同意而将货物直接发送到该银行地址、或者以该行作为收货人或者以该行为抬头人，并请该行凭付款或承兑或凭其他条款将货物交付给付款人，该行将没有提取货物的义务，其风险和责任仍由发货方承担。

(2) 即使接到特别指示，银行也没有义务对与跟单托收有关的货物采取任何行动，包括对货物进行存储和保险。银行只有在个案中、在其同意的限度内，才会采取该类行动。尽管前述第一条 (3) 段有不同规定，即使代收银行对此没有任何特别的通知，也适用本条规则之规定。

(3) 然而，无论银行是否收到指示，银行为保护货物而采取措施时，对有关货物的结局及/或状况及/或对受托保管及/或保护货物的任何第三方的作为及/或不作为概不承担责任。但是，代收行必须毫不延误地将其所采取的措施通知向其发出托收指示的银行。

(4) 银行对货物采取任何保护措施所发生的任何费用及/或花销将由向其发出托收的一方承担。

(5) a. 尽管有前面第十条 (1) 段的规定，如果货物是以代收行作为收货人或抬头人，而且付款人已对该项托收办理了付款、承兑或承诺了其他条件和条款，且代收行因此对货物的发放作了安排时，则应视为托收行已授权代收行如此办理。

b. 若代收行按照托收行的指示或按上述第十条 (5) a 段的规定安排发放货物，托收行应对该代收行所发生的全部损失和花销给予赔偿。

第十一条 对受托方行为的免责

(1) 为使委托人的指示得以实现，银行使用另一银行或其他银行的服务时，是代为该委托人办理的，因此，其风险由委托人承担；

(2) 即使银行主动地选择了其他银行办理业务，如该行所转递的指示未被执行，作出选择的银行也不承担责任或对其负责；

(3) 一方指示另一方去履行服务，指示方应受到外国法律和惯例施加给被指示方的一切义务和责任的制约，并应就有关义务和责任对受托方承担赔偿责任。

第十二条 对收到单据的免责

(1) 银行必须确定它所收到的单据应与托收指示中所列内容表面相符，如果发现任何单据有短缺或非托收指示所列，银行必须以电讯方式，如电讯不可能时，以其他快捷的方式，通知从其收到指示的一方，不得延误；

银行对此没有其他更多的责任。

（2）如果单据与所列内容表面不相符，托收行对代收行收到的单据种类和数量应不得有争议；

（3）根据第五条（3）段和上述第十二条（1）段和（2）段，银行将按所收到的单据办理提示而无需做更多的审核。

第十三条 对单据有效性的免责

银行对任何单据的格式、完整性、准确性、真实性、虚假性或其法律效力、或对在单据中载明或在其上附加的一般性及/或特殊性的条款，概不承担责任或对其负责；银行也不对任何单据所表示的货物的描述、数量、重量、质量、状况、包装、交货、价值或存在、或对货物的发运人、承运人、运输代理、收货人或保险人或其他任何人的诚信或作为及/或不作为、清偿力、业绩或信誉承担责任或对其负责。

第十四条 对单据延误、在传送中的丢失以及对翻译的免责

（1）银行对任何信息、信件或单据在传送中所发生的延误及/或丢失，或对任何电讯在传递中所发生的延误、残损或其他错误，或对技术条款的翻译及/或解释的错误，概不承担责任或对其负责；

（2）银行对由于收到的任何指示需要澄清而引起的延误，将不承担责任或对其负责。

第十五条 不可抗力

对由于天灾、暴动、骚乱、战争或银行本身不能控制的任何其他原因、任何罢工或停工而使银行营业中断所产生的后果，银行不承担责任或对其负责。

五、付款

第十六条 立即付款

（1）收妥的款项（扣除手续费及/或支出及/或可能的花销）必须按照托收指示中规定的条件和条款，毫不延误地付给向其发出托收指示的一方；

（2）尽管有第一条（3）段的规定，除非另有指示，代收行仅向托收行汇付收妥的款项。

第十七条 以当地货币支付

如果单据是以付款地国家的货币（当地货币）付款，除托收指示另有规定外，提示行必须凭当地货币的付款，发放单据给付款人，只要该种货币按托收指示规定的方式能够随时处理。

第十八条 用外币付款

如果单据是以付款地国家以外的货币（外汇）付款，除托收指示中另用规定外，提示行必须凭指定的外币付款，发放单据给付款人，只要该外币按托收指示规定能够立即汇出。

第十九条 部分付款

（1）光票托收时，只有在付款地现行法律准许部分付款的条件和限度内，才能接受部分付款。只有在全部货款已收妥的情况下，才能将金融单据发放给付款人。

（2）跟单托收时，只有在托收指示有特别授权的情况下，才能接受部分付款。然

而，除非另有指示，提示行只能在全部货款已收妥后才能将单据交与付款人，并对由此所引起的延迟交单所产生的后果不承担责任。

（3）在任何情况下，部分付款只有在符合第十七条或第十八条中的相应规定时将会被接受。

如果接受部分付款，将按照第十六条的规定办理。

六、利息、手续费和费用

第二十条 利息

（1）如果托收指示中规定必须收取利息，但付款人拒付该项利息时，提示行可根据具体情况在不收取利息的情况下凭付款或承兑或其他条款和条件交付单据，除非适用第二十条（3）段之规定。

（2）如果要求收取利息，托收指示中应明确规定利率、计息期和计息基础。

（3）如托收指示中明确地指明利息不得放弃，但付款人拒付该利息，提示行则不交付单据，并对由此所引起的延迟交单所产生的后果不承担责任。

当利息已被拒付时，提示行必须以电讯，当不可能时可用其他便捷的方式，通知向其发出托收指示的银行，不得延误。

第二十一条 手续费和费用

（1）如果托收指示中规定收取手续费及/或费用须由付款人承担，而后者拒付时，提示行可以根据具体情况，在不收取手续费及/或费用的情况下凭付款或承兑或其他条款和条件交付单据，除非适用第二十一条（2）段之规定。

当放弃以这种方式支付托收手续费及/或费用时，该项费用应由发出托收的一方承担，并可从货款中扣减。

（2）如果托收指示中明确指明手续费和（或）费用不得放弃而付款人又拒付该项费用时，提示行将不交付单据，并对由此所引起的延误所产生的后果不承担责任。当该项费用已被拒付时，提示行必须以电讯，当不可能时可用其他便捷的方式，通知向其发出托收指示的银行，不得延误。

（3）在任何情况下，若托收指示中清楚地规定或根据本规则具体规定，支付款项及/或费用及/或托收手续费应由委托人承担，代收行应有权从向其发出托收指示的银行立即收回所支出的有关支付款、费用和手续费，而托收行不管该托收结果如何，应有权向委托人立即收回它所付出的任何金额，连同它自己的支付款、费用和手续费。

（4）银行对向其发出托收指示的一方保留要求事先支付手续费及/或费用的权利，以补偿其拟执行任何指示的费用支出，在未收到该项款项期间，有保留不执行该项指示的权利。

七、其他条款

第二十二条 承兑

提示行有责任确保汇票承兑形式看来是完整和正确的，但是，对任何签字的真实性或签署承兑的任何签字人的权限不负责任。

第二十三条 本票和其他凭证

提示行对在本票、收据或其他凭证上任何签字的真实性或签字人的权限不负责任。

第二十四条 拒绝证书

托收指示对发生拒绝付款或拒绝承兑时的有关拒绝证书应有具体的指示（或代之以其他法律手续）。

如无此项具体指示，与托收有关的各银行在遭到拒绝付款或拒绝承兑时，无义务作出拒绝证书（或代之以其他法律手续）。

银行由于办理拒绝证书或其他法律手续而发生的手续费及/或其他费用概由向其发出托收指示的一方承担。

第二十五条 需要时的代理

如果委托人指定一名代表作为拒绝付款及/或拒绝承兑时的代理人，托收指示中应清楚地、详尽地指明该代理人的权限。如无此项指示，银行对需要时的代理人的指示可以不受理。

第二十六条 通知

代收行应按下列规则通知托收结果：

（1）通知方式

代收行对向其发出托收指示的银行送交的所有通知和信息，必须载明必要的详细内容，在任何情况下，都应包括后者在托收指示中列明的编号。

（2）通知的方法：

托收行有责任就各种通知的具体方法向代收行发出指示，不同通知详见本款（3）a，（3）b和（3）c段的内容。如无该项指示，代收行将自行选择通知方法，寄送有关通知，而其费用应由向其发出托收指示的银行承担。

（3）a. 付款通知

代收行必须毫无延误地将付款通知交发给向其发出托收指示的银行，详细列明有关金额或收妥金额、扣减的手续费及/或支付款及/或费用（如适当）以及资金的处理方式。

b. 承兑通知

代收行必须无延误地将承兑通知发送向其发出托收指示的银行。

c. 拒绝付款或拒绝承兑的通知

提示行应尽力查明拒绝付款或拒绝承兑的原因，并相应地通知向其发出托收指示的银行，不得延误。

提示行应毫无延误地将拒绝付款及/或拒绝承兑的通知发送给向其发出托收指示的银行。

收到该通知后，托收行必须就进一步处理单据发出适当的指示。如在发出拒绝付款及/或拒绝承兑通知后60天内，提示行未收到该项指示，可将单据退回向其发出托收指示的银行，而提示行方面不承担任何其他责任。

附录二 《跟单信用证统一惯例》

（2007 年修订本，国际商会第 600 号出版物）

第一条 UCP 的适用范围

《跟单信用证统一惯例——2007 年修订本，国际商会第 600 号出版物》（简称“UCP600”），适用于所有的其文本中明确表明受本惯例约束的跟单信用证（下称信用证，包括备用信用证）。除非信用证明确修改或排除，本惯例各条文对信用证所有当事人均具有约束力。

第二条 定义

就本惯例而言：

通知行 指应开证行的要求通知信用证的银行。

申请人 指要求开立信用证的一方。

银行工作日 指银行在其履行受本惯例约束的行为地点通常开业的一天。

受益人 指接受信用证并享受其利益的一方。

相符交单 指与信用证条款、本惯例的相关适用条款以及国际标准银行实务一致的交单。

保兑 是指保兑行在开证行承诺之外作出的承付或议付相符交单的确定承诺。

保兑行 指根据开证行的授权或要求对信用证加具保兑的银行。

信用证 指一项不可撤销的安排，无论其名称或描述如何，该项安排构成开证行对相符交单予以承付的确定承诺。

承付 指：a. 如果信用证为即期付款信用证，则即期付款。b. 如果信用证为延期付款信用证，则承诺延期付款并在承诺到期日付款。c. 如果信用证为承兑信用证，则承兑受益人开出的汇票并在汇票到期日付款。开证行指应申请人要求或者代表自己开出信用证的银行。

议付 是指定银行在相符交单下，在其应获偿付的银行工作日当天或之前向受益人预付或者同意预付款项，从而购买汇票（其付款人为指定银行以外的其他银行）及/或单据的行为。

指定银行 指信用证可在其处兑用的银行，如信用证可在任一银行兑用，则任何银行均为指定银行。

交单 指向开证行或指定银行提交信用证项下单据的行为，或指按此方式提交的单据。

交单人 指实施交单行为的受益人、银行或其他人。

第三条 解释

就本惯例而言：

如情形适用，单数词形包含复数含义，复数词形包含单数含义。

信用证是不可撤销的，即使未如此表明。

单据签字可用手签、摹样签字、穿孔签字、印戳、符号或任何其他机械或电子的证实方法为之。

诸如单据须履行法定手续、签证、证明等类似要求，可由单据上任何看似满足该要求的签字、标记、印戳或标签来满足。

一家银行在不同国家的分支机构被视为不同的银行。

用诸如“第一流的”、“著名的”、“合格的”、“独立的”、“正式的”、“有资格的”或“本地的”等词语描述单据的出单人时，允许除受益人之外的任何人出具该单据。

除非要求在单据中使用，否则诸如“迅速地”、“立刻地”或“尽快地”等词语将被不予理会。

“在或大概在（on or about）”或类似用语将被视为规定事件发生在指定日期的前后五天之间，起讫日期计算在内。

“至（to）”、“直至（until、till）”、“从……开始（from）”及“在……之间（between）”等词用于确定发运日期时包含提及的日期，使用“在……之前（before）”及“在……之后（after）”时则不包含提及的日期。“从……开始（from）”及“在……之后（after）”等词用于确定到期日时不包含提及的日期。“前半月”及“后半月”分别指一个月的第一日到第十五日及第十六日到该月的最后一日，包括起讫日期。一个月的“开始（beginning）”、“中间（middle）”及“末尾（end）”分别指第一到第十日、第十一日到第二十日及第二十一日到该月的最后一日，起讫日期计算在内。

第四条 信用证与合同

a. 就其性质而言，信用证与可能作为其开立基础的销售合同或其他合同是相互独立的交易，即使信用证中含有对此类合同的任何援引，银行也与该合同无关，且不受其约束。因此，银行关于承付、议付或履行信用证项下其他义务的承诺，不受申请人基于与开证行或与受益人之间的关系而产生的任何请求或抗辩的影响。受益人在任何情况下不得利用银行之间或申请人与开证行之间的合同关系。

b. 开证行应劝阻申请人试图将基础合同、形式发票等文件作为信用证组成部分的做法。

第五条 单据与货物、服务或履约行为银行处理的是单据，而不是单据可能涉及的货物、服务或履约行为。

第六条 兑用方式、截止日和交单地点

a. 信用证必须规定可在其处兑用的银行，或是否可在任一银行兑用。规定在指定银行兑用的信用证同时也可以在开证行兑用。

b. 信用证必须规定其是以即期付款、延期付款、承兑还是议付的方式兑用。

c. 信用证不得开成凭以申请人为付款人的汇票兑用。

d. i. 信用证必须定一个交单的截止日。规定的承付或议付的截止日将被视为交单的截止日。ii. 可在其处兑用信用证的银行所在地即为交单地点。可在任一银行兑用的信用证其交单地点为任一银行所在地。除规定的交单地点外，开证行所在地也是交单地点。

e. 除非如第二十九条 a 款规定的情形，否则受益人或者代表受益人的交单应在截止日当天或之前完成。

第七条 开证行责任

a. 只要规定的单据提交给指定银行或开证行，并且构成相符交单，则开证行必须承付，如果信用证有以下情形之一：

i. 信用证规定由开证行即期付款，延期付款或承兑；

ii. 信用证规定由指定银行即期付款但其未付款；

iii. 信用证规定由指定银行延期付款但其未承诺延期付款，或虽已承诺延期付款，但未在到期日付款；

iv. 信用证规定由指定银行承兑，但其未承兑以其为付款人的汇票，或虽然承兑了汇票，但未在到期日付款。

v. a）信用证规定由指定银行议付但其未议付。

b）开证行自开立信用证之时起即不可撤销地承担承付责任。

c）指定银行承付或议付相符交单并将单据转给开证行之后，开证行即承担偿付该指定银行的责任。对承兑或延期付款信用证下相符交单金额的偿付应在到期日办理，无论指定银行是否在到期日之前预付或购买了单据。开证行偿付指定银行的责任独立于开证行对受益人的责任。

第八条 保兑行责任

a. 只要规定的单据提交给保兑行或提交给其他任何指定银行，并且构成相符交单，保兑行必须：

i. 承付，如果信用证为以下情形之一：

a. 信用证规定由保兑行即期付款、延期付款或承兑；

b. 信用证规定由另一指定银行延期付款，但其未付款；

c. 信用证规定由另一指定银行延期付款，但其未承诺延期付款，或虽已承诺延期付款但未在到期日付款；

d. 信用证规定由另一指定银行承兑，但其未承兑以其为付款人的汇票，或虽已承兑汇票未在到期日付款；

e. 信用证规定由另一指定银行议付，但其未议付。

ii. a. 无追索权的议付，如果信用证规定由保兑行议付。

b. 保兑行自对信用证加具保兑之时起即不可撤销地承担承付或议付的责任。

c. 其他指定银行承付或议付相符交单并将单据转往保兑行之后，保兑行即承担偿付该指定银行的责任。对承兑或延期付款信用证下相符交单金额的偿付应在到期日办理，无论指定银行是否在到期日之前预付或购买了单据，保兑行偿付指定银行的责任独立于保兑行对受益人的责任。

d. 如果开证行授权或要求一银行对信用证加具保兑，而其并不准备照办，则其必须毫不延误地通知开证行，并可通知此信用证而不加保兑。

第九条 信用证及其修改的通知

a. 信用证及其任何修改可以经由通知行通知给受益人。非保兑行的通知行通知信用及修改时不承担承付或议付的责任。

b. 通知行通知信用证或修改的行为表示其已确信信用证或修改的表面真实性，而且其通知准确地反映了其收到的信用证或修改的条款。

c. 通知行可以通过另一银行（“第二通知行”）向受益人通知信用证及修改。第二通知行通知信用证或修改的行为表明其已确信收到的通知表面真实性，并且其通知准确地反映了收到的信用证或修改的条款。

d. 经由通知行或第二通知行通知信用证的银行必须经由同一银行通知其后的任何修改。

e. 如一银行被要求通知信用证或修改但其决定不予通知，则应毫不延误地告知从其处收到信用证、修改或通知的银行。

f. 如一银行被要求通知信用证或修改但其不能确信信用证、修改或通知的表面真实性，则应毫不延误地通知看似从其处收到指示的银行。如果通知行或第二通知行决定仍然通知信用证或修改，则应告知受益人或第二通知行其不能确信信用证、修改或通知的表面真实性。

第十条　修改

a. 除第三十八条另有规定者外，未经开证行、保兑行（如有的话）及受益人同意，信用证既不得修改，也不得撤销。

b. 开证行自发出修改之时起，即不可撤销地受其约束。保兑行可将其保兑扩展至修改，并自通知该修改时，即不可撤销地受其约束。但是，保兑行可以选择将修改通知受益人而不对其加具保兑。若然如此，其必须毫不延误地将此告知开证行，并在其给受益人的通知中告知受益人。

c. 在受益人告知通知修改的银行其接受该修改之前，原信用证（或含有先前被接受的修改的信用证）的条款对受益人仍然有效。受益人应提供接受或拒绝修改的通知。如果受益人未能给予通知，当交单与信用证以及尚未表示接受的修改的要求一致时，即视为受益人已作出接受修改的通知，并且从此时起，该信用证被修改。

d. 通知修改的银行应将任何接受或拒绝的通知转告发出修改的银行。

e. 对同一修改的内容不允许部分接受，部分接受将被视为拒绝修改的通知。

f. 修改中关于除非受益人在某一时间内拒绝修改否则修改生效的规定应被不予理会。

第十一条　电讯传输的和预先通知的信用证和修改

a. 以经证实的电讯方式发出的信用证或信用证修改即被视为有效的信用证或修改文据，任何后续的邮寄确认书应被不予理会。如电讯声明“详情后告”（或类似用语）或声明以邮寄确认书为有效信用证或修改，则该电讯不被视为有效信用证或修改。开证行必须随即不迟延地开立有效信用证或修改，其条款不得与该电讯矛盾。

b. 开证行只有在准备开立有效信用证或作出有效修改时，才可以发出关于开立或修改信用证的初步通知（预先通知）。开证行作出该预先通知，即不可撤销地保证不迟延地开立或修改信用证，且其条款不能与预先通知相矛盾。

第十二条　指定

a. 除非指定银行为保兑行，对于承付或议付的授权并不赋予指定银行承付或议付的义务，除非该指定银行明确表示同意并且告知受益人。

b. 开证行指定一银行承兑汇票或作出延期付款承诺，即为授权该指定银行预付或购买其已承兑的汇票或已作出的延期付款承诺。

c. 非保兑行的指定银行收到或审核并转递单据的行为并不使其承担承付或议付的责任，也不构成其承付或议付的行为。

第十三条 银行之间的偿付安排

a. 如果信用证规定指定银行（“索偿行”）向另一方（“偿付行”）获取偿付时，必须同时规定该偿付是否按信用证开立时有效的 ICC 银行间偿付规则进行。

b. 如果信用证没有规定偿付遵守 ICC 银行间偿付规则，则按照以下规定：

i. 开证行必须给予偿付行有关偿付的授权，授权应符合信用证关于兑用方式的规定，且不应设定截止日。

ii. 开证行不应要求索偿行向偿付行提供与信用证条款相符的证明。

iii. 如果偿付行未按信用证条款见索即偿，开证行将承担利息损失以及产生的任何其他费用。

iv. 偿付行的费用应由开证行承担，然而，如果此项费用由受益人承担，开证行有责任在信用证及偿付授权中注明。如果偿付行的费用由受益人承担，该费用应在偿付时从付给索偿行的金额中扣取。如果偿付未发生，偿付行的费用仍由开证行负担。

c. 如果偿付行未能见索即偿，开证行不能免除偿付责任。

第十四条 单据审核标准

a. 按指定行使的指定银行、保兑行（如果有的话）及开证行须审核交单，并仅基于单据本身确定其是否在表面上构成相符交单。

b. 按指定行使的指定银行、保兑行（如有的话）及开证行各有从交单次日起至多 5 个银行工作日用以确定交单是否相符。这一期限不因在交单日当天或之后信用证截止日或最迟交单日届至而受到缩减或影响。

c. 如果单据中包含一份或多份受第十九、二十、二十一、二十二、二十三、二十四或二十五条规制的正本运输单据，则须由受益人或其代表在不迟于本惯例所指的发运日之后的 21 个日历日内交单，但是在任何情况下都不得迟于信用证的截止日。

d. 单据中的数据在与信用证、单据本身以及国际标准银行实务参照解读时，无须与该单据本身中的数据、其他要求的单据或信用证中的数据等同一致，但不得矛盾。

e. 除商业发票外，其他单据中的货物、服务或履约行为的描述，如果有的话，可使用与信用证中的描述不矛盾的概括性用语。

f. 如果信用证要求提交运输单据、保险单据或者商业发票之外的单据，却未规定出单人或其数据内容，则只要提交的单据内容看似满足所要求单据的功能，且其他方面符合第十四条 d 款，银行将接受该单据。

g. 提交的非信用证所要求的单据将被不予理会，并可退还给交单人。

h. 如果信用证含有一项条件，但未规定用以表明该条件得到满足的单据，银行将视为未作规定并不予理会。

i. 单据日期可以早于信用证的开立日期，但不得晚于交单日期。

j. 当受益人和申请人的地址出现在任何规定的单据中时，无须与信用证或其他规定单据中所载相同，但必须与信用证中规定的相应地址同在一国。联络细节（传真、电话、电子邮件及类似细节）作为受益人和申请人地址的一部分将被不予理会。然而，如果申请人的地址和联络细节为第十九、二十、二十一、二十二、二十三、二十四或二十五条规定的运输单据上的收货人或通知方细节的一部分时，应与信用证规定的相同。

k. 在任何单据中注明的托运人或发货人无须为信用证的受益人。

l. 运输单据可以由任何人出具，无须为承运人、船东、船长或租船人，只要其符合第十九、二十、二十一、二十二、二十三或二十四条的要求即可。

第十五条 相符交单

a. 当开证行确定交单相符时，必须承付。

b. 当保兑行确定交单相符时，必须承付或者议付并将单据转递给开证行。

c. 当指定银行确定交单相符并承付或议付时，必须将单据转递给保兑行或开证行。

第十六条 不符单据、放弃及通知

a. 当按照指定行使的指定银行、保兑行（如有的话）或者开证行确定交单不符时，可以拒绝承付或议付。

b. 当开证行确定交单不符时，可以自行决定联系申请人放弃不符点。然而这并不能延长第十四条 b 款所指的期限。

c. 当按照指定行使的指定银行、保兑行（如有的话）或开证行决定拒绝承付或议付时，必须给予交单人一份单独的拒付通知。该通知必须声明：

i. 银行拒绝承付或议付；及

ii. 银行拒绝承付或者议付所依据的每一个不符点；及

iii. a）银行留存单据听候交单人的进一步指示；或者

b）开证行留存单据直到其从申请人处接到放弃不符点的通知并同意接受该放弃，或者其同意接受对不符点的放弃之前从交单人处收到其进一步指示；或者

c）银行将退回单据；或者

d）银行将按之前从交单人处获得的指示处理。

d. 第十六条 c 款要求的通知必须以电讯方式，如不可能，则以其他快捷方式，在不迟于自交单之翌日起第 5 个银行工作日结束前发出。

e. 按照指定行使的指定银行、保兑行（如有的话）或开证行在按照第十六条 c 款 iii 项 a）或 b）发出了通知后，可以在任何时候将单据退还交单人。

f. 如果开证行或保兑行未能按照本条行事，则无权宣称交单不符。

g. 当开证行拒绝承付或保兑行拒绝承付或者议付，并且按照本条发出了拒付通知后，有权要求返还已偿付的款项及利息。

第十七条 正本单据及副本

a. 信用证规定的每一种单据须至少提交一份正本。

b. 银行应将任何带有看似出单人的原始签名、标记、印戳或标签的单据视为正本单据，除非单据本身表明其非正本。

c. 除非单据本身另有说明，在以下情况下，银行也将其视为正本单据：

i. 单据看似由出单人手写、打字、穿孔或盖章；或者

ii. 单据看似使用出单人的原始信纸出具；或者

iii. 单据声明其为正本单据，除非该声明看似不适用于提交的单据。

d. 如果信用证要求提交单据的副本，提交正本或副本均可。

e. 如果信用证使用诸如“一式两份（in duplicate）”、“两份（in two fold）”、“两套（in two copies）”等用语要求提交多份单据，则提交至少一份正本，其余使用副本即可满足要求，除非单据本身另有说明。

第十八条 商业发票

a. 商业发票：

i. 必须看似由受益人出具（第三十八条规定的情形除外）；

ii. 必须出具成以申请人为抬头（第三十八条 g 款规定的情形除外）；

iii. 必须与信用证的货币相同；且

iv. 无须签名

b. 按指定行使的指定银行、保兑行（如有的话）或开证行可以接受金额大于信用证允许金额的商业发票，其决定对有关各方均有约束力，只要该银行对超过信用证允许金额的部分未作承付或者议付。

c. 商业发票上的货物、服务或履约行为的描述应该与信用证中的描述一致。

第十九条 涵盖至少两种不同运输方式的运输单据

a. 涵盖至少两种不同运输方式的运输单据（多式或联合运输单据），无论名称如何，必须看似：

i. 表明承运人名称并由以下人员签署：

* 承运人或其具名代理人，或

* 船长或其具名代理人。

承运人、船长或代理人的任何签字，必须标明其承运人、船长或代理人的身份。

代理人签字必须表明其系代表承运人还是代表船长签字。

ii. 通过以下方式表明货物已经在信用证规定的地点发送、接管或已装船。

* 事先印就的文字，或者

* 表明货物已经被发送、接管或装船日期的印戳或批注。

运输单据的出具日期将被视为发送、接管或装船的日期，也即发运的日期。然而如单据以印戳或批注的方式表明了发送、接管或装船日期，该日期将被视为发运日期。

iii. 表明信用证规定的发送、接管或发运地点，以及最终目的地，即使：

a）该运输单据另外还载明了一个不同的发送、接管或发运地点或最终目的地，或者，

b）该运输单据载有“预期的”或类似的关于船只、装货港或卸货港的限定语。

iv. 为唯一的正本运输单据，或者，如果出具为多份正本，则为运输单据中表明的全套单据。

v. 载有承运条款和条件，或提示承运条款和条件参见别处（简式/背面空白的运输

单据)。银行将不审核承运条款和条件的内容。

vi. 未表明受租船合同约束。

b. 就本条而言，转运指在从信用证规定的发送、接管或者发运最终目的地的运输过程中从某一运输工具上卸下货物并装上另一运输工具的行为（无论其是否为不同的运输方式）。

c. i. 运输单据可以表明货物将要或可能被转运，只要全程运输由同一运输单据涵盖。

ii. 即使信用证禁止转运，注明将要或者可能发生转运的运输单据仍可接受。

第二十条 提单

a. 提单，无论名称如何必须看似：

i. 表明承运人名称，并由下列人员签署：

* 承运人或其具名代理人，或者

* 船长或其具名代理人。

承运人，船长或代理人的任何签字必须标明其承运人、船长或代理人的身份。代理人的任何签字必须标明其系代表承运人还是代表船长签字。

ii. 通过以下方式表明货物已在信用证规定的装货港装上具名船只：

* 预先印就的文字，或

* 已装船批注注明货物的装运日期。

提单的出具日期将被视为发运日期，除非提单载有表明发运日期的已装船批注，此时已装船批注中显示的日期将被视为发运日期。

如果提单载有“预期船只”或类似的关于船名的限定语，则需以已装船批注明确发运日期以及实际船名。

iii. 表明货物从信用证规定的装货港发运至卸货港。

如果提单没有表明信用证规定的装货港为装货港，或者载有“预期的”或类似的关于装货港的限定语，则需以已装船批注表明信用证规定的装货港、发运日期以及实际船名为准。即使提单以事先印就的文字表明了货物已装载或装运于具名船只，本规定仍适用。

iv. 为唯一的正本提单，或如果以多份正本出具，为提单中表明的全套正本。

v. 载有承运条款和条件，或提示承运条款和条件参见简式/背面空白的提单，银行将不审核承运条款和条件的内容。

vi. 未表明受租船合同约束。

b. 就本条而言，转运系指在信用证规定的装货港到卸货港之间的运输过程中，将货物从一船卸下并再装上另一船的行为。

c. i. 提单可以表明货物将要或可能被转运，只要全程运输由同一提单涵盖。

ii. 即使信用证禁止转运，注明将要或可能发生转运的提单仍可接受，只要其表明货物由集装箱、拖车或子船运输。

d. 提单中声明承运人保留转运权利的条款将被不予理会。

第二十一条 不可转让的海运单

a. 不可转让的海运单，无论名称如何，必须看似：

i. 表明承运人名称并由下列人员签署：

* 承运人或其具名代理人，或者

* 船长或其具名代理人。

承运人、船长或代理人的任何签字必须标明其承运人、船长或代理人的身份。

代理签字必须标明其系代表承运人还是船长签字。

ii. 通过以下方式表明货物已在信用证规定的装货港装上具名船只：

* 预先印就的文字，或者

* 已装船批注表明货物的装运日期。

不可转让海运单的出具日期将被视为发运日期，除非其上日期带有已装船批注注明发运日期，证明已装船批注注明的日期将被视为发运日期。如果不可转让海运单载有“预期船只”或类似的关于船名的限定语，则需要以已装船批注表明的发运日期和实际船名为准。

iii. 表明货物从信用证规定的装货港发运至卸货港。如果不可转让海运单未以信用证规定的装货港为装货港，或者如果其载有“预期的”或类似的关于装货港的限定语，则需要以已装船批注表明信用证规定的装货港、发运日期和船只。即使不可转让海运单以预先印就的文字表明货物已由具名船只装载或装运，本规定也适用。

iv. 为唯一的正本不可转让海运单，或如果以多份正本出具，为海运单上注明的全套正本。

v. 载有承运条款的条件，或提示承运条款和条件参见简式/背面空白的海运单，银行将不审核承运条款和条件的内容。

vi. a. 未注明受租船合同约束。

b. 就本条而言，转运系指在信用证规定的装货港到卸货之间的运输过程中，将货物从一船卸下并装上另一船的行为。

c. i. 不可转让海运单可以注明货物将要或可能被转运，只要全程运输由同一海运单涵盖。

ii. 即使信用证禁止转运，注明转运将要或可能发生的不可转让的海运单仍可接受，只要其表明货物装于集装箱，拖船或子船中运输。

d. 不可转让的海运单中声明承运人保留转运权利条款将被不予理会。

第二十二条 租船合同提单

a. 表明其受租船合同约束的提单（租船合同提单），无论名称如何，必须看似：

i. 由以下人员签署：

* 船长或其具名代理人，或

* 船东或其具名代理人，或

* 租船人或其具名代理人。

船长、船东、租船人或代理人的任何签字必须标明其船长、船东、租船人或代理人的身份。

代理人签字必须表明其系代表船长、船东还是租船人签字。

代理人代表船东或租船人签字时必须注明船东或租船人的名称。

ii. 通过以下方式表明货物已在信用证规定的装货港装上具名船只：

* 预先印就的文字，或者

* 已装船批注注明货物的装运日期

租船合同提单的出具日期将被视为发运日期，除非租船合同提单载有已装船批注注明发运日期，此时已装船批注上注明的日期将被视为发运日期。

iii. 表明货物从信用证规定的装货港发运至卸货港。卸货港也可显示为信用证规定的港口范围或地理区域。

iv. a. 为唯一的正本租船合同提单，或如以多份正本出具，为租船合同提单注明的全套正本。

b. 银行将不审核租船合同，即使信用证要求提交租船合同。

第二十三条 空运单据

a. 空运单据，无论名称如何，必须看似：

i. 表明承运人名称，并由以下人员签署：

* 承运人，或

* 承运人的具名代理人。

承运人或其代理人的任何签字必须标明其承运人或代理人的身份。

代理人签字必须表明其系代表承运人签字。

ii. 表明货物已被收妥待运。

iii. 表明出具日期。该日期将被视为发运日期，除非空运单据载有专门批注注明实际发运日期，此时批注中的日期将被视为发运日期。

空运单据中其他与航班号和航班日期相关的信息将不被用来确定发运日期。

iv. 表明信用证规定的起飞机场和目的地机场。

v. 为开给发货人或托运人的正本，即使信用证规定提交全套正本。

vi. 载有承运条款和条件，或提示条款和条件参见简式/背面空白的空运单。银行将不审核承运条款和条件的内容。

b. 就本条而言，转运是指在信用证规定的起飞机场到目的地机场的运输过程中，将货物从一飞机卸下再装上另一飞机的行为。

c. i. 空运单据可以注明货物将要或可能转运，只要全程运输由同一空运单据涵盖。

ii. 即使信用证禁止转运，注明将要或可能发生转运的空运单据仍可接受。

第二十四条 公路、铁路或内陆水运单据

a. 公路、铁路或内陆水运单据，无论名称如何，必须看似：

i. 表明承运人名称，并且

* 由承运人或其具名代理人签署，或者

* 由承运人或其具名代理人以签字、印戳或批注表明货物收讫。

承运人或其具名代理人的收货签字、印戳或批注必须标明其承运人或代理人的身份。

代理人的收货签字、印戳或批注必须标明代理人系代理承运人签字或行使。

如果铁路运输单据没有指明承运人，可以接受铁路运输公司的任何签字或印戳作为承运人签署单据的证据。

ii. 表明货物的信用规定地点的发运日期，或者收讫待运或待发送的日期。运输单据的出具日期将被视为发运日期，除非运输单据上盖有带日期的收货印戳，或注明了收货日期或发运日期。

iii. 表明信用证规定的发运地及目的地。

b. i. 公路运输单据必须看似为开给发货人或托运人的正本，或没有任何标记表明单据开给何人。

ii. 注明“第二联”的铁路运输单据将被作为正本接受。

iii. 无论是否注明正本字样，铁路或内陆水运单据都被作为正本接受。

c. 如运输单据上未注明出具的正本数量，提交的份数即视为全套正本。

d. 就本条而言，转运是指在信用证规定的发运、发送或运送的地点到目的地之间的运输过程中，在同一运输方式中从一运输工具卸下再装上另一运输工具的行为。

e. i. 只要全程运输由同一运输单据涵盖，公路、铁路或内陆水运单据可以注明货物将要或可能被转运。

ii. 即使信用证禁止转运，注明将要或可能发生转运的公路、铁路或内陆水运单据仍可接受。

第二十五条 快递收据、邮政收据或投邮证明

a. 证明货物收讫待运的快递收据，无论名称如何，必须看似：

i. 表明快递机构的名称，并在信用证规定的货物发运地点由该具名快递机构盖章或签字；并且

ii. 表明取件或收件的日期或类似词语，该日期将被视为发运日期。

b. 如果要求显示快递费用付讫或预付，快递机构出具的表明快递费由收货人以外的一方支付的运输单据可以满足该项要求。

c. 证明货物收讫待运的邮政收据或投邮证明，无论名称如何，必须看似在信用证规定的货物发运地点盖章或签署并注明日期。该日期将被视为发运日期。

第二十六条 “货装舱面”、“托运人装载和计数”、“内容据托运人报称”及运费之外的费用

a. 运输单据不得表明货物装于或者将装于舱面。声明货物可能装于舱面的运输单据条款可以接受。

b. 载有诸如“托运人装载和计数”或“内容据托运人报称”条款的运输单据可以接受。

c. 运输单据上可以以印戳或其他方法提及运费之外的费用。

第二十七条 清洁运输单据

银行只接受清洁运输单据，清洁运输单据指未载有明确宣称货物或包装有缺陷的条款或批注的运输单据。

“清洁”一词并不需要在运输单据上出现，即使信用证要求运输单据为“清洁已装船”的。

第二十八条 保险单据及保险范围

a. 保险单据，保险单或预约保险项下的保险证明书或者声明书，必须看似由保险公司或承保人或其代理人或代表出具并签署。

b. 如果保险单据表明其以多份正本出具，所有正本均须提交。

c. 暂保单将不被接受。

d. 可以接受保险单代预约保险项下的保险证明书或声明书。

e. 保险单据日期不得晚于发运日期，除非保险单据表明保险责任不迟于发运日生效。

f. i. 保险单据必须表明投保金额并以与信用证相同的货币表示。

ii. 信用证对于投保金额为货物价值、发票金额或类似金额的某一比例的要求，将被视为对最低保额的要求。

如果信用证对投保金额未做规定，投保金额须至少为货物的 CIF 或 CIP 价格的 110% 。

如果单据中不能确定 CIF 或者 CIP 价格，投保金额必须基于要求承付或议付的金额，或者基于发票上显示的货物总值来计算，两者之中取金额较高者。

iii. 保险单据须表明承保的风险区间至少涵盖从信用证规定的货物接管地或发运地开始到卸货地或最终目的地为止。

g. 信用证应规定所需投保的险别及附加险（如有的话）。如果信用证使用诸如“通常风险”或“惯常风险”等含义不确切的用语，则无论是否有漏保之风险，保险单据将被照样接受。

h. 当信用证规定投保“一切险”时，如保险单据载有任何“一切险”批注或条款，无论是否有“一切险”标题，均将被接受，即使其声明任何风险除外。

i. 保险单据可以援引任何除外条款。

j. 保险单据可以注明受免赔率或免赔额（减除额）约束。

第二十九条 截止日或最迟交单日的顺延

a. 如果信用证的截止日或最迟交单日适逢接受交单的银行非因第三十六条所述原因而歇业，则截止日或最迟交单日，视何者适用，将顺延至其重新开业的第一个银行工作日。

b. 如果在顺延后的第一个银行工作日交单，指定银行必须在其致开证行或保兑行的面函中声明交单是在根据第二十九条 a 款顺延的期限内提交的。

c. 最迟发运日不因第二十九条 a 款规定的原因而顺延。

第三十条 信用证金额、数量与单价的伸缩度

a. “约”或“大约”用于信用证金额或信用证规定的数量或单价时，应解释为允许有关金额或数量或单价有不超过 10% 的增减幅度。

b. 在信用证未以包装单位件数或货物自身件数的方式规定货物数量时，货物数量允许有 5% 的增减幅度，只要总支取金额不超过信用证金额。

c. 如果信用证规定了货物数量，而该数量已全部发运，及如果信用证规定了单价，而该单价又未降低，或当第三十条 b 款不适用时，则即使不允许部分装运，也允许支取

的金额有5%的减幅。若信用证规定有特定的增减幅度或使用第三十条a款提到的用语限定数量，则该减幅不适用。

第三十一条 部分支款或部分发运

a. 允许部分支款或部分发运。

b. 表明使用同一运输工具并经由同次航程运输的数套运输单据在同一次提交时，只要显示相同目的地，将不视为部分发运，即使运输单据上表明的发运日期不同或装货港、接管地或发运地点不同。如果交单由数套运输单据构成，其中最晚的一个发运日将被视为发运日。

含有一套或数套运输单据的交单，如果表明在同一种运输方式下经由数件运输工具运输，即使运输工具在同一天出发运往同一目的地，仍将被视为部分发运。

c. 含有一份以上快递收据、邮政收据或投邮证明的交单，如果单据看似由同一快递或邮政机构在同一地点和日期加盖印戳或签字并且表明同一目的地，将不视为部分发运。

第三十二条 分期支款或分期发运

如信用证规定在指定的时间段内分期支款或分期发运，任何一期未按信用证规定期限支取或发运时，信用证对该期及以后各期均告失效。

第三十三条 交单时间

银行在其营业时间外无接受交单的义务。

第三十四条 关于单据有效性的免责

银行对任何单据的形式、充分性、准确性、内容真实性、虚假性或法律效力，或对单据中规定或添加的一般或特殊条件概不负责；银行对任何单据所代表的货物、服务或其他履约行为的描述、数量、重量、品质、状况、包装、交付、价值或其存在与否，或对发货人、承运人、货运代理人、收货人、货物的保险人或其他任何人的诚信与否、作为或不作为、清偿能力、履约或资信状况，也概不负责。

第三十五条 关于信息传递和翻译的免责

当报文、信件或单据按照信用证的要求传输或发送时，或当信用证未作指示银行自行选择传送服务时，银行对报文传输或信件或单据的递送过程中发生的延误、中途遗失、残缺或其他错误产生的后果，概不负责。

如果指定银行确定交单相符并将单据发往开证行或保兑行，无论指定银行是否已经承付或议付，开证行或保兑行必须承付或议付，或偿付指定银行，即使单据在指定银行送往开证行或保兑行的途中，或保兑行送往开证行的途中丢失。

银行对技术术语的翻译或解释上的错误不负责任，并可不加翻译地传送信用证条款。

第三十六条 不可抗力

银行对由于天灾、暴动、骚乱、叛乱、战争、恐怖主义行为或任何罢工、停工或其无法控制的任何其他原因导致的营业中断的后果，概不负责。

银行恢复营业时，对于在营业时因不可抗力中断期间已逾期的信用证，不再进行承付或议付。

第三十七条 关于被指示方行为的免责

a. 为了执行申请人的指示，银行利用其他银行的服务，其费用和风险由申请人承担。

b. 即使银行自行选择了其他银行，如果发出的指示未被执行，开证行或通知行对此亦不负责。

c. 指示另一银行提供服务的银行有责任负担被指示方因执行指示而发生的任何佣金、手续费、成本或开支（“费用”）。

如果信用证规定费用由受益人负担，而该费用未能收取或从信用证款项中扣除，开证行依然承担支付此费用的责任。

信用证或其修改不应规定向受益人的通知以通知行或第二通知行收到其费用为条件。

d. 外国法律和惯例加诸于银行的一切义务和责任，申请人应受其约束，并就此对银行负补偿之责。

第三十八条 可转让信用证

a. 银行无办理信用证转让的义务，除非其明确同意。

b. 就本条而言：

可转让信用证系指特别注明“可转让（transferable）”字样的信用证。可转让信用证可应受益人（第一受益人）的要求转为全部或部分由另一受益人（第二受益人）兑用。

转让行系指办理信用证转让的指定银行，或当信用证规定可在任何银行兑用时，指开证行特别如此授权并实际办理转让的银行。开证行也可担任转让行。

已转让信用证指已由转让行转为可由第二受益人兑用的信用证。

c. 除非转让时另有约定，有关转让的所有费用（诸如佣金、手续费，成本或开支）须由第一受益人支付。

d. 只要信用证允许部分支款或部分发运，信用证可以分部分地转让给数名第二受益人。

已转让信用证不得应第二受益人的要求转让给任何其后受益人。第一受益人不视为其后受益人。

e. 任何转让要求须说明是否允许及在何种条件下允许将修改内容通知第二受益人。已转让信用证须明确说明该项条件。

f. 如果信用证转让给数名第二受益人，其中一名或多名第二受益人对信用证修改的拒绝并不影响其他第二受益人接受修改。对接受者而言该已转让信用证即被相应修改，而对拒绝改的第二受益人而言，该信用证未被修改。

g. 已转让信用证须准确转载原证条款，包括保兑（如果有的话），但下列项目除外：

——信用证金额；

——规定的任何单价；

——截止日；

——交单期限，或

——最迟发运日或发运期间。

以上任何一项或全部均可减少或缩短。

必须投保的保险比例可以增加，以达到原信用证或本惯例规定的保险金额。

可用第一受益人的名称替换原证中的开证申请人名称。

如原证特别要求开证申请人名称应在除发票以外的任何单据出现时，已转让信用证必须反映该项要求。

h. 第一受益人有权以自己的发票和汇票（如有的话）替换第二受益人的发票的汇票，其金额不得超过原信用证的金额。经过替换后，第一受益人可在原信用证项下支取自己发票与第二受益人发票间的差价（如有的话）。

i. 如果第一受益人应提交其自己的发票和汇票（如有的话），但未能在收到第一次要求时照办，或第一受益人提交的发票导致了第二受益人的交单中本不存在的不符点，而其未能在第一次要求时修正，转让行有权将从第二受益人处收到的单据照交开证行，并不再对第一受益人承担责任。

j. 在要求转让时，第一受益人可以要求在信用证转让后的兑用地点，在原信用证的截止日之前（包括截止日）对第二受益人承付或议付。本规定并不得损害第一受益人在第三十八条 h 款下的权利。

k. 第二受益人或代表第二受益人的交单必须交给转让行。

第三十九条 款项让渡

信用证未注明可转让，并不影响受益人根据所适用的法律规定，将该信用证项下其可能有权或可能将成为有权获得的款项让渡给他人的权利。本条只涉及款项的让渡，而不涉及在信用证项下进行履行行为的权利让渡。

附录三　备用信用证的相关国际惯例

（一）UCP 与备用信用证的适用

1983 年国际商会修订的《跟单信用证统一惯例》（即 UCP400）首次明确规定该惯例适用于备用信用证。1993 年的 UCP500 第一条也明确规定，UCP500 适用于所有在正文中标明按本惯例办理的跟单信用证（包括本惯例适用范围内的备用信用证）。“本惯例适用范围内”这句话的含义是指：只有 UCP500 中适用于备用信用证的条款方能适用于备用信用证，而其他的条款就不能适用于备用信用证。这是因为，UCP500 主要是为商业信用证制定的，备用信用证在做法上与商业信用证有诸多不同之处，所以 UCP500 中有些条款对备用信用证不能适用。为此，UCP500 在其适用范围一项中对备用信用证作出了 UCP500 适用于包括本惯例适用范围内的备用信用证这一灵活规定。

事实上，并不是 UCP500 的所有条文都能适用于备用信用证，恰恰相反，多数条文却并不能适用于备用信用证。有些机构曾要求国际商会明确规定 UCP500 中哪些条文适用于备用信用证，哪些条文不适用于备用信用证。国际商会对此答复说：无法具体指明。这是因为 UCP500 中一项条款是否适用完全由一张备用信用证的具体性质决定，国际商会不可能预先知道每一备用信用证的具体条款，所以无法具体指明 UCP500 中哪些条文适用于备用信用证，哪些不适用。例如，UCP 中关于运输单据、保险单据、商业发票等商业单据的条文及有关货物装运的规定，在正常情况下被认为不适用于备用信用证；而 UCP500 中一些有关诸如银行的责任与义务等跟单信用证基本事项的条文则能够适用于备用信用证。对此，国际商会在名为《UCP500 与 UCP400 之比较》的第 511 号出版物中进一步指出，无论对于商业信用证还是备用信用证来说，并非 UCP500 所有条文均适用，而对一张备用信用证来说，UCP 大部分条文均不适用。如备用信用证的当事人欲排除 UCP 某些条文的适用，他们就应在备用信用证的条款中明确规定排除 UCP 中特定条文对该备用信用证的适用。因此，这就造成了备用信用证在适用 UCP 条款方面的不确定性，极易导致有关当事人之间的纠纷。

（二）ISP98 的制定与相关内容

1. 制定背景

由于 UCP 主要是为商业信用证制定的规则，致使备用信用证的许多特点在 UCP 中无法得到充分体现，由此造成备用信用证解释上的不确定性，极易导致纠纷。为此，1998 年 4 月 6 日，在美国国际金融服务协会、国际银行法律与实务学会和国际商会银行技术与实务委员会的共同努力下，《国际备用信用证惯例》（International Standby Practices，简称 ISP98，国际商会第 590 号出版物）终于公布，并于 1999 年 1 月 1 日起实施，它填补了备用信用证在国际规范方面的空白。

按照 ISP98 的规定，只有在明确注明依据 ISP98 开立时，备用信用证方受 ISP98 的管辖。一份备用信用证可同时注明依据 ISP98 和 UCP500 开立，此时 ISP98 优先于 UCP500，即只有在 ISP98 未涉及或另有明确规定的情况下，才可依据 UCP500 原则解释和处理有关条款。

2. ISP98 的主要规定

ISP98 共有 10 条规则，89 款。这 10 条规则分别为：责任；交单；审单；通知拒付、放弃拒付及单据处理；转让、让渡及依法转让；取消；偿付责任；时间规定；联合/参与等。ISP98 的主要规定如下：

（1）对 Standby 和 Standby Letter of Credit 进行了区分。由于目前一张备用信用证可自由选择是适用 ISP98 还是适用 UCP600，为便于使用，ISP98 特意对 Standby 和 Standby Letter of Credit 进行了区分，即前者为已声明适用 ISP98 的备用信用证，后者则为虽未注明适用 ISP98，但在 ISP98 适用范围内的备用信用证。ISP98 为备用信用证所确立的独立性原则以《跟单信用证统一惯例》和《见索即付保函统一规则》对信用证和独立保函制订的有关准则为基础，体现了国际贸易界的通行做法。较 UCP 而言，ISP98 具有明显的优点：① ISP98 不仅适用于国际备用信用证，而且还可适用于国内备用信用证。② UCP500 仅适用由银行开立的备用信用证，而 ISP98 还可适用于由非银行机构开立的备用信用证。

（2）备用信用证的当事人主要包括申请人、开证人、受益人和保兑人。与《见索即付保函统一规则》不同，ISP98 规定开证人可为自己开立备用信用证，即双名备用信用证。另外，按照 ISP98 的规定，备用信用证的保兑人必须由开证人指定。也就是说，ISP98 不包括未经开证人指定，由受益人自己选定的保兑人。为了强调备用信用证的保兑人负有与开证人同样的责任和义务，提供相同意义上的担保，ISP98 特别规定：开证人的概念包括保兑人，保兑人视同一个独立的开证人，其保兑相当于代表开证人开立独立的备用信用证。按照 ISP98 规定，当备用信用证存在保兑人的情况下，在未明确规定将单据应提交给开证人还是保兑人时，交单人可任意选择。此时，保兑人对证下付款责任的担保与审核单据的权力并没有必然的联系。也就是说，在保兑人未明确要求向其提交单据的情况下可视为自动放弃审单权。此时，如开证人没有在合理时间内拒付，即使单据有不符点，且保兑人并未审单，保兑人仍应承担付款责任。

（3）备用信用证的性质是不可撤销、独立性和单据化，且一经开出即受约束。所谓不可撤销，是指在未明确指明的情况下，备用信用证及其修改书自脱离开证人控制时起，在未征得有关当事人同意的情况下，开证人即不能修改和撤销，除非证中明确注明 Not Issued 或 Not Enforceable。按照 ISP98 的规定，备用信用证中注明 Inoperative、Unavailable 及 lneffective 等词语并不影响备用信用证的不可撤销性。

（4）备用信用证的确认。ISP98 规定，受益人在提交单据时必须确认该单据系某备用信用证项下提交。确认方法包括注明备用信用证完整号码和开证人名称或附上正本或副本备用信用证，否则受益人的交单视为无效。

（5）与 UCP500 规定受益人须在运输单据签发日后 21 天内交单不同，ISP98 规定，在备用信用证有效期内的交单均属及时交单。如果备用信用证规定的有效期的最后一天为交单地开证人或被指定人的非营业日，则最后交单日可推延至下一个营业日。

（6）每次交单的独立性。与 UCP500 不同，ISP98 明确规定了每次变单均具有独立性，具体体现在以下点：受益人未能按期交单，并不影响下次变单；开证人或其指定人对某一不符点交单的付款，无论是否已通知不符点的存在，都不构成其放弃该备用信用证项下其他次不符点交单的拒付权力。

（7）有关单据方面的规定。ISP98 有关单据方面的规定主要有：与 UCP500 一样，开证人对受益人提交的备用信用证没有要求的单据应不予理会，无须审核；开证人须对非单据条件不予理会。

ISP98 首次明确规定，所谓非单据条件是指：未要求提交单据以证明条款内容，并且开证人无法通过自身记录或正常的业务操作判断备用信用证是否符合满足的条款；受益人出具的所有单据均须使用备用信用证使用的语言；除非备用信用证有相反规定，受益人必须提交索偿书，汇票可视为索偿书。如备用信用证要求提交单独的索偿书，那么索偿书必须包括索偿语句、金额、出具日期及受益人签字等；违约声明。声明书是备用信用证业务的核心，按照 ISP98 规定，如备用信用证规定声明书须由另一人证实，则该人须在声明书上签字并注明其身份。

（8）与 UCP500 规定一样，ISP98 规定，开证人或其指定人必须于收单后 7 个营业日内发出拒付通知，其中应列明所有不符点。

六、备用信用证特有条款介绍

（一）备用信用证的先期放弃或削减可用金额条款

UCP500 第四十二条 a 分条规定，所有信用证均须规定一个到期日。规定的付款、承兑或议付的到期日，将视为提交单据的到期日。与一般商业信用证不同，备用信用证的到期日可分为自动（Voluntary）和非自动（Involuntary）到期两种。除非受益人先期放弃备用信用证，一份备用信用证将于证内规定的到期日自动到期，该日期通常为确定的日期。备用信用证的非自动到期则指备用信用证特有的先期放弃信用证的做法。

备用信用证可规定，如备用信用证到期前开证申请人已按合同履约（如付款），则受益人（或申请人）应自动向开证行提交一份单据以免除开证人在备用信用证下所须承担的责任。相反，由于商业信用证是为货物交易的履约提供付款保证，因此在到期日前，受益人通常不会放弃商业信用证。

受益人向开证行发出的先期放弃备用信用证通知示例：我方确认已从申请人处收到你行 1234 号备用信用证所担保之全部款项。因此，我方现退还你行所开立的 1234 号备用信用证，以便达到撤销该信用证之目的。（We hereby acknowledge receipt of payment from the APPlicant secured by your standby letter of credit No. 1234. Accordingly, we hereby release the referenced standby letter of credit to you for cancellation.）

同样，申请人及开证人可在备用信用证中订立一特别条款，规定如申请人已在备用信用证外向受益人付款时，受益人得先期放弃备用信用证或相应削减备用信用证可用金额。此类条款示例：当XYZ公司（开证申请人）已通过我行（指开证行）向ABC公司（受益人）支付提及该备用信用证号码的款项时，该证可支取的金额应相应削减。（The amount available for drawing under this standby credit will be reduced by the amount of any payment（s）for the account of ABC Co. from XYZ Co. made by us that reference this standby credit number.）。

当申请人已按合同规定在备用信用证外向受益人支付款项时，上述条款使开证申请人及开证人不必再依靠受益人出具备用信用证先期放弃通知，即可起到备用信用证可用金额自动缩减之目的。开证申请人通过开证人向受益人的证外付款，便于开证人控制其在备用信用证下的责任。例如，号码为1234的备用信用证的可用金额为5万美金，申请人已按合同规定通过开证行向受益人电汇了声明为1234号备用信用证之证外付款的5万美金。此时，载有上述条款的备用信用证金额将全部用完。如受益人事后还在1234号备用信用证项下向开证行交单支款，则开证行会极容易地确定受益人属欺诈性交单，从而断然予以拒付。

备用信用证先期放弃或自动削减可用金额条款使申请人能更大限度地利用开证行对其的授信额度。开证行对申请人向受益人所开备用信用证的授信额度一般均限定为一个最大累计数，如授信额度已全部用完，备用信用证到期日前先期放弃信用证或自动削减可用金额的做法使申请人得以再向开证行申请开出新证。例如，一申请人从开证行得到的最大授信额度为100万美金，其申请开出的所有备用信用证金额总和已达100万美金，此时，只有在一份或多份备用信用证可用金额自动削减、或授信额度再进一步增加的情况下，申请人才可向开证行申请再开新证。这样，备用信用证先期放弃或自动削减可用金额的做法可以节省申请人对有效期较长的备用信用证的开证费用。开证行一般根据信用证的有效期长短对证中可用金额征收一定百分比的开证费。例如，一张备用信用证的有效期为18个月，申请人每季度向开证行支付开证费用，如申请人已于12个月前按合同履约完毕，此时，受益人对该备用信用证的先期放弃就可节省申请人的开证费用。

（二）备用信用证的有效期条款

为提交备用信用证所要求的申请人违约声明（或证明），受益人应确保备用信用证的有效期与该备用信用证所担保的基础合同的履约期相衔接，以便受益人能在备用信用证有效期内确知申请人未按约定期限履约（如付款）的事实。

附录四　中国进出口银行福费廷业务试行办法

第一章　总　　则

为贯彻国家金融方针和外贸政策，广开融资渠道，利用外资支持我国机电产品和成套设备的出口，特制定本办法。

本办法的融资对象为中国进出口银行认可的国内出口商。

第二章　适用范围及融资条件

凡正常贸易出口的项目均可使用福费廷方式融资。

第四条　申请办理福费廷业务应具备以下条件：

贸易合同的金额不低于 50 万美元；

贸易合同的延付期限应在 90 天以上；

（三）贸易合同必须符合贸易双方国家的有关法律规定，取得进口国外汇管理部门的同意。

第三章　票　　据

适用于福费廷业务的票据有以下几种：

银行本票（promissory note）；

商业汇票（bill of exchange）；

银行保函（bank guarrantee）；

（四）信用证（letter of credit）；

（五）备用信用证（standby L/C）。

第四章　单　　据

第六条　办理福费廷业务须向中国进出口银行提交以下几种单据：

（一）银行本票或由银行承兑的汇票，有效背书给中国进出口银行，并注明“无追索权”字样；

（二）信用证、保函及修改副本，必须保证付款是无条件的、不可撤销的及可转让的；

（三）商务合同及装船单据（提单、发票）副本，并注明：copy conforms to the original，并由出口公司有权签字人签字；

（四）有关确认该项融资没有抵触进口国法律，并且付款必须是全额支付，无需缴付任何税项或任何扣缴的证明；

（五）确认所提供的文件或签字是真实有效的证明；

（六）其他所需的有关资料。

第五章 贴 现 率

第七条 贴现率计算方法为半年复利贴现法（Semi-annual discount to yield）

计算公式：贴现净额

$$=\frac{FV}{(1+R\%\times 182/360)^{\wedge}N1\times(1+R\%\times 183/360)^{\wedge}N2\times(1+R\%\times Stub/360)}$$

FV：贴现票据面值

R%：半年复利贴现率

N1：182 天为一期的个数

N2：183 天为一期的个数

Stub：剩余天数

第六章 期限及费用

第八条 福费廷业务承诺期一般为六个月，宽限期一般为七天。

第九条 承担费的收取按照贴现票据面值及承诺的实际天数乘以承担费率来计算。公式为：

承担费 = 票据面值 × 承担费率 × 承诺天数/360

第十条 承担费用一般为 0.5% –2%，根据具体项目情况而定。

第七章 申请及审查

第十一条 出口商向银行申请办理福费廷业务时，需提供下列资料：

（一）出口商情况介绍，营业执照；

（二）出口合同副本；

（三）交货情况及进口许可证（若需要）；

（四）进口商情况介绍；

（五）可转让的信用证、保函或银行本票副本；

（六）申请函。

第十二条 银行接到上述资料后，须对以下内容进行审查：

（一）出口商、进口商的资信情况及经营情况是否良好；

（二）出口商品的范围是否属于正常贸易；

（三）开证行或担保行情况是否良好；

（四）信用证或保函的支付条件应是可转让、无条件和不可撤销的；

（五）票据种类应是汇票、本票或保函。若为保函，则须按照不同到期日的汇票金额出具可分割的保函。

第十三条 本办法由中国进出口银行制定、解释和修改，自公布之日起施行。

第十四条 本试行办法的实施细则由中国进出口银行制定。

附件2：中国进出口银行福费廷业务操作程序

一、申请

出口商向中国进出口银行办理福费廷业务时，需提供下列资料：
（一）出口商情况介绍，营业执照；
（二）出口合同副本；
（三）交货情况及进口许可证（若需要）；
（四）进口商情况介绍；
（五）可转让的信用证、保函或银行本票副本；
（六）申请函。

二、审查

中国进出口银行接到上述资料后，须对以下内容进行审查：
（一）出口商、进口商的资信情况及经营情况是否良好；
（二）出口商品的范围是否属于正常贸易；
（三）合同的延付期限（90天以上）、交货情况及付款到期日；
（四）合同金额是否在50万美元以上；
（五）开证行或担保行情况；
（六）信用证或保函的支付条件应是可转让、无条件和不可撤销的；
（七）票据种类应是汇票、本票或保函。若为保函，则须按照不同到期日的汇票金额出具可分割的保函。

三、询价

中国进出口银行审查同意后，将项目情况整理出一份概要，内容包括：出口商、进口商的名称，出口商品的名称，数量，交货期，合同金额，延付期限，开证行或担保行的名称，票据种类，支付条款等等，寄国外银行询价。经比较、还价，选择最优惠的条件，作为向出口商报价的基础。

四、测算

根据国外银行的报价情况，中国进出口银行对拟作福费廷业务的项目进行效益测算。核算贴现成本及收益（一年以360天为基数计算）。

（一）贴现率

按半年复利贴现法（Semi-annual discount to yield）计算。公式为：贴现净额

$$= \frac{FV}{(1+R\%\ \times 182/360)\hat{}N1 \times (1+R\%\ \times 183/360)\hat{}N2 \times (1+R\%\ \times Stub/360)}$$

FV：贴现票据面值
R%：半年复利贴现率
N1：182 天为一期的个数
N2：183 天为一期的个数
Stub：剩余天数

（二）承担费

按照贴现票据面值及承诺期实际天数乘以承担费率计算，公式为：

承担费 = 票据面值 × 承担费率 × 实际天数/360

五、报价

中国进出口银行根据自己的测算结果向出口商报价，内容包括中国进出口银行同意受理的福费廷业务的票据数量及金额，贴现率和承担费。因为不同国家的风险及信用额度不一样，可做福费廷的期限、金额、贴现率也有所差别。出口商若接受报价，则在报价表上签字退回。

六、签约

出口商接受了银行的报价，并报经行领导批准后，双方即达成了协议。为了明确出口商（出售方）与中国进出口银行（买方）的责任义务，双方须签订正式的票据包买协议。协议内容包括：项目概况、包买金额及货币种类、包买期限、贴现率、承担费、债务证明、甲方的责任与义务、

乙方的责任及义务、违约处理及其他。协议经双方有权签字人签字盖章后生效（详见附件一）。此后，由中国进出口银行与选定的对口银行或金融机构签订正式福费廷融资协议。

七、交单

出口商发货后须在交单有效期内将下列单据提交中国进出口银行审核：
经出口商背书转让的本票、银行已承兑的汇票或银行保函正本；
商务合同及信用证副本；
提单及商业发票副本；
确认所提供的文件及签字是真实有效的书面证明；
其他有关资料。

八、付款

中国进出口银行经审核上述票据、单据，证明无误后，将贴现额汇付出口商指定的银行账户内。

福费廷融资协议

2004 进出银（贴）字 第 号

出售方：　　　　　　　　　　　　　　　　（以下简称甲方）

包买方：　　　　　　　　　　　　　　　　（以下简称乙方）

甲方为了加速资金周转，避免出口项目的外汇及利率的风险，特向乙方申请办理福费廷业务。为了明确甲、乙双方的经济责任及有关事项，经甲、乙双方协商，特签订本协议，双方共同遵守。

第一条　项目概况

进口商：

开证行：

保兑行：

出口项目：

合同金额：

交货期：

第二条　金额及货币

金额：××××××美元。

（大写：××××××）

第三条　期限

票据到期日：

交单有效期：

第四条　贴现率

根据乙方实际融资天数以一年 360 天为基础，贴现率为百分之。按照对收益每半年折现一次的方法计算。

第五条　承担费

承担费率为 ，按包买金额和实际承诺天数计算。

债务证明

由甲方出具的经信用证开证行或保兑行承兑的汇票。

第七条　甲方的责任与义务

甲方须在包买交单的有效期内向乙方提交下列经乙方认可的单据：

（一）经甲方背书转让的本协议第六条规定的汇票，背面填写：

Pay to the order of the Import-Export Bank of China，Head Office，Beijing

注明：Without recourse

（二）商务合同副本，注明：

Copy conforms to the original

由甲方有权签字人签字。

（三）信用证及其修改副本，注明：

Copy conforms to the original

由甲方有权签字人签字。

（四）货运提单及商业发票副本，注明：

Copy conforms to the original

由甲方有权签字人签字。

（五）书面证明所提交的单据是真实的，单据上的签字合法、有效，并由甲方签字盖章。

第八条 乙方的责任及义务

乙方收到本协议第七条规定的单据，经审查同意后，将包买款项通过银行转账方式划到甲方在 银行开立的账户内，账户号为。

第九条 违约处理

甲方若未按本协议第七条规定交单或中途撤单或提交的单据不真实，则须承担乙方因此而造成的全部经济损失。

第十条 其他

（一）本协议未尽事宜，由甲乙双方协商解决。

（二）本协议正本一式两份，双方各持一份，具有同等的效力。

甲方： 乙方：中国进出口银行

签字： 签字：

盖章： 盖章：

年 月 日 年 月 日

附录五　中华人民共和国票据法

（1995 年 5 月 10 日第八届全国人民代表大会常务委员会第十三次会议通过 根据 2004 年 8 月 28 日第十届全国人民代表大会常务委员会第十一次会议《关于修改〈中华人民共和国票据法〉的决定》修正）

目　　录

第一章　总　　则

第一条　为了规范票据行为，保障票据活动中当事人的合法权益，维护社会经济秩序，促进社会主义市场经济的发展，制定本法。

第二条　在中华人民共和国境内的票据活动，适用本法。

本法所称票据，是指汇票、本票和支票。

第三条　票据活动应当遵守法律、行政法规，不得损害社会公共利益。

第四条　票据出票人制作票据，应当按照法定条件在票据上签章，并按照所记载的事项承担票据责任。

持票人行使票据权利，应当按照法定程序在票据上签章，并出示票据。

其他票据债务人在票据上签章的，按照票据所记载的事项承担票据责任。

本法所称票据权利，是指持票人向票据债务人请求支付票据金额的权利，包括付款请求权和追索权。

本法所称票据责任，是指票据债务人向持票人支付票据金额的义务。

第五条　票据当事人可以委托其代理人在票据上签章，并应当在票据上表明其代理关系。

没有代理权而以代理人名义在票据上签章的，应当由签章人承担票据责任；代理人超越代理权限的，应当就其超越权限的部分承担票据责任。

第六条 无民事行为能力人或者限制民事行为能力人在票据上签章的，其签章无效，但是不影响其他签章的效力。

第七条 票据上的签章，为签名、盖章或者签名加盖章。

法人和其他使用票据的单位在票据上的签章，为该法人或者该单位的盖章加其法定代表人或者其授权的代理人的签章。

在票据上的签名，应当为该当事人的本名。

第八条 票据金额以中文大写和数码同时记载，二者必须一致，二者不一致的，票据无效。

第九条 票据上的记载事项必须符合本法的规定。

票据金额、日期、收款人名称不得更改，更改的票据无效。

对票据上的其他记载事项，原记载人可以更改，更改时应当由原记载人签章证明。

第十条 票据的签发、取得和转让，应当遵循诚实信用的原则，具有真实的交易关系和债权债务关系。

票据的取得，必须给付对价，即应当给付票据双方当事人认可的相对应的代价。

第十一条 因税收、继承、赠与可以依法无偿取得票据的，不受给付对价的限制。但是，所享有的票据权利不得优于其前手的权利。

前手是指在票据签章人或者持票人之前签章的其他票据债务人。

第十二条 以欺诈、偷盗或者胁迫等手段取得票据的，或者明知有前列情形，出于恶意取得票据的，不得享有票据权利。

持票人因重大过失取得不符合本法规定的票据的，也不得享有票据权利。

第十三条 票据债务人不得以自己与出票人或者与持票人的前手之间的抗辩事由，对抗持票人。但是，持票人明知存在抗辩事由而取得票据的除外。

票据债务人可以对不履行约定义务的与自己有直接债权债务关系的持票人，进行抗辩。

本法所称抗辩，是指票据债务人根据本法规定对票据债权人拒绝履行义务的行为。

第十四条 票据上的记载事项应当真实，不得伪造、变造。伪造、变造票据上的签章和其他记载事项的，应当承担法律责任。

票据上有伪造、变造的签章的，不影响票据上其他真实签章的效力。

票据上其他记载事项被变造的，在变造之前签章的人，对原记载事项负责；在变造之后签章的人，对变造之后的记载事项负责；不能辨别是在票据被变造之前或者之后签章的，视同在变造之前签章。

第十五条 票据丧失，失票人可以及时通知票据的付款人挂失止付，但是，未记载付款人或者无法确定付款人及其代理付款人的票据除外。

收到挂失止付通知的付款人，应当暂停支付。

失票人应当在通知挂失止付后三日内，也可以在票据丧失后，依法向人民法院申请公示催告，或者向人民法院提起诉讼。

第十六条 持票人对票据债务人行使票据权利，或者保全票据权利，应当在票据当事人的营业场所和营业时间内进行，票据当事人无营业场所的，应当在其住所进行。

第十七条 票据权利在下列期限内不行使而消灭：

（一）持票人对票据的出票人和承兑人的权利，自票据到期日起二年。见票即付的汇票、本票，自出票日起二年；

（二）持票人对支票出票人的权利，自出票日起六个月；

（三）持票人对前手的追索权，自被拒绝承兑或者被拒绝付款之日起六个月；

（四）持票人对前手的再追索权，自清偿日或者被提起诉讼之日起三个月。

票据的出票日、到期日由票据当事人依法确定。

第十八条 持票人因超过票据权利时效或者因票据记载事项欠缺而丧失票据权利的，仍享有民事权利，可以请求出票人或者承兑人返还其与未支付的票据金额相当的利益。

第二章 汇 票

第一节 出 票

第十九条 汇票是出票人签发的，委托付款人在见票时或者在指定日期无条件支付确定的金额给收款人或者持票人的票据。

汇票分为银行汇票和商业汇票。

第二十条 出票是指出票人签发票据并将其交付给收款人的票据行为。

第二十一条 汇票的出票人必须与付款人具有真实的委托付款关系，并且具有支付汇票金额的可靠资金来源。

不得签发无对价的汇票用以骗取银行或者其他票据当事人的资金。

第二十二条 汇票必须记载下列事项：

（一）表明“汇票”的字样；

（二）无条件支付的委托；

（三）确定的金额；

（四）付款人名称；

（五）收款人名称；

（六）出票日期；

（七）出票人签章。

汇票上未记载前款规定事项之一的，汇票无效。

第二十三条 汇票上记载付款日期、付款地、出票地等事项的，应当清楚、明确。

汇票上未记载付款日期的，为见票即付。

汇票上未记载付款地的，付款人的营业场所、住所或者经常居住地为付款地。

汇票上未记载出票地的，出票人的营业场所、住所或者经常居住地为出票地。

第二十四条 汇票上可以记载本法规定事项以外的其他出票事项，但是该记载事项不具有汇票上的效力。

第二十五条 付款日期可以按照下列形式之一记载：

（一）见票即付；

（二）定日付款；

（三）出票后定期付款；

（四）见票后定期付款。

前款规定的付款日期为汇票到期日。

第二十六条 出票人签发汇票后，即承担保证该汇票承兑和付款的责任。出票人在汇票得不到承兑或者付款时，应当向持票人清偿本法第七十条、第七十一条规定的金额和费用。

第二节 背 书

第二十七条 持票人可以将汇票权利转让给他人或者将一定的汇票权利授予他人行使。

出票人在汇票上记载“不得转让”字样的，汇票不得转让。

持票人行使第一款规定的权利时，应当背书并交付汇票。

背书是指在票据背面或者粘单上记载有关事项并签章的票据行为。

第二十八条 票据凭证不能满足背书人记载事项的需要，可以加附粘单，粘附于票据凭证上。

粘单上的第一记载人，应当在汇票和粘单的粘接处签章。

第二十九条 背书由背书人签章并记载背书日期。

背书未记载日期的，视为在汇票到期日前背书。

第三十条 汇票以背书转让或者以背书将一定的汇票权利授予他人行使时，必须记载被背书人名称。

第三十一条 以背书转让的汇票，背书应当连续。持票人以背书的连续，证明其汇票权利；非经背书转让，而以其他合法方式取得汇票的，依法举证，证明其汇票权利。

前款所称背书连续，是指在票据转让中，转让汇票的背书人与受让汇票的被背书人在汇票上的签章依次前后衔接。

第三十二条 以背书转让的汇票，后手应当对其直接前手背书的真实性负责。

后手是指在票据签章人之后签章的其他票据债务人。

第三十三条 背书不得附有条件。背书时附有条件的，所附条件不具有汇票上的效力。

将汇票金额的一部分转让的背书或者将汇票金额分别转让给二人以上的背书无效。

第三十四条 背书人在汇票上记载“不得转让”字样，其后手再背书转让的，原背书人对后手的被背书人不承担保证责任。

第三十五条 背书记载“委托收款”字样的，被背书人有权代背书人行使被委托的汇票权利。但是，被背书人不得再以背书转让汇票权利。

汇票可以设定质押；质押时应当以背书记载“质押”字样。被背书人依法实现其质权时，可以行使汇票权利。

第三十六条 汇票被拒绝承兑、被拒绝付款或者超过付款提示期限的，不得背书转让；背书转让的，背书人应当承担汇票责任。

第三十七条　背书人以背书转让汇票后，即承担保证其后手所持汇票承兑和付款的责任。背书人在汇票得不到承兑或者付款时，应当向持票人清偿本法第七十条、第七十一条规定的金额和费用。

第三节　承　　兑

第三十八条　承兑是指汇票付款人承诺在汇票到期日支付汇票金额的票据行为。

第三十九条　定日付款或者出票后定期付款的汇票，持票人应当在汇票到期日前向付款人提示承兑。

提示承兑是指持票人向付款人出示汇票，并要求付款人承诺付款的行为。

第四十条　见票后定期付款的汇票，持票人应当自出票日起一个月内向付款人提示承兑。

汇票未按照规定期限提示承兑的，持票人丧失对其前手的追索权。

见票即付的汇票无需提示承兑。

第四十一条　付款人对向其提示承兑的汇票，应当自收到提示承兑的汇票之日起三日内承兑或者拒绝承兑。

付款人收到持票人提示承兑的汇票时，应当向持票人签发收到汇票的回单。回单上应当记明汇票提示承兑日期并签章。

第四十二条　付款人承兑汇票的，应当在汇票正面记载“承兑”字样和承兑日期并签章；见票后定期付款的汇票，应当在承兑时记载付款日期。

汇票上未记载承兑日期的，以前条第一款规定期限的最后一日为承兑日期。

第四十三条　付款人承兑汇票，不得附有条件；承兑附有条件的，视为拒绝承兑。

第四十四条　付款人承兑汇票后，应当承担到期付款的责任。

第四节　保　　证

第四十五条　汇票的债务可以由保证人承担保证责任。

保证人由汇票债务人以外的他人担当。

第四十六条　保证人必须在汇票或者粘单上记载下列事项：

（一）表明“保证”的字样；

（二）保证人名称和住所；

（三）被保证人的名称；

（四）保证日期；

（五）保证人签章。

第四十七条　保证人在汇票或者粘单上未记载前条第（三）项的，已承兑的汇票，承兑人为被保证人；未承兑的汇票，出票人为被保证人。

保证人在汇票或者粘单上未记载前条第（四）项的，出票日期为保证日期。

第四十八条　保证不得附有条件；附有条件的，不影响对汇票的保证责任。

第四十九条　保证人对合法取得汇票的持票人所享有的汇票权利，承担保证责任。但是，被保证人的债务因汇票记载事项欠缺而无效的除外。

第五十条　被保证的汇票，保证人应当与被保证人对持票人承担连带责任。汇票到期后得不到付款的，持票人有权向保证人请求付款，保证人应当足额付款。

第五十一条 保证人为二人以上的，保证人之间承担连带责任。

第五十二条 保证人清偿汇票债务后，可以行使持票人对被保证人及其前手的追索权。

第五节 付 款

第五十三条 持票人应当按照下列期限提示付款：

（一）见票即付的汇票，自出票日起一个月内向付款人提示付款；

（二）定日付款、出票后定期付款或者见票后定期付款的汇票，自到期日起十日内向承兑人提示付款。

持票人未按照前款规定期限提示付款的，在作出说明后，承兑人或者付款人仍应当继续对持票人承担付款责任。

通过委托收款银行或者通过票据交换系统向付款人提示付款的，视同持票人提示付款。

第五十四条 持票人依照前条规定提示付款的，付款人必须在当日足额付款。

第五十五条 持票人获得付款的，应当在汇票上签收，并将汇票交给付款人。持票人委托银行收款的，受委托的银行将代收的汇票金额转账收入持票人账户，视同签收。

第五十六条 持票人委托的收款银行的责任，限于按照汇票上记载事项将汇票金额转入持票人账户。

付款人委托的付款银行的责任，限于按照汇票上记载事项从付款人账户支付汇票金额。

第五十七条 付款人及其代理付款人付款时，应当审查汇票背书的连续，并审查提示付款人的合法身份证明或者有效证件。

付款人及其代理付款人以恶意或者有重大过失付款的，应当自行承担责任。

第五十八条 对定日付款、出票后定期付款或者见票后定期付款的汇票，付款人在到期日前付款的，由付款人自行承担所产生的责任。

第五十九条 汇票金额为外币的，按照付款日的市场汇价，以人民币支付。

汇票当事人对汇票支付的货币种类另有约定的，从其约定。

第六十条 付款人依法足额付款后，全体汇票债务人的责任解除。

第六节 追 索 权

第六十一条 汇票到期被拒绝付款的，持票人可以对背书人、出票人以及汇票的其他债务人行使追索权。

汇票到期日前，有下列情形之一的，持票人也可以行使追索权：

（一）汇票被拒绝承兑的；

（二）承兑人或者付款人死亡、逃匿的；

（三）承兑人或者付款人被依法宣告破产的或者因违法被责令终止业务活动的。

第六十二条 持票人行使追索权时，应当提供被拒绝承兑或者被拒绝付款的有关证明。

持票人提示承兑或者提示付款被拒绝的，承兑人或者付款人必须出具拒绝证明，或者出具退票理由书。未出具拒绝证明或者退票理由书的，应当承担由此产生的民事责任。

第六十三条 持票人因承兑人或者付款人死亡、逃匿或者其他原因，不能取得拒绝证明的，可以依法取得其他有关证明。

第六十四条 承兑人或者付款人被人民法院依法宣告破产的，人民法院的有关司法文书具有拒绝证明的效力。

承兑人或者付款人因违法被责令终止业务活动的，有关行政主管部门的处罚决定具有拒绝证明的效力。

第六十五条 持票人不能出示拒绝证明、退票理由书或者未按照规定期限提供其他合法证明的，丧失对其前手的追索权。但是，承兑人或者付款人仍应当对持票人承担责任。

第六十六条 持票人应当自收到被拒绝承兑或者被拒绝付款的有关证明之日起三日内，将被拒绝事由书面通知其前手；其前手应当自收到通知之日起三日内书面通知其再前手。持票人也可以同时向各汇票债务人发出书面通知。

未按照前款规定期限通知的，持票人仍可以行使追索权。因延期通知给其前手或者出票人造成损失的，由没有按照规定期限通知的汇票当事人，承担对该损失的赔偿责任，但是所赔偿的金额以汇票金额为限。

在规定期限内将通知按照法定地址或者约定的地址邮寄的，视为已经发出通知。

第六十七条 依照前条第一款所作的书面通知，应当记明汇票的主要记载事项，并说明该汇票已被退票。

第六十八条 汇票的出票人、背书人、承兑人和保证人对持票人承担连带责任。

持票人可以不按照汇票债务人的先后顺序，对其中任何一人、数人或者全体行使追索权。

持票人对汇票债务人中的一人或者数人已经进行追索的，对其他汇票债务人仍可以行使追索权。被追索人清偿债务后，与持票人享有同一权利。

第六十九条 持票人为出票人的，对其前手无追索权。持票人为背书人的，对其后手无追索权。

第七十条 持票人行使追索权，可以请求被追索人支付下列金额和费用：

（一）被拒绝付款的汇票金额；

（二）汇票金额自到期日或者提示付款日起至清偿日止，按照中国人民银行规定的利率计算的利息；

（三）取得有关拒绝证明和发出通知书的费用。

被追索人清偿债务时，持票人应当交出汇票和有关拒绝证明，并出具所收到利息和费用的收据。

第七十一条 被追索人依照前条规定清偿后，可以向其他汇票债务人行使再追索权，请求其他汇票债务人支付下列金额和费用：

（一）已清偿的全部金额；

（二）前项金额自清偿日起至再追索清偿日止，按照中国人民银行规定的利率计算的利息；

（三）发出通知书的费用。

行使再追索权的被追索人获得清偿时，应当交出汇票和有关拒绝证明，并出具所收到利息和费用的收据。

第七十二条 被追索人依照前二条规定清偿债务后，其责任解除。

第三章 本　票

第七十三条 本票是出票人签发的，承诺自己在见票时无条件支付确定的金额给收款人或者持票人的票据。

本法所称本票，是指银行本票。

第七十四条 本票的出票人必须具有支付本票金额的可靠资金来源，并保证支付。

第七十五条 本票必须记载下列事项：

（一）表明“本票”的字样；

（二）无条件支付的承诺；

（三）确定的金额；

（四）收款人名称；

（五）出票日期；

（六）出票人签章。

本票上未记载前款规定事项之一的，本票无效。

第七十六条 本票上记载付款地、出票地等事项的，应当清楚、明确。

本票上未记载付款地的，出票人的营业场所为付款地。

本票上未记载出票地的，出票人的营业场所为出票地。

第七十七条 本票的出票人在持票人提示见票时，必须承担付款的责任。

第七十八条 本票自出票日起，付款期限最长不得超过二个月。

第七十九条 本票的持票人未按照规定期限提示见票的，丧失对出票人以外的前手的追索权。

第八十条 本票的背书、保证、付款行为和追索权的行使，除本章规定外，适用本法第二章有关汇票的规定。

本票的出票行为，除本章规定外，适用本法第二十四条关于汇票的规定。

第四章 支　票

第八十一条 支票是出票人签发的，委托办理支票存款业务的银行或者其他金融机构在见票时无条件支付确定的金额给收款人或者持票人的票据。

第八十二条 开立支票存款账户，申请人必须使用其本名，并提交证明其身份的合法证件。

开立支票存款账户和领用支票，应当有可靠的资信，并存入一定的资金。

开立支票存款账户，申请人应当预留其本名的签名式样和印鉴。

第八十三条 支票可以支取现金，也可以转账，用于转账时，应当在支票正面注明。

支票中专门用于支取现金的，可以另行制作现金支票，现金支票只能用于支取现金。

支票中专门用于转账的，可以另行制作转账支票，转账支票只能用于转账，不得支取现金。

第八十四条　支票必须记载下列事项：

（一）表明“支票”的字样；

（二）无条件支付的委托；

（三）确定的金额；

（四）付款人名称；

（五）出票日期；

（六）出票人签章。

支票上未记载前款规定事项之一的，支票无效。

第八十五条　支票上的金额可以由出票人授权补记，未补记前的支票，不得使用。

第八十六条　支票上未记载收款人名称的，经出票人授权，可以补记。

支票上未记载付款地的，付款人的营业场所为付款地。

支票上未记载出票地的，出票人的营业场所、住所或者经常居住地为出票地。

出票人可以在支票上记载自己为收款人。

第八十七条　支票的出票人所签发的支票金额不得超过其付款时在付款人处实有的存款金额。

出票人签发的支票金额超过其付款时在付款人处实有的存款金额的，为空头支票。禁止签发空头支票。

第八十八条　支票的出票人不得签发与其预留本名的签名式样或者印鉴不符的支票。

第八十九条　出票人必须按照签发的支票金额承担保证向该持票人付款的责任。

出票人在付款人处的存款足以支付支票金额时，付款人应当在当日足额付款。

第九十条　支票限于见票即付，不得另行记载付款日期。另行记载付款日期的，该记载无效。

第九十一条　支票的持票人应当自出票日起十日内提示付款；异地使用的支票，其提示付款的期限由中国人民银行另行规定。

超过提示付款期限的，付款人可以不予付款；付款人不予付款的，出票人仍应当对持票人承担票据责任。

第九十二条　付款人依法支付支票金额的，对出票人不再承担受委托付款的责任，对持票人不再承担付款的责任。但是，付款人以恶意或者有重大过失付款的除外。

第九十三条　支票的背书、付款行为和追索权的行使，除本章规定外，适用本法第二章有关汇票的规定。

支票的出票行为，除本章规定外，适用本法第二十四条、第二十六条关于汇票的规定。

第五章 涉外票据的法律适用

第九十四条 涉外票据的法律适用，依照本章的规定确定。

前款所称涉外票据，是指出票、背书、承兑、保证、付款等行为中，既有发生在中华人民共和国境内又有发生在中华人民共和国境外的票据。

第九十五条 中华人民共和国缔结或者参加的国际条约同本法有不同规定的，适用国际条约的规定。但是，中华人民共和国声明保留的条款除外。

本法和中华人民共和国缔结或者参加的国际条约没有规定的，可以适用国际惯例。

第九十六条 票据债务人的民事行为能力，适用其本国法律。

票据债务人的民事行为能力，依照其本国法律为无民事行为能力或者为限制民事行为能力而依照行为地法律为完全民事行为能力的，适用行为地法律。

第九十七条 汇票、本票出票时的记载事项，适用出票地法律。

支票出票时的记载事项，适用出票地法律，经当事人协议，也可以适用付款地法律。

第九十八条 票据的背书、承兑、付款和保证行为，适用行为地法律。

第九十九条 票据追索权的行使期限，适用出票地法律。

第一百条 票据的提示期限、有关拒绝证明的方式、出具拒绝证明的期限，适用付款地法律。

第一百零一条 票据丧失时，失票人请求保全票据权利的程序，适用付款地法律。

第六章 法律责任

第一百零二条 有下列票据欺诈行为之一的，依法追究刑事责任：

（一）伪造、变造票据的；

（二）故意使用伪造、变造的票据的；

（三）签发空头支票或者故意签发与其预留的本名签名式样或者印鉴不符的支票，骗取财物的；

（四）签发无可靠资金来源的汇票、本票，骗取资金的；

（五）汇票、本票的出票人在出票时作虚假记载，骗取财物的；

（六）冒用他人的票据，或者故意使用过期或者作废的票据，骗取财物的；

（七）付款人同出票人、持票人恶意串通，实施前六项所列行为之一的。

第一百零三条 有前条所列行为之一，情节轻微，不构成犯罪的，依照国家有关规定给予行政处罚。

第一百零四条 金融机构工作人员在票据业务中玩忽职守，对违反本法规定的票据予以承兑、付款或者保证的，给予处分；造成重大损失，构成犯罪的，依法追究刑事责任。

由于金融机构工作人员因前款行为给当事人造成损失的，由该金融机构和直接责任人员依法承担赔偿责任。

第一百零五条 票据的付款人对见票即付或者到期的票据，故意压票，拖延支付的，由金融行政管理部门处以罚款，对直接责任人员给予处分。

票据的付款人故意压票，拖延支付，给持票人造成损失的，依法承担赔偿责任。

第一百零六条　依照本法规定承担赔偿责任以外的其他违反本法规定的行为，给他人造成损失的，应当依法承担民事责任。

第七章　附　　则

第一百零七条　本法规定的各项期限的计算，适用民法通则关于计算期间的规定。

按月计算期限的，按到期月的对日计算；无对日的，月末日为到期日。

第一百零八条　汇票、本票、支票的格式应当统一。

票据凭证的格式和印制管理办法，由中国人民银行规定。

第一百零九条　票据管理的具体实施办法，由中国人民银行依照本法制定，报国务院批准后施行。

第一百一十条　本法自 1996 年 1 月 1 日起施行。(完)

附录六　信用卡业务管理办法

中国人民银行于1996年4月1日颁布了《信用卡在业务管理办法》，并于颁布之日期开始实行。

第一章　总　　则

第一条　为适应社会主义市场经济发展的需要，规范和管理信用卡业务，促进我国信用卡业务的健康发展。制定本办法。

第二条　凡在中华人民共和国境内经办信用卡业务的商业银行及其分支机构、持卡人和受理信用卡的特约单位，必须遵守本办法的规定。

第三条　本办法所称信用卡，是指中华人民共和国境内各商业银行（含外资银行、中外合资银行，以下简称商业银行）向个人和单位发行的信用支付工具。

信用卡具有转账结算、存取现金、消费信用等功能。

第四条　信用卡按使用对象分为单位卡和个人卡；按信誉等级分为金卡和普通卡；按币种分为人民币卡和外币卡；按载体材料分为磁条卡和智能卡（下称IC卡）。

第五条　商业银行未经中国人民银行批准不得发行信用卡。

非金融机构、非银行金融机构、境外金融机构的驻华代表机构不得经营信用卡业务。

第六条　中国人民银行负责全国信用卡业务的管理和协调工作。各发卡银行负责本系统信用卡业务的组织、管理和协调工作。

第七条　经营信用卡业务的商业银行，应根据本办法及中国人民银行颁发的其他有关规章制度，制订信用卡业务章程，并报经中国人民银行批准。

第八条　各商业银行的信用卡部为内部业务部门，不得办成实行独立核算、自成体系的法人机构。

第二章　业务规则

第九条　单位卡必须在卡面左下方的左边凸印“DWK”字样，在“DWK”字样的右边凸印持卡人姓名（拼音）。

第十条　各银行发行的磁条卡、IC卡，须执行国家技术监督局和中国人民银行颁布的有关标准，但参加国际信用卡组织并发行带有国际组织标记的信用卡除外。

第十一条　单位或个人领取信用卡，应按规定向发卡银行交存备用金。

第十二条　发卡银行可根据申请人的资信程序，要求其提供担保。担保的方式可采用保证、抵押或质押。

第十三条　信用卡备用金存款利息，按照中国人民银行规定的活期存款利率及计息办法计算。

以定期存款质押的，其定期存款按照中国人民银行规定的定期存款利率及计息办法计算。

第十四条 发卡银行吸收的信用卡备用金和以定期存款质押的存款应按规定比例向人民银行当地分支机构缴存存款准备金。

第十五条 发卡银行应建立授权审批制度。

持卡人凭信用卡办理转账结算、支取现金时，超过规定限额的必须取得发卡银行的授权。

第十六条 单位卡持卡人不得凭信用卡在异地和其领卡城市范围内银行网点及自动柜员机上提取现金。

第十七条 允许持卡人在本办法规定的限额和期限内进行消费用途的透支，透支限额为金卡1万元、普通卡5千元。

第十八条 信用卡的透支期限最长为60天。

第十九条 信用卡透支利息，自签单日或银行记账日起15日内按日息万分之五计算，超过15日按日息万分之十计算，超过30日或透支金额超过规定限额的，按日息万分之十五计算。透支计息不分段，按最后期限或最高透支额的最高利率档次计息。

第二十条 各发卡银行的透支业务须纳入其信贷规模进行管理。透支额转入短期贷款核算。

第二十一条 恶意透支是指持卡人以非法占有为目的，超过规定限额或规定期限，并且经过卡银行催收无效的透支行为。

第二十二条 特约单位不得以任何理由拒绝受理持卡人合法持有的、签约银行发行的有效信用卡，不得因持卡人使用信用而向其收取附加费用。

第二十三条 特约单位不得通过压卡、签单和退货等方式支付持卡人现金。

第二十四条 各商业银行应按如下标准向特约单位收取信用卡交易手续费：

（一）人民币信用卡，不得低于交易金额的2%；

（二）境外机构发行、在中国境内使用的信用卡，不得低于交易金额的4%。

境内银行与境外机构签订信用卡代理收单协议，其利润分配比率按境内银行与境外机构分别占特约单位所交手续费的37.5%和62.5%执行。

第二十五条 外币信用卡的业务规则，另行制定。

第三章 业务管理

第二十六条 商业银行开办信用卡业务须报经中国人民银行批准；其所属分、支行办理信用卡业务，须报辖区内中国人民银行分、支行备案。

第二十七条 开办信用卡业务的银行，必须具备以下条件：

（一）符合《中华人民共和国商业银行法》和中国人民银行补充规定的资产负债比例监控指标；

（二）相应的内部管理机构；

（三）合格的管理人员和技术人员；

（四）健全的管理制度和安全制度；

（五）必要的电信设备和营业场所；

（六）中国人民银行规定的其他条件。

第二十八条　申请开办信用卡业的银行，应向中国人民银行提交下列资料：

（一）申请报告；

（二）信用卡章程及卡样；

（三）信用控制、风险管理计划及电信设备配备情况；

（四）信用卡部门主要负责人简历及有关情况；

（五）参加国际信用卡组织的有关资料；

（六）中国人民银行要求提供其他资料。

第二十九条　信用卡章程应载明以下内容：

（一）信用卡名称、种类、发行对象；

（二）信用卡的使用范围；

（三）各项手续费收费标准；

（四）发卡银行与特约单位、持卡人三方的权利、义务和责任；

（五）中国人民银行要求的其他事项。

第三十条　商业银行发行外币信用卡、IC卡，以及修改信用卡章程，须报经中国人民银行批准。

第三十一条　参与信用卡业务的各银行应在开办信用卡业务中逐步开展收单、机具、信息、受卡等方面的合作。

第三十二条　开办信用卡业务的各银行总行须按季向中国人民银行报送信用卡业务统计报表，其发行信用卡的分、支机构须按月向人民银行当地分、支机构报送信用卡业务统计报表。

第四章　信用卡的申领与销户

第三十三条　凡在中华人民共和国境内金融机构开立基本存款账户的单位可申领单位卡。单位卡可申领若干张，持卡人资格由申领单位法定代表人或其委托的代理人书面指定和注销。

凡具有完全民事行为能力的公民可申领个人卡。个人卡的主卡持卡人可为其配偶及年满18周岁的亲属申领附属卡，附属卡最多不得超过两张，主卡持卡人有权要求注销其附属卡。

第三十四条　单位或个人申领信用卡，应按规定填制申请表，连同有关资料一并送交发卡银行、对符合条件的，发卡银行为申领人开立信用卡账户，并发给信用卡。

第三十五条　单位卡账户的资金一律从其基本存款账户转账存入，不得交存现金。不得将其他存款账户和销货收入的款项存入单位卡账户。

个人卡账户的资金只限于其持有的现金存入或以其工资性款项及属于个人的其他合法收入转账存入。严禁将单位的款项转账存入个人卡账户。

第三十六条　信用卡仅限于合法持卡人本人使用，持卡人不得出租或转借信用卡及其账户。

第三十七条　持卡人还清透支本息后，属于下列情况之一的可以办理销户：

（一）信用卡有期满45天后，持卡人不更换新卡的；

（二）信用卡挂失满45天后，没有附属卡又不更换新卡的；

（三）信誉不佳，被列入止付名单，发卡银行已收回其信用卡45天的；

（四）持卡人因故死亡，发卡银行已回收其信用卡45天的；

（五）持卡人要求销户或担保人撤销提保，并已交回全部信用卡45天的；

（六）信用卡账户两年（含）以上未发生交易的；

（七）持卡人违反其他规定，发卡银行认为应该取消资格的。

第三十八条 发卡银行办理销户，应当收回信用卡。有效卡无法收回的，应当将其止付。销户时，单位卡账户余额转入基本存款账户，不得提取现金。

第三十九条 信用卡遗失或被盗，持卡人应立即持本人身份证或其他有效证明，就近向发卡银行或代办银行申请挂失，并按规定提供有关情况，办理挂失手续。

第四十条 持卡人申请挂失后，找回信用卡的，可申请撤销挂失止付。

第五章 转账结算

第四十一条 持卡人可持信用卡在特约单位购物消费。单位卡不得用于10万元以上的商品交易、劳务供应款项的结算。

第四十二条 持卡人凭卡购物消费时，需将信用卡和身份证一并交特约单位经办人。IC卡、照片卡免验身份证。

第四十三条 特约单位经办人员受理信用卡时，应审查下列内容：

（一）确为本单位可受理的信用卡；

（二）信用卡在有效期内，未列入“止付名单”；

（三）签名条上没有“样卡”或“专用卡”字样；

（四）信用卡无打洞、剪角、毁坏或涂改的痕迹；

（五）持卡人身份证或卡片上的照片与持卡人相符；

（六）卡片正面的拼音姓名与卡片背面的签名和身份证上的姓名一致。

第四十四条 特约单位受理信用卡审查无误的，应在签购单上压卡，填写实际结算金额、用途、持卡人身份证号码、特约单位名称和编号。如超过支付限额的，应向发卡银行索权并填写授权号码，交持卡人签名确认，同时核对其签名与卡片背面签名是否一致，无误后，将信用卡、身份证和第一联签购单交还给持卡人。

审查发现问题的，应及时与签约银行联系，征求处理意见。对止付的信用卡，应收回并交还发卡银行。

第四十五条 特约单位在每日营业终了，应将当日受理的信用卡签购单汇总，计算手续费和净计金额，并填写汇（总）计单和进账单，连同签购单一并送交收单银行办理进账。

第四十六条 持卡人要求退货的，特约单位应使用退货单压（刷）卡，并将退货单金额在当日签购单累计金额中抵减，退货单随签购单一并送交收单银行。

第四十七条 收单银行接到特约单位送交的各种单据，经审查无误后，为特约单位办理进账，并与发卡银行清算资金。

第四十八条 发卡银行（或代理银行）收到收单银行通过同城票据交换或本系统联行划转的各种单据后，为持卡人办理付款手续。

第四十九条　持卡人在异地凭卡通过银行向收款人办理转账时，银行应按特约单位的有关处理规定处理。

第六章　存取现金

第五十条　个人卡持卡人或其代理人交存现金，应在发卡银行或其代理银行办理。

持卡人凭信用卡在发卡银行或代理银行交存现金的，银行应在存款单上压卡，经审查并收妥现金后，将存款单回单联及信用卡交给持卡人。

持卡人委托他人在不压卡的情况下代为办理交存现金的，代理人应在信用卡存款单上填写持卡人的卡号、姓名、存款金额等内容，并将现金送交银行办理交存手续。

第五十一条　持卡人在银行支取现金时，应将信用卡和身份证一并交发卡银行或代理银行。IC 卡、照片卡免验身份证。

发卡银行或代理银行压（刷）卡后，填写取现单，经审查无误，交持卡人签名确认。超过支付额的，代理银行应向发卡银行索权，并在取现单上填写授权号码。办理付款手续后，将现金、信用卡、身份证和取现单回单联交给持卡人。

第五十二条　发卡银行（或代理银行）收到收单银行通过同城票据交换或本系统联行划转的各种单据后，为持卡人办理收、付款手续。

第七章　法律责任

第五十三条　发卡银行有下列情形之一的，由中国人民银行责令改正，并处以 5 万元至 30 万元的罚款。

（一）未经批准开办信用卡业务的；

（二）未经批准发行 IC 卡、外币信用卡的。

第五十四条　非金融机构、非银行金融机构、境外金融机构的驻华代表机构违反规定经营信用卡业务的，由中国人民银行依法予以取缔，并对其处以 10 万元至 50 万元的罚款。

第五十五条　发卡银行有下列情形之一的，由中国人民银行责令改正，没收非法所得，并处以 5 万元至 10 万元的罚款；情节严重或逾期不改的，可责令其营业机构停业整顿。

（一）不执行本办法规定的技术标准的；

（二）随意降低手续费标准的；

（三）不执行本办法规定的透支利率及计息办法的。

第五十六条　发卡银行违反本办法规定，不向中国人民银行报批信用卡章程、报送备案材料和业务报表的，由中国人民银行责令改正；逾期不改的，处以 1 万元至 10 万元罚款。

第五十七条　发卡银行有下列情况之一的，按照《中华人民共和国商业银行法》和现金管理的有关规定给予相应处罚：

（一）不执行规定的存款利率的；

（二）不按规定向中国人民银行缴存存款准备金的；

（三）违反规定帮助持卡人提取现金的。

第五十八条 发卡银行未按规定时间将止付名单发至特约单位造成资金损失的，由发卡银行承担经济责任。

第五十九条 发卡银行或代理银行违反本办法规定，帮助单位卡持卡人将其他存款账户或销货收入的款项转入其信用卡账户的，或帮助个人卡持卡人将其他款项转入其信用卡账户的，处以5万元至10万元罚款。

第六十条 持卡人使用单位卡进行透支的，由其单位承担透支金额的偿还和支付透支利息的责任。持卡人使用个人卡附属卡发生透支的，由其主卡持卡人承担透支金额的偿还和、支付透支利息的责任；主卡持卡人丧失偿还能力的，由其附属卡持卡人承担透支金额的偿还和支付透支利息的责任。

第六十一条 持卡人与特约单位出现的纠纷由双方自行解决。持卡人不得以纠纷为由拒绝偿还因使用信用卡而发生的债务。

第六十二条 持卡人必须妥善保管和正确使用其信用卡，否则，因此造成的资金损失，由其自行承担。

第六十三条 持卡人办理挂失后，被冒用造成的损失，有关责任人按照信用卡章程的规定承担责任。

第六十四条 单位卡持卡人违反本办法规定用于10万元以上商品交易、劳务供应款项结算的，对其处以5万元至10万元罚款。

第六十五条 单位卡持卡人违反本办法规定，将基本存款账户以外账户、销货收入的款项转入或将现金存入其信用卡账户的，除责令其转回基本存款账户外，对其处以5万元至10万元罚款。

个人卡持卡人违反本办法规定，将单位的款项转入其信用卡账户的，除责令其退回外，对其处以5千元至1万元罚款。

第六十六条 持卡人违反本办法规定套取现金的，对其按套取现金数额的30%至50%处以罚款。

第六十七条 持卡人违反本办法规定，出租或转借信用卡及其账户的，除责令其纠正外，对其按账户出租、转借发生的金额处以5%但不低于1千元罚款，并没收其非法所得。

第六十八条 持卡人恶意透支的，依法追究其刑事责任。

第六十九条 特约单位受理信用时，应当按照规定的操作程办理，否则因此造成的资金损失，由其自行承担。

第七十条 特约单位工作人员参与欺诈银行活动，构成犯罪的，依法追究其刑事责任。

第七十一条 银行工作人员与持卡人或特约单位串通参与欺诈活动，构成犯罪的，依法追究刑事责任。

第七十二条 伪造、盗用信用卡，使用伪造、作废的信用卡，冒领冒用、涂改信用卡骗取财物的，应依法对其处罚，并追究刑事责任。

第八章 附 则

第七十三条 信用卡业务结算凭证的格式、联次、颜色、使用办法由中国人民银行总行统一规定，各发卡银行总行负责印制。

第七十四条　各银行办理信用卡业务，根据规定分别收取年费、特约单位手续费、异地存取款手续费、异地转账手续费、挂失手续费、卡片工本费等费用。

第七十五条　本办法由中国人民银行总行负责解释、修改。

第七十六条　本办法自1996年4月1日起实行。中国人民银行《信用卡业务管理暂行办法》（银发［1992］298号文）同时废止。

参考文献

1. 贺培．国际结算学．2 版．北京：中国财政经济出版社，2009.
2. 苏宗祥，徐捷．国际结算．4 版．北京：中国金融出版社，2008.
3. 姚新超．国际结算．北京：对外经济贸易大学出版社，2008.
4. 刘德标．新版以案说法：国际贸易实务篇．北京：中国人民大学出版社，2005.
5. 张东祥．国际结算．武汉：武汉大学出版社，2004.
6. 耿伟，李秀芳．国际结算与单证制作．北京：清华大学出版社，北京交通大学出版社，2010.
7. 吴百福．进出口贸易实务教程．4 版．上海：上海人民出版社，2003.
8. 肖玲凤．国际结算．北京：中国财政经济出版社，2005.
9. 沈明其．国际结算．北京：机械工业出版社，2007.
10. 潘天芹．国际结算．杭州：浙江大学出版社，2007.
11. 张东祥．国际结算．北京：首都经济贸易大学出版社，2005.
12. 刘铁敏．国际结算．北京：清华大学出版社，2010.
13. 王斌，武义梅．国际结算．北京：立信会计出版社，2007.
14. 庄乐梅．国际结算实务精要．2 版．北京：中国纺织出版社，2008.
15. 张蓉．我国出口托收商 D/P 项下的风险和防范浅析．湘潮（下半月），2008，(9)：77－84
16. 祖素梅．托收方式下出口商如何防范风险．国际商务—对外经济贸易大学学报，2005，(3)：26－33
17. 贺骁．出口跟单托收的风险及其防范．风险管理，2009，(3)：47－48